Terre-Neuve

Anthologie des voyageurs français 1814-1914

Ronald ROMPKEY

Terre-Neuve

Anthologie des voyageurs français 1814-1914

A mon collègue
Olaf Janzen,

Ron Rompkey

le 18 septembre 2004

les
PUR
Presses
Universitaires
Rennes

MÉMOIRE COMMUNE

PRESSES UNIVERSITAIRES DE RENNES

© Presses Universitaires de Rennes
UHB Rennes 2 – Campus de La Harpe
2, rue du doyen Denis-Leroy
35044 Rennes Cedex
www.uhb.fr/pur

Mise en pages: Sandie David

Imprimé en France

Dépôt légal : 1er semestre 2004
ISBN 2-86847-966-9

Avant-propos

À son arrivée à Terre-Neuve en 1861, Maurice Sand se fait les réflexions suivantes dans son journal de voyage : « Dans mon enfance, quand tu me parlais de Terre-Neuve, je confondais toujours l'île avec le banc, et je bâtissais dans ma tête tout un monde de fantaisie. C'était une immense terre de sable à fleur d'eau, peuplée de pêcheurs en vestes brunes et en bonnets rouges comme des Napolitains de théâtre. J'y voyais des Lapons emmitouflés de fourrures, se prélassant dans leurs traîneaux tirés par des chiens cornus ou des rennes en forme de chien et venant faire le commerce des pelleteries dans les villages entourés de carrés de choux et de pommes de terre ». Avec notre perspective contemporaine, nous ne devons pas nous étonner de ces fantaisies : depuis le XVIIe siècle, en effet, l'idée que les Français se faisaient de Terre-Neuve avait été celui exprimée dans *L'Encyclopédie* de Diderot (1751) : une île située sur la côte orientale de l'Amérique du Nord, où la pêche à la morue, considérée comme inépuisable, prenait des proportions mythiques. Pour citer *L'Encyclopédie*, « Les *morues* sont si abondantes au grand banc de Terre-neuve, qu'un seul homme en prend en un jour trois à quatre cens ».

Mais il existe aussi une autre Terre-Neuve moins connue, une Terre-Neuve construite au fil des années dans les écrits français, fruit des souvenirs d'innombrables voyageurs officiers de marine, diplomates, scientifiques, journalistes et autres visiteurs qui ont interprété la région et son peuple au profit du public français. Après que la Révolution et les guerres de l'Empire aient interrompu pendant vingt-cinq ans l'exercice des droits des pêcheurs français à Terre-Neuve, les Français y sont retournés en grand nombre et y ont trouvé une situation différente de celle qu'ils avaient connue plus tôt. Les habitants de l'île s'étaient multipliés et établis dans les havres le long du « *French Shore* », la partie du littoral nord-ouest de l'île sur laquelle les Français avaient joui d'un droit qu'ils considéraient comme « exclusif ». La paix revenue en 1814, les Français de retour toléreront ces habitants. Durant l'hivernage, période où les conditions du traité les obligeaient rentrer en France, ils confieront la garde de leur matériel à ces insulaires, même si, selon eux, ils se trouvent là illégalement. À cette époque, les récits de voyage et autres évocations de la vie à Terre-Neuve se font plus nombreux. Ils traitent en particulier de l'évolution de Terre-Neuve dans le cadre légal engendré par un nouveau parlement, institué en 1832, et par l'avènement d'un gouvernement dit « responsable » en 1855. Peu à peu, cette situation va amener la France et la Grande-Bretagne à entamer des négociations diplomatiques. Selon A.-M. Berthelot, dans la *Grande Encyclopédie* (1886-1902), « On lui a assez volontiers concédé l'exploitation agricole et minière d'un sol dont la France ne pouvait user ; mais elle a voulu en plus l'usage de la mer […] ».

La présente anthologie, par l'entremise d'extraits choisis, vise les élèves du système scolaire, les étudiants d'université et le grand public. Il veut cerner la perception par les visiteurs français de la gestation de Terre-Neuve de colonie à pays entre le retour des Français et la signature en 1904 d'une entente cordiale par laquelle la France abandonne ses droits historiques aux Anglais. Les auteurs représentent un large éventail de métiers : scientifiques, marins et officiers de marine, journalistes, médecins, artistes, diplomates et géographes. Les extraits sont choisis selon deux critères : la façon dont ils représentent les Terre-Neuviens et leur mode de vie et celle dont ils décrivent la formation de Terre-Neuve comme pays avec ses propres institutions politiques. Vu que ces textes ont été publiés au XIXe siècle, j'ai conservé leurs conventions orthographiques, sauf pour certaines exceptions indiquées entre crochets.

Pour résoudre les diverses difficultés posées par cette tâche, j'ai pu faire appel aux conseils et au soutien de collègues et de collaborateurs qui m'ont généreusement fait profiter de leurs compétences. Je m'en voudrais donc de ne pas exprimer ma vive reconnaissance à Johanna Anrig, Maurice Basque, Jean-François Brière, Nelson Cazeils, Marie-Hélène Desjardins, Yves Duboys Fresney, Françoise Enguehard, Bernard Fournier, Aliette Geistdoerfer, Eva-Christa Heimer, Roland Le Huenen, Scott Jamieson, Raymonde Litalien, Robert Mahl, Jean-Pierre Martin, François Moureau, Robert Pichette, Joan Ritcey, Yannick Romieux, Mary Jane Starr, Anne Thareau, Gerald Thomas, Edward Tompkins, Laurier Turgeon, et Michael Wilkshire. J'ai compté énormément sur le service de prêt inter-bibliothèques et sur la collection de documents en français conservée au Centre d'études Terre-Neuviennes de la Bibliothèque Reine Élisabeth II de l'Université Memorial de Terre-Neuve.

Je veux aussi remercier Elsa Raucoules et Michel Savard pour leur aide à la rédaction ; Charles Conway, du laboratoire cartographique de l'Université Memorial, pour la production des cartes ; Manfred Buchheit pour la production des photos d'archives ; ainsi que Geneviève Lacroix et Claire Magimel, qui m'ont hébergé pendant deux périodes de recherche à Paris. Finalement, j'aimerais exprimer toute ma reconnaissance au Conseil de recherches en sciences humaines du Canada, dont les fonds sont administrés par le Vice-President (Academic) de l'Université Memorial, ainsi qu'à la Fondation J.-R. Smallwood, qui m'ont accordé les subventions grâce auxquelles j'ai pu mener mes recherches en France.

Ronald Rompkey
Département d'études anglaises
Université Memorial
St. John's, Terre-Neuve.

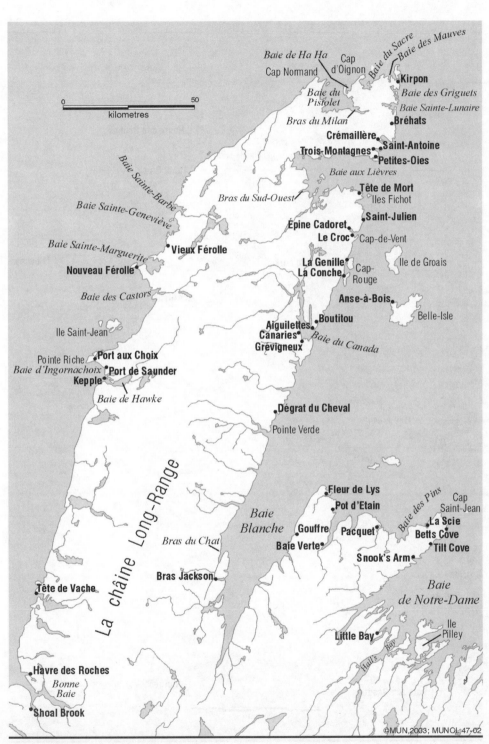

La côte française du nord

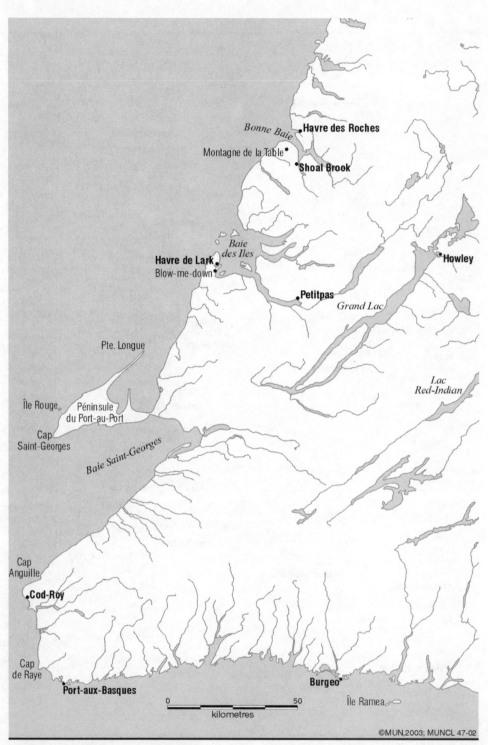

Bonne Baie **Havre des Roches**

Montagne de la Table•

•**Shoal Brook**

Baie des Îles

Havre de Lark•
Blow-me-down•

•**Howley**

•**Petitpas**

Grand Lac

Pte. Longue

Lac Red-Indian

Île Rouge

Péninsule du Port-au-Port

Cap Saint-Georges

Baie Saint-Georges

Cap Anguille

•**Cod-Roy**

Cap de Raye

Port-aux-Basques

Burgeo•

Île Ramea

0 _____ 50
kilomètres

©MUN,2003; MUNCL 47-02

La côte française du sud

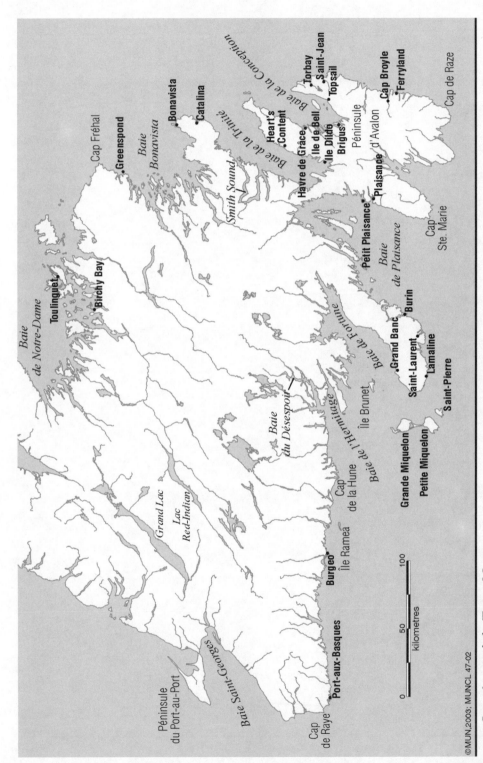

La côte sud de Terre-Neuve

©MUN,2003: MUNCL 47-02

INTRODUCTION

Les conséquences diplomatiques du traité d'Utrecht

Nous sommes en 1713. En signant le traité d'Utrecht, la France abandonne d'un trait de plume l'Acadie, les territoires de la baie d'Hudson et l'île de Terre-Neuve, les cédant en toute propriété à l'Angleterre. Ce faisant, les négociateurs français ont quand même voulu atténuer le coup porté aux pêcheurs de morue français qui avaient des installations à Terre-Neuve depuis deux siècles en revendiquant pour eux le droit de continuer la pêche et le séchage du poisson sur une partie des côtes. C'est ainsi que les Anglais concéderons aux Français certains droits sur les côtes nord et ouest de l'île, entre le cap Bonavista et la pointe Riche. Sur ce littoral baptisé « *French Shore* » (côte française), l'article XIII du traité reconnaît aux Français le droit d'installer les échafauds et les cabanes nécessaires pour sécher le poisson ; toutefois, ils ne peuvent ni fortifier la côte, ni y habiter en dehors de la saison de la pêche.

Cinquante ans plus tard, le traité de Paris enlèvera aux Français le Canada, l'île du Cap-Breton et la partie occidentale de la vallée du Mississippi. La pêche française est interdite sur les côtes du Canada, mais les droits sur le *French Shore* sont maintenus et confirmés, tandis que l'archipel de Saint-Pierre-et-Miquelon est rétrocédé pour servir de point de ravitaillement. Le traité de Versailles (1783) aborde de nouveau la question du *French Shore*, élucidant certains points afin de fixer définitivement les droits respectifs des Anglais et des Français à Terre-Neuve. Cette fois, on enlève aux pêcheurs français la partie de la côte située entre le cap Bonavista et le cap Saint-Jean, pour y substituer toute la côte ouest jusqu'au cap Raye. Autrement dit, le *French Shore* s'étendra désormais du cap Saint-Jean au cap Raye.

Pendant la Révolution et le Premier Empire, les Français vont délaisser le *French Shore*. Ce n'est qu'en 1815 que la France reprend pour de bon possession de sa colonie à Saint-Pierre-et-Miquelon et de ses pêcheries traditionnelles à Terre-Neuve. C'est à ce moment, avec le retour des flottilles françaises, que nous lions connaissance avec les premiers écrivains français à s'intéresser à la vie à Terre-Neuve. Pour mieux comprendre le contexte de leurs commentaires, il convient d'abord de résumer les bouleversements politiques de la société où ils vivaient.

Les fluctuations politiques en France à partir du congrès de Vienne

Notre premier écrivain, Bachelot de La Pylaie, arrive en 1816. Juste auparavant, entre novembre 1814 et juin 1815, le congrès de Vienne avait réglé le sort des territoires libérés de l'invasion napoléonienne. Les Bourbons, remis sur le Trône en 1814, allaient gouverner la France jusqu'en 1830[1]. Louis XVIII, premier de la dynastie, aspire à réconcilier la France révolutionnaire et impériale avec la monarchie traditionnelle, et dans un esprit de pacification, il promulgue en 1814 une constitution qui fonde un régime de monarchie constitutionnelle, rejetant du même coup le drapeau tricolore et rétablissant le drapeau blanc de la royauté. Louis XVIII régnera jusqu'à sa mort, en 1824. Mais lorsque son frère, le comte d'Artois, lui succède sous le nom de Charles X, les mouvements de révolte ont déjà commencé. En trois jours, les 27, 28 et 29 juillet 1830, la Révolution populaire de juillet chasse de Paris les troupes du roi. Charles X abdique en faveur du duc de Bordeaux, fils du duc de Berry assassiné, et s'exile en Angleterre. En août, Louis-Philippe, chef de la branche cadette des Bourbons, accepte de prendre les rênes du royaume, installant son gouvernement à l'Hôtel de Ville de Paris, quartier général des Républicains, et rétablissant le drapeau tricolore.

La Monarchie de juillet, qui durera dix-huit ans, consacrera le triomphe de la haute bourgeoisie et fera face à une forte opposition. Les Légitimistes et les Bonapartistes refusent de se rallier à Louis-Philippe, qui survivra à de nombreux attentats. Mais ce sont les Républicains qui demeurent les plus redoutables. Organisés en sociétés secrètes, ils sont derrière plusieurs insurrections. Au cours d'une manifestation à Paris le 22 février 1848, quelques incidents éclatent dans les rues, et le 24 février, Paris est de nouveau la scène d'une révolution. Le roi abdique en faveur de son petit-fils, le comte de Paris, alors âgé de dix ans, et s'enfuit en Angleterre. Le jour suivant, la France est redevenue une république. C'est vers cette époque que le prince de Joinville, troisième fils de Louis-Philippe, rend visite à Terre-Neuve comme officier de marine et que le chirurgien C.-J.-A. Carpon y rassemble des observations personnelles pour la rédaction de la première étude approfondie de la vie locale, *Voyage à Terre-Neuve*, publié en 1852.

Formé le 25 février 1848, un gouvernement provisoire refuse de reconnaître le comte de Paris, proclame la République et décrète en avril l'élection d'une assemblée constituante. Cinq candidats se présentent au scrutin présidentiel du 10 décembre 1848, dont un député inconnu, Louis-Napoléon Bonaparte, mais espoir et confiance seront toutefois de courte durée. La Révolution de 1848 a transformé en catastrophe la crise économique et financière qui sévissait depuis 1847, à tel point que, moins de quatre ans après sa proclamation, la Seconde République périt comme la Première, victime d'un coup d'état bonapartiste. L'élection de Louis-Napoléon Bonaparte à la présidence de la République en décembre 1848 et celle de l'Assemblée législative en mai 1849 donnent le pouvoir aux adversaires du régime républicain. Par le coup d'état du 2 décembre 1851, Louis-Napoléon dissout l'assemblée et rétablit le suffrage universel. Un an après, le Prince-Président se proclame empereur sous le nom de Napoléon III.

La Constitution de janvier 1852 donne au chef de l'état un pouvoir presque absolu et, jusqu'en 1860, l'Empire vivra sous un régime dictatorial. Cependant, par une série de concessions en 1860, 1867 et 1870, il se libéralisera peu à peu. Le Second Empire est aussi une époque d'activité économique fébrile, favorisée par le développement des

---

1. La succession des chefs d'état en France est discuté par Pascal Arnoux dans son *Histoire des rois de France et des chefs d'état* et par Francis Demier dans *La France du XIXᵉ siècle, 1814-1914*.

banques, des sociétés anonymes et des moyens de transport, ainsi que par l'établissement du libre-échange. Les consulats fondés en Amérique du Nord, dont un à Saint-Jean de Terre-Neuve, sont aussi des leviers importants de la politique commerciale et économique de Louis-Napoléon. Des stations navales chargées de la surveillance des intérêts nationaux patrouillent les océans, et ce réseau de vaisseaux de guerre couvre notamment les Antilles, les côtes de la Guyane et Cuba. Enfin, comme on le verra dans les récits du prince de Joinville et l'officier de marine de la Roncière Le Noury, la station de Terre-Neuve protège les pêcheries du *French Shore* et des côtes américaines.

En 1870, Louis-Napoléon déclare la guerre à la Prusse. Sans allié, inférieur militairement, il connaît en septembre une défaite rapide à Sedan, dans les Ardennes, et le régime ne survit pas à la capture de l'empereur. Prisonnier de guerre, puis libéré, Louis-Napoléon s'exile en Angleterre, où il meurt en 1873. La mort de Louis-Napoléon marque la fin des gouvernements monarchistes et le début de la Troisième République. Le gouvernement parlementaire verra se succéder une série de présidents jusqu'en 1904, date de la fin de l'accord diplomatique entre la France et la Grande-Bretagne sur la grande pêche à Terre-Neuve. En presqu'un siècle de transformations profondes, à travers la succession des régimes politiques qui aboutit à l'épanouissement du modèle républicain, la France sera passée de l'Ancien Régime à la modernité. Ce siècle aura vu la révolution industrielle, l'urbanisation, l'affirmation de la bourgeoisie d'affaires et la naissance du prolétariat. Le siècle aura aussi été celui de l'affaiblissement du christianisme et de la montée du pouvoir laïque républicain dans un formidable bouillonnement intellectuel et créatif qui engendrera le romantisme, le positivisme, le symbolisme, l'impressionnisme et l'art nouveau.

Les textes choisis et leurs propos

Revenons maintenant à nos écrivains. En premier lieu, on rencontrera les naturalistes et les médecins de la Restauration et de la monarchie de juillet, influencés par Carl von Linné. Dans son *Systema naturae* (1758), ce botaniste et médecin suédois avait proposé une méthode de classification des végétaux et des animaux qui est toujours employée de nos jours. Il a fait ses premiers voyages scientifiques en Suède et en a publié les résultats dans divers comptes rendus. Puis, il a envoyé ses disciples recueillir des spécimens aux quatre coins du monde et noter leurs observations. La plupart de ces explorateurs, jusqu'au milieu du dix-neuvième siècle, auront été des naturalistes voyageant seuls pour revenir de leurs périples chargés d'espèces jusqu'alors inconnues d'animaux exotiques, de graines et de plantes en pots[2].

À Terre-Neuve, le premier scientifique de la tradition linnéenne (exception faite des missionnaires moraves du Labrador) fut Joseph Banks, naturaliste, botaniste et explorateur anglais, qui a visité Terre-Neuve et le Labrador pendant le printemps, l'été et l'automne de 1766[3]. Plus tard, Banks allait accompagner le capitaine James Cook dans son premier voyage d'exploration autour du monde à bord de l'*Endeavour* (1768-1771). « Il se chargea seul de tous les frais qu'exigeraient les collections d'histoire naturelle », écrit le grand naturaliste Georges Cuvier. « Il engagea aussi à ses propres frais, pour s'en faire

---

2. Voir Jean-Marc Drouin, « De Linné à Darwin : les voyageurs naturalistes », p. 321-335 ; C. Forget, *Médecine navale* [...], vol. 1, p. 53 ; Pierre Huard et Ming Wong, « Bio-bibliographie de quelques médecins naturalistes voyageurs de la marine au début du XIXᵉ siècle », p. 163-217.
3. Voir A.M. Lysaght, *Joseph Banks in Newfoundland and Labrador* [...].

aider, un autre naturaliste, nommé Daniel Solander : c'était un Suédois, élève de Linnæus, qui était né dans la province de Nordland en 1736[4] ». Banks rapporta de ses voyages un important matériel d'étude et de riches collections d'histoire naturelle et joua un rôle certain dans le développement de la botanique en Grande-Bretagne.

Bachelot de La Pylaie fut le premier naturaliste français à visiter Terre-Neuve. Il y fit deux voyages, en 1816 et en 1819, au cours desquels il recueillit une ample moisson de spécimens et d'observation. Il écrivit, « La botanique m'a offert un millier d'espèces ; la zoologie vingt-quatre Mammifères, soixante-dix Oiseaux, trente-quatre Poissons, quarante-six Mollusques, quatorze Annélides, soixante Insectes, trente-quatre Zoophytes et Acalèphes, enfin vingt et un Polypes et Polypiers. J'ai retrouvé sur cette île le beau Feldspath du Labrador, des roches amygdaloïdes rejetées sur certaines parties de la côte, des rochers de Granit et de Gneiss, des roches siliceuses, enfin une Chaux carbonatée contenant des Ammonites, vis-à-vis l'embouchure seulement du fleuve Saint-Laurent[5]. » Faute de soutien du gouvernement, il aura été obligé de limiter ses recherches, à cause de ses ressources limitées. Ceci dit, il a quand même enrichi les galeries du Muséum d'histoire naturelle en y apportant divers objets nouveaux pour la science et divers autres qui venaient compléter certaines collections. Il a aussi été à l'origine de la création d'un herbier où figure une série d'algues d'eau salée et d'eau douce, dont la préparation soignée a éclipsé en intérêt tout ce que l'établissement possédait en ce genre. Nous parlerons d'abord de sa tentative de décrire la végétation des bords de la rivière qui se jette dans la baie aux Lièvres, publiée dans les *Mémoires de la Société linnéenne*, ainsi que de ses observations de la baie Saint-Georges.

Notre attention se portera aussi sur Jean-Jacques Bergeron, chirurgien de marine intéressé par les propriétés curatives des plantes, qui a publié de 1817 à 1820, dans les *Annales maritimes et coloniales*, la nomenclature des spécimens d'histoire naturelle prélevés le long des côtes d'Afrique, au Sénégal, en Guyane, aux Antilles et aux États-Unis. Ce périodique, autorisé sous les auspices du ministère de la Marine, a été publié de 1816 jusqu'au 31 décembre 1847. Dans la première partie, on trouvait les lois, règlements et instructions ministérielles relatifs au service des administrations maritimes, ainsi qu'un état des mouvements du personnel militaire et civil. La seconde, qui concerne Terre-Neuve par endroits, était une sorte de mémoire encyclopédique où le marin trouvait non seulement divers renseignements liés à son métier, mais aussi toutes sortes de connaissances accessoires, telles que l'art militaire, la géographie, l'hygiène navale, l'histoire des peuples et l'histoire naturelle. Les découvertes hydrographiques y sont mentionnées, et une section particulière est réservée aux questions coloniales.

Nous pouvons aussi découvrir l'histoire naturelle de Terre-Neuve dans les notes d'un autre linnéen, le chirurgien Philippe Michelet, qui a pris la relève de Bachelot de La Pylaie dans son commentaire sur les plantes curatives trouvées sur la côte ouest. Michelet, modeste, décrit ses observations comme étant de « peu d'intérêt » en comparaison de celles du célèbre naturaliste. Il reste néanmoins motivé par les fins médicales qu'il vise à travers les siennes. Il était en effet passionné par l'étude des plantes curatives utilisées par les autochtones (« Canadiens ») de la côte ouest, où il écrit avoir rencontré « un vieux matelot de Saint-Malo » surpris par les événements de la Révolution de juillet. Un de nos

---

4. George Cuvier, *Histoire des sciences naturelles* [...], vol. 5, p. 104-105.
5. A.-J.-M. Bachelot de La Pylaie, « Quelques observations sur les productions de l'île de Terre-Neuve [...] », p. 175.

autres naturalistes voyageurs, John James Audubon, sera de passage plus tard à Terre-Neuve pour étudier et peindre les oiseaux du Labrador.

La deuxième portion des *Annales maritimes et coloniales*, où étaient souvent relatés des récits de voyages et d'explorations sur les côtes lointaines, avait pour but d'exciter l'intérêt de l'homme de mer ainsi que celui du savant, du négociant, de l'armateur et du citoyen du monde. On y trouvait, par exemple, des récits de naufrage comme celui *La Nathalie*, signé par le second du navire, Gaud Houiste, naufragé du 29 mai au 17 juin 1826, mais écrit par Jean-Louis Daniel. Ce dernier fera par la suite paraître une version romancée du récit, l'embellissant en robinsonnade. Son ouvrage appartient à la tradition romantique et sentimentale, type de récit qui connaissait une grande faveur avec la vogue du roman à frissons. Selon Alain Corbin, entre 1815 et 1840 le récit de naufrage était à la mode[6]. Le récit de Daniel cadrait donc avec le genre (quelques malheureux doivent assurer leur survie avant d'être recueillis par de généreux étrangers) mais était cette fois-ci relaté par un « témoin » sauvé de sa ruine parmi les glaces. « L'intérêt, sans doute, disparaîtrait, écrit Daniel, si l'on soupçonnait un moment que, sur quelques faits réels, l'imagination a voulu bâtir un roman[7] ». On peut imaginer que le lecteur se délectait de la solitude où étaient plongés les malheureux abandonnés à leur sort et à leurs propres ressources, à la manière de Robinson Crusoé.

Les écrivains français semblent aussi avoir été frappés par la chasse aux phoques, à laquelle ils n'étaient pas autorisés à participer. À leurs yeux, la chasse est d'une brutalité sanguinaire : pour utiliser l'expression du lieutenant de vaisseau Ernest-Ange Marquer en 1884, c'était comme un croque-mitaine sur le seuil d'une pouponnière. Les femelles mettaient bas sur la glace au printemps. Elles partaient pêcher dès l'aurore mais savaient retrouver leurs petits, même si la banquise où ils étaient nichés était entraînée fort loin, les reconnaissant parmi des milliers du même âge. Face à la menace humaine, les jeunes phoques effrayés remplissaient l'air de leurs vagissements plaintifs. Ainsi, Marquer peint avec une forte émotion le spectacle de ces mères errantes qui, de retour à leurs nids, s'abandonnent « à un désespoir touchant » en ne retrouvant de leurs petits que des carcasses palpitantes.

Un deuxième thème, celui de la concurrence internationale et des conditions de travail liées à l'industrie de la pêche, attire notre attention sur l'augmentation du nombre de pêcheurs dans l'Atlantique nord. C'est le prince de Joinville, après sa visite en 1841, qui soulève de nouveau la question de l'administration internationale de la pêche, en particulier dans la foulée de l'avènement d'un gouvernement parlementaire à Terre-Neuve en 1832. Il écrit :

> Aussitôt il fallut aux courtiers électoraux une plate-forme populaire à sensation, et cette plate-forme est devenue tout de suite quelque chose comme l'irrédentisme italien, la revendication du sol national avec ses droits : *Terre-Neuve aux Terre-Neuviens*! Là est toute la question de Terre-Neuve. Localement, personne ne s'en soucie, mais dans la presse et sur le terrain de la fantasmagorie électorale, elle a mis le feu aux passions et pourra très bien un jour engendrer des ruines et faire couler du sang[8].

---

6. Alain Corbin, *Le territoire du vide*, p. 275.
7. Gaud Houiste, avant-propos du *Naufrage du navire la Nathalie*, p. 6. Voir aussi Louis Bailleul, *Le jeune naufragé dans la mer de glace*.
8. [François-Ferdinand-Philippe-Louis-Marie, Prince de Joinville], *Vieux souvenirs*, p. 239.

L'article qui traite le plus amplement de ce sujet est celui du journaliste libéral Henri-Émile Chevalier, exilé pour ses activités anti-bonapartistes, qui profita de l'amnistie accordée par Napoléon III en 1860. Chevalier commence son examen de Terre-Neuve ailleurs que sur la côte ouest. Arrivé à Saint-Jean en 1853, il la trouve « la plus poissonneuse des capitales modernes ». Plus intéressant pour Chevalier, cependant, est le coût d'un plat de poisson, compte tenu de l'investissement humain qu'il nécessite. Il est impressionné, aussi, par la fécondité des morues et par la quantité prodigieuse d'œufs que portent leurs femelles. De plus, dans des conditions difficiles à bord d'une goélette anglaise, il décrit pour le lecteur les diverses techniques de pêche pratiquées en haute mer.

Le deuxième auteur de notre recueil, l'enseigne de vaisseau François Leconte, aborde d'emblée la troisième préoccupation de nos écrivains français : les mœurs des divers peuples autochtones de Terre-Neuve (« les sauvages ») et l'accroissement de la petite population européenne installée sur la côte ouest. François Cornette de Venancourt aborde aussi ce sujet dans les *Annales maritimes et coloniales*, spéculant sur l'existence des Béothuks, ou « Peaux Rouges », considérés éteints à cette époque. Eugène Ney, fils du célèbre maréchal napoléonien, exploite le thème plus en profondeur. Il décrit sa rencontre avec deux Indiens chargés par William Epps Cormack, président de la Boeothick Institution de Saint-Jean, de trouver le lieu de retraite des Béothuks et de déterminer leur population afin d'établir avec eux des relations amicales. De son côté, Philippe Michelet nous donne les premières observations sur la vie des Micmacs de la baie Saint-Georges, décrivant notamment l'état de leur dentition, leur hygiène, leur malpropreté, leur façon de vêtir leurs enfants et leur connaissance des plantes curatives. Il est aussi fasciné par la ferveur de leur catholicisme. En 1880, Henri Jouan, officier de marine à la retraite, s'intéresse lui aussi à la question du nombre de Béothuks encore vivants, et il conclut que les rares survivants, pour éviter d'être massacrés par les Terre-Neuviens et les Micmacs, se seront enfuis au Labrador en traversant le détroit de Belle-Isle.

Constant-Jean-Antoine Carpon, chirurgien du commerce, a pratiqué à Terre-Neuve pendant vingt-cinq ans et aura sans doute été à cette époque l'observateur des Terre-Neuviens le plus expérimenté. Son ouvrage *Voyage à Terre-Neuve* (1852) reprend toutes les observations des années précédentes. C'est Carpon, par exemple, qui expose avec le plus de détails la mode de vie des gens qui ont commencé à peupler la côte ouest, ainsi que les rapports entre les capitaines français et les « gardiens », ces habitants permanents qu'ils chargeaient de la protection de leurs établissements en hiver. « Quand on a reconnu des surveillants dignes de confiance, écrit-il, on leur laisse, avant le départ, des provisions de toute espèce : beurre, graisse, lard, farine, biscuit, cidre, vin, eau-de-vie, lignes et filets. Ce grand approvisionnement, joint à leur chasse journalière, les met à même de bien passer l'hiver ». Carpon s'intéresse aussi aux traditions de mariage des colons, ainsi qu'aux autres coutumes dans les havres entièrement coupés de Saint-Jean par la distance. Comme il pouvait communiquer avec eux en anglais, il était bien au fait des mœurs des Européens et des autochtones. Son *Voyage à Terre-Neuve*, recueil d'observations exotiques et de « notions curieuses », s'adresse à un grand public friand de faits divers et d'anecdotes.

N. O'Brig, sans doute un autre officier de marine, s'est inspiré de Carpon dans une certaine mesure pour rédiger un article condescendant sur les Terre-Neuviens, publié en 1858 dans *L'Illustration*. O'Brig trouve les Terre-Neuviens heureux « dans leur petite sphère », et il est le premier à mentionner le « *Jackotar* », produit du métissage entre

Acadiens immigrés et Micmacs. « Il parle un français hybride comme lui, dit-il, qu'il *accentue* en allongeant les voyelles, et il abuse de certaines inflexions de voix qui semblent empruntées à des dialectes du nord de la France ». La situation des Acadiens, dont la population de la baie Saint-Georges est estimée à environ un millier d'âmes, est traité aussi par Edmé Rameau, un autre écrivain opposé à Louis-Napoléon et condamné à la prison, dans son ouvrage *La France aux colonies* (1859).

Après Carpon, l'étude la plus complète des mœurs et des institutions de Terre-Neuve a été rédigée par le comte de Gobineau. Légitimiste, Gobineau était en 1849 chef du cabinet d'Alexis de Tocqueville. En 1859, il a passé quelques mois à Terre-Neuve comme membre d'une commission internationale chargée de statuer sur l'interprétation des droits de pêche français. C'est pourquoi son *Voyage à Terre-Neuve* (1861) propose les observations les plus perspicaces de tous les visiteurs français au XIXe siècle. À son arrivée, le *French Shore* n'était plus français, mais peuplé « d'environ quinze cents habitants qui se sont graduellement emparés de cette place », les dames et les jeunes demoiselles en chapeaux, l'ombrelle à la main. Gobineau qualifie cette communauté en situation « illégale » de « petite Arcadie », une société aux mœurs simples et pures, produisant une sorte de bonheur placide et monotone. Dans cette société, le seul détenteur du pouvoir était le commandant de la Station navale française, car ces colons vivaient sans magistrat ni gendarme. Pourtant, selon Gobineau, « ce sont les plus honnêtes gens du monde ». Quant aux autorités installées à Saint-Jean, dotées depuis 1855 d'un système de gouvernement « responsable », il respecte leur désir d'indépendance et les bonnes relations qu'elles entretiennent avec les Français. Il reconnaît aussi le rôle de l'Église dans la vie politique et soulève la possibilité de l'union des colonies anglaises d'Amérique du Nord, ce qui modifierait considérablement l'avenir de Terre-Neuve et ses relations avec les Français.

En 1867, année de la Confédération canadienne, la vulnérabilité éprouvée par les Français face au risque d'un changement politique à Terre-Neuve est reprise par le lieutenant de vaisseau Édouard-Polydore Vanéechout (sous le nom Édouard du Hailly) de la Station navale, dans un article paru dans la *Revue des deux mondes*. Vanéechout est frappé par la condition des colons qu'il a rencontrés sur la côte ouest et qu'il nomme les « enfants perdus de la race anglo-saxonne ». Il est fasciné par le fait qu'ils vivent une existence primitive, sans « un semblant d'autorité ou d'organisation quelconque ». Et il confirme le service rendu par l'aumônier de la flotte française à une population sans prêtre. « De plus le hasard avait fait que pendant plusieurs campagnes successives nous n'avions envoyé à Terre-Neuve que des bâtiments de guerre non pourvus d'aumôniers, dit-il, de sorte que, partout où nous nous arrêtions, notre pauvre abbé se trouvait en présence d'un formidable arrière de liquidation ». Les périls d'un changement politique et la question des droits français en Amérique du Nord après la Confédération canadienne sont aussi soulevés par Olivier de Carné (sous la signature Olivier de Ceinmar) dans un article du *Correspondant* que l'on peut qualifier de rationaliste. En examinant la question d'un droit « exclusif » de la France sur le *French Shore*, Carné observe que Terre-Neuve ne fait toujours pas partie de la Confédération. Il n'en appelle pas moins à la nécessité de résoudre la question avant que le fait accompli ne vienne la compliquer, en particulier parce que la pêche, qui périclitait faute de protection efficace, risquait d'être abandonnée par les armateurs. « Ce qui serait préférable, dit-il, ce serait d'abandonner une partie de nos droits exclusifs, en nous réservant certains lieux de pêche en toute propriété ». Par ce moyen, on perdrait du point de vue du droit, mais on n'arrêterait pas le développement de tout un pays.

Le lieutenant de vaisseau Louis Koenig est un observateur qui apporte une sensibilité esthétique au *French Shore*. Embarqué sur la *Clorinde* en 1885-86 avec pour camarade de bord l'océanographe Julien Thoulet, il rédige une esquisse de la région à cette époque. Koenig nous laissera une collection de dessins des havres visités par la *Clorinde* et un article dans le *Tour du monde* qui reprend l'idée de la côte ouest comme d'une Arcadie. Pour Koenig comme pour les pêcheurs français, être Terre-Neuvien était être soit « Irlandais » soit « Canadien » (Micmac). Il trouve en particulier que les Irlandais, de confession catholique, sont d'un esprit très simple avec « une foi robuste, une conviction extrême poussée souvent jusqu'à l'intolérance ». Même si les prêtres missionnaires de Terre-Neuve ne leur rendent visite que de temps à autre, leur passage est toujours le prétexte de célébrations.

Julien Thoulet donne aussi libre cours à sa nature romantique dans un article, pourtant rédigé dans le cadre d'une mission scientifique, que publiera la *Revue maritime et coloniale* et qui sera par la suite développé dans son petit classique *Un voyage à Terre-Neuve* (1891). Son excursion à Bonne Baie est un autre portrait d'Arcadie. Après avoir rencontré un chef de famille installé dans sa cabane au milieu de la forêt, il se fait philosophe, interprétant sa condition comme un exemple des possibilités de l'individualisme. Pour lui, tout homme a le devoir d'être heureux : « Le jour où, jeune et fort, il sent que la civilisation qui l'entoure va l'écraser et que la misère s'approche, à moins d'être un sot ou un lâche, et dans ce cas il ne mérite point de pitié, écrit-il, il n'a qu'à ceindre ses reins et à marcher, droit devant lui, jusqu'au premier coin de terre inculte et inhabité ». Doué d'imagination artistique, il est captivé, comme tous les visiteurs français, par le passage des glaces flottantes, qui « charme, étonne et effraie tout à la fois ». Il décrit ces immenses sculptures de glace composées de strates azurées, disposées parallèlement, et percées de trous, de creux, et de cavernes où la lumière dessine « des ombres d'une incomparable douceur ». Il raconte aussi avec humour, mais sans renier sa formation classique, les batailles contre les redoutables moustiques dont tous les Français se plaignaient. Par ailleurs, sa rencontre avec les morts du cimetière à l'Anse-à-Bois lui est un prétexte de réflexions existentielles sur le sens de la vie et de la mort. Thoulet est suivi dans notre recueil par André Salles, qui ajoute son propre hymne à la gloire du pittoresque sur le *French Shore* dans un article que publie *L'Annuaire du Club alpin français* en 1890.

Au fil du XIXe siècle, les Français deviennent de plus en plus curieux d'un quatrième sujet : la ville de Saint-Jean, capitale de la colonie. Eugène Ney décrit la ville quand elle ne compte que 11 000 habitants. Après l'attribution à Terre-Neuve du statut de colonie, en 1824, c'est dans cette ville que siégeait un gouvernement colonial à la tête duquel, selon Ney, le gouverneur Thomas Cochrane étalait « un grand luxe » et reproduisait « en petit » la cour du roi d'Angleterre. À l'arrivée de Bénédict-Henry Révoil en 1849, la ville s'est agrandie. Après un banquet chez le gouverneur John LeMarchant, Révoil assiste à un bal aux environs du fort Townsend, caserne de la compagnie de l'armée britannique qui assure la protection de la ville. Le baron Clément de La Roncière Le Noury, qui a pris le commandement de la Division navale de Terre-Neuve, est de passage à Saint-Jean en 1858. Invité chez le gouverneur Alexander Bannerman, il arrive en grande pompe mais trouve son hôte complètement ivre. Bannerman avait l'habitude, dit-on, de se griser une fois par jour les jours pairs, deux fois par jour les jours impairs, et toute la journée le dimanche, « afin de mieux le sanctifier, selon la mode anglaise » ! En outre il ne parlait pas un mot de français.

De tous les livres qui décrivent Saint-Jean, le plus amusant est *Terre-Neuve et les Terre-Neuviennes* (1886), du jeune Henri de La Chaume, attaché au commerce du vice-consul de France de 1882 à 1883. De La Chaume jette un regard toujours ironique sur les habitudes et prétentions de la petite société coloniale, allant au cœur de l'esprit des Terre-Neuviens et y explorant la naissance d'une nouvelle conscience, celle d'eux-mêmes. De La Chaume comprenait bien la variabilité du climat à Terre-Neuve et les explications qu'en donnaient les Terre-Neuviens. Il nous présente avec condescendance le mode de vie et l'aspect courtisan de la petite bourgeoisie de Saint-Jean. Avec sa connaissance des malheurs du clergé en France au XIXᵉ siècle, il est fasciné de constater l'influence politique du clergé de toutes les confessions, en particulier celle de l'évêque catholique de Saint-Jean, Thomas Joseph Power. « C'est qu'à Terre-Neuve le rôle de l'évêque catholique est un grand rôle », nous informe-t-il. « Il est le suprême directeur des couvents et collèges où la jeune génération de l'île va chercher des idées d'études, jusque-là tout à fait étrangères aux indigènes ». Il est également intéressé par la multiplication des organisations de non-buveurs un peu partout sur le continent nord-américain. Enfin, il trouve les prêtres plus tolérants qu'ailleurs et remarque que la bonne entente règne au sein d'une population mi-catholique, mi-protestante. Et il comprend bien les fondements de la religion et du conservatisme à Saint-Jean. Les hommes sont plutôt ignorants, explique-t-il, et n'ont pas l'idée d'employer leur intelligence à penser, tandis que les femmes, en revanche, ont l'esprit plus cultivé. Il s'intéresse aussi à la construction du chemin de fer, symbole de la « politique du progrès » promulguée par le gouvernement qui facilitera l'exploitation des forêts et des mines de l'intérieur de l'île.

En 1890, l'anarchiste Élisée Reclus, exilé à la suite du coup d'état de 1851, abordera dans sa *Nouvelle géographie universelle* un cinquième thème, celui du progrès industriel à Terre-Neuve. Reclus y discute de la question du refus de Terre-Neuve d'entrer dans la Confédération canadienne. Cependant, selon lui, la question de l'annexion au Canada restait toujours « ouverte », et l'on ne cessait de la débattre, sous une forme ou sous une autre. C'est lui aussi qui rend compte de la situation des francophones de la région vers 1890, aux îles Saint-Pierre-et-Miquelon, évidemment, bien qu'il présume qu'ils vivent aussi sur la côte voisine, ainsi que dans la péninsule d'Avalon. Il reconnaît qu'il y a une communauté de francophones à la baie Saint-Georges et qu'on peut en rencontrer sur le *French Shore* pendant la saison de pêche. Il manque cependant de statistiques pour appuyer ses dires, et il perpétue aussi les mythes des « amiraux de la pêche » pour expliquer la lenteur de la colonisation de l'île. Mais plus importante, il relève des signes du nouveau nationalisme Terre-Neuvien : l'exportation d'autres espèces de poisson que la morue, l'adoption en 1888 d'une loi qui interdit l'exportation de « boëtte » (appâts de poisson) à Saint-Pierre-et-Miquelon en compensation pour l'impact de la prime accordée aux Français [9], ainsi que la croissance d'autres villes en dehors de Saint-Jean. Il remarque aussi le début de l'industrie minière sur le littoral de la baie de Notre-Dame, qui vise l'exploitation des gisements de cuivre, en particulier autour de Tilt Cove. Les officiers de marine nous informent aussi des progrès de l'industrie de transformation de la baleine en produits commerciaux à St. Lawrence et de la reproduction artificielle de la morue au laboratoire maritime de Dildo.

9. Les événements entourant le passage du « Bait Act » sont bien discuté par Charles Laroche dans « La question de Terre-Neuve », p. 507-523.

Par ailleurs, les médecins de la Station navale mentionnent de graves problèmes de santé publique, causés en particulier par la tuberculose. Dans son rapport de la campagne de 1890, cité par deux de nos auteurs, le docteur Aristide-Pierre-Marie Jan se déclare impressionné par l'hygiène qui règne à l'hôpital de Saint-Jean mais se dit inquiet des conditions dans lesquelles vivent les habitants de la côte ouest. Souvent mal nourris et vivant dans l'atmosphère délétère d'une cabane surchauffée, les femmes et les enfants en particulier tombent aisément victimes de maladies physiologiques. Jan raconte notamment ce qui suit : Il m'a été donné de soigner plusieurs femmes atteintes d'affections utérines, conséquences fatales d'un accouchement opéré sans précautions, et presque toujours suivi d'un repos insuffisant. Les enfants que ces femmes nourrissent restent très anémiés pendant leur plus bas âge, beaucoup meurent d'athrepsie, et dans la lutte au jour le jour que les autres soutiennent contre la misère, ils n'atteignent que péniblement un développement physique normal [10].

Ayant eu l'occasion d'examiner de nombreux enfants dans les villages du *French Shore* à différents stades de leur développement, Jan a diagnostiqué beaucoup plus de cas de scrofule que la normale. Devant l'hypothèse qu'il s'agirait là de symptômes héréditaires des candidats à la tuberculose, il se demande si leur aspect anémique ne pointe pas plutôt vers une alimentation déficiente et les rigueurs des longs hivers dans une atmosphère confinée.

C'est Georges-Benjamin-Edouard Martine, médecin-major pendant la campagne de pêche en 1892, qui a lancé dans les *Archives de médecine navale et coloniale* un avertissement formel à propos du risque pour Terre-Neuve d'une épidémie de tuberculose, dont la nature microbienne avait été formellement démontrée en 1882. Autrement dit, pour les médecins de la station navale, les mœurs des Terre-Neuviens plutôt que le climat sont au premier chef responsables de la tuberculose : sevrage prématuré, allaitement artificiel au biberon, séjours prolongés dans des maisons surchauffées, encombrées et à l'air confiné, alimentation déficiente et manque d'exercice au grand air. Les mêmes conditions seront soulignées par les médecins locaux pendant cinquante ans, période où la tuberculose deviendra une des principales causes de mortalité. De plus, avant que soient connus les effets des carences vitaminiques, Martine en décrit les symptômes : anémie accompagnée de pâleur, de « flueurs » blanches, de troubles dyspeptiques, de dysménorrhée, de névralgies, et ainsi de suite. « L'anémie, écrit-il, est ici le premier degré latent de ce long drame qui mène à la tuberculose et conduit au marasme et à la cachexie ». Les Français considéraient le climat de Terre-Neuve comme une menace ; ainsi, le docteur Martine recommandait d'interdire aux poitrinaires d'être exposés au climat de Terre-Neuve et d'éliminer des équipages tout sujet qui présente des symptômes suspects au stéthoscope. Ses intuitions sont confirmées quelques années plus tard par le docteur Gazeau, qui décrit dans la *Revue maritime* d'autres maladies communes à Terre-Neuve : la mortalité infantile, la diphtérie, les rhumatismes chroniques, la scarlatine et la fièvre typhoïde.

Néanmoins, il y a des signes du progrès industriel. Un tel signe sera marqué par l'atterrage d'un premier câble transatlantique à Terre-Neuve en 1866 et l'établissement d'un réseau de communication entre l'Europe et l'Amérique avec des stations à Terre-Neuve et à Saint-Pierre [11]. La culture des câblistes et la situation à Saint-Pierre sont admirablement esquissées dans l'article amusant de Frédéric Rossel, pionnier de l'industrie

---

10. [Aristide-Pierre-Marie] Jan, « La division navale de Terre-Neuve pendant l'année 1890 », p. 134.

automobile française, dans les *Mémoires de la Société d'émulation de Montbéliard* en 1897, année du 400ᵉ anniversaire du voyage de découverte de Jean Cabot. Ce dernier événement donnait aux Terre-Neuviens une occasion de célébrer leur nouvelle identité en élevant une tour à Saint-Jean, qu'ils nomment la tour Cabot ; accessoirement, l'anniversaire soulèvera une première fois la question de l'emplacement précis du débarquement de Cabot, qui sera le prétexte de plusieurs articles. De ceux-là, celui de Henry Harrisse décrit le plus en profondeur les voyages de Christophe et Ferdinand Colomb et de Jean et Sébastien Cabot, ainsi que les voyages de découverte de l'Amérique du Nord [12]. En 1894, le grand géologue français Louis de Launay commente l'exploitation des mines à Terre-Neuve. À cette époque, la colonie produisait du cuivre, mais on avait en outre commencé à y extraire du pyrite et de faibles quantités de plomb et de nickel. Il y avait aussi des traces d'or, d'antimoine et de fer, ainsi que du charbon et de l'amiante plus à l'ouest.

L'exploitation des mines aura exercé une certaine influence sur les négociations anglo-françaises, selon Wilfrid de Fonvielle, un gauchiste qui avait participé à la Révolution de 1848 et avait été déporté en Algérie après le coup d'état. Fonvielle remarque qu'une nouvelle voie ferrée était construite à travers l'intérieur de Terre-Neuve afin d'y faciliter l'exploitation des richesses minières et végétales, étant donné que la population est répartie le long des côtes. Il s'intéresse en particulier au développement d'une nouvelle industrie de fabrication de pulpe pour le papier en utilisant le pin noir. « En effet, le goût du public pour la basse littérature qu'on exploite généralement dans les journaux est si développé, dit-il, que les directeurs et les éditeurs des volumes à bon marché sont en ce moment menacés par une véritable disette de papier ». Selon Fonvielle, Terre-Neuve connaissait une « grande révolution industrielle » en cette époque où une expédition scientifique avait rattaché l'est de l'Amérique à l'Europe en installant une station télégraphique à Heart's Content. L'industrie minière était encore naissante mais donnait déjà lieu à de fortes exportations. Fonvielle a prévu que la colonie contiendrait des gisements inépuisables de houille et de pétrole. Mais le traité d'Utrecht avait limité la prise de contrôle de l'île par la Grande-Bretagne. « Espèrent-ils tromper l'opinion publique du monde civilisé en torturant les textes avec la triste effronterie dont le *Colonial Office* vient de faire preuve dans l'Afrique australe ? » demande-t-il. La France avait abandonné certaines parties du *French-Shore* et avait reçu « en toute souveraineté à titre de compensation » d'autres parties de la péninsule du nord. Ce fait, dit-il, était passé sous silence pendant les négociations.

Celui qui a décrit avec le plus d'éloquence le nouveau potentiel industriel de Terre-Neuve est sûrement Robert de Caix, chroniqueur au *Journal des débats*, chargé en 1904 d'une mission d'enquête sur le récent traité par lequel les Français abandonnaient pour de bon les droits acquis à la faveur du traité d'Utrecht. À cette époque, Saint-Jean s'était agrandie de façon anarchique, avec des rues qui « montent à cru » les pentes les plus impossibles, sans souci des vides qu'elle laissait partout. Il écrit notamment, « Ici, tout respire la confiance, la certitude d'un avenir plus large. En tenant compte des proportions des ressources de ce pays, on peut dire que Terre-Neuve bénéficie depuis quelques années de ce qu'on appelle, de ce côté de l'Atlantique, un *boom* ». Selon Caix, l'heure est à l'optimisme. La pêche de la morue, ainsi que la chasse aux phoques et à la baleine, sont florissantes. Les récents progrès scientifiques ont amené les chambres frigorifiques où

---

11. Voir à ce sujet « Du *Great-Eastern*, le plus grand navire du monde [...] », p. 110-120, et A. Delamarche, *Éléments de télégraphie sous-marine*.
12. Henry Harrisse, *L'atterrage de Jean Cabot au continent américain en 1498*.

conserver le poisson frais. En outre, les Terre-Neuviens ont commencé à s'intéresser à l'intérieur de l'île, construisant un chemin de fer de façon à stimuler la nouvelle industrie du bois et l'exploitation des mines. À cette époque, confiants et en pleine croissance, ils ne se soucient pas de la possibilité de prendre place dans la Confédération canadienne. Terre-Neuve, d'après Caix, poursuit de façon autonome ses destinées nationales.

En dernier lieu, nous parlerons du géographe Robert Perret, arrivé en 1907 pour faire des recherches doctorales en naviguant autour de l'île. Son journal, publié dans *Le Correspondant*, traite de la vie social, politique et commerciale à Terre-Neuve, et en particulier dans la péninsule d'Avalon. Perret est intéressé par les systèmes de troc par lesquels les pêcheurs sont payés et par l'organisation de l'assistance et des œuvres de charité publiques chargées de dispenser les secours. Comme son concitoyen Henri de La Chaume, il est étonné par le manque de divisions profondes de la société et impressionné par l'esprit de coopération qui y règne. « C'est là, dit-il, qu'est la force des pays anglo-saxons ». Ainsi, à Saint-Jean, un conservateur avait rédigé les statuts des syndicats ouvriers, et des jeunes filles catholiques chantaient l'office à l'église anglicane. Il constate que les différences idéologiques sont moins importantes que les opinions, et les idées moins que les hommes. Et il se pose une question toujours d'actualité aujourd'hui : « Que valent à Terre-Neuve les termes de libéral et de *tory*? »

Sa *Géographie de Terre-Neuve* est l'étude française la plus complète de cette époque. Dans l'extrait que nous en présentons, Perret se penche sur la question de la nouvelle identité des Terre-Neuviens et de la conscience qu'ils ont d'être un peuple de quelque 200 000 individus. En général, il trouve les gens distincts par leurs croyances mais unifiés par leur métier commun, sauf à Saint-Jean, où vivent déjà 30 000 habitants. Il est frappé par les différences entre les expressions idiomatiques d'un lieu à l'autre, ainsi que par la variété des accents. Il relève aussi diverses traditions folkloriques qui témoignent d'origines irlandaises ou anglaises. Même si Terre-Neuve n'est pas encore un état, la ville de Saint-Jean a perdu sa mentalité européenne. Ses demeures, dit-il, abritent des mentalités façonnées « au moule américain ». De plus en plus de marchandises sont débarquées à Port-aux-Basques et expédiées à Saint-Jean par chemin de fer. Et il est conscient d'un autre nouveau phénomène : le début d'une diaspora de Terre-Neuviens dispersés dans l'est des États-Unis mais toujours en rapport avec leurs familles sur l'île. Ce phénomène se poursuivra au vingtième siècle, les liens familiaux étant maintenus durant cet exil et les gens rentrant à Terre-Neuve une fois leur fortune faite.

Terre-Neuve après les Français

Les Terre-Neuviens, maintenant dotés d'un certain degré d'autonomie politique, vont voir leur optimisme s'atténuer après la fin de la pêche française sur le *French-Shore*. Pendant la Grande Guerre, terre-neuve enverra au combat plus de 5 000 soldats, dont près de 1 500 trouveront la mort et 2 300 autres seront blessés. Le seul 1er juillet 1916, 753 hommes du Régiment Terre-Neuvien sont lancés à l'assaut de Beaumont-Hamel, mais le lendemain matin, il n'en reste que 68 pour répondre à l'appel. Malgré tout, les deux premières décennies du XXe siècle sembleront vouloir réaliser les prédictions des Français : l'industrie de la pêche est florissante, le niveau de vie est en pleine croissance et le gouvernement est traité constitutionnellement par la Grande-Bretagne, qui lui confère le même statut que les autres dominions de son empire. Dans les années 1920, Terre-Neuve profitera de l'augmentation de la croissance générale des investissements, en particulier dans les industries forestière et minière, et trouvera au Brésil un nouveau marché pour ses produits de la pêche[13]. Malheureusement, cette bouffée d'optimisme est de courte durée. La guerre a accablé Terre-Neuve de charges financières trop lourdes pour les capacités de sa population. Au moment où la crise internationale de 1929 éclate, l'économie de Terre-Neuve est déjà précaire, et les années suivantes vont semer la misère partout dans l'île, de même qu'au Labrador, cédé à Terre-Neuve à la suite d'une décision du comité judiciaire du Conseil privé de la Grande-Bretagne en 1927. Vu l'urgence de la situation, la Grande-Bretagne décide en 1934 de suspendre le gouvernement responsable, remplaçant l'assemblée élue par une Commission gouvernementale mi-terre-neuvienne, mi-britannique, choisie par Londres.

Ce sera la Deuxième Guerre mondiale qui relancera l'économie. En 1940, au moment où les États-Unis préparent leur entrée en guerre, le gouvernement britannique signe avec les Américains un accord qui leur attribue le contrôle sur trois secteurs de l'île où ils pourront construire des bases militaires. Subséquemment, la présence de milliers de soldats américains (et canadiens) aura des effets économiques et sociaux qui aideront Terre-Neuve à retrouver un certain bien-être. La guerre terminée, la population choisit, par une très faible majorité, d'être enfin absorbée par le Canada. Ce faisant, les Terre-Neuviens abandonnent pour toujours leur droit de gérer eux-mêmes la pêche, qui sera désormais administrée par Ottawa.

---

13. Pour une discussion plus large de l'économie à cette époque, voir Peter Neary, *Newfoundland in the North Atlantic World, 1829-1949*, p. 12-43.

Une randonnée du Croc à la baie aux Lièvres (1816)

A.-J.-M. Bachelot de La Pylaie,
« Notice sur l'île de Terre-Neuve et quelques îles voisines », p. 534-545.

Auguste-Jean-Marie Bachelot de La Pylaie (1786-1856), naturaliste et archéologue dans la tradition des grands savants, fit ses études à Laval et au Muséum d'histoire naturelle à Paris comme élève de Georges Cuvier et d'Henri Ducrotay de Blainville. Un grand voyageur, principalement à travers la France, il embarqua à ses frais à bord de la frégate la *Cybèle* en 1816, pendant une tournée d'inspection de trois mois à Terre-Neuve, Saint-Pierre et Miquelon. Aussi, en 1819, il partit à nouveau sur la corvette l'*Espérance* et ne revint pas avant 1820. Bachelot de La Pylaie publia *Flore de Terre-Neuve et des îles Saint-Pierre et Miclon* en 1829, ce qui démontra d'un grand souci d'observation, ainsi que de nombreux travaux dans ses diverses disciplines.

Avant de quitter Terre-Neuve en 1816, je crus qu'il était essentiel à la flore de ce pays, que je voulais entreprendre, de m'avancer à plusieurs lieues dans l'intérieur, afin de juger avec exactitude sa végétation hors de l'influence océanique. Tout ce qu'on m'avait dit de la grandeur des arbres des bords de la rivière qui coule au fond de la baie aux Lièvres, m'ayant fait choisir ce point de préférence, je fis part de ce projet à M. Bose, lieutenant de vaisseau sur *la Cybèle*, et à M. Lécuyer, chirurgien en second à bord de cette frégate, qui, ne consultant que le plaisir, quoique pénible, de faire des découvertes, agréèrent ma proposition. C'était le 21 septembre : mais comme nous eûmes une de ces belles journées d'été rares à Terre-Neuve au moment et après l'équinoxe d'automne, nous ne tînmes aucun compte des observations qu'on nous fit sur l'impossibilité d'arriver en un jour au terme que nous nous proposions d'atteindre. Quoiqu'il fût dix heures du matin, nous partîmes, jugeant que nous aurions assez de temps dans le courant de la journée pour faire tout au plus 6 à 7 lieues. J'avais observé la veille, du sommet du mont Prospect, la direction que nous avions à suivre et les parties qui devaient nous servir de points de reconnaissance.

Pour pénétrer plus vite dans l'intérieur des terres, nous suivîmes la rivière qui arrive au fond de la baie du Croc, à l'extrémité du bras de l'Épine-Cadoret ; mais il fallut bientôt faire le sacrifice de nos chaussures, et marcher dans le lit même de la rivière rempli de cailloux roulés, même quelquefois assez volumineux. Son lit est si peu profond, que rarement nous avions de l'eau jusqu'au genou. Les galets de grès sont les plus nombreux, puis ceux de granit rougeâtre, enfin ceux d'un gris intense ardoisé, ou comme bleuâtre, appartiennent au rocher de silicicalce, qui s'offre à nu dans certaines parties, et par couches peu épaisses, le plus souvent presque perpendiculaires. Je n'ai jamais observé cette substance en place que dans les vallons. J'ai trouvé dans la rivière un petit *Potamogeton* analogue au *lucidum*, le *Myriophyllum setaceum*, et le *Chara pygmœa* : une conferve verte tapissait toutes les parties du rocher, où les eaux coulaient avec le plus de rapidité ou tombaient en cascades.

Bientôt les coteaux rapprochés du vallon que nous suivions s'écartent, un vaste bassin s'ouvre devant nous, et au bois qui descendait jusqu'au bord de la rivière succède une pelouse de sphaignes, de carex, de *Myrica*, de *Comarum palustre*, de *Vaccinium oxycoccus*, Lin. etc. entourant les grands étangs qui occupent presque toute l'étendue de ce vaste bassin. Je remarquai dans les eaux les deux nénuphars, le *Potamogeton heterophyllum*, la petite éponge verte et rameuse, le *Batrachospermum vagum* (?) ; les bords de l'étang étaient couverts de coquilles de petites limaces, d'une espèce de moule d'une belle couleur bleu-violet, mais extrêmement fragile, etc., au-dessus desquelles croissait la pilulaire comme en Europe. De hautes collines circonscrivent tous ces bas-fonds : en suivant le vallon qui s'ouvre dans la partie nord-ouest, nous arrivâmes à d'autres nouveaux étangs, et je vis au bord de l'un d'eux le *Typha latifolia* croître à la hauteur où il s'élève en Europe. Nous rencontrâmes plusieurs espèces de groseilliers dans le bois ; une espèce surtout nous offrit des fruits plus gros que tous ceux que j'avais observés jusqu'alors à Terre-Neuve. Nous n'étions encore qu'à 2 lieues au plus de la frégate, et comme il était déjà près de quatre heures du soir, nous fûmes obligés de renoncer à nous enfoncer davantage dans les terres, et de revenir à bord. Quoique la forêt fût protégée contre toute espèce d'influence de l'atmosphère océanique par diverses chaînes de collines, ses arbres n'étaient pas plus élevés que sur les pentes mêmes du mont Prospect. J'ai pris la vue des environs des premie[r]s étangs ; mais persécuté par les moustiques, je ne pus esquisser que les masses, et bientôt m'échapper à cette légion persécutrice.

Malgré toute la difficulté que j'avais pu reconnaître pour arriver en un jour au terme proposé, je ne renonçai point à mon entreprise, et le 28 du même mois [septembre], jouissant encore d'un très-beau temps, je me remis en route dès le matin, avec M. Lécuyer et le pilote du bord, M. Bourrhis, de Camaret auprès de Brest. Nous suivîmes une route plus directe, en nous enfonçant dans la forêt par le vallon et les bas-fonds marécageux qui sont au pied du mont Prospect et se dirigent à l'ouest-nord-ouest : mais de nouvelles collines nous barrent bientôt la route, il faut gravir et traverser des fourrées qui bientôt mettent, comme de coutume, mes vêtemens en lambeaux, après avoir parcouru une grande étendue de bois, où je ramassai le *Monotropa uniflora*, diverses clavaires et plusieurs autres champignons fort remarquables.

Nous rencontrâmes quelques bassins partiels avec des eaux sans écoulement. Obligés de les tourner pour suivre notre direction, notre marche fut ralentie sans nous dédommager par de nouvelles observations. Dans le nombre des lacs qui nous découvrîmes, il y en eut deux dont l'eau ressemblait à de l'argile fortement délayée. Je descendis aux bords, et m'assurai que cette nuance résultait d'une croûte d'algues trémelloïdes mêlées de conferves, qui tapissaient tout le fond du bassin : au-dessus les eaux étaient fort limpides. Le ruisseau qui sort d'un de ces lacs a son lit comme pavé par des pierres plates. Nous entrâmes ensuite dans un autre vallon dont le ruisseau disparaissait en s'engouffrant sous le sol. Au-delà de la colline suivante nous vîmes, après un long trajet, un nouveau lac, beaucoup plus grand que tous les précédens, presque plat et peu profond aux bords ; le centre me parut se creuser en précipice : le *Salix vestita* formait quelques touffes éparses le long des rives ; le bouleau à papier abondait parmi les sapins qui couvraient les coteaux. Après une heure et demie de marche, M. Lécuyer se détermina à monter sur un bouleau pour reconnaître notre position : de là il découvrit, à l'ouest, les vastes marais que nous avions vus du mont Prospect, et à leur limite, au couchant, la masse de rochers qui domine tout ce bas-fond spacieux. Nous nous dirigeâmes vers eux, et arrivâmes enfin dans ces plaines tourbeuses, où de nombreux lacs nous obligèrent à de longs détours : le niveau de l'eau, dans quelques-uns de ces lacs, est fort au-dessous des rives, et comme fuyant sous le sol. Tout ce vaste marais est battu de sentiers tracés par les bêtes sauvages : ils sont plus multipliés et très-fréquentés, surtout au bord des étangs : l'on eût dit être aux approches d'une grande bergerie.

Arrivés au pied du rocher dont nous venons de parler, j'y recueillis, parmi de chétifs *Abies nigra*, le *Prinos ambiguus*, qui y forme des arbustes hauts d'un mètre environ. De la crête de ce monticule nous découvrîmes la baie aux Lièvres, et nous vîmes à l'ouest les longs étangs dont les eaux descendent à la Sainte-Baie. Notre vue planait également au sud sur une étendue considérable de pays, où nous apercevions une hauteur couronnée par un rocher en forme de piton, qui me parut situé à l'ouest de la baie de Carouge, dans l'intérieur du pays. La partie orientale nous offrait en raccourci tous les bois que nous venions de traverser, dominés par des chaînes monticuleuses, parmi lesquelles se confondait le mont Prospect, que nous ne pouvions reconnaître. La plaine marécageuse, s'étendant beaucoup encore au nord, offrait de nouveaux étangs, et se terminait à des coteaux inférieurs ; car le sol s'abaissait sensiblement vers la baie aux Lièvres.

Notre projet étant de revenir à bord de la frégate le soir même, nous n'avions pris de vivres avec nous que pour deux repas seulement. La difficulté des lieux nous avait donné un appétit extraordinaire, de sorte que toutes nos provisions furent consommées, excepté quelques galettes de biscuit. Déjà le soleil était couché, et nous étions trop loin du navire, outre l'impossibilité de retrouver notre route pendant la nuit au travers des bois, pour essayer de revenir coucher à bord. Notre monticule était également trop découvert pour songer à y passer la nuit.

Nous redescendîmes dans la plaine marécageuse. Après une heure de marche, le sol un peu exhaussé entre deux étangs, et couvert de sapins rabougris, nous parut offrir un abri suffisant. Nous nous arrêtâmes entre deux sentiers, au bord d'un grand étang qui s'étendait au nord ; mais les cris continuels des divers animaux qui parcouraient le marais nous firent juger plus prudent, quoiqu'armés, de chercher un autre gîte. Nous atteignîmes vers dix heures la base de coteaux séparés par de profonds ravins : dans l'un d'eux nous entendîmes un ruisseau tomber de rochers en rochers comme dans un précipice. En voulant traverser sur l'extrémité d'un vallon qui s'y rendait, je fus heureux d'avoir saisi fortement le tronc d'un sapin ; la masse de terre qui me portait s'éboula, et je demeurai suspendu par les bras. Après la colline suivante se trouvait un nouveau vallon rempli de troncs de sapins tombés de vétusté. M. Lécuyer y fit plusieurs chutes inquiétantes, et s'y trouva même une fois presque englouti. Cependant nous sortîmes sans accident de ce lieu dangereux. Nous étions trop fatigués pour pouvoir prolonger plus long-temps notre marche au milieu de ce bois, et pendant la nuit. Nous y semblions seuls avec les arbres ; le cri d'aucun animal ne frappait plus nos oreilles, mais comme nous étions assez près du fond de la baie aux Lièvres, nous entendions avec plaisir les flots se briser sur le rivage.

Un espace fort sec dans le bois, fut le lieu où nous fîmes halte. Chacun s'assied et s'adosse contre un sapin : là, nous faisons notre souper, qui consista, pour chacun, en une moitié de galette de biscuit. Nous étions baignés de sueur, et nos chemises se glaçaient de plus en plus sur nos corps. Nos forces mal restaurées, ainsi que l'incertitude des moyens de subsister le lendemain, nous plongeaient dans un état d'anxiété et d'abattement qui nous tenait tous trois muets et immobiles. M. Bourrhis songea à faire du feu : faute d'amadou je déchirai mon mouchoir et l'enflammai sur la batterie de mon fusil. M. Lécuyer s'occupa de chercher du bois sec ; je le rejoignis, et dans un instant une chaleur réparatrice vient nous donner en quelque sorte une nouvelle vie. Je ne peux dire toute l'émotion de plaisir que je ressentis en voyant paraître la flamme. Le feu, alimenté par de gros tronçons, pouvant se conserver long-temps, mes deux compagnons s'endormirent ; et moi, je fis sentinelle le reste de la nuit.

Enfin, vers les cinq heures et demie du matin j'aperçus le point du jour ; à six heures je réveillai mes compagnons. Nous déjeunâmes chacun avec la seule moitié de galette de biscuit qui nous restait, et nous nous mîmes en marche. Mais renonçant à pénétrer plus avant dans les terres, nous cherchâmes à descendre vers les pêcheries les plus voisines, celles qui se trouvaient à l'entrée de la baie aux Lièvres. Nous eûmes encore une fort belle journée, un soleil même très-chaud. Nous traversâmes des coteaux dont les pentes étaient extrêmement rapides, et quittant la région sylvatique, pour traverser l'espace de 3 lieues de terrain, nous nous rapprochâmes assez du bord de la mer pour trouver les rochers sans arbres, nus ou recouverts de mousses. Ayant conservé une des bouteilles de vin que nous avions vidées la veille, j'y renfermai un papier sur lequel j'écrivis mes noms au crayon, la bouchai bien, et la posai, l'ouverture en bas, entre des rochers au milieu d'un vaste plateau dominé par des monticules.

Sur la pente d'un monticule, au milieu d'une petite prairie naturelle, je trouvai une cavité assez spacieuse, remplie d'une eau si limpide, que nous distinguions tout ce qui était autour et au fond du bassin, quoiqu'il nous parût avoir plus de trois mètres de profondeur. Les mousses encroûtées par-dessus lesquelles s'épanchait cette source, avaient formé, du côte le moins élevé, une espèce de bourrelet circulaire impénétrable, qui tenait les eaux au niveau du point le plus élevé de sa circonférence. Nous fûmes réduits à vivre tout le jour avec les baies de l'*Empetrum nigrum*, et quelques groseilles qui nous trouvions dans les vallons.

Arrivés à la côte, environ sur les trois heures de l'après-midi, nous voyons une apparence de sentier dans un vallon, et quelques traces d'anciens séchoirs de morue sur le rivage, dans les anses voisines. Croyant qu'il va nous conduire à quelque habitation, nous le suivons, marchant à la suite les uns des autres, moi le dernier, pour herboriser plus à mon aise. Comme il devenait singulièrement embarrassé par les branches des sapins, M. Bourrhis préfère suivre un éclairci à sa droite, pour gravir ensuite sur la montagne qui était en face de nous. M. Lécuyer juge à propos, au contraire, de la tourner par sa base du côté de la mer, ayant remarqué les traces toutes fraîches du pied d'un ours, et moi entendant toujours le bruit des branches froissées à quelque distance de moi, je croyais que c'était par mes compagnons de voyage, et suivais machinalement. Ayant cependant adressé plusieurs fois la parole à mes compagnons, je fus surpris qu'il ne me fissent aucune réponse, quoique je continuasse d'entendre la même agitation des branches le long de la route. Enfin elle se dégage de plus en plus sur la pente de la montagne, et même je vois les branches des sapins brisées, comme pour rendre plus praticable l'accès d'une petite esplanade située du côté de la mer, au-dessus d'un précipice. Je m'imagine en conséquence qu'on avait préféré tourner la montagne par sa partie moyenne, plutôt que de gravir par-dessus son sommet, pour se rendre sur la pente opposée, et que, dans un moment, j'allais trouver enfin une habitation française où nous pourrions nous restaurer. J'avance encore quelques pas... Mais le sentier aboutit à une masse de rochers perpendiculaires, qui s'excave en voûte en dessous, et forme une caverne dont l'entrée même était jonchée d'une litière d'herbes sèches fraîchement remuée, mêlée de touffes de poils d'ours. Je me contentai de présumer que le bruit que j'avais cru celui de mes compagnons de voyage, me précédant le long du sentier, était celui de l'ours qui regagnait sa demeure, vers laquelle je me dirigeais aussi. Sans m'avancer davantage, je fuis en toute hâte, et grimpant comme un éclair sur des rochers inaccessibles, en un instant j'arrive au sommet de la montagne, où M. Bourrhis nous attendait, assis sur un rocher. Mais j'étais seul ! qu'est donc devenu M. Lécuyer ? Exténués de besoins et de fatigue, nous sommes tous deux incapables de descendre. A-t-il éprouvé quelque nouvel accident ? A-t-il rencontré l'ours ? Nous appelons vainement à diverses reprises : avant de quitter le sommet, je monte encore, pour la troisième fois, sur un petit rocher d'où je l'aperçois enfin arrivant au fond du vallon, sur un groupe de petits rochers où il s'assied. Je tire un coup de fusil, auquel il me répond de même, et, dans un quart d'heure, nous sommes avec lui, au pied de ce monticule dont la hauteur doit être de 194 à 227 mètres au-dessus du niveau de la mer. De là, je reconnus nos pêcheries de la baie des Ilettes, dont nous étions à plus d'une lieue et demie encore, et voyais au-delà toute la côte des Saints-Juliens et des environs du havre du Croc. Nous dominions également toutes les terres et les îlots qui sont à l'entrée de la baie aux Lièvres. Il nous fallut près de vingt minutes de marche pour descendre et rejoindre M. Lécuyer, qui nous dit avoir quitté le sentier, parce qu'il avait reconnu que les empreintes des pieds des ours y étaient trop fraîches pour ne pas se trouver au premier moment en tête à tête avec eux.

En arrivant aux établissemens du havre des Ilettes, nous étions dans un état de délabrement sans pareil ; nos vêtemens étaient en lambeaux. En traversant en bateau un bras de cette baie, un individu de Grand-Ville [Granville], à qui je dis à dessein, en passant auprès de son navire, que nous avions couché dans les bois et n'avions rien mangé tout le jour, si ce n'est, à six heures du matin, un morceau de biscuit grand comme quatre doigts, et que nous étions exténués de fatigues et de besoins, cet individu, dis-je, fut assez impassible pour ne pas nous offrir au moins quelques rafraîchissemens. Mais nous fûmes accueillis par M. Lebouteiller d'une manière si affectueuse, que nous en resterons toujours pénétrés de la plus vive reconnaissance. Il mit le comble à ses bontés, en nous donnant sa maison, en découchant pour nous, et le lendemain matin ses gens furent à nos ordres pour nous reconduire au havre des Saints-Juliens. Arrivés là, nous eûmes bientôt traversé la lieu de marais qui nous séparait du havre du Croc. Mais il fallait s'embarquer pour rejoindre la frégate au milieu de la rade. Des Anglais, établis dans l'anse où nous arrivâmes, et que nous avions laissés continuer leur pêche dans notre havre pendant toute la belle saison, nous firent payer au poids de l'or un service que, par reconnaissance, ils auraient dû nous rendre.

Après deux jours et demi d'absence, tout le monde, à bord de *la Cybèle*, nous crut perdus dans les forêts, et dévorés par les bêtes sauvages. M. de Kergariou avait même fait faire de grands feux sur le mont Prospect pour nous signaler le havre, et tirer quelques coups de canon de 18. À notre approche de la frégate, nous la saluâmes d'une décharge de coups de fusils. Les gens d'équipage, qui ne comptaient plus sur nous, montèrent sur toute la mâture pour nous voir rentrer à bord, et nous en témoigner leur satisfaction.

M. de Kergariou, qui serait parti pour la France dès la veille, sans notre absence, appareilla le lendemain matin, 1er octobre, et après 9 jours de marche et un de calme, c'est-à-dire après un trajet de 800 lieues en 10 jours, nous rentrâmes dans la rade de Brest.

Un petit tableau de la côte ouest (1817)

F. Leconte, *Mémoires pittoresques d'un officier de marine*, vol. 1, p. 180-196.

François Leconte, né à Cherbourg en 1791, entra au service de la marine en 1810. Comme enseigne de vaisseau à bord du brick le *Railleur* en 1817, il fit partie de la Station navale de Terre-Neuve. La petite division réunie à Lorient fut composée de la frégate la *Duchesse de Berry*, des bricks l'*Olivier* et le *Railleur* et de la goélette le *Goëland*. Ils se mirent sous voiles dans les premiers jours de mai, et après une traversée de vingt-cinq jours ils mouillèrent en rade de Saint-Pierre. En 1830, Leconte retourna à Terre-Neuve, ayant atteint le grade de lieutenant de vaisseau, et il fut employé à terre. Dans ce chapitre de ces mémoires, il esquisse la situation à la côte ouest de Terre-Neuve.

En 1815, le traité d'Utrecht a été maintenu en ce qui concerne l'île de Terre-Neuve. Quoique cette grande île soit propriété anglaise, la France y a le droit exclusif de pêche sur environ 150 lieux de ses côtes et c'est la partie qui est réputée pour être la plus poissonneuse ; les deux limites sont le cap de Raie, dans le sud, et le cap Saint-Jean dans le nord ; elle comprend toute la partie occidentale et une partie de celle du nord.

Étant sous voiles, après avoir doublé le cap de Raie, nous nous dirigeâmes sur la baie de Saint-Georges qui est à environ 40 lieux dans l'ouest de Saint-Pierre, à l'ouvert du fleuve Saint-Laurent ; elle est vaste et profonde ; le hâvre où nous mouillâmes est au fond et peut contenir quelques grands navires, il est formé par une pointe basse couverte de sapins qui s'avance presque parallèlement au rivage. Sur cette pointe existe un petit village dont les maisons construites en bois sont habitées par une famille anglaise composée d'une trentaine d'individus des deux sexes ; le chef et le patriarche de cette petite société s'appelait Messervi, il était originaire de l'île de Jersey.

Quoique les Français eussent par le passé comme à présent le droit exclusif de pêche sur ce rivage, ils n'y avaient encore jamais exercé cette industrie ; c'était un pays vierge, couvert de belles forêts ; le climat y étant moins dur que dans les autres parties de l'île, la végétation y est active et plus variée. Une rivière assez grosse et des cours d'eau nombreux viennent se jeter à la mer non loin de ce port. Dans sa jeunesse, le vieux Messervi se livrait à la pêche du saumon et parcourant la côte il trouva ce point très-poissonneux, y établit une pêcherie, s'y fixa et par la suite forma une petite colonie que nous y trouvâmes et qui avait un caractère particulier et original. Il se mit en rapport avec quelques Esquimaux de la côte de Labrador, qui allaient dans l'île de Terre-Neuve chasser les castors, les renards, les martres et autres bêtes fauves qu'ils y trouvaient plus en abondance que sur le continent [1]. Messervi ajouta le commerce des fourrures à celui du saumon salé ; ses fils et son gendre étaient marins comme lui ; ils avaient acheté une petite goëlette à Halifax, et faisaient chaque année un voyage à cette ville pour y rendre leur poisson, le peu d'huile qu'ils faisaient, ainsi que leurs fourrures. Ils rapportaient à leur établissement de la farine, quelques bestiaux, du sel qui leur était surtout nécessaire et les objets d'échanges pour les chasseurs esquimaux qui s'étaient aussi définitivement établis dans l'île. Ils vivaient de pommes de terre qu'ils cultivaient, de laitage et de poisson salé.

Les femmes parmi lesquelles il y en avait de jeunes, avaient en général d'assez jolis traits, elles étaient remarquables par la fraîcheur et l'éclat de leur teint ; excepté la mère Messervi, aucune d'elles n'avait quitté la baie Saint-Georges ; elles n'avaient ni tournure ni grâce naturelle, ignorantes et sauvages comme la nature qui les entourait ; cependant elles aimaient à se parer de chapeaux de paille, de robes de mousseline blanche sur lesquelles elles portaient des ceintures en ruban de couleur vive et éclatante, objets que les Messervi achetaient à Halifax sans le moindre discernement. Fagotées avec ces beaux atours, elles conduisaient leurs vaches aux pâturages ; un jour je vis la jeune fille que nous considérions comme la perle de ce petit établissement, avec une de ses plus belles toilettes, fendant du bois près du seuil de la porte de sa case…

Aussitôt après la fonte des neiges, les Esquimaux descendent de l'intérieur de l'île en suivant les cours d'eau ; car les forêts à Terre-Neuve sont si touffues, les branches de sapins qui les forment en grande partie, sont si entrelacées, qu'elles sont impénétrables ; de plus à chaque pas on y court le danger de s'enfoncer dans des mousses humides, difficiles à discerner et qui ont une très-grande profondeur.

Ces sauvages apportent avec eux les fourrures, produit de leur chasse ; ils bâtissent un petit village dans le voisinage des Messervi, en construisant des cases coniques avec de jeunes sapins qu'ils entrelacent avec de grandes bandes d'écorce de bouleau ; là ils séjournent tout l'été, faisant la pêche de la morue dans de mauvaises pirogues ; ils mangent une partie de ce poisson, le salent et font sécher l'autre pour leur provision d'hiver, pendant lequel ils vivent aussi en partie de leur chasse, et vendent le surplus à leurs voisins, si la pêche a été fructueuse.

Comme la baie est poissonneuse et que les homards y sont communs, les Esquimaux font une grande destruction de ces testacés dont ils sont friands.

Quand l'hiver approchait, Messervi leur payait à l'avance le produit de la chasse prochaine, en fusils de chasse, en poudre et en plomb ; leur fournissait des marmites et quelques ustensiles, des couvertures et une grande quantité de vieux vêtements de toute façon achetés dans les friperies d'Halifax. Cette petite tribu de sauvages se composait d'une quarantaine d'hommes et femmes ; elle avait un chef qu'elle appelait capitaine Jacques et qui était un des plus jeunes de la bande, qui était toute baptisée et professait un catholicisme très-bizarre ; il parait que leurs ancêtres avaient été convertis par les missionnaires français du Canada. Quand les Esquimaux de la côte du Labrador apprennent qu'un prêtre se trouve dans leur voisinage, ils vont en grande bande lui demander le baptême ; c'est ainsi qu'en 1816 et 1817, et même depuis, des familles entières sont venues à Saint-Pierre se faire baptiser.

---

1. Les « Esquimaux » rencontrés à la côte ouest de Terre-Neuve étaient sûrement les Innus de l'est du Labrador, souvent confondus avec les Innuits.

J'appelle sauvages, les Esquimaux que j'ai vus dans la baie Saint-Georges ; cette qua-lification pourrait autant et même mieux s'appliquer aux membres de la petite société anglaise qui était toute en totalité d'une ignorance profonde. L'oracle commun aux uns et aux autres et qui était consulté sur toutes choses, était une vieille sauvage appelée Marguerite, qui avait passé de nombreuses années à Québec, comme elle parlait un peu le français elle nous servait d'interprète ; nous lui donnions des pipes et du tabac qu'elle aimait beaucoup à fumer ; par son moyen nous achetâmes des fourrures en faisant des échanges, et les choses que nous donnions, même des souliers, avaient un bien plus grand prix quand nous nous assurions qu'ils avaient été bénis par le pape à Rome.

Sur la côte ouest de Terre-Neuve et dans la baie de Saint-Georges, la morue ne se pêche pas comme à la côte-nord ; pendant tout le cours de l'été elle est de passage sur ce point et abonde parfois pendant environ un mois. Un navire de Saint-Malo et un autre du Havre, nous avaient précédés dans la baie de Saint-Georges ; le premier avait fait sa pêche de morue, le second avait à bord un agent de la maison Cacheux et Bimar, du Havre, qui en arrivant avait signifié au vieux Misservi de cesser sa pêche et de quitter la baie ; l'épouvante fut dans la famille et ne cessa qu'après notre arrivée. Le commandant des deux bricks, le capitaine Cuvillier (depuis contre-amiral) intervint et les circonstan-ces même l'aidèrent à arranger les choses. M. Cacheux qui s'était installé pour pêcher le saumon, barra la rivière avec des filets mais inhabile à cette pêche, il ne prit pas de pois-son.

M. Cuvillier, tout en reconnaissant le droit d'empêcher les anglais de faire la pêche, pensait qu'il était barbare de les chasser de leur domicile, et il fut convenu, et le marché en fut passé, que Messervi ferait en commun la pêche avec la maison du Havre, que celle-ci fournirait les barils et le sel et qu'ils partageraient les produits de moitié. Je sais que pendant quelques années cet arrangement a été suivi, mais je ne puis dire ce qu'est devenu cet établissement depuis 1830.

M. Cacheux avait grande envie de traiter aussi des fourrures avec les Esquimaux, mais comme ces derniers voulaient être payés à l'avance, le normand moins confiant que l'Anglais, et cela à tort, ne voulait pas, disait-il, s'exposer à être dupe de leur mauvaise foi.

Les officiers de marine qui vont à Terre-Neuve, aiment beaucoup à y chasser ; on y tue facilement des perdrix et des lièvres et surtout une espèce de courlieu qui y arrive en grande bande à l'époque de la maturité d'un petit fruit à baie ; les bois sont, comme je l'ai dit, si fourrés que le chien y est inutile et l'on n'en fait que fort peu d'usage.

Dans les clairières et dans les plaines on rencontre du caéribou, espèce d'élan ou de renne d'une grande taille, c'est une assez bonne venaison ; dans la baie de Saint-Georges, les Anglais et les sauvages nous en procuraient des quartiers, nous en trouvions la chaire bonne mais un peu dure.

On nous indiqua une plaine éloigné de deux heures de marche de la baie de Saint-Georges, où nous ne pouvions manquer, en suivant la lisière des forêts, disait-on, de ren-contrer de ces animaux. Trois de ces messieurs du *Railleur* et moi, nous nous mîmes en route, un beau matin, alléchés par l'espoir d'une belle chasse ; munis d'une petite bous-sole de poche, pour le cas de brume, nous nous mîmes à traverser la forêt en suivant un ruisseau. Mais les obstacles que nous rencontrâmes furent sans nombre, nous n'avan-cions qu'à petit pas, obligés souvent de monter sur des arbres pour franchir des espaces. Cette forêt vierge avait un aspect que je n'ai pas retrouvé dans les nombreuses forêts de même nature que j'ai vues depuis ; les jeunes sapins en grandissant, succèdent au vieux, qui, mourant de vieillesse, pourrissent par le pied qui se dessèche, ainsi que le reste du tronc. Ces arbres, devenus ainsi très légers et ne tenant plus au sol, sont soulevés horizontalement sur les branches de leurs jeunes voisins sur lesquels ils sont tombés, et nous en trouvions ainsi en travers sur ces branches, à une hauteur de plus de cinquante pieds. Dans un endroit, le ruisseau déterminant une petite éclaircie, un vieux sapin avait pu, en tombant, atteindre la terre et former une espèce de pont qui paraissait sûr ; mais en essayant de le passer, le pied n'éprouvait aucune résistance et s'enfonçait à travers le tronc. À chaque pas nous rencontrions de ces hautes mousses dont j'ai parlé ; dévorés par les moustiques qui abondent dans ces forêts, ayant les mains et les pieds déchirés, nos habits en lambeaux, nous marchions toujours en avant. Déjà la moitié du jour était écoulé et nous n'avions pu trouver cette plaine objet de nos désirs, nous étions évidemment égarés ; enfin un de nous, du sommet d'un arbre, aperçut une clairière et nous atteignîmes bientôt un vaste espace de plus d'une lieue carrée qui n'était couvert que de broussailles et de hautes herbes. Partout nous trouvions des indices certains du passage du caribou, mais nous n'en vîmes pas un seul malgré nos recherches ; bientôt notre attention fut détournée par le feu qui était dans la plaine et qui, poussé par un vent frais s'avançait rapidement vers nous ; nous pensâmes que c'étaient les Esquimaux qui avaient allumé ce feu, mais dans quel but ?

Nous traversâmes la plaine en courant dans une direction qui pût nous mettre hors du chemin de l'incendie et bientôt nous eûmes assez le vent sur lui pour ne plus le craindre et nous nous arrêtâmes à l'observer en admirant sa marche rapide. C'était un petit tableau semblable à celui que Cooper dépeint si bien dans son roman de *la Prairie*, que j'ai lu depuis cette époque[2].

La direction du vent qui était à l'ouest et notre boussole nous aidèrent à retrouver le rivage que nous atteignîmes assez facilement en moins de deux heures de marche, en suivant un grand ruisseau, ce qui nous prouva que nous avions fait, égarés, un grand circuit dans la forêt. En arrivant à bord nous apprîmes bien vite la cause de cet incendie qui nous avait paru si extraordinaire : des marins du brick l'*Olivier* faisant cuire des homards sur le rivage et non loin de la forêt qui d'abord n'est formée que de petits sapins, le vent qui portait de ce côté y poussait la flamme du foyer et les arbres presque tous résineux s'enflammèrent ; mais lorsque la flamme arriva à l'épaisseur du bois où l'air pénètre difficilement, elle passa rapidement en brûlant la sommité des arbres et arriva en peu d'instants jusqu'à la plaine où nous nous trouvions et où elle interrompit notre chasse.

De la baie de Saint-Georges nous remontâmes le canal qui sépare l'île de Terre-Neuve du continent américain et que les marins nomment canal de Belle-Île, à cause d'une île de ce nom qui est à son septentrion et à son ouvert. Les pêcheurs désignent cette île par le nom de Belle-Île *la grande baie* ; le mot baie, dans le langage particulier aux pêcheurs signifie canal. Je m'abstiendrai autant que possible de me servir des termes ainsi que des expressions familières et mal choisies que les marins bas-normands ont introduits dans cette industrie particulière.

---

2. James Fenimore Cooper (1789-1851), romancier américain, qui, après avoir assisté en France à la révolution de 1830, rentra en Amérique en 1833. Déçu par la politique démocratique de ce pays, il entreprit, à travers ses romans d'aventures de la vie des autochtones, une critique des mœurs américaines qui se doublait d'une apologie de l'Amérique des pionniers. Il en vint ainsi à concevoir le personnage de Bas-de-Cuir, héros de cinq romans qui assura sa célébrité tant en Amérique qu'en Europe. Outre les cinq récits composant le *Roman de Bas-de-Cuir* – *les Pionniers* (1823), *le Dernier des Mohicans* (1826), *la Prairie* (1827), *le Lac Ontario* (1842), et *Tueur de daims* (1841) – l'œuvre de Fenimore Cooper comprend plus de soixante ouvrages.

Nous relâchâmes dans quelques-unes des baies qui bordent le canal, notamment dans le Hâvre de Keppel, situé dans la baie d'Ingornachoix. Nous n'y trouvâmes qu'un seul pêcheur Basque ; en général ce sont les Bayonnais qui fréquentent le plus ces rivages inhabités et déserts et qui ne méritent aucune mention particulière. Quand nous arrivâmes à la hauteur de Belle-Île, j'eus la jouissance d'un spectacle qui m'était nouveau : le brick passa près de plusieurs morceaux de glace dont l'élévation surpassait celle de sa mâture ; le soleil qui les frappait de ses rayons, leur donnait une légère teinte bleue veinée et les fondait doucement ; on voyait s'écrouler du sommet de ces masses énormes de petits ruisseaux qui tombaient d'aplomb dans la mer ; car frappées par les eaux qui minaient la base de ces glaces, elles étaient plus larges au sommet. Au printemps, ces gigantesques glaçons détachés des glaces polaires des côtes du Groënland descendent au sud, rencontrent les hauts fonds qui avoisinent Terre-Neuve et s'y échouent. En entrant au Croc, près de l'île de Groais, nous vîmes un énorme glaçon qui se fondit en partie pendant le séjour que nous fîmes dans ce hâvre ; de ce port qui en était éloigné de près de trois lieues, nous l'entendîmes, quand miné par la mer, il se rompît par morceaux, qui en tombant dans l'eau firent un bruit retentissant et prolongé comme celui de la foudre. Lorsque nous quittâmes le Croc vers la fin de juillet, toutes ces glaces avaient disparu.

La partie des côtes de Terre-Neuve où les Français font la pêche et qui se trouve en dehors du détroit est appelée par les pêcheurs, le *Petit-Nord*. Ce rivage est parsemé d'un grand nombre d'excellentes baies et ports où s'établissent les navires pêcheurs. La baie du Croc étant un point central, est devenue le lieu où se tiennent ordinairement les bâtiments de guerre commis à la protection de la pêche ; de là ils font parcourir la côte par leurs chaloupes montées par des officiers, quelquefois par les commandants eux-mêmes qui vont s'assurer du bon ordre qui règne parmi les équipages, porter des secours et entendre les réclamations qui pourraient leur être faites. Autrefois, avant la Restauration, chaque pêcheur choisissait son hâvre et comme tous ne sont pas également bons, et ne jouissent pas de la même réputation, les navires quittaient prématurément la France et avant d'arriver à Terre-Neuve rencontraient la banquise ; (la banquise est formée de bancs de glace immenses mais peu élevés qui descendent du fleuve Saint-Laurent, obstruent dans le cours du printemps les côtes de Terre-Neuve). Ces hardis marins, outre les dangers que leurs navires couraient dans les glaces, ne craignaient pas d'expédier leurs chaloupes, qui passant au travers, se rendaient au hâvre choisi, dont ils prenaient possession s'ils arrivaient les premiers. En 1816, le gouvernement voulant empêcher les graves inconvénients de cette manière de faire, décida que chaque maison de commerce armant pour la pêche aurait son hâvre désigné à l'avance, selon l'importance de son armement ; depuis lors une bonne exploration des ports a été faite par nos officiers et la répartition des hâvres est faite avec équité, et même tirée au sort, opération qui est renouvelée au bout de quelques années ; aussi les sinistres qu'entraînait la navigation de Terre-Neuve sont-ils moins nombreux aujourd'hui qu'autrefois.

Tout le monde sait que dans le commerce, il se vend deux sortes de morue, l'une séchée et l'autre dite *verte* ; elles donnent lieu à des industries bien distinctes, qui entraînent des procédés différents dont je traiterai sommairement et successivement. Je vais d'abord parler de la pêche qui se fait au Petit-Nord qui est celle qui emploie le plus d'hommes et les plus grands navires.

Dans les conventions sur la pêche qui se rattachent au traité d'Utrecht, il est dit que si les Français ont le droit exclusif de pêche sur une partie des côtes de Terre-Neuve, ils ne peuvent y couper que le bois nécessaire pour établir leur pêcherie et réparer au besoin les avaries des navires ; que les échafauds, cases et sécheries seront enlevés chaque année, ainsi que les embarcations servant à faire la pêche. Autrefois, ainsi que je l'ai dit, cette règle était toujours suivie puisque le même navire n'était pas assuré de faire deux fois la pêche au même lieu.

Quand pour la première fois, en 1816, nos pêcheurs retournèrent à Terre-Neuve, ils trouvèrent des Anglais, principalement des Irlandais, établis dans presque tous les hâvres ; ceux-ci étaient malheureux et pauvres et n'avaient pas même de bateaux susceptibles d'aller à Saint-Jean vendre le produit de leur pêche. Les capitaines français au lieu de les expulser ainsi qu'ils en avaient le droit, tolérèrent ces malheureux et sachant revenir au même hâvre l'année suivante, ils ne démolirent pas leurs établissements, échouèrent leurs bateaux, les mirent à l'abri et confièrent le tout à la garde des Irlandais domiciliés dans le hâvre ou dans le voisinage, leur donnant en retour comme salaire des lignes, des hameçons etc. et depuis cette époque, que les Irlandais soient restés ou qu'ils aient quitté les lieux, l'usage de laisser, pour les retrouver au retour, cases et bateaux s'est continué.

Lorsque le navire ou les navires d'une maison de commerce sont amarrés dans le havre on ramasse les voiles et les agrès qui sont mis à l'abri pendant la durée de la pêche. On construit, ou le plus souvent on remet en état, les cases et échafauds, ainsi que la clôture d'un petit jardin que l'on ensemence immédiatement de plantes potagères ; l'établissement consiste en un grand magasin à sel près le rivage, une case pour le capitaine et les officiers et l'échafaud qui est au pied du magasin à sel. Ce dernier consiste en un pont sur pilotis, avancé de 15 à 30 mètres dans la baie, selon la pente du sol, afin que l'extrémité soit un peu avancée dans la mer à la marée basse, et que les bateaux de pêche puissent y accoster à toute heure ; à l'extrémité, on dresse des tables grossières que l'on recouvre d'un toit en branchage de sapins.

L'équipage d'un navire est nombreux, il varie de 50 à 100 hommes selon sa dimension ; ainsi le même armement de pêche a quelque fois un personnel de 200 à 300 hommes. Les bateaux vont pêcher non loin du rivage, et sont armés, chacun de 5 à 7 hommes ; l'appât avec lequel on amorce les hameçons est généralement, un petit *muge* que les pêcheurs appellent capelan et qu'ils prennent au filet. Quelquefois, quand ce poisson manque ils se servent de petits morceaux de morue, ou bien d'ancornets (espèce de mollusque dont on retire la sèche) quand il y a du sable dans la baie, ils emploient quelques mollusques à coquilles bivalves. Le soir, un peu avant la nuit, les canots reviennent à l'établissement et accostent l'extrémité de l'échafaud où se trouvent rassemblés, le capitaine, les officiers, le chirurgien, le cuisinier, le jardinier et les mousses ; le poisson est débarqué et tout le monde travaille ; les uns coupent la tête, les autres plaçant la morue sur les tables, lui retirent une partie de l'arête et la fendent jusqu'à la queue ; ceux-ci la salent, ceux-là amoncellent dans le hangard près du sel ; quant aux débris, ils tombent à la mer à travers les fentes de l'échafaud et ne causent aucune gêne : la besogne étant terminée, le capitaine ou le chirurgien fait une courte prière et parfois les mousses chantent un cantique.

Après que la morue a séjourné plusieurs jours dans le sel, on l'étend sur les graves, qui sont formées de branches de sapin étendues près de l'établissement ; l'air qui passe dessous contribue beaucoup à sécher le poisson, opération qui est moins longue et moins difficile que ne paraît le comporter le climat ; cela provient des vents du sud-ouest au nord-ouest, qui règnent le plus souvent et qui sont très secs. À mesure que le poisson se dessèche, on le ramasse en tas plus ou moins gros pour passer la nuit, puis finalement on le conserve en gros mulons, depuis 15 000 jusqu'à 30 000 kilogrammes, jusqu'aux approches de l'embarquement avant lequel on le remet, un jour ou deux au soleil.

Les grands établissements ont un petit navire fin voilier, qui prend un chargement du poisson le premier séché, et le transporte en France ; le gouvernement accorde une prime assez avantageuse à ces premiers produits de la pêche, ainsi qu'à ceux qui sont transportés directement dans nos colonies. Je ne dois pas oublier non plus de dire qu'une prime est aussi accordée aux armateurs, par chaque homme de l'équipage ; du reste tous ces pêcheurs ne sont pas de bons matelots, dans les traversées d'aller et de retour ils ne font que donner la main à l'équipage réel du navire qui ne se compose que d'un petit nombre d'hommes.

Dans tous les établissements de pêche on fait une espèce de bière, dont les pêcheurs boivent à discrétion ; elle est rafraîchissante, très-saine et antiscorbutique, et quand on y est habitué, on la trouve d'un assez bon goût ; on la fabrique avec les jeunes bourgeons de l'espèce de sapin nommé sprussier [*spruce*], que l'on fait bouillir avec une certaine quantité de mélasse, afin d'en adoucir l'amertume, et on ne la boit que lorsqu'elle a subi quelques jours de fermentation.

La partie nord de l'île est aussi très-boisée, mais comme le climat est beaucoup plus dur que dans la partie du sud ouest, les arbres y sont moins grands et les espèces de végétaux moins variées.

Sur les hauteurs voisines du Croc, il y a quelques étangs ; dans mes promenades j'ai été conduit sur les rives d'une de ces vastes pièces d'eau dans le but d'y voir des castors. En 1816, il y en avait encore, mais les chasseurs de la station allant souvent de ce côté, ces animaux qui aiment les solitudes profondes avaient déménagé et ils ne restait que les débris curieux de leurs habitations. Quoique je ne veuille pas faire de l'histoire naturelle, je rapporterai ici quelque[s] choses de bien particulier, que j'ai eu occasion d'observer dans les habitudes d'un castor. À Saint-Pierre de Miquelon, j'allais quelque fois visiter un ancien capitaine de frégate, M. Scoland, qui gérait un établissement de pêche ; on lui avait fait cadeau d'un jeune castor qui était presque devenu à l'état de domesticité, il était fort casanier et aimait particulièrement le foyer ; bien certainement cet amphibie, dans son état de nature ne doit avoir aucun rapport avec le feu et il est probable même que son aspect doit lui causer de l'épouvante ; aussi, je fus grandement étonné de voir le jeune animal en question, se saisir d'un sabot qu'un pêcheur, en entrant, avait laissé sur le seuil de la porte et aller avec empressement le porter au feu. Je témoignai à M. Scoland ma grande surprise, mais elle fut encore plus grande quand il me dit que cet animal s'amusait à voir faire la combustion et qu'il avait l'habitude de saisir tout le bois qu'il pouvait rencontrer et de le porter au foyer, et pour m'en donner la preuve, il fut prendre une petite bûche et la mit au milieu de la pièce ; le castor fut de suite la prendre avec sa bouche, à peu près par le milieu, et la porta lentement près du feu, où il la posa à terre ; la prenant alors par une de ses extrémités, il poussa l'autre dans la flamme. Il prenait cette précaution, me dit M. Scoland, depuis qu'un jour il s'était brûlé un peu en faisant brûler un morceau de bois.

Je reviens au Croc, aux environs duquel j'allais souvent me promener mais toujours armé et en compagnie ; on nous avait tant parlé des ours blancs que l'on pouvait rencontrer et du danger qu'il y avait de se trouver sur le chemin de ces terribles et redoutables animaux ! Effectivement, il peut arriver qu'on en voie quelques uns dans cette partie de Terre-Neuve, mais ils y sont rares et ne s'y trouvent qu'accidentellement ; tout le monde sait que ces animaux habitent les régions polaires où ils vivent de poisson et particulièrement de phoques. Ils vont chasser sur les glaces et quand celles-ci se détachent, ces animaux sont quelque fois emmenés en pleine mer et quand par hasard ils sont conduits sur les côtes de Terre-Neuve, ils se rendent à terre à la nage et y vivent comme ils peuvent et deviennent d'autant plus voraces et plus féroces qu'ils trouvent peu à manger. – Un jour étant allé au Grand-Saint-Julien, havre situé à 4 ou 5 milles du Croc, et où il y avait plusieurs navires en pêche appartenant à la maison de Saint-Malô, Guibert et Fontan ; M. Guibert, fils, qui gérait la pêche, me fit voir une énorme peau d'ours blanc et m'assura qu'ayant fait peser l'animal, il l'avait trouvé de 600 kilogrammes ; il me raconta comment cet animal s'était trouvé en son pouvoir : quelque temps après avoir commencé la pêche, ses pêcheurs s'aperçurent que les javelles[3] de morue disparaissaient ; après avoir veillé, ils reconnurent qu'à la nuit, un énorme ours blanc sortant du bois, venait se promener sur le rivage et sur la grave où il se repaissait de morue ; M. Guibert organisa de suite une chasse, composée de trente hommes armés de fusils chargés avec des lingots de plomb. Il divisa la troupe en deux bandes, qui ne devaient pas tirer au même instant ; il fit dresser avec des branches de sapins un retranchement, derrière lequel les pêcheurs s'embusquèrent ; bientôt ils virent au clair de la lune l'animal s'approcher de la grave et commencer à prendre son repas nocturne. À un signal donné, un des pelotons fit feu ; l'animal étonné, et blessé probablement, retourna la tête et comme il paraissait se diriger du côté d'où était venu le feu, la seconde décharge partit et abattit le monstre qui fut tué raide.

---

3. Javell : petit tas de cinq morues que l'on fait chaque soir pour la nuit, quand on commence à sécher le poisson.

La botanique à la baie Saint-Georges (1819)

A.-J.-M. Bachelot de La Pylaie,
« Notice sur l'île de Terre-Neuve et quelques îles voisines », p. 480-489.

Après avoir passé l'hiver à l'île de Saint-Pierre, je retournai à Miquelon au premier printemps, c'est-à-dire pendant la fonte des neiges, au mois de mai. Je me disposais à partager mon été entre ces deux îles, lorsque j'appris, vers la fin de juin, l'arrivée de la corvette l'*Active*, dans la rade de Saint-Pierre, et que l'objet de sa mission était de faire le tour de l'île de Terre-Neuve, afin de protéger au besoin nos pêcheurs de morue. Je me hâtai de retourner à l'île Saint-Pierre, où je fis la connaissance de M. Robillard qui commandait ce navire. Il m'engagea à l'accompagner dans ce voyage, et eut même la bonté de me donner le lit disponible qui se trouvait dans sa chambre principale. J'ai été traité par lui de la manière la plus obligeante pendant toute notre navigation ; et c'est aux bontés de cet officier distingué, que je suis redevable de tout ce que j'ai récolté à l'ouest et à la partie nord de Terre-Neuve. Nous parcourions ensemble les bois, lui pour la chasse des oiseaux et des insectes, moi pour la botanique. À mon arrivée à l'île de Saint-Pierre, je n'eus que le temps de parcourir les localités les plus importantes, pour juger la nouvelle végétation, ce que je fis avec M. Robillard ; puis nous allâmes visiter la côte occidentale et la côte nord et nord-est de l'île de Terre-Neuve.

Nous mîmes deux jours à nous rendre à la baie Saint-Georges, distante de vingt lieues de l'île Saint-Pierre : c'est là que commencent les pêcheries françaises. J'eus d'autant plus de plaisir à me rendre sur ce point de l'île, qu'il complétait les données que j'avais prises à la baie du Désespoir sur la végétation de la partie méridionale de Terre-Neuve.

Ce golfe spacieux est à l'extrémité sud de la côte occidentale. Il suit une direction du sud-ouest au nord-est, et comme il n'a aucune île pour masquer toute l'étendue de son ouverture, l'on dirait une nouvelle mer qui s'enfonce au milieu de terres. Nous suivions la côte sud-ouest de la baie à une lieue et demie de distance : elle se compose de hautes collines dont la crête est uniformément plane, mais elle se trouve coupée par de fréquentes vallées plus ou moins profondes. La forêt de sapins qui couvre toutes ces hauteurs de sa sombre verdure, s'y arrête inférieurement au point où le rocher, battu par les flots, reste entièrement nu. Cet espace dénudé se dessine par une ligne horizontale très-uniforme. Il est d'autant plus remarquable, qu'il forme une bande claire un peu rougeâtre, qui contraste beaucoup avec la teinte obscure des arbres dont le reste du sol est couvert.

En longeant cette côte, nous n'apercevions presque que comme des nuages la chaîne des hauteurs qui constituent la côte opposée. Mais les terres se rapprochent de plus en plus, l'on distingue successivement les masses, et l'on découvre tout le fond de la baie également limité par des chaînes de collines montueuses qui règnent au fond du golfe. Durant notre marche, nous ne cessions d'observer une masse de montagnes au sud, qui se distinguait de toutes les autres par une blancheur éclatante. Examinée à la lunette, nous l'avons crue couverte de neiges, ou supposée une montage de craie, ce qui me paraissait peu probable dans un système que je pouvais considérer comme porphyritique par mes données précédentes sur le pays. Les pentes principales de ce groupe de hauteurs faisaient face à l'ouest, et n'avaient leur blancheur interrompue que par quelques tâches d'un vert sombre, dues sans doute à quelques sapins épars. J'ai su depuis que ces montagnes se composaient de terres blanches.

Au point où s'arrêtent les hauteurs de la côte du sud-ouest, commence un prolongement de terre fort peu élevé au-dessus du niveau de la mer [la péninsule du Port-au-Port], couvert de bois d'une belle venue, et qui se termine par une point de sable. C'est un terrain d'alluvion, qui forme un plateau resserré de plus en plus, et s'étend en forme de barre au-devant de la rade qu'il abrite des vents du large. Une famille irlandaise s'est établie vers la pointe de ce plateau, du côte de la rade, à l'entrée des bois : elle habite une dixaine de maisons construites avec des planches, et consistant en un rez-de-chaussée. Ici l'on se marie de très-bonne heure, et les enfans pullulent ; un siècle produit ainsi cinq à six générations tout aussi fécondes. La largeur des cheminées et de leur ouverture, au-dessus du toit, sont les seules choses à remarquer dans les constructions civiles. Outre les maisons principales, les habitants en ont quelques autres qui sont éparses dans les bois, et pour lesquelles ils ont soin de ne pas établir de sentiers ; c'est là qu'ils cachent pendant la guerre tout ce qu'ils ont de plus précieux. Étant sans aucun moyen de défense, par la nature même des localités, cette petite bourgade est exposée à la rapacité et à la fureur de tous ceux qui voudraient la saccager : la moindre embarcation de guerre l'anéantirait en un instant.

Chaque ménage a son jardin ; son peu d'étendue et sa mauvaise tenue prouvent que l'on fait très-peu usage de végétaux. Les légumes sont placés autour des clôtures ; ce sont des pois, des choux, etc. ; tout l'intérieur est planté de pommes-de-terre. Je n'ai vu nulle part cette solanée [solanacée] réussir mieux que sur un coteau de la baie que l'on avait défriché en commençant par mettre le feu aux sapins dont il était couvert. Le *Senecio vulgaris*, un *Festuca*, le *Triticum glaucum*, le *Polygonum aviculare* var. du *purpurescens*, etc., sont les herbes qui infestent les jardins de la petite colonie.

De l'autre côté de la rade, l'on aperçoit au bord de la mer deux cabanes en forme de pain de sucre, accompagnées de trois à quatre maisons en bois, de forme ordinaire. Ces cabanes coniques, recouvertes d'écorce de bouleaux, sont la demeure d'une famille sauvage, dont le chef se nomme Benoît. Ils n'habitent que celles-ci, qu'ils nomment des *vigwams*, et réservent pour magasins les maisons à l'européenne. Une vaste lande tourbeuse s'étend derrière jusqu'à la base des collines, et se termine au fond de la rade au fort ruisseau qui arrive de l'intérieur de Terre-Neuve. Cette lande marécageuse m'a offert diverses plantes intéressantes, ainsi que le vallon au fond duquel coule le ruisseau. J'en ai trouvé encore une certaine quantité dans la forêt sablonneuse qui occupe le plateau où se sont établis les Irlandais. En face de la rade est un autre golfe beaucoup plus profond, qui remonte très-avant au nord-est, entre les collines dans l'intérieur des terres. Ce golfe reçoit, selon la carte anglaise de Heat[h]er, publiée en 1810[1], deux rivières qui sont les

---

1. William Heather (1764-1812), graveur et éditeur des cartes maritimes à Londres, fit paraître en 1810 le *North American Pilot*.

plus fortes qui arrivent dans la baie Saint-Georges. J'ai le regret de n'avoir jamais pu visiter cette partie, la plus intéressante de la baie, pendant les quinze jours entiers que nous avons passés en rade : j'y aurais trouvé sans doute quelques arbres qui vivent toujours hors de l'influence de l'atmosphère océanique.

Entre ce golfe reculé et la rade où notre navire était à l'ancre, les coteaux sont déjà recouverts de forêts d'une riche végétation, qui descend même jusqu'au bord de la mer. Les arbres à feuilles caduques y sont si abondants, qu'on croirait en quelque sorte voir un site de l'Europe tempérée. Ici domine, dans la partie inférieure, le *Cornus alba*, l'*Alnus serrulata*, le *Viburnum pauciflorum*, au-dessus desquels des saules voisins du *Salix caprea* établissent la limite de la végétation arborescente. L'ombrage de celle-ci protège une plante gigantesque dans cette localité, l'*Heracleum lanatum*, puisqu'il atteint un mètre et demi, et jusqu'à deux mètres de hauteur. Un groseillier à fruits noirs, hérissés et disposés par grappes, croît avec celle-ci, mais dans des parties moins humides et moins découvertes. Au-dessous de ces espèces croît le *Talictrum Cornuti*, et abonde la balsamine des bois (*Impatiens nolitangere*), dont la tige parvient ici à 6 ou 8 décimètres d'élévation. Cette espèce délicate dans toutes ces parties, s'y trouve abritée par les autres herbages inférieurs, par l'épilobe des montagnes, le *Poa nemoralis* (?), l'*Arundo canadensis* et l'*Achillea magna*, qui se plaît particulièrement dans les lieux exposés au soleil.

Parmi les arbrisseaux et les sapins les plus avancés croissent les *Polypodium aculeatum* et *dilatatum* ; mais ce n'est que plus intérieurement dans le pays qu'on rencontre le *Polypodium filix femina* et le *Callipteris*, lequel croît ici, comme à la baie d'Ingornachoix, dans les vallons humides.

Le rivage présente à la limite des grandes eaux le *Potentilla anserina* var. parmi les galets, et quelques *Atriplex* et *Chenopodium* croissent sur les monceaux de *Zostera* plus ou moins consommés. Les cailloux que découvrent les marées ordinaires offrent un petit *Ulva* voisin du *compressa*, à jets cyclindracés intestiniformes ou ramassés par petites touffes d'un vert clair, ou disposés en forme de tapis à leur superficie.

Le zostera [la zostère] forme dans les anses des prairies sous-marins, à quelques décimètres au-dessous du niveau des basses eaux des marées de lune ; ses longues feuilles graminiformes flottent alors couchées à la surface de la mer. Le rivage offre çà et là des troncs de sapins desséchés et rejetés par la mer, dont les proportions sont plus grandes que ceux des couteaux voisins. Le groseillier habite autour de certains golfes sur les terrains d'alluvion : il a ses fruits ordinairement solitaires, nus, sphériques, analogues à ceux de la groseille à maquereau de l'Europe, d'un vert pâle et nuancé de rougeâtre comme elle.

Si l'on s'enfonce dans l'intérieur du pays, l'on y rencontre autour des plaines marécageuses, les *Abics nigra* et *Larix americana*, entrecoupés par quelques *Pinus strobus* : le *Betula papyrifera* s'y mêle aux sapins, parmi lesquels l'on retrouve à peine quelques pieds de *Betula lenta*, si abondant à la baie du Désespoir. L'*Abies alba* se distingue dans ces bois, à ses rameaux garnis d'un feuillage épais et à la quantité de cônes pendans qu'on aperçoit vers sa cime. Il abonde sur les coteaux qui règnent le long de la côte orientale de la rade, où il végète avec beaucoup de vigueur, surtout au-dessous de leur partie moyenne.

Les bas-fonds marécageux nous offrent dans leurs eaux stagnantes, qui ont une certaine profondeur, le *Nymphœa odorata* de Sibérie ; sur leurs bords j'ai souvent vu l'*Oxycoccus macrocarpus*, airelle voisine de la canneberge d'Europe, mais qui est exclusive au climat américain : je ne l'ai point rencontrée plus au nord à Terre-Neuve.

Si nous nous transportons sur la partie la plus avancée du plateau qui porte les habitations irlandaises, nous nous croirons au milieu d'une prairie par la quantité de gramens et de végétaux herbacés dont le sol est couvert : ce sont des fétuques à feuilles glauques, l'élime des sables, une espèce d'arénaire ; par espaces le *Gnaphalium margaritaceum*, qui était sur le point de fleurir ; le *Campanula rotundifolia* en fleurs, et dont quelques individus avaient leurs corolles tout-à-fait blanches ; le *Polygonum aviculare*, avec une variété à tiges et feuilles colorées d'un vert sombre ou pourpré ; l'*Heracleum lanatum* y était défleuri presque partout. Un liseron encore sans fleurs, entrelaçait ses tiges aux chaumes de l'*Arundo arenaria* ; le *Pisum maritimum* abondait surtout aux approches des rivages où se trouvaient quelques *Chenopodium* et *Atriplex*.

À l'ouest des habitations, je rencontrai quantité de *Sambucus canadensis*, avec ses fruits presque complètement formés ; ceux du *Sorbus americana* étaient déjà au tiers de leur maturation, tandis que trois jours auparavant cet arbre n'était pas encore fleuri à l'île de Saint-Pierre, quoique situé un degré plus au sud. Le bois voisin m'offrit des variétés de l'*Abies balsamea*, l'*Epilobium spicatum*, le *Sonchus lapponicus*, le *Rubia spuria* rampaient parmi les broussailles. Le *Pyrola minor* inclinait ses grappes à moitié défleuries sous les arbustes qui le protégeaient de leur ombrage. Les poa [*nemoralis*] étaient en partie desséchés, les fétuques presque toutes défleuries, mais les triticum ne faisaient que commencer à étaler leurs étamines. Les *Agrostis rubra*, *Trichodium laxiflorum*, un bromus, une espèce de poa à très-petites locustes, etc., approchaient aussi de leur maturité sans être encore décolorées. Je recueillis dans les parties plus ou moins ombragées du bois, les *Goodiera repens*, *Pyrola chlorantha*, des orchis voisins du *bifolia*, les *Monotropa lanuginosa*, *uniflora*, même une fois l'*hypopytis*. M'étant ensuite rendu sur la côte, je rencontrai dans les lieux inondés le *Juncus buffonius*, avec trois autres espèces, le *Ranunculus cymbalariæ*, var., les *Rumex crispus*, *Scutellaria galericulata*, *Arenaria marginata*, *Glaux maritima*, les *Triglochin palustre* et *maritimum*, une nouvelle espèce de *Hordeum* voisin du *murinum*, fort remarquable par ses longues crêtes un peu pourprées de ses épis, un statice peu différent du *Limonium*, le *Chenopodium maritimum* avec le *Salicornia herbacea*, que je n'avais encore rencontré nulle part à Terre-Neuve ni aux îles voisines.

Les collines s'arrêtent sur la côte nord de la baie Saint-Georges, à un gros morne ou monticule qui doit à son sommet aplati le nom de *Montagne de la Table*. Souvent nous avons vu les brumes du large s'arrêter à cette éminence sans arriver jusqu'à nous dans la rade, où nous avions le soleil dans toute sa pureté. Au-devant de la base de ce morne est une péninsule, dont l'isthme resserré est coupé par l'Océan, et dont la coupure a été refermée depuis par un atterrissement de sable, si peu élevé au-dessus du niveau de la mer qu'on ne l'aperçoit que quand on est très-proche de la côte. Le sol de la presqu'île, qui s'exhausse ensuite jusqu'au tiers environ de la montagne de la Table, s'étend au-devant d'une nouvelle baie assez vaste, où l'on va faire la pêche de la morue. Nous trouvâmes un squelette de baleine échouée sur le rivage, en partie ensablé, dont la tête nous fournit une table et des sièges pour notre déjeuner. Les bouteilles et les plats furent placés sur le coronal ; nous nous assîmes, M. de Robillard et moi, sur l'os des joues, dont la saillie nous fournissait un siège de chaque côte de la tête, et la nouveauté de notre situation, jointe à l'appétit que nous avait donné l'air de la mer, nous fit faire un repas délicieux.

L'ACCROISSEMENT DE POPULATION À LA CÔTE OUEST (1821)

François Cornette de Venancourt,
« Notice sur l'Ile de Terre-Neuve, sur ces habitans, sur sa culture [...] »,
p. 961-964.

Le vicomte François-Marie Cornette de Venancourt naquit en 1778 à Saint-Jacques du Carbet, Martinique, et entra au service de marine en 1815. En 1821, il fut nommé commandant de la corvette *Diane*, où il exerça en tant que capitaine de frégate à son bord, commandant aussi la Station navale de Terre-Neuve. Promu au rang de capitaine de vaisseau en 1823, il était membre du Conseil des travaux de la marine de 1835 à 1837. Cet extrait est issu de son rapport au ministre de la Marine.

La population, dans la partie française de Terre-Neuve, s'accroît chaque année, et notamment dans la baie Saint-George, où l'on ne comptait, il y a quarante ans, que deux familles : l'une habitait le grand barachois, et l'autre le havre de Saint-George. De ces deux familles sont sorties dix-huit autres familles existantes dans ce moment, dont cinq habitent le grand barachois, et treize le havre Saint-George : ce qui forme une population de cent dix-neuf individus, sur lesquels il y en a un grand nombre en âge de se marier, et qui auront, indubitablement, à leur tour, un grand nombre d'enfans ; car le genre de vie qu'ils mènent, et leur nourriture, portent singulièrement à la propagation, et cela dans le pays le plus sain du monde.

Il me semble que cette très-grande augmentation de population, dans cette partie française de Terre-Neuve, doit porter le Gouvernement, qui peut-être jusqu'à présent n'a pas été suffisamment éclairé, à être moins tolérant ; car ces familles se sont emparées de tous les points de la côte où l'on peut pêcher le saumon, et partagent en outre avec nos pêcheurs les chances de la pêche de la morue. Ils s'habituent à ce genre de propriété ; ils y fondent leur existence et se la partagent dans les familles. Il résultera de là que lorsque les pêcheurs français voudront se livrer à ce genre d'industrie, si profitable pour eux, ils trouveront beaucoup de difficultés.

Il y aura sans doute des réclamations faites au Gouvernement anglais par ces mêmes habitans auxquels on a accordé l'hospitalité, et qui fixeront alors l'attention de leur Gouvernement, par l'accroissement même de leur population un commencement d'établissement agricole, et un grand nombre de bêtes à cornes. C'est une vraie colonie, où arrive annuellement plusieurs goëlettes anglaises, dont une de Jersey et les autres du Canada, qui lui apportent divers objets de manufacture anglaise, des vivres, et tout ce qui est nécessaire pour la construction et l'armement de leurs bateaux de pêche, et prennent en échange du saumon, à raison de 45 shillings le baril, et des fourrures. Indépendamment de ces goëlettes nos bâtimens pêcheurs qui viennent de Saint-George pendant la saison de la pêche, contribuent à donner de l'activité à cette colonie naissante, qui, par la franchise de son port, jointe à tout ce que je viens de dire, ne peut manquer, avant peu, de s'accroître considérablement.

Le gouvernement anglais, dis-je, en écoutant les réclamations de ces familles, pourrait trouver, dans le vague de divers traités sur la pêche, matière à élever discussion et restreindre les Français à la pêche de la morue seulement, et je n'hésite pas à dire qu'une plus longue tolérance ne ferait qu'accréditer davantage les prétentions des Anglais et éloignerait plus que jamais les Français de celle qu'ils pourraient avoir d'y former un jour des établissemens qui rendraient la pêche bien plus lucrative, et allégeraient le Gouvernement des primes qu'il est obligé de donner pour ne pas laisser tomber cette branche d'industrie.

Il existe à l'île de Cod-Roy, dans la baie de Saint-George et dans la baie des Îles, deux castes d'Indiens appelés *Micmacs* et *Montagnards*. Elles se sont réunies et forment une population de quatre-vingts à quatre-vingt-dix individus ; les premiers sont originaires du cap Breton, et les derniers, du Labrador.

Ils vivent principalement de la chasse et de la pêche ; ils vendent leurs fourrures et leur pêche aux Anglais habitant Saint-George, qui leur donnent en échange des objets de première nécessité à un prix très-élevé, et les traitent assez mal : à peine s'ils leur laissent la faculté de pêcher le saumon.

Ces sauvages sont tous catholiques ; ils sont très dévoués aux Français, et quelques-uns d'eux sont fils de marins basques qui font la pêche dans ces parages. Un de nos anciens matelots, nommé *Benoît*, a épousé, il y a trente ans, une sauvage de laquelle il a neuf enfans : cet homme est très-bon pilote de la partie sud de la côte ; il habite le havre de Saint-George, du côté opposé aux Anglais.

Il serait à désirer que le Gouvernement portât quelque attention sur ces individus, qui peuvent être très-utiles aux pêcheurs français, en les employant comme gardiens des havres de préférence aux Anglais, qui tôt ou tard embarrasseront le Gouvernement par leurs prétentions.

Il faudrait aussi leur envoyer, tous les ans, un prêtre qui serait embarqué comme aumônier du commandant de la station, pour les éclairer dans la religion catholique, qu'ils professent avec ferveur ; ce serait un moyen de plus de se les attacher. J'ai assisté un dimanche à leurs prières : ils ont chanté la grand'messe, dans un livre écrit par eux, dont je joins ici les caractères, que les missionnaires ont dû apprendre, afin de les instruire dans la religion catholique. Ils avaient levé un petit autel décoré d'un Christ et de diverses images peintes, à côté desquelles se trouvaient, à droite, le portrait de S.M. le roi de France, et, à gauche, un tableau représentant le mariage de S.A.R. le duc de Berry[1]. Je

1. Le duc de Berry, assassiné d'un coup de couteau à la poitrine par un ouvrier cordonnier le 13 février 1820, était le neveu de l'ancien roi Louis XVIII et le fils du comte d'Artois, le futur Charles X. Il était aussi la seule personne susceptible de donner un héritier à la famille royale. L'assassin était un républicain fanatique qui voulut éteindre par son geste la dynastie des Bourbons, et son crime suscita dans le camp royaliste une émotion immense que n'apaiserait pas son exécution. Pourtant, très rapidement, l'espoir renaquît chez les Bourbons : car on apprit, en effet, que l'épouse du duc de Berry était enceinte, et le 29 septembre 1820, Marie-Caroline de Bourbon-Sicile donna naissance à un fils, Henri, duc de Bordeaux. Après la Révolution de juillet 1830, qui chassa Charles X et porta sur le trône son cousin, Louis-Philippe d'Orléans, l'enfant, âgé de dix ans, suivit son grand-père dans l'exil.

leur ai fait joindre à leurs prières le *Domine salvum*, dont ils ont parfaitement saisi l'air. Je le répète encore, ces Indiens paraissent très-attachés aux Français ; et si jamais ces derniers obtenaient de former des établissemens à Terre-Neuve, ils pourraient leur être d'autant plus utiles, qu'il en viendrait un plus grand nombre du cap Breton, avec lequel ils communiquent souvent.

Il existe une troisième caste de sauvages [Béothuks], dans l'intérieur de l'île, appelés *sauvages rouges*, qui ne communiquent ni avec les habitans du pays, ni avec les Indiens. Ils tuent tous ceux qui leur tombent sous la main ; on les croit anthropophages. Les Anglais ont tenté inutilement de les civiliser. Ils sont peu nombreux, et depuis quelques années ils ne se montrent plus, ce qui fait penser que les grands froids qui se sont fait sentir à Terre-Neuve auraient pu les détruire.

QUELQUES REMÈDES LOCAUX POUR LES MALADIES (1822)

Jean-Jacques Bergeron, « Notice sur les affections qu'éprouvent les plus communément les marins à Terre-Neuve […] »,
p. 229-238.

Jean-Jacques Bergeron, né en 1787 à Pardies dans les Basses Pyrénées, servit à l'hôpital de Pau (Béarn) en qualité de chirurgien aide-major de 1803 à 1807 et à l'hôpital militaire de Val-de-Grâce (Paris) en la même qualité de 1807 à 1809. Il entra au service de la marine comme chirurgien entretenu en 1810, et, intéressé par les propriétés curatives des plantes, il publia de 1817 à 1820, dans les *Annales maritimes et coloniales*, la nomenclature des objets d'histoire naturelle recueillis à la côte d'Afrique, au Sénégal, à la Guyane, aux Antilles et aux États-Unis. Il fut, par la suite, chirurgien-major à bord de la corvette *La Seine* pour la campagne à Terre-Neuve en 1821 et en 1822. Sa thèse en médecine sur le mal rouge observé à Cayenne et comparé à l'éléphantiasis fut accepté à Paris en 1823.

Une des maladies les plus fréquentes à Terre-Neuve, surtout chez les pêcheurs français, c'est le panaris, dont les suites sont presque toujours fâcheuses, si l'on ne parvient à détruire le mal aussitôt qu'il se fait sentir [1].

Les armateurs et les capitaines doivent craindre que des accidens de cette nature, et d'autres affections propres au climat, n'empêchent une quantité considérable d'hommes de se livrer à la pêche, et de déployer l'activité nécessaire pour profiter du moment où la morue abonde.

La méthode curative que la plupart des chirurgiens du commerce emploient contre le panaris, et en général contre toutes les tumeurs phlegmoneuses qui ont leur siège dans un point quelconque des mains ou des doigts, est l'application de substances irritantes, qu'ils appellent *maturatives*, telles que l'onguent de la Mère, le baume d'Arcœus, celui de styrax, &c., &c. Là se borne toute leur habileté, et je ne me permettrai aucune réflexion d'après les renseignements que j'ai pris à ce sujet.

Les nombreux exemples du panaris que j'au eus sous les yeux, à bord de *la Seine*, m'ont mis à même de me convaincre combien il était urgent de prévenir le développement de la maladie. L'insouciance funeste de quelques hommes, qui ont négligé de se

---

1. Le panaris est une infection de la peau autour d'un ongle, doigt ou orteil. Les bactéries qui en sont responsables parviennent à s'infiltrer lorsque la peau est détrempée, par exemple après un long séjour dans l'eau. La région infectée devient douloureuse lorsque du pus commence à s'y former.

présenter au poste au moment de l'invasion, nous a ôté les moyens de leur épargner les douleurs cruelles qu'ils ont éprouvées ; et c'est aussi cette apathie qui nous a empêchés de faire quelquefois avorter l'inflammation.

Nous avons vu la plus petite gerçure ou crevasse donner lieu à des accidens graves ; mais, dans presque tous ceux qui se sont offerts à nous au début de la maladie, nous avons arrêté les progrès du panaris par l'application des sang-sues, renouvelée souvent deux ou trois fois, et ensuite par l'immersion de la partie malade dans l'eau froide, et même les manaluves avec l'eau végéto-minérale. Des bains locaux opiacés ont été également employés avec succès, lorsque des douleurs vives l'ont exigé : au moyen de ce traitement simple, les hommes ont été rendus de suite à leur travail. Mais il n'en a pas été de même pour les premiers, qui ont été, par leur faute, dans l'impossibilité de rendre aucun service pendant très long-temps, et pour le traitement desquels on a employé, suivant l'occurrence, les cataplasmes émolliens, les fomentations de même nature, les incisions, &c. &c. Néanmoins aucun de nos matelots n'a conservé de traces fâcheuses de ce mal.

Après avoir indiqué les moyens de guérison, il importe d'appeler aussi l'attention sur les causes qui paraissent déterminer les panaris dans ces parages, afin que l'on sache quelles précautions l'on devra prendre pour s'en garantir.

Le froid semble agir sur les mains et sur les doigts d'une manière lente et successive ; nous avons eu moins de panaris au mois d'avril, qui fut extrêmement froid, que les mois suivans ; et, bien que le froid aille en décroissant jusqu'au mois d'août, époque à la quelle la chaleur est quelquefois assez vive, nous avions alors plus de panaris que dans toute autre saison.

La première impression du froid occasionne la rougeur de la peau, puis sa phlogose ; le tissu cellulaire sous cutané est entrepris, le gonflement commence ; la plus petite contusion au bout des doigts, le moindre degré d'irritation qui survient alors dans ces parties, enfin, chez les pêcheurs et préparateurs de morue, les piqûres d'épines ou arêtes de poisson viennent accélérer leur développement.

Les variations subites que la température éprouve, les constitutions humides ne pourraient-elles pas y concourir ! Nous voyons donc que la nature des occupations de ceux qui en sont atteints, parce qu'ils manient des instruments ou autres objets capables de blesser les doigts, paraît les rendre plus fréquens à Terre-Neuve qu'ailleurs. On sait aussi que le panaris survient partout, sans causes bien déterminées.

J'ai remarqué que les pêcheurs qui ont déjà fait quelques voyages à Terre-Neuve, sont moins exposés que les autres à ce qu'ils appellent le mal *d'aventure*, ainsi qu'aux engelures, un de leurs tourmens les plus constants, ce qui est probablement dû à ce qu'ils étudient chaque année à prévenir ces affections de tous leurs moyens, et qu'ils finissent aussi par s'habituer à l'action du froid. Leurs mains deviennent si calleuses, que les corps extérieurs ont sur elles une action beaucoup moins sensible ; alors les doigts et les mains sont enveloppés à leur face palmaire par une couche dure qui protège ces parties, dont la structure constitue un véritable appareil de douleur, et explique d'une manière non équivoque les accidens qu'on observe si souvent dans le panaris qui, ordinairement, a son siège au pouce, à l'indicateur et au doigt du milieu : nous ne l'avons jamais observé aux orteils. Les tournioles y sont rares. Qui ne sait combien le gonflement gagne rapidement la paume de la main, l'avant-bras, le bras, l'épaule, et s'étend même jusqu'aux parties latérales de la poitrine ? Est-il nécessaire de dire que les panaris sont quelquefois produits par des causes internes ? Chacun sait que les vices scrofuleux, vénériens, dartreux, psoriques, &c. &c., peuvent les occasionner ; je n'ai eu aucun exemple de ceux-ci à bord de *la Seine*.

Voyons maintenant s'il est possible d'en garantir les marins, ou au moins de faire en sorte qu'ils y soient moins exposés. Ceux du commerce ont, lorsqu'ils travaillent, des gants de laine, dont la paume de la main est garnie de cuir ; mais les extrémités des doigts ne sont pas à l'abri des lésions extérieures : je voudrais que cette portion de cuir les entourât au moins en partie, et que les dernières phalanges le fussent rigoureusement. Chaque doigt, ainsi entouré d'une sorte de dé, assez souple pour ne pas gêner les mou-vemens, serait garanti convenablement des lésions des corps étrangers ; mais il faudrait faire attention aussi à ce que cette enveloppe fût assez vaste pour permettre le racornis-sement inévitable de cette matière dans l'eau ; car sa dureté et sa pression sur ces parties, déjà affectées, détermineraient les accidens que nous voulons éviter.

Tout homme destiné à servir à Terre-Neuve devrait être muni, en outre, d'une capote imperméable, ne serait-ce qu'en grosse toile cirée ou goudronnée, et d'un panta-lon analogue. Obligés de passer les nuits à la pêche, quelquefois sous une pluie abon-dante ou une brume qui finit par les pénétrer, ils souffrent beaucoup dans cet état, parce qu'ils n'ont pas assez de vêtements de rechange pour se passer de celui que j'indique, et qui serait peu dispendieux. On aurait, par ce moyen, le double avantage d'économiser pour leur habillement, et d'obtenir de meilleurs services de ces marins qui, au reste, sont bien nourris. Les grandes bottes, qu'on leur donne leur sont fort utiles ; mais ils n'en ont qu'une paire, et ce n'est pas assez pour six mois qu'ils doivent rester dans ces parages : peut-être aussi laissent-elles quelque chose à désirer pour leur bonne qualité. Il n'est pas indifférent de veiller à la propreté de ces marins, chose qu'on néglige peut-être trop, j'en juge par l'existence des autres affections auxquelles ils sont en proie.

La sollicitude du Gouvernement pour les marins embarqués sur les bâtimens de l'É-tat, et destinés aux diverses stations de Terre-Neuve, est telle, qu'on améliore chaque année davantage leur sort ; ils sont encouragés à supporter les fatigues de cette dure navi-gation par les sacrifices en tout genre qu'il fait à leur égard, et ils auraient fort peu de chose à désirer si les fournitures qu'on leur délivre étaient de meilleure qualité ; mais les bottes sont mauvaises, les gants mal confectionnés, &c. Il serait urgent qu'ils eussent un certain nombre de rechanges, ou bien la capote et le pantalon dont j'ai signalé les avan-tages.

Les insectes du genre des *maringouins*, *cousins*, et *moustiques*, ne cessent de persé-cuter les hommes à Terre-Neuve, dans les mois de juillet, août et septembre, sur-tout pendant les calmes. Leurs piqûres occasionnent sur la peau des boutons rougeâtres, suivi d'une démangeaison insupportable. Ils semblent dédaigner les personnes dont la santé a été appauvrie par les maladies, et s'attacher particulièrement aux hommes d'un tempé-rament sanguin. Nous avons vu au port Saunder, des hommes qui vivaient tranquille-ment au milieu de cette foule d'ennemis du repos de tant d'autres.

Ce n'est pas du sang qu'ils sucent, comme on l'a cru, mais plutôt de la lymphe ou la partie incolore du sang. Au reste, la douleur qu'ils occasionnent dépend moins de l'ai-guillon que du venin qu'ils déposent dans la plaie ; cette trompe cornée, d'où sort une pointe très-fine, a à son extrémité cinq filets acérés et faisant suçoir ; l'animal paraît d'a-bord déposer dans la petite plaie une guttule d'une liqueur transparent, puis suce à son aise la sérosité contenue dans les tissus où il pénètre.

Il faudrait, pour se garantir de leur présence, pouvoir vivre au milieu d'une atmosphère de fumée : c'est la chose qu'ils paraissent redouter le plus. L'action du prin-

cipe délétère qui nous occupe, la piqûre de filets nerveux, et peut-être aussi les dispositions des individus, ont donné lieu à un gonflement si considérable de la face chez
quelques-uns de nos matelots, qu'ils ont été privés de la vue pendant plusieurs jours. Le
cou s'est quelquefois tuméfié, les douleurs les plus vives en sont souvent résultées, puis
l'accélération du pouls, &c. On a conseillé de faire couler, au moyen d'un tube de verre
capillaire, une petite goutte d'alkali volatil affaibli, sur ces piqûres. J'ai employé le vinai-
gre affaibli par l'eau, sans résultat marqué, ainsi que les lotions d'eaux spiritueuses aromatiques. On emploie aussi, sans avantage évident, la série des adoucissans, tels que
l'huile d'olive, l'eau de guimauve, les cataplasmes, les bains, etc. Quelques jours de
patience amènent la cessation des symptômes incommodes, et cela d'autant plus promptement qu'on se gratte moins[2].

Ces affections sont les plus communes à Terre-Neuve. Voici les moyens curatifs
qu'on trouve sur les lieux et ceux qui sont propres à les combattre. Parmi les ressources
précieuses pour la thérapeutique que produit cette île, et dont on peut tirer parti pour le
service de santé sur les bâtimens de l'État et les autres, lorsqu'ils sont destinés à y prolonger leur séjour, je dois indiquer d'abord les sang-sues ; elles habitent les étangs qui
entourent nos pêcheries : on en trouve au Port-au-Choix, à l'île Keppel et aux environs
du port Saunder ; je suis même porté à croire qu'on en trouverait dans les autres parages. Elles viennent à la surface de l'eau, à l'approche de la pluie, et on les saisit assez facilement, même avec la main. J'en ai remis une douzaine au conseil de santé ; elles sont
noirâtres et dépourvues des lignes jaunâtres : mais leur corps est cylindrique, tronqué
aux deux extrémités, ayant une bouche en ventouse garnie de trois dents, &c[3].

Une plante de la famille des smilacées, la salse-pareille, croît assez abondamment
dans les terrains bas et humides ; elle se plaît sur le bord des étangs, et nous en avons vu
considérablement aux environs du port Saunder : elle est à peine odorante, comme toutes les plantes qui croissent dans le pays. Les propriétés physiques de cette salse-pareille
sont les mêmes que celles de la même plante qu'on récolte au Pérou, au Mexique ou au
Brésil. Je ne l'ai point employée ; mais il serait facile de s'assurer de ses propriétés chimiques et médicinales.

L'angélique est très-abondante à Terre-Neuve : cette plante ombellifère est, quant
aux propriétés physiques, chimiques et médicinales, absolument ce qu'est celle qui croît
en Suisse, sur les Alpes, les Pyrénées, &c.

On m'a assuré que la famille des fougères, et sur-tout la capillaire du Canada, existe
au Croc et à l'anse des Millions ; je l'ai cherchée inutilement à Saint-Pierre, à Saint-George,
aux environs de la baie d'Ingarnachois, Swenders, Keppel, Port-au-Choix et à l'anse de
Barbacé.

Il existe dans cette île trois espèces de sapins qui, sans doute, sont les mêmes que
celles dont parle M. Lambert, dans son ouvrage, sous les noms d'*abies alba, nigra et
rubra*[4].

La boisson habituelle des habitans du pays est la bière faite avec de fortes décoc-
tions de sapin qu'ils nomment *spruce*, dont j'ai déposé des échantillons au conseil de

---

2. Au sujet des moustiques, voir aussi E. Treille, « Quelques considérations sur un insecte diptère nuisible de Terre-Neuve », p. 216-224, et Julien-Olivier Thoulet, *Un Voyage à Terre-Neuve*,
p. 94-99.
3. Voir aussi Jean-Jaques Bergeron, « Sur une espèce de Sangsue indigène à Terre-Neuve [...] »,
p. 561.
4. Aylmer Bourke Lambert, *A Description of the Genus Pinus*.

santé ; elle est particulièrement résineuse : on en a consommé une barrique par jour à bord de *la Seine*, et l'équipage s'en est bien trouvé.

Voici comment on fait la bière dont nous venons de parler : on met dans une chaudière contenant une demi-barrique d'eau, une brassée de copeaux, branches de feuilles de cet arbre ; on y associe deux poignées de l'arbrisseau nommé *genévrier* avec ses bris ; on remplit d'eau ; on fait bouillir jusqu'à ce que leur écorce se détache, c'est-à-dire, à peu près une heure ; c'est le moment où il faut retirer le bois : on a eu soin d'écraser une livre de biscuit, sur lequel on jette cinq kilogrammes de mélasse qu'il faut délayer avec un seau de cette décoction, et autant d'eau froide pour remplir le vide produit par l'absence du bois et l'ébullition de la chaudière ; on brasse pour l'incorporation ; on verse dans une barrique qu'on achève de remplir d'eau : une fermentation s'opère, et au bout de vingt-quatre heures la bière est potable ; mais je crois qu'elle ne pourrait se garder longtemps sans altération. J'en avais conservé deux bouteilles que j'ai également déposées au conseil de santé. Les Anglais font une bière analogue avec l'essence de *spruce*. Au résumé, je pense que les bâtimens français destinés aux stations de Terre-Neuve pourraient l'utiliser, si chaque commandant voulait établir une brasserie à terre, dès qu'il mouille pour un temps dans les différens ports ou havres, comme nous l'avons fait ; la chose est d'autant plus facile, qu'il ne faut porter à terre que la chaudière, la mélasse et le biscuit. Les autres matières se trouvent abondamment par-tout, car nous en avons fait constamment et même plusieurs barriques par jour. Je passe sous silence une foule d'autres ressources que nos pêcheurs trouvent à Terre-Neuve, et qu'il serait trop long d'énumérer, telles que diverses espèces de feuilles desséchées qui servent de thé et de tisane.

Ces considérations devraient les encourager à ne pas négliger une branche d'industrie dont nos voisins savent si bien tirer parti, et que nos spéculateurs timides laisseraient anéantir sans la constante sollicitude du Gouvernement pour les protéger de tous ses moyens.

Notre séjour à Saint-George, comme je l'ai déjà dit, fut assez long. La température y fut inégale ; on éprouvait quelquefois un froid assez rigoureux le matin, et si le calme venait dans le jour, une chaleur assez vive se faisait [sentir].

C'est là, je crois, une des causes de l'état maladif qu'éprouvent les habitans de l'endroit dans cette saison de l'année. C'est une espèce de grippe ou catarrhe pulmonaire épidémique, qui s'annonce par une agonie gutturale, une toux violente, l'enchifrènement, une douleur de tête très-vive, et enfin l'accélération du pouls. Cette affection, presque générale, des membranes muqueuses, attaque tour à tour tous les membres d'une famille, et se propage aussi d'une cabane à une autre. Mais ces variations brusques dans l'atmosphère ne sont pas, je crois, le seul principe d'irritation qui occasionne cette maladie, puisque les équipages de *la Seine*, de l'*Euryale* et des autres bâtimens de la rade, en furent presque tous exempts. J'ai été consulté sur cet objet, et voici le résultat des observations que j'ai faites auprès de plusieurs malades que j'ai visités, sur les causes productrices de mal.

Pendant la mauvaise saison, ils passent six à huit mois dans les bois, habitant des cabanes approvisionnées misérablement (car ils sont très-paresseux). Ces demeures sont entourées de couches de neige et de glace qui s'élèvent quelquefois aussi haut que leurs cabanes, où ils se trouvent ainsi *claquemurés* et dans une complète inaction jusqu'à la fonte des neiges. On conçoit aisément tout ce qu'ils ont à souffrir. Tels sont les moyens qu'ils emploient pour se garantir le plus possible de l'excès du froid : l'endroit où ils font de feu constamment, est opposé au logement du bétail, qui est contigu au leur ; une sorte de litière existe au milieu de cette espace : ils y couchent tous les uns à côté des autres, couverts de leurs habits et de peaux d'animaux. C'est ainsi qu'ils mettent à profit et la chaleur des bêtes, qui leur fournissent aussi du lait, et celle du feu, d'un autre côté. Ils sortent de là dans un état d'engourdissement et de stupeur à l'époque de la belle saison, pour se livrer à la chasse et à la pêche : car ils vivent du produit des fourrures qu'ils vendent aux Anglais ; et comme le sol est généralement bon, ils cultivent aussi alors quelques espèces de légumes, et même des graines céréales.

Ils vivent donc dans une sorte d'étuve, devant un feu qu'ils aliment facilement, car ils n'ont que la peine de ramasser le bois qui est très-abondant autour d'eux. Ils contractent si bien l'habitude de se chauffer dans la saison rigoureuse, que les femmes et les enfans ne quittent plus le feu, devant lequel ils se rôtissent avec la même indolence, alors même que le soleil est extrêmement chaud. Cette augmentation de chaleur les fait transpirer beaucoup, et néanmoins ils boivent alors de l'eau de glace, ils se mettent même dans l'eau encore glacée, et commettent beaucoup d'autres imprudences semblables. J'en conclus qu'étant tous exposés aux mêmes causes, les résultats sont aussi les mêmes pour presque tous, et que les marins n'ont pas été atteints de cette maladie par la raison contraire. Appelé près de quelques-uns d'eux pour leur donner des secours, j'eus occasion de voir combien ils sont superstitieux et ignorants. Ils ont une méthode de traitement analogue pour toutes les maladies ; elle consiste dans l'usage de boissons vraiment incendiaires pour celle dont il s'agit : elles sont toniques et fortement activées par une proportion considérable de rhum, auquel ils mêlent un peu de sédiment de sucre noir ou mélasse. Je n'ai pas été assez heureux pour les faire dévier de cette route, qui les conduit souvent au tombeau. J'ai vu mourir un enfant, âgé d'environ trois ans, dans les bras d'une mère tout en pleurs, sans que cette dernière ait jamais voulu écouter mes conseils. Persuadés qu'ils doivent tous être malades à une époque donnée, lorsque l'un d'eux l'est réellement, ils se tâtent, s'examinent et deviennent malades par fatalisme.

Perdus parmi les glaces flottantes (1826)

Gaud Houiste, *Naufrage du navire la Nathalie*, p. 18-52.

Gaud Houiste, né à Granville en 1798, connut bien la côte de Terre-Neuve. Après être entré au service de la marine comme mousse en 1811, il y servit comme novice et matelot à bord de la *Belle-Julie* de 1816 à 1821 et comme quatrième lieutenant en 1822, ainsi qu'en 1823, quand il y était le deuxième capitaine des *Trois Amis*. Il était également le deuxième capitaine du *Diligent* en 1825 et, en 1826, le second capitaine à bord de la *Nathalie*, qui se mit à voile de Granville pour la pêche de la morue à Terre-Neuve le 25 avril et qui fit naufrage le 29 mai. En réalité, cependant, l'auteur de cet ouvrage était l'abbé Jean-Louis Daniel, proviseur au Collège royal de Caen, auquel Houiste n'en avait fourni que matière. La deuxième édition porta son nom en qualité d'auteur.

Notre traversée fut d'abord assez heureuse. Mais, par le 51° 3' de Latitude Nord, et le 56° 58' de Longitude Ouest, nous rencontrâmes les glaces flottantes. C'était le 29 Mai. Nous voguions avec peu d'air. Une glace que nous abordâmes creva le bâtiment. L'eau entrait à grands flots. Ce fut alors une consternation, un désordre, une confusion inexprimables. Ici, une stupeur profonde, un désespoir sombre et concentré ; là, une agitation, un délire affreux, des plaintes amères, des cris perçans. Un malheureux père avait son fils très-jeune encore ; il le tenait entre ses bras, et dans l'égarement de sa raison, il criait de toutes ses forces « où est mon Fils ? Oh ! de grâce rendez-moi mon Fils ; que du moins en périssant je le presse sur mon cœur ».

Le bâtiment s'enfonçait avec une effroyable rapidité. Il fallut renoncer à l'espérance. Tous levaient au ciel des mains suppliantes, faisaient des prières et des vœux, quand, sur les huit heures du soir le navire disparut. Avec lui disparurent, hélas ! pour jamais, la plupart des infortunés qui le montaient[1].

Je coulai avec l'équipage, mais bientôt je revins sur l'eau, et la providence permit que je trouvasse, tout près de moi, deux morceaux de bois, attachés l'un à l'autre. Sur ce frêle asile était le matelot [Julien] Potier. Je m'y place à côté de lui. En vain nos regards, cherchant quelque moyen de salut, plongent de toutes parts sur le lugubre espace qui nous entoure, ils ne découvrent que des flots sombres et légèrement agités. Revenus du

---

1. Des soixante-quatorze hommes qui formaient l'équipage, dix-sept se sauvèrent dans le canot qui ne pouvait en contenir un plus grand nombre. Comme on le verra, quatre autres furent recueillis sur les glaces. L'auteur, avec ses deux compagnons, fut arraché à la mort. Cinquante périrent.

fond de l'abîme, notre perte n'était donc retardée que de quelques instants ! elle n'était donc retardée que pour devenir plus cruelle !

Cependant nous aperçûmes bientôt une glace plate. Nous nous dirigeâmes vers elle. Après de longs et pénibles efforts nous l'abordâmes.

J'avais pour tout vêtement une chemise de laine, un pantalon, mes bas et mon chapeau que j'avais eu le bonheur de retrouver en revenant sur l'eau.

Mon malheureux compagnon n'était pas mieux vêtu. Il n'avait rien pour couvrir sa tête.

Ainsi nous nous trouvions presque nus, à demi-gelés, affaiblis, livrés aux plus affligeantes idées. Nous restâmes quelque temps immobiles sur notre glace ; mais, ne voulant pas nous laisser lâchement abattre par le malheur, nous nous mîmes à marcher avec autant de vitesse que notre misérable état le permettait ; nous ne pûmes parvenir à rappeler la chaleur.

La brume, le verglas et la nuit vinrent mettre le comble à nos maux. Le froid était si pénétrant que pour n'être pas entièrement gelés, il nous fallut marcher toute la nuit. Déjà nous sentions vivement l'aiguillon de la faim.

Le matin, dans une éclaircie, nous aperçûmes quatre hommes à une grande distance et un autre beaucoup plus près de nous. Cela nous fit plaisir. Il semble que les maux deviennent moins pesans quand ils sont partagés par quelques-uns de nos semblables. Bientôt le temps se couvrit et nous déroba la vue de nos compagnons. Nos regards restaient toujours fixés sur le point où ils étaient. Vers les neuf heures du matin le temps redevint plus clair. Un bâtiment à trois mâts nous apparut dans les mêmes parages.

Nos yeux attachés sur ce bâtiment, le suivaient avec anxiété. Il s'approcha, diminua ses voiles, fit la manœuvre nécessaire pour sauver les quatre malheureux.

Il nous semblait déjà partager leur bonheur. Notre cœur bondissait de joie, l'espérance rayonnait sur nos fronts. Intimement persuadés qu'on nous voyait, nous regardions notre délivrance comme certaine. Nous bénissions Dieu de nous avoir envoyé ce vaisseau sauveur. Nous avions à grande peine planté dans la glace un aviron dont nous nous étions saisis le jour du naufrage. Nous avions placé sur cet aviron mon chapeau et ma cravate que nous agitions afin de nous faire plus facilement remarquer. Le malheureux qui était sur une glace, non loin de nous, faisait, avec une planche, un signal du même genre. Mais hélas ! notre espérance fut cruellement déçue. Au bout d'une demi-heure, le bâtiment mit ses voiles au vent, louvoya parmi les glaces et s'éloigna de nous, cherchant vainement à sauver d'autres victimes.

Toute la journée le bâtiment resta à notre vue. Nos efforts pour nous en faire apercevoir et pour nous rapprocher de l'homme qui n'était pas éloigné de nous furent également inutiles. La brume et la nuit vinrent. Le bâtiment sur lequel reposaient de si vives espérances de salut disparut entièrement : alors, comme un poids immense, qui a été un moment soulevé, la douleur et le désespoir retombent sur notre cœur et nous plongent dans un morne et affreux silence. Enfin, mon compagnon l'interrompit par ces mots simples ; mais prononcés d'une voix si triste, qu'il me perça le cœur : « Ah ! M. Houiste, plus d'espoir. Il nous faut donc périr de froid et de faim, moi qui étais si heureux, chez le maître que je servais depuis plusieurs années ». J'essayai de ranimer un peu le courage de mon compagnon et de lui donner quelques motifs d'espérance que je ne partageais pas moi-même.

Nous passâmes cette nuit et la suivante sous la pluie et le verglas ; transis de froid, tourmentés horriblement par la faim, d'autant plus accablés que nous avions été plus près d'être arrachés à notre épouvantable situation. Dieu seul en qui nous mettions notre confiance, pouvait nous soutenir au milieu de si terribles épreuves.

Le premier Juin une botte de pêcheur passa près de notre glace. Nous tâchâmes de l'attirer vers nous. Il nous semblait que nous l'eussions dévorée en un instant. Ne pouvant l'atteindre avec notre aviron, je fus sur le point de l'aller chercher à la nage. Je n'osai. Me sentant trop affaibli, je craignais de rester gelé dans l'eau. Alors, avec un couteau, j'enlevai des parcelles de notre aviron. Je voulais les manger, mais je n'y pus réussir.

Nous ne cessions de porter autour de nous des regards avides dans l'espérance de trouver à notre portée quelque chose qui pût servir à notre nourriture. Le jour, la faim était le plus grand de nos maux. La nuit, c'était le froid. Il ne nous permettait pas de prendre un instant de repos.

Ce même jour la brume se dissipa et nous aperçûmes des débris de la *Nathalie* et le même homme que nous avions cherché à joindre le 30 Mai. Parmi ces débris je distinguai à environ cent pas de nous une cage à poules. Tout près de nous était une petite glace, capable à peine de porter un homme. Je me hasardai à y passer et avec le couteau de Potier j'y fis une entaille pour placer notre aviron. Alors la glace me servait comme d'un canot pour aborder les débris. Je visitai ainsi beaucoup de petits barils. Il se trouva que tous étaient ou défoncés ou débondés et pleins d'eau de mer. Je poursuivis ma route vers la cage à poules et je parvins à la saisir. Elle contenait quatre poules noyées. À cette vue, ma joie fut inexprimable. Depuis notre naufrage nous n'avions eu pour nourriture que de petits morceaux de glace ! Je mangeai ou plutôt je dévorai à l'instant une cuisse d'une de ces poules. Ce peu de nourriture me donna quelque force et beaucoup de courage. Mon triste compagnon ne me quittait pas des yeux. Il vit que je mangeais. Cela redoubla sa faim. Alors, les bras tendus vers moi, il me criait d'un ton lamentable : « Ah ! M. Houiste, de grâce apportez-moi à manger ». J'avançais vers lui de toutes mes forces. Il ne cessait de répéter d'une voix altérée et presque éteinte : « Pour Dieu, M. Houiste, venez donc vite ». Nous fûmes bientôt réunis. Nous achevâmes de manger cette poule sans prendre le temps de la plumer. Jamais nous n'avions fait un si délicieux repas.

Dans le cours de nos recherches, nous trouvâmes une barrique de cidre débondée ; avec des efforts incroyables, nous réussîmes à la monter sur notre glace. Il y était entré de l'eau de mer ; mais cette eau ne s'était pas entièrement mêlée avec le cidre ; quand nous eûmes fait couler à peu près la moitié du liquide que contenait la barrique, le reste nous fournit une boisson supportable.

Une demi-heure après, environ à un demi-quart de lieue, au vent à nous, nous découvrîmes une petite chaloupe. Nous tressaillîmes de joie. Cette chaloupe pouvait être pour nous un moyen de salut.

Nous montons sur une autre glace et nous abandonnons notre barrique peu importante pour nous, car les morceaux de glace nous désaltéraient ; mais nos trois poules nous étaient trop nécessaires pour les oublier. Ne voyant pas les boyaux de celle que nous avions mangée, je demandai à Potier ce qu'il en avait fait. Il me répondit qu'il les avait jetés à la mer. Cela me mit en colère. Je lui reprochai vivement cette faute, ou plutôt cette irréflexion. Des paroles dures m'échappèrent. L'infortune m'avait aigri.

Afin d'avoir des clous, nous ôtions les cercles des bouts de chaque barrique que nous rencontrions. Comme je savais qu'il fallait une fausse pièce à la chaloupe, j'arrachai deux douvelles d'une de ces barriques. Nous atteignîmes enfin la chaloupe. Elle était entre deux eaux. Quand nous y fûmes entrés, nous avions l'eau à la ceinture. Alors le point sur lequel j'appuyais l'aviron s'élevait seul au-dessus de l'eau. Dans cet état un léger poids de plus aurait fait couler cette chaloupe à fond. Je la dirigeai vers le malheureux que nous voyions seuls, sur une glace, éloigné de nous d'environ une demi-lieue.

Potier ne savait pas godiller, c'est-à-dire, conduire un bateau avec un seul aviron placé à la poupe. C'était donc toujours à moi de ramer. Comme cela me fatiguait beaucoup, je conçus le projet de rendre la chaloupe navigable. À cet effet je pris un bout de funin qui était dans la chaloupe. Je le coupai en deux et l'amarrai au banc afin de tourner la chaloupe la quille en haut et d'y placer la fausse pièce. Malgré des efforts inouïs, nous ne pûmes en venir à bout. Nous nous remîmes dans la chaloupe et je continuai de la diriger.

Un baril de beurre défoncé passa tout près de nous. C'était un objet d'un prix inestimable pour notre nourriture et pour étancher la fausse pièce. J'exhortai Potier à le saisir. Il le fit, mais bientôt il me dit qu'il ne pouvait le tenir plus long-temps, ayant beaucoup de peine à se tenir lui-même. À ma prière il prit un peloton de ce beurre et lâcha ce baril qui nous aurait été si utile si nous avions pu le conserver. Peu après Potier, qui était toujours sur le devant de la chaloupe, sauva une casquette que je reconnus être celle de notre capitaine. C'était un bonheur pour Potier qui jusqu'à ce moment était resté la tête nue.

Après une heure et demie de travaux sans relâche, nous abordâmes enfin la glace du malheureux que nous voulions joindre. C'était Julien Joret, matelot de notre équipage. Son état était déplorable ; un morceau de poule que je lui donnai, lui rendit quelques forces. Cette nourriture et le bonheur de se trouver avec nous le ranimèrent. Ignorant sur quoi nous étions portés, il ne savait comment nous avions pu arriver jusqu'à lui ; nous lui apparaissions comme des êtres envoyés par miracle. Mais quand il vit que nous étions sur la chaloupe de la *Nathalie*, quand je lui eus assuré, que nous avions, avec son secours, la presque certitude de la mettre à flot, sa joie fut au comble. Cependant ce travail était bien difficile pour nos forces épuisées. Durant plus d'une demi-heure, nous nous trouvâmes, Potier et moi, dans l'impuissance de nous mouvoir. Nos jambes et nos cuisses étaient engourdies de froid et de fatigue ; nous ne les sentions plus. Nous eûmes bien de la peine à nous mettre debout. Enfin, nous réussîmes à marcher peu à peu et à rappeler quelque chaleur.

Il se rencontrait sur la glace de Joret plusieurs chemises et une petite chaudière. Il nous apprit, que le 30 Mai, un coffre avait été poussé près de lui, qu'il avait eu le bonheur de l'arrêter, mais que la mer trop rude en ce moment ne lui avait pas permis de le vider entièrement. Cependant le froid qui nous glaçait, Potier et moi, avait un peu diminué. Réunissant tous trois nos forces, nous halâmes la chaloupe le long de notre glace. L'eau devenue un peu moins trouble, nous permit de voir au fond de cette chaloupe une veste et le petit marteau du charpentier. Cette découverte nous causa un grand plaisir. Cette veste et ce marteau étaient pour nous d'une valeur inappréciable. On ne saurait s'imaginer, avec quelle avidité, on saisit dans un extrême danger, les moyens que l'on croit susceptibles de contribuer quelque peu à adoucir la rigueur du sort contre lequel on lutte. Je déposai sur la glace ces précieux objets, et nous travaillâmes à tourner la chaloupe la quille en haut. Cette opération exigea les plus grands efforts. Monté sur la chaloupe, je pris la mesure de la fausse pièce ; et, après l'avoir tracée sur une des douvelles de la barrique, je chargeai Joret, qui avait un peu moins froid aux mains, de la tailler avec son couteau. Pendant que Joret s'occupait de ce travail, Potier pétrissait la pelotte de beurre, et moi, avec le petit marteau, j'arrachais d'une des planches, sauvées par Joret, un clou d'environ trois pouces. Tout étant préparé avec le soin que nous pouvions apporter à cette opération à laquelle nous attachions notre salut, je clouai la fausse pièce, et afin qu'il restât moins d'ouverture pour le passage de l'eau, je mis une des manches de la veste à servir de frise. Avec une des chemises de Joret, j'essuyai la fausse pièce, et j'y appliquai la pelotte de beurre. Ensuite nous retournâmes la chaloupe, et nous la poussâmes à la mer. L'eau pénétrait encore, mais notre petite chaudière nous servit à l'épuiser.

À peine notre chaloupe était à flot, que nous eûmes connaissance de la terre, à une distance d'environ dix lieues. Je reconnus que c'était Belle-Isle et Groays. À cet aspect, l'espérance augmente et la joie rentre dans nos cœurs. Quelque affreuse que fût notre position, ce premier jour de Juin, notre malheur était supportable. Sur un élément perfide, excédés de froid, tourmentés par le besoin sans cesse renaissant du sommeil et de la faim, pressés par les glaces flottantes qui pouvaient à chaque instant briser notre frêle nacelle, notre salut nous paraissait assuré. Nous avions confiance que la Providence, qui nous avait si visiblement protégés jusques-là ne nous abandonnerait pas. Nous voyions la terre, cette vue nous faisait presque oublier nos maux et nos dangers. Nous ne doutions pas que la terre, que nous nous flattions d'atteindre bientôt, ne fut le terme de nos souffrances. Hélas ! les malheureux se précipitent de toutes leurs forces sur la plus faible espérance ; ils embrassent avec ardeur jusqu'à l'ombre qui trop souvent les séduit.

Une brise légère soufflait du Sud-Ouest ; jusqu'au 2 Juin nous continuâmes à nous diriger vers la terre. Ce jour-là, nous n'étions plus qu'à quatre lieues de Groays ; quand sur les dix heures du matin, nous fûmes enfermés dans les glaces. Il nous restait pour tous vivres deux poules et demie !

Vers cinq heures du soir la brume nous reprit ; quatre jours se traînèrent dans cette douloureuse situation ; nous vivions avec une prodigieuse économie. Pas un os n'était mis de côté. Avec une cuisse, une aile, ou la carcasse, qu'un de nous partageait en trois, nous faisions deux repas par jour ! Je proposais à mes compagnons de prendre chacun le morceau qui leur convenait. C'est ici un besoin pour mon cœur de dire qu'ils n'y voulurent jamais toucher que je n'eusse pris ma part ! Je l'avoue, j'étais sensible à ces égards, qu'ils me conservaient dans notre commune infortune, et malgré la faim terrible qui les pressait.

Lorsque nos portions étaient faites pour un repas, nous cachions avec soin dans l'arrière de la chaloupe, le reste de nos vivres, de crainte de céder au désir d'y toucher trop tôt.

Celui de nous qui se trouvait avoir la patte, la mangeait jusqu'aux ergots. Les deux premiers jours, Potier ne pouvait avaler les os. Après les avoir bien mâchés, il nous les donnait, à Joret et à moi, qui les avalions sans peine ; mais le troisième jour il nous fallut réduire de moitié notre chétive portion ; alors Potier mangea aussi les os, et nous fûmes privés de ce précieux supplément !

Je m'arrête pour reposer mon cœur, qui se soulève encore en retraçant des détails si tristes et si dégoûtants. Éprouva-t-on jamais une misère aussi épouvantable ? Cependant cette misère devait s'aggraver encore !

Le 6 Juin, vers onze heures du matin, le temps s'éclaircit un peu, et nous découvrîmes une trentaine de navires près de *la banquise*[2], à environ deux lieues à l'Est de nous. Aurons-nous le bonheur d'être aperçus de ces bâtimens ? Nous délibérons sur ce qu'il nous convient de faire. La chaloupe sur laquelle nous avions tant compté faisait corps avec les glaces. Il nous était désormais à peu près impossible d'en tirer parti. D'un com-

---

2. Banquise : amas de glace flottante du Labrador que l'on y rencontre à la fin d'avril et souvent jusqu'au mois de juin.

mun accord nous résolûmes de tenter de nous rendre à bord par la voie des glaces qui nous paraissaient s'allonger jusqu'auprès des bâtimens. Nous plantâmes dans notre chaloupe, que nous abandonnions à regret, notre aviron surmonté d'une chemise, afin de pouvoir la retrouver si nous n'étions pas sauvés par quelque navire.

Les pieds de nos bas s'étaient complètement usés. Nous coupons en trois bouts ce qui en restait, afin d'envelopper nos pieds en fixant chaque bout de bas au moyen de plusieurs fils carets[3] que nous avions décordés d'un bout de funin. Pour mieux défendre nos jambes, nous lions aussi nos pantalons à l'extrémité inférieure. Il était nécessaire de soutenir nos forces défaillantes ; nous mangeons une moitié de poule ; c'était tout ce qui nous restait. Après avoir fait ces dispositions, et nous être recommandés à Dieu, nous nous mîmes en route, munis des deux petites planches qui nous servaient comme d'un pont pour passer d'une glace sur l'autre. Les glaces assez unies nous offraient une route qui n'était pas trop difficile. Nous ne marchions cependant pas bien vite ; nous étions si affaiblis ! nous avions déjà tant souffert ! À mesure que nous avancions, notre courage croissait avec l'espérance. Nous commencions encore une fois à entrevoir notre salut. Mais, arrivés à peu près à moitié de la distance qui nous séparait des bâtimens ! ô malheur qui ne peut se décrire ! un fort vent de Nord-Ouest souffle, divise, détache et éparpille toutes les glaces. Notre sort est devenu plus affreux. Nous ne pouvons ni avancer vers les bâtimens, ni rejoindre notre chaloupe. Alors, navrés de douleur, nous montons sur une grosse glace qui était près de nous ; de là, avec nos planches et nos cravates, nous faisions des signaux. Hélas ! tout fut inutile. Nous étions réservés à des maux plus effroyables. Dans ce moment, nous sentîmes plus vivement que nous ne l'avions fait jusques-là l'horreur de notre position. Le sort de nos compagnons qui avaient péri au moment du naufrage, nous paraissait digne d'envie. En périssant avec eux nous n'eussions pas éprouvé une agonie longue et aussi déchirante. Les souffrances présentes nous accablaient, et l'avenir nous en offrait de plus épouvantables encore.

Depuis huit heures, nous n'avions eu pour soutenir notre déplorable vie que quatre poules noyées. Il ne nous restait plus rien. Dans ces parages, on voit communément des loups-marins sur les glaces, où ils marchent, ou plutôt se traînent avec assez de lenteur. J'en avais souvent aperçu dans les dix campagnes que j'avais faites précédemment à Terre-Neuve. Si nous eussions eu le bonheur d'en rencontrer, armés de nos planches, il nous eût été facile de les tuer. Il ne s'en présenta pas.

Ainsi, privés de toutes ressources, abandonnés de toute la nature, dévorés par la faim, demi-morts de froid, le désespoir s'empara de nous. Les yeux égarés, la bouche ouverte ; nous nous regardions en silence. Cette scène d'angoisses inexprimables dura une heure. Nous invoquâmes Dieu ; cela nous fit du bien. Nous nous abandonnâmes avec confiance à la Providence.

Vaincus de faiblesse et de fatigue, nous éprouvions un besoin insurmontable de nous livrer au sommeil ; mais à chaque instant l'humidité et le froid nous réveillaient cruellement. Cette souffrance dépasse tout ce qu'on peut imaginer. Celle que nous causait la faim, quoique portée au plus haut degré, était plus tolérable.

Pour empêcher nos pieds de se geler complètement, nous les tenions dans une agitation continuelle. Quand la fatigue nous forçait de cesser ce mouvement, je m'asseyais sur une de nos planches, vis-à-vis un de mes compagnons, et je portais mes pieds sous ses aisselles ; en même temps les siens se cachaient sous les miennes.

---

3. Fils carets : gros fils utilisés pour les menues manœuvres des navires.

Durant les courts momens où nous cédions au sommeil, nous éprouvions une jouissance qui ne tardait pas à se changer en supplice. Il nous semblait que nous étions sauvés, ou qu'on nous présentait des vivres. Pour moi, je croyais alors voir le maître-d'hôtel de la *Nathalie* m'offrir le biscuit et les mets qui avaient servi au dernier repas fait avant le naufrage ; mais bientôt le réveil venait nous arracher l'officieux rêve, et nous replonger dans la triste réalité.

Le même jour (6 Juin), sur les dix heures du soir, la brise du Nord-Ouest faiblit. Les vents du large revinrent et ramenèrent la brume et la pluie. La glace à laquelle nous étions comme enchaînés était presque ronde, et si peu étendue, que nous pouvions à peine y faire cinq à six pieds. Sur cet étroit théâtre, la nuit fut affreuse. Quand enfin le jour reparut, mes deux compagnons avaient les extrémités des pieds noires et gelées.

Le besoin du sommeil devenait tout-à-fait invincible. Pour y céder, nous nous asseyions sur nos deux petites planches. À peine commencions-nous à dormir, que nous tombions et l'eau fondue autour de nous, par la chaleur de notre corps, se gelait et nous forçait de nous réveiller.

Cette déchirante situation se prolongea durant quatre jours. Ces quatre jours furent pour nous comme autant de siècles de souffrances de tout genre, et à chaque instant renouvelées. Quand je me les rappelle, mes cheveux se dressent, et je frémis jusqu'au fond de l'âme.

Le 10 Juin j'observai, avec une extrême douleur, que nous n'étions plus sur le passage des navires. Nous avions été portés au moins à six lieues dans le sud. Il nous fallait donc renoncer tout-à-fait à l'espoir d'être sauvés par quelque bâtiment. La terre avait reparu à nos regards sur les deux heures du matin. Les glaces nous semblaient serrées jusqu'à la côte. Je dis à mes compagnons qu'il valait mieux mourir en marchant et en tentant les derniers efforts, que de rester sur cette malheureuse glace, où nous ne pouvions désormais attendre qu'une mort inévitable et prochaine. Ils m'approuvèrent comme ils l'ont toujours fait. Nous prîmes nos deux petites planches, et nous commençâmes notre route vers la terre, dont nous étions éloignés d'environ dix lieues. Il m'est impossible de donner l'idée de tous les tourmens éprouvés dans ce cruel trajet, qui dura trois jours. Soutenus par un faible reste d'espérance, nous cheminions lentement vers cette terre de salut. Souvent nous trouvions devant nous des intervalles trop considérables qui séparaient les glaces, et nous forçaient à faire d'assez longs circuits. Ces circuits, notre faiblesse, les inégalités des glaces rendaient notre marche excessivement pénible. À chaque instant un de nous était tombé, et les efforts réunis des deux autres suffisaient à peine pour le relever et le retirer de la mer. Les derniers lambeaux de nos bas avaient totalement disparu. Le sang qui coulait de nos blessures et de nos pieds écorchés marquait la trace de notre douloureux passage.

Nous marchions depuis deux jours ; nos blessures, aigries par l'eau de la mer, nous causaient des douleurs atroces. Nous étions au 12 Juin ; nous crûmes que ce jour-là serait le dernier de notre vie. À une demi-lieue de terre les glaces nous manquèrent. Jusques-là il nous était resté quelque espoir. À ce moment il s'évanouit tout-à-fait. Sur notre glace s'arrondissait une voûte en forme de champignon. Nous nous jetâmes sous cette voûte ; mes deux compagnons languissaient étendus sur la glace, adossés l'un contre l'autre. Pour moi, je m'étais assis. La tête appuyée dans les mains, l'âme gonflée de tristesse, accablé de désespoir, je priais Dieu de nous délivrer de la vie. Nous avions l'espérance et le désir d'être écrasés par la chute de cette voûte. N'avions-nous pas assez fait pour soutenir notre misérable existence ? Recueillis devant la pensée de l'éternité, nous attendions la mort avec résignation. Elle nous paraissait douce et désirable.

Bientôt cependant ce sentiment qui s'éteint le dernier dans l'homme, le désir de sa conservation, se réveille, et nous détermine à faire encore de nouveaux efforts pour échapper à la mort près de nous frapper.

Les vents du large s'étaient levés et avaient poussé des glaces plus près de la côte. Cela nous rendit un peu de courage. Au milieu de souffrances que nous avons pu supporter, mais que nous ne saurions exprimer, nous continuâmes à marcher vers la terre. Nous la touchions presque cette terre tant désirée. À peine un quart de lieue nous en séparait. Mais, ô ciel ! ce quart de lieue était une mer sans glace.

Nous fûmes atterrés ; le désespoir revint. Nos regards se portèrent tristement vers le ciel, et nous nous dîmes adieu. D'une voix presque éteinte, nous prononcions nos derniers regrets. Il est si dur de mourir loin des lieux qui nous ont vu naître, loin de nos parens et de nos amis ! Le souvenir de ma jeune épouse, que je quittais pour la première fois depuis notre union, me poursuivait sans cesse et ajoutait un nouveau poids à mes maux. En ce moment ce souvenir me tourmenta, m'exalta jusqu'au délire. La force morale m'abandonnait, et je conservais à peine assez de force physique pour faire quelques pas et atteindre le bord de l'abîme que nous ne pouvions franchir.

La Providence qui veillait sur nous me rappela à moi-même, me redonna quelque lueur d'espérance et m'inspira une idée salutaire. Une petite glace était près de nous : « Courage, dis-je à mes compagnons, encore plus abattus que moi : Courage, mes pauvres amis ; tâchons de monter encore sur cette glace, et là, nous allons nous abandonner à ce qu'il plaira à Dieu ».

Mes compagnons me suivirent, et nous vînmes à bout d'atteindre cette glace. Avec nos petites planches nous la dirigions assez heureusement vers la terre. Mais, ô douleur, cette nacelle de neige gelée se divise en deux morceaux. Un de mes compagnons était sur un de ces morceaux, à moitié dans l'eau, près de périr. Nous serrons vite nos planches sous nos aisselles, et le saisissons par les mains. Nous tenant ainsi tous trois, en forme de cercle, nous eûmes le bonheur de nous maintenir sur notre glace fendue, que nous faisions péniblement mouvoir, en la poussant de nos pieds, appuyés contre les aspérités dont elle était hérissée. Dans cette périlleuse situation, nous abordâmes une autre glace ; nous en changeâmes quatre fois dans cette journée. Enfin, les dernières difficultés furent surmontées et nous atteignîmes la terre. C'était le 13 Juin, vers cinq heures du soir.

Nous la touchions donc cette terre, que nous appelions de tous nos vœux, où nous tendions de toutes nos forces ; cette terre que nous regardions comme le terme de nos maux. Hélas ! nous nous abusions. Accablés de tout ce que nous avions souffert, nous tombâmes sur l'herbe. Nous prîmes un peu de repos. Nous avions la confiance que le sommeil nous ferait du bien. Il en arriva tout autrement ; le réveil fut terrible. Le malheureux Joret était aveugle. Ni lui, ni Potier ne pouvaient faire aucun mouvement. Par bonheur, j'avais encore un peu plus de courage et de force. Je me traînai sur les genoux et les coudes vers le *plain*, où je trouvai des moules dont je remplis mon chapeau. Quoiqu'il n'y eût qu'une vingtaine de pas, j'eus bien de la peine à le rapporter. Nous dévorâmes ces moules avec une avidité inconcevable ; nous avalions jusqu'aux écailles. Depuis sept jours nous ne vivions que de glace.

Cependant, les plus tristes réflexions viennent nous assaillir. Nous ne pouvions aller au loin chercher des secours ; ailleurs cette côte était-elle habitée ? N'avions-nous pas à craindre les bêtes sauvages, surtout les ours, communs dans cette contrée ? Quel moyen de nous défendre de leurs attaques? Nous n'avions donc fait que changer de dangers. Des copeaux et des morceaux de biscuit, que je vis passer sur la mer, le long du rivage, vinrent bientôt m'arracher à ces sombres pensées et m'apporter une indicible joie? Nous n'étions donc pas sur une côte déserte. Mais cette joie dura peu.

Le 15 et le 16, il nous fut impossible de nous procurer de moules. Continuellement battus par une pluie extrêmement froide, nous n'eûmes pour nourriture que quelques brins d'herbes que la faim nous força de manger, et que nous ne pûmes pas digérer. Ô hommes, qui vivez dans l'abondance, comparez votre sort au nôtre.

L'infortune Joret ne pouvait se remuer; il ne pouvait pas même aller à une mare à six pas de nous. Je m'y traînai, et je lui apportai de l'eau dans mon chapeau.

Dans le désir de découvrir quelque habitation, j'essayai de gagner une pointe éloignée d'environ un demi-quart de lieue. Après avoir fait à peu près cinquante pas, je tombai d'épuisement.

Je me ranimai, afin de revenir mourir près de mes compagnons. Il me semblait que la mort me serait moins amère si je la recevais à leurs côtes. Ensemble nous avions souffert, ensemble nous devions mourir.

Avant de rendre le dernier soupir, je voulais écrire nos noms sur une pierre. Peut-être seraient-ils découverts et transmis à nos familles. Nous ne pouvions pas même jouir de cette triste consolation. Mes mains étaient tellement paralysées, qu'elles ne me permettaient pas de tenir un couteau.

Le lendemain 17, fut un jour de bonheur. Le temps devint beau. Pour la première fois nous ressentîmes une chaleur bienfaisante. Joret recouvra la vue. Ce fut lui qui le premier aperçut, vers les quatre heures du soir, sur la baie, où, depuis le matin nos regards étaient toujours fixés, une goëlette anglaise qui longeait la côte. Notre cœur se rouvrit à l'espérance. Je parvins à me mettre debout, et j'engageai mes compagnons, qui ne pouvaient plus se lever, à crier de toutes leurs forces avec moi. Nos cris égalaient à peine celui d'un enfant; ainsi les Anglais ne pouvaient nous entendre, mais ils nous aperçurent. Nous les vîmes s'embarquer dans leur petite chaloupe et se diriger vers nous. Je m'essayerai pas de dire quelle fut notre joie; c'était une ivresse, un transport, un délire au-delà de toute expression. Nos cœurs, si long-temps et si douloureusement affectés, se fondaient. Enfin, nous versâmes d'abondantes larmes. Oh! combien ces larmes étaient douces. Sans elles nous eussions été étouffés de joie. Le bonheur était revenu trop vite, et nous avait saisis avec trop de violence.

En comparant depuis les diverses sensations que j'éprouvai dans ces jours désastreux, je me suis convaincu que l'extrême joie produit un mouvement si général, ébranle si puissamment toutes nos facultés, qu'elle ferait périr, si elle était tant soit peu durable. L'extrême douleur nous affecte moins profondément; il est plus facile de la supporter.

À mesure que nos sauveurs s'approchaient, ils ramaient avec plus de force. La peine que nous avions à nous traîner vers le rivage leur faisait déjà comprendre que nous étions dans la plus affreuse détresse. Aussitôt qu'ils eurent abordé, trois d'entr'eux s'élancent de la chaloupe, et nous prennent dans leurs bras pour nous embarquer. Ces bons Anglais, ils pleuraient comme des enfans. Nous étions aussi dans un état tout-à-fait digne de pitié. Couverts de plaies, à demi-nus, décharnés, les yeux caves et presque éteints, à peine conservions-nous un reste de figure humaine. On eut dit des cadavres arrachés du fond des tombeaux. Tous les Anglais qui étaient à bord de la goëlette nous témoignèrent le plus vif intérêt. L'attendrissement était général. L'épouse du capitaine nous marqua surtout une touchante sensibilité. On s'empressait autour de nous ; on nous prodiguait les soins les plus tendres. Une charité active et délicate prévoyait nos besoins.

Le capitaine anglais nous porta dans la havre de Fourché, sur le bord duquel nous étions, et nous remit à une habitation française. Là, j'éprouvai un sentiment bien pénible. La plume me tombe des mains. Des Anglais nous avaient accueillis avec bonté, et des Français, indignes de ce nom, si justement illustré par tous les sentimens nobles et généreux, ne nous témoignaient que de l'indifférence. Je ne nommerai pas le capitaine et son chirurgien ; ce serait appeler sur eux le mépris de l'indignation. Je les plains d'avoir étouffé dans leur cœur cette sensibilité si naturelle et si française, qui porte l'homme à compatir aux souffrances de ses semblables, alors surtout que l'on est témoin de leur horrible détresse. Délaissés par des compatriotes, je pria le capitaine anglais de nous reprendre à son bord. Il y consentit volontiers, et nous promit de nous conduire où je voudrais.

Le 19 Juin, nous partîmes de Fourché. Peu après, le capitaine anglais me fit apercevoir un brick français que je reconnus être la *Bonne-Mère* de Granville. À ma prière, le bon capitaine me fit mettre à bord. Deux hommes du brick me donnaient la main pour m'aider à monter. Ils me recevaient croyant que j'étais un anglais malade ; mais bientôt un d'eux me reconnaissant, s'écria : c'est le *Second* de la *Nathalie* ! À ce mot tout l'équipage de la *Bonne-Mère* poussa des cris de joie. Je m'empressai de dire à M. Hélain, armateur de ce navire, que deux compagnons d'infortune, encore plus malades que moi, étaient sur la goëlette anglaise. Aussitôt M. Hélain envoya avec son médecin[4], des hommes pour les apporter à son bord. Ainsi nous quittâmes le généreux anglais à qui nous devions la vie. Son nom est Witheway, capitaine de la goëlette *les Frères* de Saint-Jean[5]. En nous séparant de lui, nous versions des larmes de reconnaissance. Ah ! le souvenir de ses bienfaits vivra toujours profondément gravé dans nos cœurs. Homme respectable, que votre mémoire soit bénie des gens de bien ! Puissiez-vous jouir du bonheur que méritent vos vertus !

4. Les naufragés furent traités par le chirurgien C.-J.-A. Carpon, qui nous raconte dans son *Voyage à Terre-Neuve*, p. 8-10, « Arrivé au havre de Cap Rouge, où furent transportés trois naufragés, échappés à la mort comme par miracle, et qui étaient restés sur les glaces, pendant douze ou quatorze jours, sans vivres ni boissons, par une température des plus froides, je fus informé du pressant besoin qu'ils ressentaient d'obtenir du secours.
Ces infortunés étaient M. Houiste, second capitaine de La Nathalie, Jeoret et Pottier, matelots, tous les trois compagnons de malheur, et sauvés par une goëlette anglaise.
Comme me disposais à partir, je reçus, du doyen des chirurgiens du commerce, une invitation à me rendre à l'habitation de M. Hélin, armateur de Granville, faisant pêche au fond du havre du Cap Rouge ; j'y trouvai de mes confrères, m'attendant auprès du lit de douleur de ces pauvres naufragés.
M. Houiste avait la physionomie d'une personne dont une longue et douloureuse fièvre typhoïde aurait altéré tous les traits. Il avait conservé l'usage de ses membres, frappés d'engourdissement ; mais dont l'état normal ne laissait, pour l'avenir, aucune inquiétude sur l'exercice de leurs fonctions : il n'en était pas ainsi Jeoret ni de Pottier : ils avaient les doigts des pieds sphacélés par l'effet de la congélation ; des figures délabrées, un teint cadavéreux : en un mot, leur aspect inspirait à la fois l'horreur et la pitié.
J'opinai pour que l'on fît tout de suite la *résection* des orteils, aux articulations saines, afin de seconder les efforts de la nature ; et je me proposai comme opérateur.
Mes trois confrères ne se rendirent pas d'abord à la justesse de mes observations ; mais, quelques jours après, j'eus la satisfaction de voir mon opinion favorablement accueillie par M. le chirurgien-major de la frégate de l'État ; et il opéra ces deux malades, avec tout le succès qu'on avait le droit d'attendre de son habilité ».
5. Le captaine John Whiteway, maître de la goëlette *Brothers* de cinquante-quatre pieds et à deux mâts, construite à Western Bay, T.-N., en 1820.

Nous devons aussi une vive reconnaissance à M. Hélain, à son médecin et à tout son équipage. Nous avons reçu avec surabondance, sur son bâtiment, tous les secours que réclamait notre situation. Nous y avons été constamment traités avec une affectueuse amitié. Hélain, Witheway, vous nous avez prouvé qu'il est des hommes dont la conduite honore l'humanité. Que l'estime universelle, que la protection du ciel soient à jamais votre partage.

Enfin, nous avons été rendus à nos familles, avec une santé délabrée, un estomac ruiné, une constitution altérée. L'excellente nourriture que nous trouvions sur le bâtiment de M. Hélain me rétablit lentement. Au bout de quelques jours, j'éprouvai un affaissement, un anéantissement complet de mes forces physiques. Il me survint un dépôt à la tête, causé probablement par l'usage de l'eau de glace.

L'état de mes deux compagnons est affligeant. Joret a presque tous les doigts des pieds tombés ; Potier a perdu le bout du pied droit. Leurs plaies ne se cicatrisent pas encore ; la faible peau qui se forme pendant un long repos, se brise au plus petit mouvement. Les malheureux ne pourront jamais gagner leur vie. Ils sont tous deux sans fortune. Joret est père de famille. Puissent les âmes charitables venir à leurs secours !

Si le récit de nos communes souffrances, dont j'atteste solennellement l'exacte vérité, peut produire quelques ressources, il me sera doux de contribuer à rendre plus léger le poids de leurs maux. Pourrais-je rester indifférent au sort de ces deux hommes qui ont partagé avec moi tous les maux que peut supporter la nature humaine ! Ils disent que c'est moi qui les ai sauvé ; que sans moi ils n'auraient jamais pu vaincre tant d'obstacles, et échapper à tant de dangers. Marin dès l'enfance, j'avais plus d'expérience et de courage. Après la protection du ciel, c'est à cet avantage, et à la bonne harmonie que régna toujours entre nous, que nous devons le miracle de notre existence.

À la recherche des Béothuks (1828)

Eugène Ney, « Voyage à Terre-Neuve », p. 324-327, 334-337.

Eugène Ney (1808-1845), fils du maréchal de France Michel Ney (1769-1815), fut invité par Joseph-Louis-Michel Brue (1782-1843), nommé commandant et administrateur de Saint-Pierre-et-Miquelon en 1828, à l'y accompagner. Il partit de Brest le 28 avril à bord de la *Cérès*, commandant la Station navale de Terre-Neuve, avec la gabarre *Chameau* et deux goélettes. Ney entra, après la Révolution de juillet 1830, dans la diplomatie et fut attaché successivement aux légations françaises en Grèce, à Rio-Janeiro et à Turin. Nommé chargé d'affaires au Brésil en 1843, il rentra en France deux ans plus tard dans l'espoir de s'y guérir de la fièvre jaune qu'il y avait contracté, mais il mourut peu de temps après son retour.

Le 5 juin 1828, je partis de Saint-Pierre pour le Croc, au nord-est de Terre-Neuve, port où le bâtiment commandant la station avait eu jusqu'alors l'habitude de mouiller. Le temps était serein, et nous vîmes les côtes de la *grande terre* toute la journée jusqu'au *Chapeau rouge*, de là au cap *Raze* que nous doublâmes, et ainsi de suite jusqu'à Saint-Jean, devant lequel nous étions le lendemain à midi, vingt-quatre heures après notre départ, ayant fait ainsi quatre-vingt-quatre lieues. Nous nous tînmes constamment à quatre et six milles des côtes, et je pus les dessiner presque toutes depuis le *Chapeau rouge*. Nous vîmes alors distinctement les maisons blanches de la ville au fond du port, et le fort *Amherst* sur la montagne. Le soir, nous étions par le travers de l'île Baccalao ; le lendemain, nous eûmes de la brume et peu de vent. La nuit, il vint à fraîchir, et nous fûmes obligés de capéer à cause des montagnes de glace. Le jour suivant calme, et multitude de glaces en vue de tous côtés. On en estima plusieurs à quatre et cinq lieues de long sur huit et douze cents pieds de haut. Nous crûmes voir quelque chose remuer sur une d'elles, mais, malgré nos longues vues, nous ne pûmes nous assurer quel objet c'était : peut-être un ours blanc. C'est ainsi qu'ils arrivent à Terre-Neuve, entraînés du pôle par les courans ; ils viennent échouer sur les côtes après un ou deux mois de jeûne, n'ayant pour toute nourriture que leurs pattes à lécher. Quoiqu'à travers la brume, et à cause de ces montagnes, la navigation soit dangereuse, on peut cependant s'apercevoir facilement de leur voisinage avec un thermomètre qu'on présente aux côtés du bâtiment, et même en regardant dans la brume, on voit toujours plus de clarté au-dessus de l'endroit où elles sont que partout ailleurs.

Dans la matinée du 9 juillet, étant venus trop au nord, nous vîmes le cap Charles au Labrador, et une longe suite de côtes élevées s'étendant au nord-est. Nous passâmes la nuit sous l'île de Grois, en vue de vingt-cinq montagnes de glace, et entourés de baleines qui tournaient autour de notre corvette en soufflant et faisant entendre leurs grognemens. Une d'elles passa sous le *Beaupré*, et inonda deux hommes qui se trouvaient en vigie sur le gaillard d'avant. Le 10, nous eûmes beau temps, et la mer nous offrit des effets de mirage singuliers, parmi lesquels nous remarquâmes un brick qui semblait entièrement renversé, c'est-à-dire que son corps était en l'air, et les mâts touchaient la mer. Vers midi, voyant que la brise ne se faisait pas, le commandant fit armer les avirons de la *Cérès* : il y en avait huit avec huit hommes sur chaque ; mais comme nous ne faisions pas plus d'un mille à l'heure de cette manière, on mit toutes les embarcations à la mer, et nous nous fîmes remorquer. Près des terres cependant la brise nous adonna, et, après avoir parcouru les sinuosités de l'entrée, nous mouillâmes dans le port du Croc, près de deux bricks désarmés, abandonnés, dégréés, et dont les propriétaires, occupés à la pêche, ne se servaient que pour leur traversée. Ce port est situé au nord-est de l'île par 58°10'de longitude ouest, et 58° 3'17" de latitude.

Il est presque circulaire, et on y est parfaitement à l'abri. L'entrée en serait assez difficile à distinguer, même de près, s'il n'y avait un gros cap nommé *Cap-de-Vent*, à bâbord en entrant, sur lequel est un mât surmonté d'un ballon.

Au fond du port, à gauche, est l'embouchure d'une jolie rivière de trois cents pieds de large environ, longée de collines couvertes de sapins, de rochers, et faisant plusieurs détours qui la rendent très-pittoresque : c'est l'*Épine Cadoret*. À droit, en remontant, sur une éminence couverte de verdure, où s'élève un bouleau solitaire, est situé le cimetière. Il y a trois croix, et deux bornes sur lesquelles sont les noms de deux jeunes aspirans anglais, âgés, l'un de vingt-un ans, l'autre de dix-neuf, qui ont péri dans un *snow-storm*, ou tempête de neige.

Ce que je vis au premier abord de ce pays me parut charmant, pittoresque et sauvage ; tout y était très-vert, et les bois, composés presque uniquement de bouleaux et de sapins, couvraient une gradation de collines entassées les unes sur les autres. La végétation y était très-active, les plantes très-parfumées, et l'angélique surtout, qui s'y trouve en grande quantité, et dont l'odeur embaume les forêts.

Dès son arrivée, le commandant établit sur les bords de cette rivière quatre matelots jardiniers pour avoir quelques légumes. Nous allâmes les voir le lendemain de leur translation à terre ; nous les trouvâmes la tête et les yeux horriblement enflés, ne pouvant soulever leurs paupières, et éprouvant de vives souffrances. Les moustiques les avaient mis dans ce triste état. Avec le temps cependant, leurs têtes reprirent leur volume ordinaire, leurs yeux se rouvrirent au jour, et ils en furent quittes pour la piqûre habituelle de ces insectes, qui occasionne une grande démangeaison. Quand le ciel est calme, et même par toute espèce de temps, les moustiques sont en possession de l'air depuis la moitié de juin jusqu'à la moitié d'août, et souvent, dans les bois, ils sont par bandes si épaisses, qu'ils interceptent la lumière ; mais ils disparaissent quand il pleut, et quand le vent souffle du nord-ouest.

Peu de jours après mon arrivée, le commandant me mena voir deux établissemens de pêche dans le port même, l'un dans une anse, nommée *Anse du sud-ouest*, et l'autre, dans une anse en face, nommée *la Genille*.

Un soir, au milieu d'un orage effrayant, pendant que le tonnerre tombait et résonnait dans les montagnes, nous reçûmes à bord la visite de deux Indiens, porteurs d'une lettre d'un M. Cradock [Cormack], président de la société Béotique de Saint-Jean-de-Terre-Neuve, adressée au commandant. Le but de cette société est de connaître la retraite et le nombre des Indiens rouges qui habitent cette île, pour établir avec eux des relations amicales. On croit qu'en 1826 il en restait environ une centaine, répandus dans l'intérieur qui est encore inconnu.

Ces deux Indiens, dont un, élevé à Québec, parlait français, étaient chargés, par cette société d'aller à la recherche, et une gratification de cent cinquante dollars leur était promise en cas de réussite[1]. Ils voyageaient depuis le mois de février, à travers les forêts, se faisant des pirogues en peau, quand il y avait quelques lacs à traverser, et vivant des castors et des caribous qu'ils tuaient.

Les côtes françaises étant les seules qu'ils n'eussent pas visitées, la société les renvoya de nouveau, et leur donna une lettre pour le commandant de la station, en le priant de leur accorder aide et protection.

Ils étaient très-cuivrés et sans barbe ; leurs culottes étaient de peau, et ils portaient des mocassins pour chaussure. Leurs cheveux étaient noirs, lisses et très-longs, et ils avaient chacun un fusil de fabrique anglaise.

Jusqu'alors leurs recherches avaient été infructueuses, et ils supposaient qu'il n'existait plus d'Indiens rouges dans l'île. Cependant ils étaient dans l'erreur, car à notre retour à Saint-Pierre on nous raconta qu'une petite fille de Saint-Jean, étant hors de la ville à cueillir un fruit nommé *plates-bières* [plaquebière[2]], fut tout à coup effrayée en voyant un Indien arrêté devant elle à quelque distance. Elle poussa un cri, et à l'instant même une flèche vint s'enfoncer avec force à ses pieds. Elle cria au secours, on accourut ; le sauvage fut poursuivi, on envoya des soldats faire des battues dans les environs, mais on ne put le retrouver. La pointe de la flèche était faite avec un gros hameçon redressé. Le peu de ces Indiens qui étaient dans l'île ont été en grande partie détruits, comme des bêtes fauves, par les Anglais qui habitent les côtes. Pressés par la faim et le besoin, ces malheureux, pendant l'hiver, s'approchaient des habitations et du rivage, et les Anglais chargés de garder les cabanes des pêcheurs les tuaient à coups de fusil.

À divers époques, des tentatives furent faites par le gouvernement anglais pour ouvrir des communications avec les sauvages de Terre-Neuve, mais elles furent long-temps sans succès.

En 1703, un nommé *Scott* s'étant engagé sans armes parmi eux avec plusieurs de ses compagnons, ils furent lâchement assassinés. Le capitaine Thompson, la même année, fut plus heureux avec une autre tribu. Il croisait le long de la côte sud-ouest de l'île, lorsqu'il vit un grand nombre d'Indiens Mic-macs campés sur le rivage. Ayant eu une conférence avec les chefs, il réussit à conclure avec eux, au nom de toute la tribu, un traité qui les engageait à vivre en bonne intelligence avec les sujets de l'Angleterre partout où ils les rencontraient, et de leur prêter secours contre leurs ennemis aussi long-temps que *le soleil et la lune dureraient*[3].

∞

En 1803, le lieutenant Spratt entra avec une goëlette de guerre dans la baie des Exploits, pour tenter quelques arrangemens avec les indigènes[4]. Il prit avec lui un grand

---

1. Les deux indiens étaient James John, un Montagnais, et Morris Lewis, un Mic-mac de Terre-Neuve. Voir Ingeborg Marshall, *A History and Ethnography of the Beothuk*, p. 195-200. Ralph Pastore montre dans son article « The Collapse of the Beothuk World » que les Béothuks avaient disparu en 1829 parce que les Européens avaient limité leur passage à la côte.
2. Plaquebière (*Rubus chamaemorus*) : un fruit acidulé qui pousse principalement dans les marais, connu à Terre-Neuve sous le nom de « bakeapple ».
3. Voir Lewis Amadeus Anspach, *A History of the Island of Newfoundland*, p. 180-182.
4. Le lieutenant J.W. Sprott, commandant du vaisseau HMS *Herring*.

nombre d'objets dont il comptait leur faire présent ; mais, malgré son zèle et son activité, il ne put en découvrir un seul, et le temps de sa station étant écoulé, il retourna à Saint-Jean.

En 1810, une autre goëlette fut envoyée par l'amiral Duckworth [5], avec des présens, à la baie des Exploits, et on fut assez heureux pour trouver cette fois un camp ou une réunion de *wigwams* épars le long de la rivière. L'officier qui commandait [le lieutenant David Buchan] réussit à entrer en communication avec les Indiens ; la confiance sembla s'établir de part et d'autre, et ils s'avancèrent ensemble à une certaine distance dans l'intérieur ; mais lorsqu'ils revinrent au lieu de leur rencontre, les premiers objets qui frappèrent leur vue furent les corps inanimés de deux de leurs matelots assassinés, qu'ils avaient laissés sur le rivage à attendre leur retour. Aussitôt les Indiens prirent la fuite, et toute tentative pour les ramener fut vaine. Depuis ce temps, on n'en vit pas un seul. En 1811, un autre bâtiment fut envoyé dans cette baie, mais toutes recherches y furent infructueuses.

Wigwam micmac à la côte ouest de Terre-Neuve.
(Archives provinciales de Terre-Neuve et Labrador/VA13-19)

---

5. L'amiral sir John Thomas Duckworth (1747/48-1817), nommé gouverneur de Terre-Neuve en 1810, essaya de sauver les Béothuks en offrant une récompense à celui qui pouvait entrer en contact avec eux, et il accorda son patronage à l'expédition du lieutenant David Buchan. Il quitta Terre-Neuve en 1812.

Le long de la côte anglaise (1828)

Eugène Ney, « Voyage à Terre-Neuve », p. 362-367.

L'île de Terre-Neuve porte des marques visibles le long de ses côtes, et dans la profondeur de ses larges baies, d'une grande révolution qui, à une époque reculée, changea sa forme et son étendue primitives. Elle est séparée, à l'est, du fleuve et du golfe Saint-Laurent, par un canal étroit, de trois lieues de large, appelé *détroit de Belle Île* ; sa forme est triangulaire ; elle a onze mille huit cent trente-trois lieues carrées. La difficulté de pénétrer dans l'intérieur, le peu de chances de succès que présente une tentative d'exploration, font qu'on en sait peu de chose, si ce n'est cependant que le sol y est rocailleux et généralement stérile, qu'il y a des montagnes à pic couvertes de bois, des vallées étroites et sablonneuses, et quelques grandes plaines de bruyères ; mais on n'y voit ni arbres ni buissons. On appelle ces plaines dans le pays, *barrens* ou landes. Les lacs, les étangs, y sont très-nombreux, et les sources de l'eau la plus pure abondent de tous côtés. Quelquefois le terrain est si marécageux, qu'on ne peut y aller à cheval, et on y court même des dangers à pied.

Les côtes sont généralement couvertes de petits bois suspendus qui descendent jusqu'à la mer, ou coupées à pic en précipices. Au sud-ouest de l'île s'élèvent d'assez hautes montagnes. Sur toute la côte d'ailleurs, on trouve de nombreuses rivières, de belles rades, de magnifiques ports, et de larges espaces réservés sur la plage, couverts de galets qui y semblent mis exprès pour faire sécher le poisson pris dans les environs. Il y a de vastes baies de plusieurs lieues de profondeur, où les bâtimens sont dans la plus grande sûreté, abrités par les terres élevées qui les entourent.

À trois milles environ de l'extrémité nord-est de la baie de la Conception est une petit île nommée *Baccalao*, qui est remarquable par le nombre extraordinaire d'oiseaux de mer qui établissent leurs nids sur ses flancs déchirés. On les appelle *oiseaux de Baccalao* ; ce sont d'utiles pilotes que la nature semble avoir ménagés aux marins, qu'ils avertissent de l'approche des côtes, surtout pendant la brume ; aussi le gouvernement anglais leur accord-t-il une protection spéciale, et défend-il de les tuer ou de prendre leurs œufs. Cependant, malgré la proclamation du gouverneur, qui paraît à ce sujet chaque année, séduits par le grand profit que donne la vente de ces oiseaux, de leurs plumes et de leurs œufs, des hommes hardis, méprisant les dangers qui accompagnent cette tentative, réunissent, avec des cordes et des filets, à balayer leurs œufs et à prendre les oiseaux eux-mêmes.

La baie de la Conception, qui s'enfonce à vingt-huit lieues dans les terres, contient deux villes : *Harbour-Grace* et *Carbonier*. De cette ville à *Pointe-de-Grat* est un espace rempli d'une population nombreuse, employée entièrement de pêche, malgré les côtes âpres et incultes, et les nombreuses pertes qu'elles y éprouve chaque automne par les coups de vent, les tempêtes et les vagues, qui quelquefois viennent détruire les échafauds et les embarcations.

Le port de Saint-Jean n'est pas loin de la baie de la Conception ; c'est un des meilleurs de l'île : il se trouve entre deux montagnes à peu de distance l'une de l'autre, dont à l'est les extrémités forment une entrée très-étroite. Ce port a deux milles de profondeur jusqu'à l'embouchure de la rivière du *Petit-Castor*. Au sud s'élèvent de hautes montagnes à pic, et au nord les forts *William* et *Townsend*. Derrière le premier se trouve un très-beau lac [le lac Quidi Vidi] rempli d'excellentes truites, et qui communique à la mer.

La ville de Saint-Jean est le siége du gouvernement et de la cour suprême de l'amirauté de Terre-Neuve. C'est une place importante en temps de guerre, et c'est là que, pour plus grande sûreté, est déposée la majeure partie des propriétés de l'île. Tous les bâtimens des différents ports, excepté ceux allant au nord, en Écosse et à Liverpool, sont obligés de venir à Saint-Jean s'y réunir au convoi, et partent tous ensemble. Les forces de terre et de mer qui s'y trouvent donnent la vie et le mouvement à cette ville, et sont la source de sa prospérité. Le difficile accès du port, la position imposante des montagnes qui s'élèvent à ses deux côtés, des forts et les batteries nombreuses dont elle est flanquée, la rendent presque imprenable. Un bâtiment seul peut y entrer à la fois, et il serait facilement coulé, si les forts tiraient dessus.

La population de cette ville est de douze mille âmes, et celle de l'île de soixante mille. Le gouverneur [sir Thomas Cochrane] y étalait, lors de notre visite, un grand luxe, et représentait en petit la cour du roi d'Angleterre. La société, dit-on, y est choisie ; les femmes y sont fraîches et jolies, et l'hiver, malgré sa grande rigueur, est la saison la plus agréable qu'on y puisse passer. On y donne de bals, on y joue la comédie en société, et les acteurs sont pris principalement parmi les officiers de deux régimens qui y sont en garnison, et ceux d'un ou deux bâtimens de guerre qui restent dans le port.

La plus grande ville après Saint-Jean, est Plaisance, située dans la baie de ce nom, au sud de l'île, et dont le port est si grand, que cent cinquante bâtimens pourraient s'y tenir dans la plus grande sûreté. Parmi les îles et les baies de Terre-Neuve, on trouve des noms qui presque tous rappellent quelques circonstances : telles sont la *baie du Désespoir*, la *baie des Trépassés*, la *baie des Fâcheux*, la *baie du Diable*, la *baie de la Rencontre*, l'*île des Pigeons, des Pinguins*, la *baie de l'Ours blanc, des Cinq Cerfs, du Grand Bruit, de la Poyle*, par sa ressemblance supposée avec une poêle ; celle *de la Rose blanche*, l'*Île brûlée*, la *Pointe blanche*, et enfin la *Pointe enragée*, dont la position sauvage, exposée au golfe Saint-Laurent, entourée de rochers, semble justifier ce nom, surtout quand, dans une tempête, le vent souffle du sud et du sud-ouest.

Sur la côte ouest se trouve la plus grande rivière de l'île, nommée rivière *Humber*, qui a trente-huit lieues de long du sud au nord.

Les côtes opposées du Labrador sont jointes à la colonie de Terre-Neuve. Il paraît, dans les plus anciennes descriptions de ces côtes, qu'elles furent toujours remarquables par la multitude de poissons, principalement de morues et de saumons qu'on y trouve, ainsi que dans les rivières. Ces côtes, les plus élevées du monde, se voient à quarante lieues en mer ; elles ont de près l'aspect le plus sauvage et le plus terrible. Le gibier y est on ne peut plus abondant, et on trouve une grande quantité de cerfs, renards, castors, martres, etc. Cinq espèces de loups marins aussi fréquentent ces parages, entre autres une nommée par les lapons *fatuc vindac*, dont la tête est ronde, et dont le long groin pend comme la proboscide d'un éléphant. Les chiens, à peu près semblables à ceux de Groënland, ont assez l'apparence et la taille du loup. Abandonnés à eux-mêmes, ils chassent en meutes le gibier, et en font leur pâture.

John Davis [1], en 1585, descendit le long de ces côtes. Le 19 juillet, étant très au nord, un bruit terrible se fit entendre à travers une brume très-épaisse, et il ne pouvait en deviner la cause, ne trouvant pas fond à trois cents brasses. Il s'aperçut bientôt que ce bruit était causé par les vagues qui se précipitaient contre d'immenses masses de glace, qu'il évita avec un rare bonheur. Le lendemain, sa vue fut frappée par des montagnes déchirées, et en pain de sucre, dont les sommets, bien au-dessus des nuages, étaient couverts de neiges. Il donna à ces terres le nom de *Terre de la Désolation* ; et, effrayé de l'aspect de ces côtes et des dangers que présentait la navigation dans ces parages, il redescendit, par le détroit qui porte son nom, dans la vaste mer nommé *baie d'Hudson*, et arriva jusqu'à Terre-Neuve. Il est singulier que dans ce pays, qui pendant huit mois de l'année, ne produit rien, le gibier soit si abondant. Lorsque la baie d'Hudson était au pouvoir des Français, de 1697 à 1714, un gouverneur de fort Bourbon, avec sa garnison, composée de vingt hommes, mangea, dit-on, pendant un hiver, 90 000 gelinottes et 25 000 lièvres [2].

---

1. John Davys (1550-1606), explorateur anglais, qui en cherchant le Passage du nord-ouest fit une escale près du Hamilton Inlet.
2. Pour avoir une description plus ample du Labrador, voir « Labrador – Détroit et Mer de Hudson », *L'Amérique septentrionale et méridionale*, p. 438-443, et Élisée Reclus, « Labrador », *Amérique boréale*, p. 618-636.

L'ÉTAT DE SANTÉ DES AUTOCHTONES (1830)

Philippe Michelet,
« Notes recueillies dans un voyage à l'île de Terre-Neuve [...] », p. 66-77.

Philippe Michelet, le fils d'Étienne Michelet, officer de santé, naquit en 1801 dans la commune de Nieul-le-Viroul, Département de Charente inférieure. Admis docteur-médecin à Paris en 1827, il s'inscrit en 1828 à l'École de médecine navale de Rochefort et était employé pour la première fois en qualité de chirurgien auxiliaire de troisième classe.

L'île de Terre-Neuve a été confirmée à l'Angleterre par le traité [de Versailles] de 1783 ; mais nous nous sommes réservé le droit de pêcher et de sécher le poisson sur toute la côte de l'Ouest et une partie de l'Est. Un grand nombre de bâtimens français vont s'y installer tous les printemps, pour se livrer à cette branche d'industrie, et le gouvernement y envoie une station, pour éloigner les pêcheurs des autres nations, protéger les siens, maintenir la discipline parmi eux et empêcher que l'avidité des armateurs ne pèse trop sur la population qu'ils entraînent en ces parages. D'après cette disposition des traités, qui nous empêche de former des établissemens permanens sur le territoire de l'île, en même temps qu'elle nous assure le privilège exclusif de la pêche sur les côtes, celles-ci devraient être désertes, puisqu'elles n'offrent point d'autres ressources. Mais les armateurs français, empruntant le nom de quelques Anglais, y construisent des cabanes en bois, qu'ils leur laissent en garde, pour les retrouver en état l'été suivant : ces Anglais, de leur côté, se servent souvent du nom des Français pour faire la pêche du saumon à l'embouchure des rivières. Les avantages que ces accommodemens procurent à ces derniers, avec les produits de la chasse des animaux à fourrure, suffisent pour les retenir toute l'année sous un ciel rigoureux, souvent à plus de dix ou douze lieues de toute autre habitation que la leur. Quelques familles de Canadiens [Mic-macs] s'établissent parfois dans les mêmes havres ou dans les environs. Je n'ai rencontré qu'un seul Français qui se soit condamné à un pareil genre de vie. Le caractère des Anglais semble plus propre à s'accommoder d'une semblable solitude. Rien n'est aussi fatigant que la chasse des fourrures, à laquelle ils se livrent avec autant de succès que les sauvages, ne redoutant point de s'enfoncer, comme ceux-ci, à douze et quinze lieues dans des forêts impraticables, et d'y passer plusieurs nuits.

Le climat de l'île de Terre-Neuve est généralement très-sain. Toutes les fois que la station des Antilles, venant chercher les vents d'O., est relâchée à Saint-Pierre-Miquelon, pour s'y rafraîchir, les maladies qui régnaient à bord ont disparu ; j'y ai moi-même vu cesser des rechutes continuelles de fièvres intermittentes contractées à Rochefort. On doit penser que ces heureux résultats deviendront de plus en plus appréciables par le soin que prend une administration éclairée de multiplier les ressources de la petite colonie en légumes frais et en viande de toute espèce, dont la pénurie est la source de la plupart des maladies des gens de mer.

Les brumes froides et humides que le voisinage du grand banc occasionne, semblent cependant propres à développer ou entretenir les affections scorbutiques, qui inquiètent encore quelques équipages, comme autrefois elles ruinèrent des entreprises de colonisation dans l'Acadie. J'ai vu, en effet, de légers symptômes du scorbut se manifester chez quelques hommes usés ; mais j'ai remarqué que c'était toujours dans les circonstances fâcheuses qui résultent d'une longue suite de mauvais temps. Je trouve aussi que les gens du colonisateur Cartier, qui furent décimés dans la Nouvelle-Écosse, en 1536[1], avaient été réduits à de grands extrémités par leur imprévoyance, tout occupés qu'ils étaient des fourrures de ce pays, comme les Espagnols des mines du Pérou. On peut donc dire que le froid humide des côtes de cette partie du Nord de l'Amérique favorise le développement du scorbut, mais que la cause efficiente est, comme ailleurs, dans la mauvaise alimentation et les fatigues.

Tout ceci doit s'entendre des Européens, des hommes dont la civilisation ou l'habitude a modifié la constitution. Les naturels, en effet, qui certainement sont plus exposés au froid humide que nos matelots les plus malheureux, et se livrent parfois à des exercices infiniment pénibles, les naturels, dis-je, n'ont jamais été sujets au scorbut. Le père Charlevoix, dans son *Histoire de la Nouvelle-France*, dit positivement qu'ils en ont été trouvés exempts, quoiqu'il rapporte un peu plus haut qu'ils enseignent aux Français à s'en guérir, par l'usage d'une tisane de feuilles et d'écorce d'épinette blanche[2]. J'ai observé à Terre-Neuve plusieurs familles de Micma[c]s ou Souriquois, originaires de l'Acadie, et de Montagnais sortis des bords du Saint-Laurent, près [de] l'embouchure de la rivière de Saguenay : je peux attester que je n'ai point remarqué de dents de manque à aucun de ces sauvages, qu'ils les ont tous, au contraire, très-belles, et qu'ils les conservent telles jusque dans une extrême vieillesse : la seule altération qui s'y distingue alors est une simple usure, sans altération de couleur ; c'est ce que j'ai remarqué sur une femme presque centenaire. Il serait certainement impossible de trouver d'aussi belle dentures chez un peuple où le scorbut serait endémique.

Mais qui donne à ces sauvages le privilège heureux de voir de si belles dents ? Le devraient-ils à l'usage que j'ai trouvé parmi eux de mâcher une espèce de gomme résine qu'ils recueillent sur les arbres de leurs forêts ? mais il n'y a guère que les jeunes filles qui soient dans cet usage, plus encore pour donner un certain parfum à leur haleine que pour blanchir leurs dents. Aucun masticatoire particulier n'est capable de produire des effets si généreux ; une manière d'être qui s'étend au reste à presque tous les peuples sauvages et aux animaux, doit avoir sa source dans une cause plus générale. C'est dans un état particulier de l'économie, et dans le genre de vie propre à l'entretenir, qu'il faut chercher cette cause. Or, cet état de l'économie, selon moi, tient évidemment à l'intégrité des organes digestifs : on lit dans l'estomac, en explorant la bouche. Le genre de vie propre à l'en-

---

1. Jacques Cartier (1491-1557), explorateur français qui, au nom de François I, partit en 1534 avec deux navires vers l'ouest à la recherche d'un passage vers la Chine. L'année suivante, le roi le renvoya explorer le continent.
2. Pierre-François-Xavier de Charlevoix (1682-1761), jésuite français, qui explora le Saint-Laurent et le Mississippi. Voir son *Histoire et description générale de la Nouvelle-France*, vol. 3, p. 160-161.

tretenir, c'est celle que mènent les sauvages : leur frugalité, leur tempérance naturelle ou acquise, l'habitude des privations, et même leurs longues pénuries, suivies de super-réplétions quand la disette cesse, rien ne me paraît plus propre à fortifier les organes digestifs, et, par conséquent, à garantir des nombreuses dégradations qui sont la conséquence de leur mauvais état. Il y a long-temps qu'on a dit que la frugalité est le premier précepte de l'hygiène ; que le luxe des tables détruit plus d'hommes que la peste et la guerre.

Si le scorbut est inconnu aux Canadiens, il n'en est pas de même des scrofules. M. Mottet, chirurgien-major à Saint-Pierre-Miquelon, en a traité plusieurs pour diverses maladies qui tiennent à cette diathèse. J'ai observé moi-même, parmi eux, des luxations spontanées, des tumeurs blanches, des caries des os plats, et des déviations de la colonne vertébrale. De semblables infirmités ont des conséquences encore plus graves pour ces hommes que pour ceux qui vivent en société : obligés de pourvoir par eux-mêmes à tous leurs besoins, ils ne peuvent choisir une profession à laquelle leur infirmité ne nuise point, comme cela se pratique dans les pays civilisés. Là pourtant, comme ailleurs, la privation de quelques facultés n'a jamais lieu sans un développement plus considérable de celles qui restent. J'ai vu une jeune fille micmac réduite à la vie casanière par une gibbosité dont les conséquences l'empêchaient de suivre ses parens à la chasse où à la pêche, comme les autres femmes : elle était devenue très-habile dans l'art de coudre les vêtemens, et de faire des chaussures d'une seule pièce de peau de loup marin (phoque), froncée sur le devant, et cousue en arrière avec les fibres déliées du ligament cervical du caribou (c'est ainsi qu'on appelle à Terre-Neuve une espèce de daim qui y est très-commune).

Je n'ai point observé de goitres dans cette île, et plusieurs personnes qui y on demeuré long-temps m'ont assuré n'en avoir jamais vu. On n'y boit pourtant qu'une eau provenant évidemment de la fonte des neiges, laquelle filtre, en descendant des montagnes, sous la couche légère de terre végétale qui recouvre seule des rochers granitiques. Pour admettre que l'usage de cette eau et l'air des vallées sont cause du gonflement du thyroïde, comme on se plaît à le répéter dans les traités de pathologie, il faudrait au moins ajouter que d'autres circonstances locales en détruisent souvent l'influence, comme cela peut être ici.

C'est principalement dans la belle baie Saint-George que j'ai observé les Micma[c]s et les Montagnais. Ils y forment un village situé sur la côte S. Un vieux matelot [Benoît] de Saint-Malo, surpris en ces lieux par les événemens de la révolution, s'y est marié à une Canadienne, et occupe le fond de la baie avec sa nombreuse postérité. Des Irlandais se sont établis dans une presqu'île en face. On m'a assuré que le village de ceux-ci, déjà assez populeux, provient en entier de la fécondité de deux femmes, dans l'espace d'un demi-siècle. Ces trois petites républiques vivent en assez bonne intelligence, quoique rivales pour la chasse et la pêche. Les Européens spéculateurs ne s'occupent que des objets d'exportation que peut fournir le pays. Les Canadiens, sachant moins profiter des avantages du commerce, tirent mieux parti de ce qu'ils trouvent sous la main pour leur utilité immédiate ; car, pour de la prévoyance, ils n'en ont guère. Cette connaissance plus détaillée des ressources du pays, leur habitude de se suffire à eux-mêmes, leur attirent une certaine confiance de la part des Européens dans le cas de maladie. On les voit alors venir consulter les vieilles femmes sauvages, qui leur indiquent l'usage de quelques plantes. C'est à-peu-près ce qui se passait dans l'enfance de l'ancien monde : les pâtres qui vivaient dans les forêts, étaient supposés mieux connaître les vertus des plantes.

J'ai été assez étonné de trouver la saignée en honneur chez ces guérisseurs sauvages. Un homme incommodé par les accidens d'une légère gastrite crapuleuse contractée dans une débauche d'eau-de-vie, me pria instamment de le saigner : il y avait bien une lancette dans sa famille, mais elle ne coupait plus ; cet instrument provenait d'un chirurgien des bâtimens du roi, qui l'avait laissé en ces lieux plusieurs années auparavant. On me fit beaucoup d'instances pour en obtenir un semblable de moi. Je crus que c'était une occasion favorable pour demander en échange un petit livre manuscrit contenant l'office des principales fêtes de l'année, traduit dans la langue des Micma[c]s. Les caractères de ce livre étaient hiéroglyphiques : j'en fis lire plusieurs passages devant moi. Les mots Jésus et Marie étaient représentés par les signes connus. Le lecteur ne pouvait me faire sa lecture sans chanter en même temps sur des airs d'église, quelque instance que je lui fisse pour l'engager à lire couramment. Je cherchai à savoir si la musique n'était point écrite avec les paroles ; mais je ne pus me faire assez comprendre du Canadien, qui ne parlait que très-peu français et anglais. Il me fit pourtant entendre que la traduction appartenait au P. Maillard, missionnaire au cap Breton[3]. (Cette circonstance explique la forme des hiéroglyphes ou plutôt des monogrammes représentant les mots Jésus et Marie.) Le scrupule religieux fit rejeter ma proposition : j'espérai en vain que l'utilité l'emporterait ; mon bâtiment mit à la voile avant qu'on se fût décidé.

La bonne disposition de ces sauvages pour les émissions sanguines me fit penser à leur recommander l'usage des sangsues : mais je me convainquis bientôt que la sangsue médicinale ne se trouve point dans les nombreux étangs du pays ; on n'y rencontre que des sangsues noires, sans voracité.

Civiliser les Canadiens, leur inspirer l'amour de la propreté, serait sans doute leur rendre un plus grand service que de leur indiquer des moyens thérapeutiques. La malpropreté qui règne dans leurs huttes, suffit, en effet, avec les inquiétudes causées par les nouveau venus, pour rendre raison des nombreuses épidémies meurtrières qui se manifestent parmi eux à l'arrivée des Européens. Une odeur insupportable imprègne toute leur personne, leurs demeures, leurs ustensiles et leurs embarcations. Cette odeur a quelque chose d'analogue à celle qui s'exhale des loges des animaux féroces au Jardin des plantes ; mais je crois qu'elle affecte encore plus désagréablement l'odorat. Les habitudes nomades affaiblissent probablement l'influence délétère de ces exhalaisons.

Le P. Charlevoix parle de l'habileté des sauvages du Canada à guérir les plaies, et de leur impuissance contre les maladies internes[4]. J'ai eu occasion de constater l'impéritie de ceux que j'ai visités, en fait de chirurgie, par les luxations non réduites et des ulcères abandonnés à eux-mêmes que j'ai observés chez eux.

Je dirai, à ce sujet, qu'on appelle généralement, dans le pays, *froid tombé dans les jambes*, des ulcérations de ces parties que se déclarent particulièrement dans l'hiver. Il paraît que ces ulcères sont ordinairement précédés d'œdématie [œdème]. J'ai été appelé à traiter un cas semblable ; l'ulcère avait pris le caractère dartreux. Des cataplasmes émolliens d'abord, puis des lotions d'eau blanche, le firent promptement changer d'aspect. Autorisé par l'honorable capitaine Bruix à tirer de notre bord tout ce qui était nécessaire à la guérison de la pauvre mère de famille qu'il s'agissait de soulager, j'eus la satisfaction

---

3. Pierre Maillard (vers 1710-1762), missionnaire chez les Micmacs et spécialiste de la langue micmac. Voir John Hewson, « An 18th-Century Missionary Grammarian », p. 67-68, et Silas Tertius Rand, *Dictionary of the Language of the Micmac Indians* […].
4. Pierre-François-Xavier de Charlevoix, *Histoire et description générale de la Nouvelle-France*, vol. 3, p. 365.

de la mettre en bon chemin de guérison, en lui procurant sur-tout une bonne provision de linge à pansement, dont la pénurie avait certainement contribué aux grands progrès de son mal.

Mon attention a été vivement attirée par la manière que ces Canadiens emploient pour vêtir leurs enfans nouveaux-nés. Les mères de ce pays, où l'hiver est si rigoureux, suivant leurs maris à la chasse, avaient encore plus besoin que les nôtres de garantir leurs enfans du froid et de les rendre faciles à manier. Il m'a semblé qu'elles atteignaient bien mieux que nous ces indications diverses, en se servant, à cet effet, d'une espèce de berceau portatif qui fait partie du vêtement de l'enfant, ou plutôt est à son égard comme la coque de l'œuf est au petit oiseau non encore assez développé pour être abandonné sans danger aux influences extérieures. Ce berceau n'est autre chose qu'une boîte construite avec quatre morceaux de planche mince et légère, assez large et profonde pour contenir un enfant nouveau-né sans le gêner en aucune manière. Cette boîte n'est fermée qu'à l'extrémité qui correspond aux pieds ; ses deux parois latérales sont coupées en biais vers la tête, afin que l'enfant, approché du sein de la mère, puisse le saisir facilement. Des fourrures, tapissant l'intérieur de la boîte, servent en même temps de matelas et de couches, et sont maintenues appliquées sur le corps de l'enfant par des cordons fixés de distance en distance aux parois de la machine. À l'aide de ce procédé, l'enfant peut être *tenu*, comme disent les nourrices, dans les premiers jours de la naissance, promené en plein air, et transporté au loin. On le tient sur les bras, on l'allaite, sans le sortir de son berceau, qui ne le quitte qu'au moment de le changer et de le nettoyer. Les bercelonnettes de quelques provinces du midi, remplies de matelas volumineux et non évidées à l'extrémité correspondante à la tête, ne sont point aussi maniables que la boîte des Canadiens, bien qu'elles entrent dans le même système de vêtir les enfans. Quoi qu'il en soit, la manière ingénieuse dont j'ai vu tirer parti de ce système à Terre-Neuve, m'a fait conclure qu'il est très-propre à tenir l'enfant chaudement ; qu'il le rend infiniment facile à manier, à changer, à laver ; que, dans son usage, les mouvemens de l'enfant ne sauraient être trop gênés, si l'on donne à la boîte une capacité convenable. Remarquez que les épingles sont inutiles pour retenir les vêtemens appliqués sur le corps.

La dureté des parois pourrait peut-être faire craindre à quelques mères délicates des contusions aux bras, aux reins ; mais on pourrait donner au berceau portatif des formes arrondies, le matelasser en dehors pour les mères, comme il l'est en dedans pour l'enfant. D'ailleurs, elles sont susceptibles d'attention : la nature, en requérant la leur pour le fruit de leur amour, ne leur défend point de s'en servir pour elles-mêmes.

Les Anglais établis dans le voisinage ont bien apprécié la méthode des Canadiens, et n'ont point hésité à l'adopter, comme ils ne dédaignent point de recourir à eux pour apprendre à se servir de quelques plantes de pays contre les maladies qui les affligent. Cela n'empêche point qu'ils font venir quelques préparations pharmaceutiques, pour s'en servir au besoin, d'une manière empirique. Tandis que j'étais parmi eux, j'ai eu à traiter plusieurs panaris peu graves, qui m'ont paru être la suite accoutumée du travail que nécessite la préparation de la morue. Presque tous employaient, dans ces circonstances, un onguent où entrent des sels de cendre, apporté des États-Unis.

M. de Lapilaye [Bachelot de La Pylaie] semble s'être chargé de faire l'histoire naturelle de l'île de Terre-Neuve : il a déjà publié, sur cette île, dans les *Annales* [*Mémoires*] *de la Société linnéenne*, une notice où la topographie, la géologie, la météorologie, et surtout la botanique, sont traitées avec habileté. Il publie maintenant la Flore du même pays[5]. Mes observations, après celles de ce naturaliste, auraient bien peu d'intérêt. Recueillant néanmoins ce qui peut avoir quelque rapport à la pratique, je dirai que les cousins ou moustiques, avec une très-petite mouche plus incommode encore, et dont la piqûre produit aussi des éleveurs à la peau, sont les seuls animaux vénéneux que j'aie remarqués à Terre-Neuve. Je n'y ai point rencontré de reptiles, soit nuisibles, soit innocens. Le froid excessif des hivers en a sans doute éloigné cet ordre inférieur parmi les vertébrés. C'est probablement la même cause qui a beaucoup restreint en ces lieux le nombre des végétaux à épines ; je ne me ressouviens point d'y avoir trouvé aucun arbuste qui en portât, excepté le groseille à maquereau, sur lequel encore elles sont très-faibles, quoique je me sois enfoncé dans les forêts. J'y ai vu plusieurs pommiers sauvages, sur lesquels je n'ai point remarqué, comme en France, des épines à la place des rameaux arrêtés dans leur développement. Le fruit de ces arbres est très-petit. Les castilles, les groseilles à maquereau, et sur-tout les fraises et les framboises, croissent en très-grande abondance dans presque tous les havres, et sont les seuls rafraîchissements que le navigateur puisse y trouver.

Les habitans de Terre-Neuve, comme la plupart des peuples du N., cherchent à suppléer à l'usage des boissons alcooliques par celui du thé ou des infusions théiformes de plantes aromatiques. Le végétal le plus usité parmi eux a cet effet porte, dans le pays, le nom de *thé lucet* ; c'est le *vaccinium hispidulum* de Linné[6], placé dans la classe IX et l'ordre III de M. de Jussieu[7].

Lorsqu'on fait sécher cette plante dans un appartement, il se remplit d'une odeur infiniment suave, que prend aussi l'infusion qu'on en prépare. Des personnes d'un tempérament éminemment nerveux, et douées du talent d'observer, m'ont assuré que l'usage de cette plante leur était très-avantageux ; qu'il produisait sur elles l'effet de la meilleure eau de fleur d'orange ; qu'en mêlant l'infusion du thé lucet au lait du déjeuner, on rend celui-ci beaucoup plus léger, et les impatiences nerveuses sont bien moins fatigantes durant la journée.

Les Anglo-Américains retirent du *vaccinium hispidulum* une essence que le commerce de Boston répand, et qui remplace avec avantage l'infusion théiforme. Une demi-cuillerée à café de cette essence suffit pour une tasse de lait, auquel elle communique ses propriétés sans y introduire d'eau.

---

5. Auguste-Jean-Marie Bachelot de La Pylaie, « Notice sur l'île de Terre-Neuve et quelques îles voisines », p. 417-547, et *Flore de Terre-Neuve et des Îles de Saint-Pierre et Miclon*.
6. L'ambition de Carl von Linné (1707-1778) était d'établir un système descriptif, rationnel et universel, valable aussi bien pour les végétaux que pour les animaux et les minéraux, et il prit pour critères de détermination les caractères sexuels. Sébastien Vaillant, botaniste français, avait localisé les organes reproducteurs de la fleur dans le corps ; Linné, s'abritant derrière maintes précautions littéraires, les plaça dans les étamines et le pistils et regroupa les plantes en vingt-quatre classes, qu'il divisa en ordres suivant l'analyse rigoureuse de la combinaison des étamines et des pistils. Il détermina le genre par la seule observation des étamines et dota chaque espèce d'un nom et d'un prénom. Linné inventa un langage international de dénomination des plantes, qu'il étendit aux animaux – un système binominal composé du nom du genre et du nom de l'espèce, dérivés du latin ou de la forme vernaculaire latinisée, ou encore du nom du découvreur latinisé. Grâce à ce système, la chasse aux spécimens se développa.
7. Antoine-Laurent de Jussieu (1748-1836) était un botaniste qui produit un livre sur la classification des plantes. Pendant la Révolution, il organisa le Musée national d'histoire naturelle.

Une autre plante encore employé à Terre-Neuve en infusion théiforme, c'est le *ledum latifolium*, de la famille des rhododendrées, sous-arbrisseau à bourgeons, d'un pied à un pied et demi de haut, dont la face inférieure des feuilles est couverte d'un duvet fauve.

Ayant vu nos matelots s'empresser de se préparer du thé de jaur (c'est ainsi qu'ils appelaient cette plante), à l'exemple des habitans, je fus curieux d'en prendre aussi, et je trouvai que l'infusion avait un goût assez agréable, avec un arome très-délicat. J'éprouvai seulement un peu d'amertume après la déglutition ; mais je suis fondé à croire que cela provenait de ce que la plante, jetée dans la chaudière, tige et feuille, immédiatement après avoir été cueillie, avait subi un peu d'ébullition. Je sortais de déjeuner ; la digestion fut facile, et je me sentis bientôt un peu plus dispos qu'on ne l'est ordinairement après un repas assez copieux.

Dans les mêmes terrains que le *ledum latifolium*, croît le *kalmia angustifolia*, une autre plante de la même famille, assez semblable, mais dont les fleurs sont axillaires, au lieu d'être terminales, et dont les feuilles sont dépourvues du *tomentum* caractéristique. Celle-ci est un peu vénéneuse. M. Fidgeral, chirurgien-major à Saint-Pierre, a été appelé à remédier à des accidens de narcotisme qu'elle avait produits, employée par méprise pour le *ledum latifolium*.

Une source d'eau minérale gazeuse existe sur la côte S. de la baie Saint-George, près d'une habitation anglaise. Voici ce que le chef de cette habitation, prud'homme du canton, me rapporta à ce sujet. En 1825 ou 1826, un Anglais parti de Saint-Jean [William Epps Cormack], le sac sur le dos, avec un Canadien pour guide, arriva dans ce lieu vers la fin de l'été, après avoir traversé l'île dans sa plus grande largeur [8]. Il prenait des notes sur ce qu'il observait, et recueillait des échantillons des objets qui fixaient son attention. Ayant été conduit à la source bouillonnante, il eut grand soin d'en remplir une bouteille qu'il emporta avec lui, saisissant l'occasion qui lui présenta un navire anglais qui faisait voile pour Londres. Cette eau, me dit le prud'homme, moussait comme du vin de champagne, lorsqu'on débouchait la bouteille.

J'ai bien regretté de ne pouvoir aller aussi visiter cette source.

Dans la même baie Saint-George, on trouve assez fréquemment un minéral lamelleux, transparent, se divisant très-facilement en lamelles, et produisant au toucher la sensation d'un corps graisseux, que j'ai regardé comme une espèce de talc. Plus avant dans les terres, on rencontre aussi quelquefois des masses irrégulièrement arrondies, présentant à leur surface le relief de quelques angles de cristaux d'un éclat métallique jaunâtre, faisant feu sous le briquet, et répandant alors une forte odeur de soufre. J'ai rapporté de jolis échantillons de ces deux minéraux, que j'ai offerts, en débarquant, avec une petite collection zoologique, au cabinet d'histoire de Brest, par l'entremise du conseil de santé.

---

8. William Epps Cormack (1796-1868), explorateur et auteur né à Saint-Jean de Terre-Neuve, fit ses études en Écosse, et après avoir passé quatre ans à l'Île du Prince Édouard, il retourna à Terre-Neuve pendant l'hiver de 1821-1822. Étudiant en histoire naturelle, il était préoccupé par l'idée d'explorer l'intérieur de l'île, qui n'avait jamais été traversé par un Européen, et voulut entrer en contact avec les Béothuks, qui y demeuraient. Accompagné du Micmac Joseph Sylvester, il se mit en route de Smith Sound, dans la baie de la Trinité, le 5 septembre 1822, en enregistrant la flore, la faune et les particularités géologiques, et arriva à la baie Saint-Georges le 4 novembre. Son récit de voyage fut publié pour le première fois en 1823-24 dans le *Edinburgh Philosophical Journal* et développé sous le titre de *Narrative of a Journey Across the Island of Newfoundland* (1856). Un résumé parut dans le premier tome des *Annales des sciences naturelles*, revue qui comprenait la zoologie, la botanique, l'anatomie et la physiologie comparée, ainsi que l'histoire des corps organisés fossiles.

Un bal populaire à la baie Saint-Georges (1833)

John James Audubon, « Un bal à Terre-Neuve », p. 210-218.

John James Audubon (1785-1851), enfant illégitime né à Saint-Domingue de parents français, passa sa jeunesse dans la région nantaise. En 1803, après un passage de quelques mois dans l'atelier du peintre néo-classique David, il s'embarqua pour les États-Unis, fuyant l'enrôlement dans les armées napoléoniennes. Passionné par la nature et les oiseaux, il apprit seul à observer, étudier, et dessiner, puis entreprit de peindre l'ensemble des oiseaux d'Amérique du Nord. Vivant souvent de chasse et de pêche, il parcourut les contrées sauvages du Kentucky à la Louisiane, de la Floride au Labrador, du Texas au Missouri, à la poursuite d'espèces nouvelles. Dernièrement, il atteint des records de prix absolus pour ses dessins. L'édition originale des *Oiseaux d'Amérique* (1827-1838) devint le livre le plus cher du monde avec la bible de Gutenberg.

Nous revenions du Labrador, cette contrée d'un aspect si saisissant et si sauvage, et notre vaisseau *le Ripley* rangeait de près la côte nord de Terre-Neuve. L'air était doux, le ciel clair ; mes jeunes compagnons s'amusaient sur le pont au son de divers instruments, et moi je contemplais la scène pittoresque qui se déroulait le long de ces rivages hardis et souvent d'une magnifique grandeur. Des portions de ces terres reculées apparaissaient couvertes d'une végétation luxuriante et de beaucoup supérieure à celle des régions qui nous venions de quitter ; dans quelques vallées, je crus même distinguer des arbres d'une hauteur moyenne. Le nombre des habitations croissait rapidement ; sur les vagues des baies que nous dépassions dansaient des flottilles de petits navires et de bateaux. Là se dressait un bord escarpé qui semblait être la section d'une grande montagne dont l'autre moitié s'était enfoncée et perdue dans les profondeurs de la mer, tandis qu'à sa base bouillonnait le flot, terreur du marinier. Ces énormes masses de roc brisé remplissaient mon âme d'une religieuse terreur ; je me demandais quelle puissance continuait à soutenir d'aussi gigantesques fragments, de tous côtés suspendus comme par enchantement, au-dessus de l'abîme, et attendant ainsi le moment d'écraser par leur chute l'équipage impie de quelque vaisseau de pirate ; plus loin, des montagnes aux croupes doucement arrondies élevaient leur tête vers le ciel, comme aspirant à monter encore pour s'épanouir au sein de sa pureté azurée ; et par moments, il me semblait que le bramement du renne parvenait jusqu'à mon oreille. On voyait d'épaisses nuées de courlis dirigeant leur vol vers le sud ; des milliers d'alouettes et d'oiseaux chanteurs fendaient les airs ; et je me disaïs, en les regardant : Que n'ai-je aussi des ailes pour m'envoler vers mon pays et ceux que j'aime !

Un matin, de bonne heure, notre vaisseau doubla le cap nord de la baie de Saint-Georges. Le vent était léger, et la vue de cette magnifique étendue d'eau qui pénétrait dans les terres jusqu'à une distance de dix-huit lieues sur une largeur de treize, réjouis-sait à bord tout les cœurs. Une longue rangée de rivages abrupts la bordait d'un côté, et leur sombre silhouette se prolongeant sur les flots ajoutait un nouveau charme à la beauté de la scène ; de l'autre, les tièdes rayons d'un soleil d'automne, glissant sur les eaux, blan-chissaient les voiles des petites barques qui s'en allaient naviguant de cà et de là comme autant de mouettes au plumage d'argent. Qu'il nous était doux de revoir des troupeaux paissant au milieu des plaines cultivées, et le monde à ses travaux dans les champs ! C'en était assez pour nous consoler de toutes nos fatigues de des privations que nous avions souffertes ; et comme le *Ripley* gouvernait alors vers un port commode qui soudainement s'était ouvert devant nous, le nombre des vaisseaux que nous y apercevions à l'ancre et l'aspect d'un joli village augmentaient encore notre joie.

Bien que le soleil dans l'ouest touchât presque à l'horizon, lorsque nous jetâmes l'ancre, les voiles ne furent pas plutôt ferlées, que nous descendîmes tous à terre. Alors se produisit, parmi la foule, un vif sentiment de curiosité : ils semblaient inquiets de savoir qui nous étions, car à notre tournure et à celle de notre schooner, qui avait un cer-tain air guerrier, on voyait bien que nous n'étions pas des pêcheurs. Comme nous por-tions nos armes d'habitude et notre accoutrement de chasse moitié indien, moitié civi-lisé, les premières personnes que nous rencontrâmes commençaient à manifester de forts soupçons ; ce qu'ayant remarqué, le capitaine fit un signe, et la bannière semée d'étoiles fut hissée soudain à notre grand mât et salua joyeusement les pavillons de France et d'Angleterre. Alors nous fûmes parfaitement accueillis ; l'on nous fournit abondance de provisions fraîches ; et nous, tout heureux de nous retrouver encore une fois sur la terre ferme, nous traversâmes le village pour aller nous promener aux environs. Mais la nuit tombait ; il nous fallut rentrer dans notre maison flottante, d'où nous eûmes au moins la satisfaction d'envoyer des aubades répétées aux paisibles habitants du village.

Dès l'aurore, j'étais sur le pont, admirant le spectacle d'activité et d'industrie que j'avais devant les yeux. Le port était déjà rempli de bateaux pêcheurs employés à pren-dre des maquereaux, dont nous fîmes provision. Des signes de culture s'observaient aux pentes des montagnes, qui par endroits se couvraient d'assez beaux arbres ; non loin cou-lait une rivière qui avait creusé son lit entre deux rangs de rochers escarpés, et de côté et d'autre des groupes d'Indiens s'occupaient à chercher des écrevisses de mer, des crabes et des anguilles que nous trouvâmes tous abondants et délicieux. Un canot chargé de viande de renne s'approcha de nous, conduit par deux vigoureux Indiens qui échangè-rent leur cargaison contre différents objets de la nôtre. C'était un plaisir de les voir, eux et leurs familles, cuire à terre leurs écrevisses : ils les jetaient toutes vives dans un grand feu de bois, et aussitôt grillées, ils les dévoraient encore si chaudes qu'aucun de nous n'eût pu même y toucher. Quand elles furent convenablement refroidies, j'en goûtai et les trouvai beaucoup plus savoureuse que celles qu'on fait bouillir. – On nous représenta le pays comme abondant en gibier ; la température y était de 20 degrés [Fahrenheit] plus élevée que celle du Labrador ; et pourtant on me dit que, dans la baie, la glace se brisait rarement avant la mi-mai, et que peu de vaisseaux essayaient de gagner le Labrador avant le 10 juin, époque où commence la pêche de la morue.

Une après-midi, nous reçûmes la visite d'une députation que nous adressaient les habitants du village, pour inviter tout notre monde à un bal qui devait avoir lieu cette nuit même ; on nous priait de prendre avec nous nos instruments. À l'unanimité, l'invitation fut acceptée ; nous voyions bien qu'elle nous était faite de bon cœur ; et comme nous nous aperçûmes que les députés avaient un faible pour le vieux [rhum] jamaïque, nous leur en versâmes, non moins cordialement, quelques rasades qui nous prouvèrent bientôt qu'il n'avait rien perdu de sa force pour avoir fait le voyage du Labrador. À dix heures, terme indiqué, nous débarquâmes. Des lanternes de papier nous éclairaient vers la salle de danse. L'un de nous avait sa flûte, un autre son violon, et moi, je portais dans ma poche un flageolet.

La salle n'était rien moins que le rez-de-chaussée d'une maison de pêcheur. Nous fûmes présentés à la ménagère, qui, de même que ses voisines, était une adepte dans l'art de la pêche. Elle nous accueillit par une révérence, non à la Taglioni, j'en conviens ; mais faite avec une modeste assurance qui, pour moi, me plaisait tout autant, que l'aérien et cérémonieux hommage de l'illustre sylphide [1]. On peut dire que la brave dame avait été prise un peu au dépourvu, et tout à fait en négligé, de même que son appartement. Mais elle était remplie d'activité, d'excellentes intentions, et ne demandant qu'à faire les choses dans le bon style. D'une main, elle tenait un paquet de chandelles ; de l'autre, une torche flambante, et distribuant les premières à des intervalles convenables le long des murs, elle en approchait successivement la torche et les allumait ; ensuite, elle vida le contenu d'un large vaisseau de fer-blanc, en un certain nombre de verres que portait une sorte de plateau à thé reposant lui-même sur la seule table que possédât la pièce. La cheminée, noire et vaste, était ornée de pots à café, de cruches à lait, tasses, écuelles, couteaux, fourchettes, et de toute la batterie de cuisine nécessaire en si importante occasion. Une rangée de tabourets et de bancs de bois tout à fait primitifs avait été disposée autour de l'appartement, pour la réception des *belles* du village, dont quelques-unes faisaient maintenant leur entrée, dans tout l'épanouissement d'un embonpoint fleuri dû à l'action fortifiante d'un climat du Nord, et si magnifiquement décorées, qu'elles eussent éclipsé, de bien loin, la plus superbe reine des sauvages de l'Ouest. Leurs corsets semblaient près d'éclater, et leurs souliers m'avaient l'air d'être non moins étroits, tant étaient rebondies et pleines de suc ces robustes beautés des régions arctiques ! Autour de leur cou brillaient des colliers avec de gros grains entremêlés de tresses d'ébène ; et à voir leurs bras nus, on aurait pu concevoir, pour soi-même, quelques craintes ; mais heureusement leurs mains n'avaient d'autre occupation que d'arranger nœuds de rubans, bouquets de fleurs et flonflons de mousseline.

Ce fut alors que parut l'un des *beaux* qui revenait tout frais de la pêche ; bien connu de toutes, et les connaissant toutes également, il sauta sans façon sur des planches mal jointes qui formaient, en dessus, une espèce de grenier ; puis, après avoir promptement changé ses nippes mouillés, contre un costume mieux approprié à la circonstance, il fit à son tour son entrée dans l'appartement où, se carrant, se dandinant, il salua les dames et leur présenta ses hommages sans plus de gêne, sinon avec autant d'élégance, que le cavalier le plus fashionable de *Bond-street* [2]. Les autres arrivèrent à la file, en grande tenue, et l'on demanda la musique. Mon fils, en guise d'ouverture, joua « *Salut, Colombie, heu-*

---

1. Maria Taglioni (1804-1884), danseuse italienne, la ballerine la plus estimée de la période romantique, atteint le succès en 1832 en interprétant le rôle principal de *La Sylphide*, nouvel ouvrage de son père, Filippo Taglioni.
2. Bond-street : rue commerciale à Londres.

reuse terre » ; puis, la *Marseillaise*, et finit par le « *God save the king* ». Quant à moi, enfoncé dans un coin, à côté d'un vieux gentleman d'Europe, dont la conversation était instructive et amusante, je me contentai de rester simple spectateur, et de faire mes observations sur cette drôle de société.

Les danseurs se tenaient le pied en avant, chacun pourvu de sa danseuse. Un Canadien se mit de la partie en accompagnant mon fils sur son *crémone* ; et vive la joie ! La danse est certainement l'une des récréations les plus salutaires et les plus innocentes que l'on puisse imaginer. Dans mon temps, j'aimais bien mieux me donner ce plaisir que de me morfondre à guetter une truite ; et je me suis dit quelquefois que cet amusement, partagé avec une aimable personne du sexe, adoucissait mon naturel, de même qu'un pâle clair de lune embellit et tempère une nuit d'hiver. J'avais aussi à côté de moi une jeune miss, la fille unique de mon agréable voisin, qui goûta tellement mes observations à ce sujet, que la seconde contredanse la trouva toute prête à honorer l'humble plancher du savoir-faire et des grâces de son pied mignon.

À chaque pause des musiciens, l'hôtesse et son fils présentait des rafraîchissements à la ronde ; et je ne revenais pas de ma surprise en voyant que les dames, femmes et filles, vous avalaient le rhum pur, à plein verre, ni plus ni moins que leurs amoureux et leurs maris. Mais peut-être aurais-je dû réfléchir que, dans les climats froids, une dose de spiritueux ne produit pas le même effet que sous de brûlantes latitudes, et que le raffinement n'avait point encore appris à ces puissantes et rustiques beautés à affecter une délicatesse qui n'était pas dans leur nature.

Il s'en allait tard ; ayant beaucoup à faire pour le lendemain, je quittai la compagnie et me dirigeai vers le rivage. Mes hommes étaient profondément endormis dans le bateau ; néanmoins en quelques minutes je fus à bord du *Ripley*. Mes jeunes amis ne revinrent qu'au matin ; et beaucoup de filles et de garçons de pêcheurs sautaient encore aux sons de la musique du Canadien, même après notre déjeuner.

Toutes les danseuses que j'avais vues à ce bal étaient certes parfaitement exemptes de mauvaise honte ; aussi fûmes-nous très étonnés, dans nos courses et nos pérégrinations à travers les prés et les champs du voisinage, d'en rencontrer plusieurs qui s'échappèrent en nous apercevant, comme des gazelles devant des chacals. L'une d'elles qui portait un seau sur sa tête, se hâta de le renverser et courut se cacher dans les bois ; une autre qui cherchait sa vache, remarquant que nous nous dirigions vers elle, se jeta à l'eau et traversa une petite anse où elle en avait par-dessus la ceinture ; après quoi elle s'enfuit vers sa maison, du train d'un lièvre effaré. Je voulus demander à quelques-unes le motif de cette étrange conduite ; mais pour toute réponse, je vis leurs joues se couvrir d'une vive rougeur.

Quelques souvenirs personnels (1841)

Le prince de Joinville, *Vieux souvenirs, 1818-1848*, p. 232-246.

François-Ferdinand-Philippe d'Orléans (1818-1900), prince de Joinville et officier de marine, était le troisième fils de Louis-Philippe I. En 1840, il commanda la frégate la *Belle-Poule* qui alla à Sainte-Hélène chercher les cendres de Napoléon, et il fit ensuite plusieurs croisières en Amérique du Nord, en Méditerranée et sur les côtes d'Afrique. Passionné par l'évolution rapide du matériel naval, il donna une vive impulsion à l'organisation de la marine à vapeur. Contre-amiral en 1843, il se distingua lors de l'expédition contre le Maroc en 1844, mais il quitta la France en 1848 et voyagea aux États-Unis pendant la guerre de Sécession. Il combattit sous un faux nom dans les rangs français durant la guerre de 1870-1871 et était député de 1871 à 1876.

D'Amsterdam nous allâmes à La Haye, où, sitôt arrivé, je demandai à voir le roi. « Qu'il vienne tout de suite », fut la réponse. Le roi Guillaume [1], qui paraissait jeune encore, avec une tournure élégante, une bonne figure avenante, entourée d'un collier de barbe grisonnante, parlait très haut et riait avec éclats ; sa conversation était spirituelle. La reine, que je n'ai jamais vu rire, ni même sourire, s'exprimait avec esprit, mais cherchait trop évidemment ses phrases. Elle n'écoutait jamais et on pouvait interrompre ce qu'on lui disait sans qu'elle s'en aperçût. Très spirituelle aussi sa fille, la jeune princesse Sophie, aujourd'hui grande-duchesse de Saxe-Weimar. Comme, un soir de bal, je la regardais danser, portant une jolie toilette où une écharpe orientale jouait le principal rôle, le roi, avec qui je causais, me dit : « Marmotte (sobriquet de famille) a l'air d'une bayadère aujourd'hui ». Et, certes, elle en avait tout le charme et tout la grâce.

Mon séjour à La Haye ne fut qu'une suite de réunions, de dîners, de bals, où la cordialité de la réception qui me fut faite ne se démentit pas une minute. J'en fus touché et j'en ai conservé un souvenir reconnaissant, car il y avait quelque mérite, de la part du roi, à ce qu'il en fût ainsi. N'avions-nous pas contribué grandement, en prêtant appui à la révolution belge [en 1830], à diminuer de moitié son royaume ? Il y avait encore une autre blessure d'amour-propre. Dans sa jeunesse, Guillaume, alors prince d'Orange, brave, ardent, était allé servir en Espagne sous le duc de Wellington. Il avait été blessé à Waterloo, dans les rangs de l'armée anglaise, et fort de ces antécédents, il s'était présenté, en 1815, comme candidat à la main de la princesse Charlotte, héritière présomptive de la couronne d'Angleterre. Il avait été évincé, et par qui ? Par le prince-Léopold de Saxe-Cobourg, dont nous venions de faire un roi des Belges. Malgré ces causes, au moins de

1. Willem II (1792-1849).

froideur, l'accueil que je reçus du roi, comme de sa famille, comme de toutes les classes de cette population hollandaise, si brave et si sage, fut marqué par une sympathie qui alla toujours en augmentant et remplit de joie Bois le-comte[2] et son très spirituel secrétaire de légation, La Rosière. Au moment de nous séparer, le roi me fit don d'une admirable copie réduite de la *Leçon d'anatomie* de Rembrandt[3], qui était dans son cabinet, en me disant : « Vous allez à Terre-Neuve, vous me rapporterez un chien en échange », mission que j'eus bien soin de remplir.

Pour terminer mon séjour en Hollande, j'allai visiter l'arsenal de marine de Flessingue et en traversant la Zélande, je vis de loin et avec émotion les clochers de Berg-op-Zoom, ville qui a vu s'accomplir deux des plus brillants faits d'armes de nos annales. Le premier, la prise d'assaut de la place par l'armée du maréchal de Lowendal en 1747, l'autre, l'assaut donné les 8 et 9 mars 1814 par une armée anglaise tout entière et repoussé triomphalement par une poignée de soldats et de marins commandés par le général Bizannet. L'assaut du maréchal de Lowendal a été popularisé d'abord par une chanson célèbre, et ensuite par une admirable gouache de Van Blarenberg[4], que l'on peut voir au musée de Versailles. Mais, perdu au milieu de nos désastres, de l'invasion, le fait d'armes en 1814 a passé presque inaperçu. Bien peu de personnes savent que l'armée anglaise attaqua Berg-op-Zoom de vive force, pénétrant à marée basse par le port, escaladant les remparts, guidée et secondée par les habitants insurgés en faveur de la Maison d'Orange ; que les colonnes ennemies s'avancèrent jusqu'au milieu de la ville d'où après douze heures de combat elles furent rejetées hors des remparts par la vaillance inébranlable des défenseurs, laissant entre leurs mains plus de prisonniers qu'ils n'étaient eux-mêmes de combattants. Il faut lire les détails de cette magnifique page militaire dans le récit du colonel du génie Legrand, qui exerçait le commandement en second sous le général Bizannet. On y verra, entre autres incidents dramatiques, un épisode de sonneur presque identique à celui que Sardou a placé dans son beau drame de *Patrie*[5].

Du Texel, ou, pour parler plus exactement, de Neu-Diep à Terre-Neuve par le nord de l'Écosse, la traversée, bien que sans nuits, fut terriblement fatigante pour nos équipages et pour nos navires, qui y firent de nombreuses avaries et y perdirent presque toutes leurs voiles. Nous fûmes sous l'eau tout le temps par une série de tempêtes incessantes. Puis vinrent les brumes épaisses et enfin nous tombâmes au milieu d'innombrables îles de glace. Aussi fut-ce avec un sensible soulagement que je me trouvai à l'ancre au fond du havre du Croc, chef-lieu de notre station navale pendant la saison de la pêche. Ce havre lui-même était obstrué par les glaces, si bien que je pus, le soir de notre entrée, mon cuisinier et les boîtes de conserves aidant, offrir à mon état-major des bombes panachées, à l'instar de Tortoni[6].

---

2. Charles-Edmond de Boislecomte (1796-1863), fils d'un ancien secrétaire du roi, entra dans la diplomatie en 1814. Démissionnaire en juillet 1830, il fut envoyé en Orient en 1833. En mission en Espagne puis au Portugal en 1835 et 1836, il assista auprès des souveraines de ces états au déchaînement des forces révolutionnaires et fut nommé ambassadeur à La Haye en 1838. Il fut appelé à la Chambre des pairs en 1845.
3. Rijn van Rembrandt (1606-1669), *La leçon d'anatomie du docteur Tulp*, 1632.
4. Louis-Nicolas Van Blarenberghe (1716-1794).
5. Victorien Sardou (1831-1908), auteur de plus de soixante-dix pièces de théâtre, dont son mélodrame historique *Patrie!*, 1869.
6. Le café à la mode Tortoni, situé à Paris sur le boulevard des Italiens, jouit d'une vogue pendant les premières années du XIXe siècle. Dès le commencement de l'Empire et sous la Restauration, le café était le rendez-vous et le salon de conversation des élégants et des célébrités du jour.

Dans le cours de cette traversée, il faillit se produire, à bord de la frégate, un incident disciplinaire grave. Un matelot refusa obéissance avec menaces à un des aspirants, acte sérieux d'indiscipline, entraînant, d'après les lois en vigueur, un châtiment corporel. Je réunis immédiatement le conseil de justice qui après avoir, suivant les règles, entendu témoins et défenseurs, condamna l'homme à recevoir un certain nombre de coups de corde. L'heure de l'exécution arrivée, l'équipage fut assemblé, les officiers en armes à la tête des compagnies ; je bouclais mon sabre dans ma chambre lorsque mon second y fit irruption comme un ouragan. « On va crier grâce, me dit-il, c'est votre faute. Les hommes connaissent votre antipathie pour les châtiments corporels. Ils vont en abuser. Je vous demande la permission de passer mon sabre au travers du corps du premier qui ouvrira la bouche ». J'avais évité jusqu'alors d'avoir à appliquer les peines corporelles, tâche que le bon esprit et la douceur des équipages que j'avais commandés m'avaient rendue facile. Mais cette fois le scandale avait été éclatant, le châtiment devait être exemplaire et la loi appliquée sans miséricorde. Que deviendrait l'autorité d'une poignée d'officiers isolés sur les mers, au milieu de centaines d'hommes, sans recours possible à la force, à l'envoi aux compagnies pénitentiaires ou à un emprisonnement prolongé ; que deviendrait cette autorité toute morale, indispensable sur un navire qui, par le fait, est toujours en campagne si le maintien de la discipline était jamais l'objet de la moindre défaillance ? Pénétré plus que personne des devoirs impérieux du commandement, je rassurai mon second. « Soyez tranquille, lui dis-je, je serai pilé dans un mortier avant de tolérer une minute d'hésitation à l'exécution de la sentence prononcée. Je vais me placer à la tête de l'équipage et faire appliquer la peine devant moi ; les hommes liront sur mon visage et je vous réponds que personne ne bougera ».

Il en fut ainsi, je vins prendre mon poste. Tous les yeux se tournèrent vers moi et tout se passa dans les règles. Dire que la scène ne me fut pas pénible serait mentir, mais le devoir avant tout.

Comme l'avait dit mon second, j'avais horreur des châtiments corporels, réglementés par la Convention, reliques d'un autre âge[7], quand les équipages se recrutaient de vagabonds ramassés partout ; je les trouvais dégradants. Bien souvent, entre camarades, j'avais blâmé l'emploi sans mesure que j'en avais vu faire sur des bâtiments que je ne commandais pas. Bienheureux je fus, quand ils furent abolis. Sans aller aussi loin que ce capitaine d'un brick de guerre américain qui, de son chef, fit prendre à sa grande vergue un aspirant, parent du ministre de la marine, coupable de tentative de sédition, un commandant justement investi à son bord d'une autorité illimitée trouvera toujours dans son intelligence, sa fermeté, son sentiment du devoir, d'autres moyens que le fouet pour faire respecter la loi de l'obéissance hiérarchique absolue.

Je ne m'étendrai pas ici sur ce qui est devenu la *question de Terre-Neuve*, que j'ai eu naturellement le devoir d'étudier sur toutes ses faces. Qu'il me suffise de rappeler que lorsque l'île de Terre-Neuve devint anglaise, les conquérants nous concédèrent un droit exclusif de pêche sur la moitié des côtes de l'île, sous la réserve que nous n'y descen-

---

7. La Convention (1792-1795) : la chute des Tuileries avait contraint l'Assemblée législative à se dissoudre, et une nouvelle constituante, la Convention, prit en main les destinées de la nation. La nouvelle assemblée sortit des urnes en septembre 1792 : la France fut envahie, le massacre dans les prisons ensanglantant le pays. Réunie le 21 septembre 1792, au lendemain de la victoire de Valmy, la Convention proclama aussitôt l'abolition de la royauté et décida de dater ses décrets de la première année de la République. La Convention avait passé aussi des arrêtés concernant les châtiments corporels pouvant être infligés aux marins.

drions que passagèrement pendant la saison et n'y ferions aucun établissement permanent. Quand ce droit de pêche nous fut concédé, et il devint très important pour nous, car il occupa vingt mille marins, faisant des pêcheries de Terre-Neuve une des principales pépinières de matelots pour nos flottes de guerre, l'île était à peu près inhabitée. En contrée déserte, point de conflits. Mais petit à petit, l'île se peupla. Sur la partie où nous avions droit de pêche, le *French-Shore*, une population anglaise très restreinte, insignifiante même, se répandit, et, chose curieuse, elle y fut appelée par nous, désireux de laisser des gardiens chargés de surveiller, conserver d'une saison à l'autre les établissements indispensables à la cure, au séchage, à la salaison du poisson, établissements que nous ne pouvions occuper nous-mêmes d'une façon permanente. Pendant ma croisière je trouvai partout cette population anglaise qui vivait de nous, en bons termes avec nos Terre-Neuviens [Terre-Neuvas]. Ces bons termes allaient même assez loin, car visitant un jour un brave capitaine de Saint-Malo qui avait désarmé son navire pendant les mois de pêche pour s'établir à terre dans une maison anglaise, deux enfants joufflus firent irruption avec des cris de « Papa… Papa ! » pendant qu'une jeune et jolie Anglaise ne levait pas les yeux de dessus son ouvrage. « Les petits imbéciles, me dit mon brave Malouin ont pris l'habitude, à force de me voir, de m'appeler papa ! »

Cette entente cordiale se serait sans doute prolongée indéfiniment et nul n'aurait entendu parler d'une question de Terre-Neuve dangereuse pour les relations internationales des deux pays, si la partie méridionale de l'île, à climat tempéré, et complètement anglaise, ne s'était pas peuplée assez rapidement pour avoir une constitution, des institutions *libérales*, un parlement et par suite des élections. Aussitôt il fallut aux courtiers électoraux une plate-forme populaire à sensation, et cette plate-forme est devenue tout de suite quelque chose comme l'irrédentisme italien[8], la revendication du sol national avec ses droits : *Terre-Neuve aux Terre-Neuviens* ! Là est toute la question de Terre-Neuve. Localement, personne ne s'en soucie, mais dans la presse et sur le terrain de la fantasmagorie électorale, elle a mis le feu aux passions et pourra très bien un jour engendrer des ruines et faire couler du sang.

Ceci posé, je reviens à mes souvenirs personnels. Contrairement aux impressions de la plupart de mes camarades, je trouvai le séjour de Terre-Neuve très agréable, pendant les mois d'été où nous y étions en station, bien entendu. L'île est accidentée, couverte de forêts de sapins. Là où les bois font défaut, des lacs, des rivières d'une limpidité admirable, où la truite, le saumon pullulent. Beaucoup de gibier, et tout cela au milieu de l'espace inhabité, où chacun peut jouir de la plus absolue liberté, sans autres limites que sa volonté et ses forces. Si à côté du *pour* il n'y avait pas le *contre*, Terre-Neuve, l'été, serait un paradis, et il n'y en a pas sur notre boule. Le *contre*, ce sont les mouches, la petite mouche noire, le *black fly*, la peste de toutes les contrées septentrionales, contre laquelle il n'y a pas de défense, car elle s'introduit partout, aucun préservatif ne l'arrête, aucun onguent, aucun enduit ne la rebute. Dans une excursion de chasse que je fis à l'île de Groix, ainsi baptisée, sans doute, par quelques Lorientais[9], à huit ou dix milles au large du Croc, je vis de mes camarades dont les yeux avaient disparu, dont la tête était enflée comme une tête d'hydrocéphale, devenus comme fous de douleur sous les piqûres de cette infernale mouche et un de nos serviteurs, étendu par terre, refusant de bouger et

---

8. L'irrédentisme italien : doctrine des nationalistes italiens qui, après la formation de l'unité, réclamèrent l'annexion des territoires de langue italienne pas encore libérés.
9. L'île de Groix se trouve au large de Lorient, en Bretagne.

suppliant avec larmes qu'on lui tirât un coup de fusil dans la tête pour mettre fin à son supplice.

Cette île de Groix fourmillait d'animaux venus de la grande terre, l'hiver, sur la glace. Ses bords escarpés, couverts d'une végétation arborescente impénétrable, entouraient un vaste plateau sans arbres, une lande. Nous atteignîmes cette lande en marchant dans le lit d'un ruisseau et nous y fîmes une Saint-Barthélemy [10] de volatiles, principalement de cette espèce de grouse grise que les Anglais appellent Ptarmigan. Ces oiseaux étaient dans la période de l'accouplement, ne s'envolaient pas et quand nous en tuions un, l'autre, furieux, venait, en enflant ses plumes, nous becqueter les jambes. Les versants boisés de l'île devaient être remplis de rennes, ou, comme on les appelle à Terre-Neuve, de caribous, à en juger par les empreintes innombrables de pieds qu'on y apercevait de tous côtés. Nous n'en vîmes qu'un de trop loin. Si nous avions eu un ou deux chiens courants à lâcher dans les fourrés, nous aurions fait des hécatombes.

Du Croc, je visitai tous nos établissements de pêche du voisinage : Saint-Julien, la Baie Rouge, etc. La morue était, cette année-là, d'une abondance extraordinaire. Un coup de seine à la baie Rouge ramena un jour vingt-quatre mille morues. C'était l'âge d'or de la pêche. Aujourd'hui le poisson a déserté la côte est de Terre-Neuve. Nos pêcheurs sont obligés d'aller, avec leurs navires, jeter l'ancre sur le grand banc où ils restent des mois, ballottés par toutes les tempêtes. Du bord ils vont tendre des lignes dans de petites barques qui souvent se perdent dans le brouillard et dont on n'entend jamais parler. Souvent aussi c'est le bâtiment lui-même qui est coupé en deux de nuit ou de brume, par un transatlantique marchant à dix-sept nœuds à l'heure, et qui, en quelques secondes, a disparu, tandis que le malheureux abordé sombre avec tout son équipage. Bien hasardeuse et bien rude cette carrière de nos pêcheurs du banc ! mais ils reviennent *hommes* et hommes vigoureusement trempés.

De la côte est de l'île, la *Belle-Poule* [11] se rendit à la côte ouest en passant par le détroit de Belle-Île, étroit canal qui sépare Terre-Neuve du Labrador. Nous rencontrâmes, en traversant ce détroit, une somme de difficultés de navigation vraiment extraordinaire. Le canal était rempli d'îles de glace échouées ou promenées par les courants ; une brume épaisse nous y prit, accompagnée d'aurores boréales, zénithales, dont l'action électrique affola tous les compas, toutes les boussoles du bord. Plus de vue, plus de direction ! Après nous être trouvés dans une situation critique à l'entrée de la baie Forteau, point de la côte du Labrador célèbre par ses naufrages, je conduisis la frégate au havre d'Ingornachoix, où nous fîmes un assez long séjour, nécessité par la santé de l'équipage. Il se ressentait déjà depuis quelque temps des fatigues exceptionnelles de la campagne. Pendant notre

---

10. Pendant la minorité de Charles IX, au cours des guerres opposant catholiques et protestants, le massacre des protestants de la Saint-Barthélemy eut lieu le 24 août 1572.

11. Bien que mise sur cale en 1828, la troisième frégate à porter le nom de *Belle-Poule* ne fut lancée qu'en 1834. C'était l'une des premières fois qu'un navire fut construit sous une cale couverte. Cela lui permit d'attendre le moment politique et financier favorable à sa mise à l'eau, et elle fut armée en juillet 1835. Construite sur les bases des croiseurs américains du type *Constitution*, elle déplaçait 2 500 tonneaux pour une longueur de 54 mètres, une largeur de 14,10 m et un tirant d'eau de 3,80 m. C'était une frégate de soixante dans la première batterie. Elle emporta 450 hommes et fit preuve de qualités exceptionnelles dès son armement. Sous le commandement du prince de Joinville, la *Belle-Poule* fit campagne à Terre-Neuve en 1841, en passant par Halifax et le Canada, puis New-York, ce qui permit au prince d'aller saluer le président des États-Unis. Voir aussi « Campagne en 1841, au banc de Terre-Neuve, de la frégate *la Belle-Poule*, commandée par S.A.R. monseigneur le prince de Joinville, capitaine de vaisseau », p. 805-809, et Henri Jouan, « La frégate la *Belle-Poule* (1839-1843) », p. 194-208.

séjour au Croc, malgré ce temps de repos, malgré des soins de toute sorte, beaucoup d'hommes traînaient, et la maladie finit par prendre le caractère d'une épidémie de variole assez sérieuse. Pour arrêter le mal, l'empêcher de s'aggraver, de s'éterniser, ce qui nous aurait fait repousser de presque tous les ports étrangers, le mieux était d'isoler les malades. Je me hâtai donc de faire construire sur une jolie île boisée, située à l'entrée de notre mouillage, un hôpital où j'installai mes varioleux, pendant que nous employions tous les moyens pour sécher et désinfecter la frégate. Cet ensemble de mesures nous réussit et quand nous quittâmes la baie, l'équipage avait complètement repris sa vigueur et sa santé.

Pendant ce long séjour j'appris plusieurs choses : la première fut la découverte de l'immense quantité de homards qui fréquentaient la côte. Le premier jour où mes hommes allèrent se promener à terre, ils en rapportèrent neuf cents qu'ils avaient pris dans les roches et dont la capture n'avait guère été difficile. Je ne sais si le homard d'Ingornachoix était sans reproches, comme Bayard, mais il était certainement sans peur [12]. Il suffisait, lorsqu'on l'apercevait dans les petits fonds, de lui présenter un bâton ; il s'élançait avec furie, le saisissait avec ses pinces et refusait absolument de le lâcher. De cette abondance de homards, exploitée plus tard, lorsqu'elle a été connue, est née la question des homardières, enfourchée par les irrédentistes anglais. Je découvris secondement que la morue se faisant rare sur le French-Shore du détroit de Belle-Île, nos pêcheurs, pour remédier à cette disette, se rendaient en contrebande sur la côte anglaise du Labrador, contravention dont l'inconvénient principal était de donner aux Anglais un prétexte à réciprocité. Si les croiseurs anglais fermaient naturellement les yeux sur ces irrégularités qui créaient pour nous de fâcheux précédents, nos navires de guerre ne pouvaient que les sanctionner par leur présence, ou s'y opposer, en allant exercer en pays étranger un droit de police plus que contestable : deux choses à éviter également. Aussi la consigne était-elle de s'abstenir de paraître au Labrador. Je me conformai à cette règle, mais voilà qu'un beau jour une des goélettes de la station locale de Saint-Pierre-Miquelon vient mouiller à côté de moi et le colloque suivant s'engage entre moi et le lieutenant de vaisseau qui la commande : « Où allez-vous ? – Au Labrador. – Mais vous connaissez la situation : il y a inconvénient grave à y conduire un de nos navires de guerre. – Je le sais, mais j'ai des ordres précis, exceptionnels du ministre. – Lesquels ? – J'ai ordre d'aller au Labrador pour y chercher un chien pour un chef de bureau du ministère. – C'est pour cela que vous avez été expédié de Saint-Pierre-Miquelon ? – Oui ». Je n'avais plus qu'à m'incliner, je ne pouvais mettre mon autorité de chef militaire en conflit avec celle du ministre. Je laissai donc aller la goélette dans sa compromettante expédition.

Peu après je mis à la voile, non sans regrets, pour continuer notre campagne. Le temps avait passé très vite entre les soins de tous genres qu'avait entraînés la santé de l'équipage, entre les exercices de toute nature auxquels nous nous étions livrés, les tirs à boulets à travers la forêt vierge où nos projectiles fauchaient les arbres séculaires ; nous avions robinsonné [13] sur la plus grande échelle et j'ai toujours eu un faible pour ce genre d'existence. Après la construction de notre hôpital, nous avions établi des fours à chaux pour l'assainissement de la frégate, nous nous étions faits bûcherons, charpentiers, charbonniers. Nous nous étions fabriqué des mâts, des vergues de rechange. Puis nous avions

---

12. Pierre Terrail, seigneur de Bayard (vers 1474 – 1524), héros militaire, fut appelé « le chevalier sans peur et sans reproche ».

13. Robinsonné : ayant eu des aventures de vie loin de la civilisation, en utilisant les ressources de la nature, comme Robinson Crusoé dans le récit de Daniel Defoe publié en 1719.

desséché des étangs, poussé dans toutes les directions des explorations de chasse, de pêche, découvert des rivières, des lacs.

Dans ces excursions, si nous fîmes de belles chasses, elles ne comportaient que du petit gibier. Une fois je tirai et, à ma grande douleur, je manquai un renard noir argenté, l'animal que la nature a revêtu de la plus belle et de la plus rare des fourrures. Les traces d'ours, de caribous, abondaient ; nous aperçûmes un loup gris, rayé comme un zèbre et gigantesque, mais aucune de ces grosses bêtes ne tomba sous nos coups. Même avec des chiens courants nous n'aurions pu les atteindre, vu la continuité et l'impénétrabilité des forêts, et nous n'avions pour nous assister que Fox, le chien du bord, excellent chien d'arrêt par exemple, aimé de tout le monde, qui tomba à la mer un jour de grande brise, et qu'on alla repêcher, alors qu'il nageait vigoureusement pour regagner la frégate où, à son retour, on lui fit une ovation.

Nous terminâmes notre tournée terre-neuvienne par la baie Saint-George, la dernière de toutes les baies du French-Shore, et le seul point où l'exercice de nos droits soulevât quelques difficultés. Nous y trouvâmes, en effet, un gros village anglo-canadien en pleine prospérité et pleine croissance et nous nous livrâmes vis-à-vis des habitants à la cérémonie de l'interdiction de la pêche, cérémonie qui fut reçue avec des protestations amicales et narquoises, – amicales parce que la moitié de la population était canadienne-française, parlait notre langue avec un fort accent malouin et que la similitude d'origine, de langage, de religion, de mœurs établit malgré tout des rapports sympathiques ; – narquoises parce que d'abord nos pêcheurs ne fréquentaient plus Saint-George, parce qu'ensuite l'interdiction, obligatoire en présence de nos navires de guerre qui apparaissaient quatre ou cinq jours par an, devenait assez illusoire pendant les trois cent soixante autres jours de l'année. Néanmoins il était facile de voir déjà que là où une population indigène suffisante s'installerait, notre droit exclusif de pêche ne pourrait être maintenu ; mais il était non moins facile de juger que, sur ces points exceptionnels, un arrangement local, conciliant tous les intérêts, pourrait être conclu sans difficulté. Est-ce encore possible aujourd'hui, quand les palabres électorales ont tout envenimé ?

Les Béothuks : étaient-ils nombreux ? (1841)

H. Jouan, « Terre-Neuve », p. 430-433.

Henri Jouan (1821-1907), fils du général Jacques-Casimir Jouan, s'engagea dans la marine et servit de 1838 à 1843 à bord de la *Belle-Poule* avec le prince de Joinville. Ainsi, il prit part en 1840 au voyage qui ramena de Sainte-Hélène les cendres de Napoléon. Il se trouva plus tard dans le Pacifique comme lieutenant de vaisseau. Comme chef d'état-major de l'amiral Roze, il pris part en 1866 à l'expédition de Corée, et en 1869, comme commandant de la *Sarthe*, il effectua les premiers transports entre Toulon et Saigon par le canal de Suez. Jouan pris sa retraite à Cherbourg en 1880 comme capitaine de vaisseau et devint président de la Société nationale académique. Il était également l'auteur de nombreux écrits traitant de la mer, en particulier du Pacifique.

En parlant de la population répandue sur les côtes de Terre-Neuve, je n'ai rien dit des *sauvages*, comme on appelle quelques Indiens, *Mic-macs* et *Montagnards*, les premiers originaires du cap Breton, les autres du Labrador, vivant misérablement de la pêche et de la vente de quelques fourrures qu'ils vont chercher assez loin dans l'intérieur. Une quarantaine de Mic-macs demeuraient à St-Georges à l'époque où j'y étais : j'ai eu l'occasion de voir les huttes où ils vivaient dans la saleté la plus horrible, au milieu d'exhalaisons rappelant d'une manière exagérée les cages des fauves du Jardin des Plantes[1]. On compte encore quelques familles de *sauvages* dans la Baie de Notre-Dame, à la côte nord, et dans quelques baies du S. et du S.-O.

Il ne faut pas voir dans ces petites tribus, venues du dehors, des restes des aborigènes de Terre-Neuve, les *Indiens rouges*, ou *Béthucks*, comme ils s'intitulaient (*Bœothicks*, *Béothucks* suivant d'autres), avec lesquels Cabot fut en relation quand il découvrit l'île en 1497, et dont trois furent amenés par lui en Angleterre. Les Béthucks étaient-ils nombreux ? On pourrait le supposer à voir les facilités d'existence fournies par l'abondance du poisson et du gibier ; on a trouvé des traces d'enclos palissadés de dix lieues de tour, faits par eux pour prendre les Caribous. Le climat n'était pas un obstacle, puisqu'on voit des hommes vivre sous des températures beaucoup plus basses ; toujours est-il que, dès les dernières années du siècle passé, on en rencontrait si peu à la côte qu'on se demandait s'il y en avait encore dans l'intérieur de l'île où la venue des Européens les avait refoulés. Malheureusement pour eux, les riches fourrures qu'ils portaient comme vêtements, ou

---

1. La même comparaison est employée par Philippe Michelet dans ses « Notes recueillies dans un voyage à l'île de Terre-Neuve », p. 72.

qui entraient dans le mobilier de leurs demeures, avaient bien vite tenté la cupidité des aventuriers de toute espèce, chasseurs et pêcheurs, qui s'étaient jetés sur Terre-Neuve ; la chasse à l'Indien fut pratiquée sans scrupule, sans miséricorde uniquement pour le dépouiller ; de là, naturellement, des représailles, des incursions dans les établissements européens où tout Blanc surpris était impitoyablement massacré.

Ces représailles en amenaient d'autres, de sorte que, pendant plus de deux siècles, l'Indien rouge, comme depuis son frère, des *Prairies* du *Farwest*, ne fut pas considéré que comme un fauve, une bête nuisible, dont il fallait exterminer la race. Dans les premières années de ce siècle-ci, le Gouvernement s'émut de ces actes de froide cruauté ; la *Protection des Indiens rouges* fut proclamée [2], des sociétés pieuses se formèrent pour tenter de les amener à la civilisation : il était trop tard ! Au moyen de primes offertes aux capteurs on réussit, à plusieurs reprises, de 1804 à 1825, à saisir quelques femmes qui furent conduites à St-Jean, dans la pensée que les bons traitements, les soins qu'on avait pour elles, les rendraient aptes à servir d'intermédiaires entre les Anglais et leurs tribus ; aucune de ces femmes, je crois, n'a revu ses compatriotes ; la plupart sont mortes à l'hôpital, à St-Jean, au bout de quelques années. Y-a-t-il encore des aborigènes dans l'intérieur ? Depuis longtemps on n'en a plus vu à la côte ; l'opinion d'un vieux résident, que le hasard avait mis plusieurs fois en rapport avec eux, à l'époque où l'on songeait enfin à les protéger, est que les rares survivants, pour échapper aux assassinats commis de sang-froid par les chasseurs de fourrures, Blancs et Mic-macs, s'étaient enfuis au Labrador par le détroit de Belle-Île.

D'après cet individu, les Béthucks demeuraient dans des *wigwams* de forme ronde de 30 à 40 pieds de circonférence, faits avec des branches plantées en terre et réunies par le haut, le tout recouvert d'écorce de bouleau, avec un trou au sommet pour laisser échapper la fumée. Ils avaient pour armes des arcs et des flèches ; ceux que Cabot amena en Angleterre s'habillaient avec des peaux, se teignaient le corps avec de l'ocre et mangeaient de la viande crue. Cette dernière particularité, caractéristique des *Esquimaux*, corroborait l'opinion de ceux qui les rattachaient à cette race. Pour d'autres, il n'y avait pas de différence entre eux et les Mic-Macs qui sont eux-mêmes un rejeton du grand rameau *Algonkin* ; mais l'étude d'un vocabulaire béthuck, faite par M. R.-G. Latham, les éloigne des Esquimaux et des Mic-Macs, pour en faire une section particulière des Algonkins [3].

---

2. La proclamation du gouverneur John Byron en 1769.
3. R.G. Latham, *The Ethnology of the British Colonies and Dependencies*, p. 251-252.

LES MŒURS DES COLONS ET DES AUTOCHTONES (1847)

C.-J.-A. Carpon, *Voyage à Terre-Neuve*, p. 121-127, 130-139, 230-233.

Constant-Jean-Antoine Carpon, chirurgien du commerce né en 1803, entra dans sa carrière en 1826 et la poursuivit jusqu'en 1865. Pendant cette période, il participa à plusieurs campagnes de pêche à Terre-Neuve. Son ouvrage est, donc, en ce sens un recueil de ses « observations et notions curieuses » propres à intéresser ceux qui voudraient avoir une idée de l'industrie de la pêche ainsi que des mœurs de la région. Ainsi, ses observations sont souvent exagérées.

Les colons de Terre-Neuve sont presque tous d'origine anglaise et irlandaise ; leur industrie s'exerce surtout à la pêche. Leur principal commerce est celui de la pelleterie, de l'huile de poisson, de veaux marins et des bois de construction.

Beaucoup habitent le littoral, dans les havres où les Français font la pêche ; on y tolère bénévolement ; car d'après les traités, nous avons le droit exclusif de faire la pêche à la côte E. de Terre-Neuve, et d'empêcher tout Anglais de s'y livrer, dans les lieux qui nous sont légués pour cet objet.

Mais les intérêts réciproques et la bienveillance naturelle ont annulé ces règles rigoureuses de la diplomatie ; non seulement on a cette tolérance pour les colons, mais on leur fournit encore tous les moyens de gagner leur vie, en leur procurant tous les engins nécessaires. En récompense de ces services, ces habitants nous en rendent bien d'autres : ils veillent, après notre départ, à l'entretien de nos cabanes, habitations et chaufauds, empêchent les dilapidations de quelques mauvais garnements, qui pourraient tous les jours faire manquer une opération, dont la mauvaise issue ruinerait quelquefois un armateur.

Quand on a reconnu des surveillants dignes de confiance, on leur laisse, avant le départ, des provisions de toute espèce : beurre graisse, lard, farine, biscuit, cidre, vin, eau-de-vie, lignes et filets. Ce grand approvisionnement, joint à leur chasse journalière, les met à même de bien passer l'hiver.

Pendant cette saison, quand le temps le permet, ils chaussent les raquettes, pour marcher sur la neige, et vont au loin couper de gros sapins, qu'ils apportent à leur habitation sur des traîneaux ou *traînes* à roulettes, attelées d'un nombre plus ou moins considérable de leurs gros et forts chiens. Ils lancent aussi ces arbres du haut des montages, où les neiges ont formé des glacis, et d'où, pendant l'été, il serait impossible de les descendre. Dans la belle saison, ils vont à la découverte, marquent les arbres de quelques coups de hache, et dès ce moment ils en sont propriétaires aux yeux de leurs voisins, qui se feraient un crime de s'en emparer. Cette règle de bienséance et de probité est généralement bien observée. Ces colons, du reste, sont naturellement paresseux, et, quand ils ont de quoi boire et manger, le travail leur est à charge : ainsi beaucoup d'entre eux vont concevoir le project de construire une cabane, ils en font la charpente, et au bout de dix ans, ils n'ont pas encore fait le remplage ; il faut, pour les y décider, une irrésistible nécessité ; par exemple, la chute ou la ruine de la demeure où ils reposent. Sans leur extrême indolence, ces êtres insouciants deviendraient fort riches, pour la plupart, s'ils le voulaient ; et fort heureusement on en voit quelques-uns qui le veulent bien. Les colons, gardiens des habitations des havres, sont à la merci de quelques négociants, envers lesquels ils sont endettés pour des sommes considérables ; il s'ensuit que ces pacotilleurs obtiennent à vil prix, de ces misérables, des marchandises fort précieuses, en échange desquelles ils leur donnent des vêtements, des vivres et des boissons.

Les principaux entrepôts sont à Saint-Jean, capitale de Terre-Neuve. Avantageusement située au S.-E. de l'île, elle a un beau port, dont l'entrée est défendue par une tour, et des forts hérissés de canons. La ville, peuplée de 18 000 à 20 000 habitants, se présente à droite en forme d'amphithéâtre. Un incendie horrible éclata, il y a quelques années [en 1846], au centre de cette ville : mille à douze cents habitations devinrent la proie des flammes.

Depuis cette époque, on a rebâti les maisons, en pierre, à chaux et à sable. Les femmes y sont belles ; chez quelques-unes, des cheveux et des sourcils bruns contrastent avec des yeux bleus ; et la carnation, chez les deux sexes, annonce un tempérament sain et vigoureux ; aussi, comme en Russie, y voit-on des exemples surprenants de longévité.

Les colons laborieux, et conséquemment riches, ont à eux des goëlettes, et vont eux-mêmes vendre et acheter, à prix débattu, tout ce qui leur est nécessaire pour leurs besoins domestiques. Ils ont souvent des familles nombreuses ; j'ai vu de très-jeunes femmes avoir douze ou quinze enfants.

Dans ce pays-là, quand une fille se marie, on lui fait jurer ainsi qu'à son futur, la main sur l'évangile, d'observer fidèlement les lois du mariage ; les conventions en ont été stipulés par un fondé de pouvoirs, remplissant les fonctions d'officier de l'état civil.

Le mariage est plus tard sanctifié par la célébration religieuse, lors du passage d'un prêtre.

La fille, en quittant la case paternelle, reçoit, à titre de dot, ses effets d'habillement, deux chiens, une pirogue, un traîneau avec ses harnais, et une pièce de *rets* pour la pêche.

Quant aux autres actes de l'état civil, on tient note exacte des naissances et des décès, dans les havres trop éloignés de la métropole pour y entretenir des relations journalières. Des délégués de l'administration anglaise sont chargés de la régularisation de ces actes. D'après le relevé des registres locaux, on connaît, à St.-Jean, l'état de la population de tout le littoral.

Dans les havres de la côte de l'est, la configuration du sol ne pourrait permettre aux habitants de se servir de chevaux ; le pays n'offre que montagnes et ravins, presque inaccessibles, qui forment un ensemble indéfiniment prolongé. Sur les collines et dans les plaines se rencontrent d'excellents pâturages, dont les habitants du littoral tireraient d'abondantes provisions d'hiver, pour les troupeaux considérables de taureaux, vaches, moutons et chèvres, qu'ils pourraient avoir à leur disposition. Mais, avoir soin des bestiaux, faucher le foin, le faire sécher, le botteler, ce sont des travaux ; et tout ce qui sent le travail, répugne invinciblement au caractère de ces êtres misérables, dominés par un penchant irrésistible à la fainéantise la plus absolue. Mais nulle règle sans exception ; *il en est jusqu'à trois que je pourrais citer* : Master James, au havre du Croc, possède des habitations charmantes, y tient auberge et café ; et tout annonce chez lui l'aisance, et même la richesse. Pierre Jais, au havre de la Conche, fait aussi exception, ainsi que plusieurs autres, à l'état de torpeur et d'insouciance où végète la majeure partie de ces colons. Ceux-là, du moins, ont des bestiaux de toute espèce, et des volailles ; mais pendant l'hiver ils ne conservent de ces dernières que ce qu'il leur en faut pour la reproduction, quand vient le printemps. Ce serait, en effet, une folie, dans un pays où l'on peut tuer chaque jour, par centaines, et perdrix et canards sauvages, de dépenser inutilement des denrées, pour le seul plaisir d'avoir vivants chez soi des oiseaux de basse-cour ; ils ne conviennent guères que pendant l'été, saison durant laquelle on peut les manger tout en pêchant la morue ; quant à cette pêche, il faut s'y livrer, pour se procurer les choses nécessaires à la vie, quand on n'a guère que cela pour ressource.

Les colons laborieux cultivent des choux, des carottes, des navets, des pommes de terre surtout, dont ils font de grandes provisions. Je doute qu'on pût obtenir des céréales dans cette partie de l'île, où nous faisons pêche ; lieux dont la température est trop peu de temps assez douce ; mais on m'a informé que ces années dernières, dans les environs de St.-Jean, on a récolté du froment d'excellente qualité, et que la terre s'y cultive, en attelant sur la charrue, comme on fait en France, des chevaux et des bœufs, dont les fumiers, mêlés aux varecs, contribuent à échauffer le terrain, et à le rendre très-productif.

∽

Les insulaires de Terre-Neuve sont de la race des Esquimaux du Labrador[1] ; ils commercent actuellement avec les Européens ; jadis ils étaient anthropophages.

Leur accoutrement consiste dans un grand bonnet en forme de casque, un paletot fort large et court, un ample pantalon, et des bottines en peau de veau marin, dont les semelles sont en cuir fort épais et admirablement bien tanné par eux. Par dessus le paletot, une longue bande de peau leur sert de ceinture. Ils se servaient toujours, avant leurs rapports avec les Européens, d'arcs et de flèches ; le dard de ces dernières était fabriqué avec des fragments d'os ; mais à présent, ils n'emploient cette arme à la chasse que dans des cas exceptionnels.

Quand ils partent pour la chasse, ils emportent avec eux arcs, flèches et fusils ; et en outre une pirogue de peau de veau marin, ou d'écorces de bouleau ; ils s'en servent pour traverser les étangs et les lacs. Comme les individus de cette race ne vivent que de leur chasse et de leur pêche, pour les rendre fructueuses, ils usent de grandes précautions. Ainsi, pour ne pas effrayer les gros animaux, tels que loups, caribous, ours, renards, etc., s'ils rencontrent en plaine des perdrix ou autres oiseaux, au moyen de leurs flèches, ils s'en emparent sans bruit, et réservent pour les grands coups l'explosion de la poudre.

Ces hommes sont assez bien faits ; ils ont le corps musculeux, les cheveux bruns ou noirs, plats et longs, la barbe peu fournie ; leurs yeux sont petits, enfoncés, d'un regard sinistre, ombragés par des sourcils noirs, froncés et courts ; la nez est droit, épaté ; la bouche grande, les oreilles longues, et pointus au sommet ; les lièvres un peu grosses ; les dents jaunâtres, assez communément mal rangées, et le teint cuivré. Ils se servent, en guise de cordonnet et de fil, des nerfs et des tendons des animaux qu'ils tuent. Ces Indiens, ainsi que les colons, font, pendant l'été, leurs provisions d'hiver, ne pouvant,

---

1. Carpon confond toutes sortes de renseignements des autochtones de Terre-Neuve. Les Indiens du Labrador s'appelaient les Montagnais.

dans cette dernière saison, sortir aisément de leurs cabanes. Ils sont très-aptes à supporter les froidures, si l'on en juge d'après leur organisation ; leur peau est plus épaisse que la nôtre ; la boîte osseuse de crâne l'est également. Joignez à cela les lotions d'huile sur toute l'habitude du corps, et leurs vêtements bien fourrés, et vous comprendrez sans peine qu'ils peuvent endurer l'inclémence de la saison rigoureuse.

Avant que Terre-Neuve fût colonie anglaise, les immenses forêts de cette île, qui est d'une longueur de cent-cinquante lieues, sur une largeur de cinquante environ, étaient remplies de ces êtres féroces et voleurs. Au havre de la Scie, après la paix de 1784, une bande descendit des montagnes, et, après avoir percé de leurs flèches, et assommé avec leurs casse-tête tous les hommes de l'habitation, ils les décapitèrent, et emportèrent tout ce qu'ils purent voler avant le retour des bateaux partis pour la pêche. Un mousse seul fut sauvé de cet horrible massacre, s'étant affalé dans un des créneaux du chafaud, quand il vit commencer le carnage.

On poursuivit à mort, dès ce moment, sur tous les points de l'île, ces êtres d'un naturel intraitable.

Se voyant ainsi traqués et exterminés, quand on leur mettait la main sur le corps, ils passèrent de Terre-Neuve, par le golfe St.-Laurent, aux côtes du Labrador, au moyen de leurs pirogues dans la saison d'été, et sur les glaces pendant l'hiver.

Beaucoup d'entre eux se rendirent, et l'on s'en servit fort avantageusement, quand on les eut un peu civilisés, pour découvrir et détruire les peuplades de l'intérieur.

Ceux qui habitent encore les côtes de Terre-Neuve [les Mic-macs], ne sont pas à craindre aujourd'hui : presque tous sont convertis à la religion catholique romaine ; ils connaissent un peu l'anglais et le français ; ont entre eux un pacte social, dont ils ne s'écartent pas, et un chef ou roi, dont ils respectent le pouvoir. C'était, il y a quelques années, l'illustre Michel Aga, résident à la baie St.-Georges, qui tenait les rênes du gouvernement. Sa majesté était très-obligeante ; et l'un de mes amis, qui faisait la pêche près du palais de ce puissant monarque, l'invitait souvent à lui donner un coup de main pour faire sécher la morue, l'arrimer à bord du navire, etc.

À la suite de ces petits travaux, sa majesté et le capitaine dînaient bien. Après le café et le gloria soutenu [café arrosé d'alcool], le roi recevait, comme gage de reconnaissance, et de la manière la plus empressée, quelques litres de *trois-six*[2] pour se régaler avec toute sa cour.

Les sauvages modernes tutoient à Terre-Neuve presque tous ceux avec lesquels ils sont en rapport ; ils on appris, des prêtres de notre religion, que nous sommes tous frères en Jésus-Christ : aussi l'expression de frère leur est-elle tout à fait familière.

En 1827, j'en rencontrai deux, dont un parlait passablement l'anglais et le français ; l'autre ne connaissait que sa langue maternelle[3]. Ils étaient, me dit le premier, expédiés par le gouvernement anglais pour explorer l'intérieur de l'île, où devaient séjourner encore des familles de sauvages rouges [Béothuks], et il me raconta qu'il en avait tué un, le seul qu'il eût vu dans sa tournée. Voici textuellement sa narration :

« Comme nous commencions à manquer de gibier, je vis de loin une vaste plaine, au milieu de laquelle se trouvait un étang, entouré par une infinité de bosquets.

« Ces sites me parurent convenables au caribou, et nous ne tardâmes pas à nous y rendre. J'aperçus bientôt un troupeau de ces animaux. Mon camarade se tint embusqué,

---

2. Trois-six : alcool rectifié à degré élevé. Trois mesures de cet alcool, ajoutées à trois mesures d'eau, fournissaient six mesures d'alcool à boire.
3. Voir aussi à ce sujet Eugène Ney, « Voyage à Terre-Neuve », p. 334.

et je passai sous le vent à eux, pour qu'ils n'eussent pas connaissance de moi. J'en considérai un très-fort, et me trouvais bientôt à portée, quand tout à coup je le vis tomber et se débattre : c'était un sauvage rouge qui venait de le percer d'une flèche ; je fis encore plusieurs pas, et tuai le sauvage sur le corps du caribou.

« Nous prîmes, à même l'animal, tout ce que nous pûmes emporter, et nous ne vîmes pas d'autres sauvages, pendant le cours de notre voyage ; mais nous découvrîmes des endroits, où, depuis peu de temps, ils avaient campé et fait leurs festins. Au milieu de ces lieux déserts, nous étions constamment sur nos gardes, bien qu'avec un fusil on en puisse tenir une vingtaine en respect, et nous avions deux fusils en parfait état ».

Je serais allé chasser avec ces *sauvages demi-civilisés*, si les occupations de mon état ne m'eussent retenu à l'habitation. Ils partirent seuls, et rapportèrent deux caribous, et une multitude de perdrix.

Les fusils dont ils étaient armés, étaient à pierre, à un coup d'un petit calibre, sans sous-garde, et d'une longueur d'un mètre 60 centimètres environ ; un morceau de peau de veau marin était cloué à la contre-plaque de batterie, et destiné à recouvrir cette dernière pièce, pour la préserver de l'humidité.

À présent, ils se servent, comme nous, de fusils à piston ou à pierre ; et chacun des membres de la famille a le sien, quand il est de taille à le porter : père, mère, garçons et filles rivalisent de zèle pour rapporter à la case de quoi se nourrir.

Accoutumés dès leurs plus tendres années à ces genres d'exercices, rien ne leur est inconnu en fait de chasse ni de pêche, puisque c'est là leur seul moyen d'existence.

S'ils apprennent qu'il y ait dans certains parages beaucoup plus de gibier que dans d'autres, ils partent immédiatement pour s'y rendre avec toute leur famille ; et leur habitation est bientôt faite dans la saison du printemps et de l'été.

Ils coupent trois petits sapins bien filés et d'une bonne hauteur, les émondent, de manière à laisser un peu longues les maîtresses branches, qui leur servent comme de crocs, pour y suspendre tout ce qu'ils veulent. Ils placent, comme en faisceau d'armes, ces trois arbres, et les entourent de peaux de loups marins, cousues avec des nerfs d'animaux, ou bien d'écorces de bouleau, ajustées de la même manière ; ils laissent, sous le vent de l'édifice, un trou pour entrer : c'est dans cette enceinte circulaire, que se fait la cuisine, et que l'on dort, sur la mousse, autour d'un feu dont la fumée sort par le haut du toit.

S'il y a de tout petits enfants, on les met dans des sacs de peau, ou d'écorces d'arbres, remplis de mousse, et, à l'aide de lanières, on les suspend aux crocs de la charpente ; et ces pauvres petits ne disent pas un mot, entortillés qu'ils sont, soit dans de mauvaises étoffes, soit dans des peaux de lièvre, ou de chat sauvage.

On se figure peut-être que ces Indiens sont les derniers des misérables, et que rien ne peut égaler les privations qu'ils doivent endurer : eh bien ! c'est tout le contraire : ils n'échangeraient pas cette vie errante et aventureuse, contre tout l'opulence des plus riches monarques ; et, logés dans un palais, ils y mourraient d'ennui, si on leur rendait promptement la liberté, qu'ils considèrent comme le plus précieux des biens de ce monde.

Ces hommes sont naturellement ingénieux, et confectionnent fort bien à présent, avec des étoffes ou des pelleteries apprêtées par eux, des objets relatifs à la toilette. Ils fabriquent aussi des instruments de musique, flûtes, violons, flageolets, etc. Leurs cordes et leurs archets sont fait de nerfs, de boyaux et de tendons d'animaux, et ils tirent une excellent colophane de la résine des sapins.

Nul, plus que le sauvage de ces contrés, ne tient à sa parole. Cette année encore (1847), je me suis trouvé à même de m'en convaincre. Ayant fait des échanges avec plusieurs sauvages, je les conduisis à ma cabane, pour leur faire prendre de la liqueur et de l'eau-de-vie ; deux d'entre eux acceptèrent mon offre avec le plus vive satisfaction ; mais le troisième m'ayant refusé, j'insistai pour qu'il acceptât ; il me fit voir à l'instant une médaille, qu'une petite ficelle tenait suspendue sur la partie gauche de sa poitrine.

Cette médaille en cuivre doré était empreinte du sacré cœur de Jésus et de Marie ; et il me dit qu'il y avait environ cinq ans, à la suite d'une orgie, il s'était emporté contre son père et sa mère, et qu'il avait fait vœu, en expiation de sa faute, de ne boire aucune liqueur forte, pendant dix ans ; qu'il l'avait promis à Dieu sur sa médaille bénite, et qu'il aimerait mieux mourir que de fausser son serment. Je lui fis beaucoup d'éloges sur la sincérité de sa croyance, et lui donnai différents objets, pour lui témoigner l'excellente opinion que j'avais de lui.

Je me rendit ensuite avec eux à bord d'une jolie goëlette, dont ils étaient les constructeurs et les propriétaires, et j'y bus un petit verre d'une bonne liqueur de leur façon, composée avec le sapin spruce (*abies canadensis*) ; ils m'en remirent un petit flacon, dont je les remerciai par une bonne bouteille d'Armagnac.

Ces Indiens cuivrés, esquimaux pur sang, bien pénétrés aujourd'hui des principes religieux, sont devenus fort honnêtes, humains et hospitaliers ; mais il existe chez eux une tendance insurmontable à se venger de ceux qui leur ont injustement manqué, et qui n'ont pas réparé leurs torts.

Un des hommes d'un navire voisin de notre habitations a été récemment témoin d'une scène, qui prouve de la manière la plus convaincante la véracité de ce fait.

De mauvais traitements avaient été exercés sur les sauvages de la baie du Pistolet, par des matelots d'une habitation bretonne. Le capitaine avait promis à ces malheureux une indemnité, qui certainement leur était bien due ; mais il avait violé sa promesse, et eux n'entendent pas cela.

La femme d'un de ces sauvages apercevant une embarcation, à peu de distance de sa cabane, saute sur un gros fusil, et s'échappe à toute hâte. Son mari la suit précipitamment, ne sachant ce que cela veut dire ; et, voyant l'intention de sa femme de faire feu sur des hommes qui n'étaient nullement coupables, il veut l'arrêter, une lutte s'engage ; la femme était comme enragée, et finit pourtant par comprendre que les hommes qu'elle veut coucher en joue, ne sont pas de l'équipage de celui qui demeurera toujours l'objet de leur malédiction. Ici qu'on permette à ma conscience d'honnête homme quelques courtes réflexions, et puissent-elles aller à leur adresse !

Pourquoi ne pas avoir tenu parole ? Pourquoi se moquer de ces malheureux ? Vous exposez vos hommes : ils répondront de vos mauvaises actions, par leur vie peut-être ; ce n'est pas ainsi que l'on se comporte envers des êtres devenus nos frères par la civilisation religieuse. Vous devez pourtant bien savoir, Monsieur, que des gens de leur race firent, un certain jour, rôtir votre grand-père et plusieurs officiers bretons, et qu'ils les mangèrent en pompe solennelle au fond de la baie de Haha, que nous connaissons bien tous. Eh bien ! quoique maintenant ils repoussent avec horreur les affreux festins de chair humaine, dont jadis ils faisaient leurs délices, cela ne les empêcherait pas, dans leur juste indignation contre vous et votre équipage, de vous faire rouler sous les balles de leurs fusils : croyez-moi, réconciliez-vous promptement avec ces indigènes, et payez-leur vos dettes, s'il est encore temps ; c'est le plus sage conseil que je puisse vous donner.

∞

Les sauvages de la baie du Pistolet ont des pêcheries à pieux droits et à barreaux serrés, avec plusieurs entrées, où sont placés des verveux en lattes de bouleau ; et ils peuvent bien dire à tous les poissons : entrez, mes amis, on ne paie qu'en sortant. Comme il n'y a de profondeur, ils les assomment du premier coup, avec un morceau de bois en forme de sabre, et en font des provisions d'hiver.

Il y a, dans cette baie du Pistolet, une assez grande quantité de saumons, pour qu'on en puisse prendre, à la main et à la ligne, un cent dans une journée.

L'indigène qui habite en ce moment (1847), avec sa femme et ses enfants, le fond de la baie, se nomme Joseph ; il est fort aimable et hospitalier, et rend tous les services possibles aux Français et aux Anglais, qui vont s'adresser à lui pour avoir du bois propre à la mâture, et à tous les travaux de la pêche, ainsi que pour tous autres besoins ; il parle l'anglais et le français, outre sa langue naturelle ; il est doué d'une grande intelligence, et, d'après les conversations que j'ai eu occasion d'avoir avec lui, il fera marcher vers une complète civilisation ceux de sa race qui le fréquenteront. D'après ses procédés, je le considère comme un bien honnête homme, avec lequel je demeurerais en toute sécurité, si sa cuisine était un peu mieux apprêtée ; mais elle est, comme celle de tous ses compatriotes, faite pour lui ; et pour nous, Français, c'est du *noli me tangere* (N'y touchez pas).

Je vais mettre l'amateur à même d'en juger.

Après un accueil amical, un sauvage civilisé vous servira très cordialement quelques côtes de loup marin, jetées pendant une minute sur le couvercle d'un poële à demi rouge. À la suite de cette courte crépitation, s'opère, les jours de grande fête, la prompte ébullition d'un renard, haché dans l'huile de foie de morue ou de loup marin. À défaut de ces animaux, on peut vous offrir un saumon et des truites à la même sauce. Ces gens-là n'ont-ils pas le goût relevé ?

Certes, pour faire honneur à de tels mets, il faut avoir un appétit et des estomacs semblables à ceux de ces aimables amphitryons, qui rient aux éclats, en nous voyant montrer de la répugnance pour de si bonnes choses, qu'ils dévorent à toutes dents, et presque à l'état cru. Comme ils mangent peu de pain, tous vous disent que la viande cuite ne contient plus de principes nutritifs, et qu'ils mourraient de faiblesse, s'ils en faisaient usage. Aussi la viande crue fait leur nourriture spéciale, et le festin au grand complet, est celui après lequel on peut humecter ces délicieux aliments de quelques verres d'huile de morue.

Disons, cependant, qu'ils préparent admirablement les infusions de thé sauvage, qu'ils édulcorent à la mélasse, et alcoolisent au rhum. Ils vous versent, à larges coupes, ce punch improvisé, et chargent vos pipes d'excellent tabac américain.

Plusieurs fois la proposition d'hiverner à Terre-Neuve m'a été très-cordialement faite ; je me suis vu sur le point de l'accepter ; mais de sages réflexions m'ont toujours détourné de ces idées passagères, et je finissais par saluer ainsi les amis :

Aux flancs de vos coteaux, hérissés d'arbres verts,
On n'en voit que la cime au milieu des hivers :
Je ne veux point rester sous pareils tas de neige.
Que la raquette aux pieds, colons, vous y protège ?
En septembre, chez vous je tremble loin du feu ;
Jusqu'à l'été prochain je vous dis donc : adieu ;
Si, d'ici ce moment, Dieu me conserve en vie,

Et que de vous revoir il me reprenne envie.

Aussi, après un séjour de trois mois parmi ces pauvres insulaires, nous pensâmes à revoir notre chère patrie : les préparatifs, pour notre retour, s'effectuèrent rapidement ; le 20 septembre 1847, on leva l'ancre, et nous sortîmes sous toutes voiles de la baie des Griguets.

Une escale à Saint-Jean (1849)

Bénédict-Henry Révoil, *La grande pêche aux États-Unis*, p. 139-142, 149-152.

Bénédict-Henry Révoil (1816-1882), fils du peintre Pierre-Henri Révoil de Lyons, mort en 1842, était un auteur prolifique. D'abord employé au ministère de l'Instruction publique, il fut ensuite attaché au Département des manuscrits à la Bibliothèque royale. Après la mort de son père, il passa neuf ans aux États-Unis, où il collecta des matériaux pour ses ouvrages, dont *Chasses et pêches de l'autre monde* (1856), *La fille des Comanches* (1867), et *Les Parias du Mexique* (1868), ainsi que plusieurs traductions en allemand et en français. À New-York, il composa et mit en scène des pièces de théâtre et écrit le libretto de l'opéra le *Vaisseau fantôme*. Il envoya aussi des articles à la presse française et américaine.

Il n'en était pas de même en 1849, lorsque je visitai la pêcherie de Terre-Neuve. À cette époque, quelques navires américains avaient eu maille à partir avec les indigènes : le capitaine Wilson, du brick de guerre *le Montcalm*, appartenant à la marine des États-Unis, fut chargé de se rendre à Saint-Jean pour régler le différend au plus grand avantage de ses concitoyens, bien entendu. Je ne sais quelle idée folle me passa par la tête d'accompagner M. Wilson, qui galamment m'avait fait l'offre d'un lit à son bord, dans la chambre des officiers. Je commençai par rire de la proposition ; puis elle m'apparut portée par le nuage de la fantaisie, souriant à mon humeur vagabonde, et, la veille du départ du *Montcalm*, j'avais dit *oui* à son capitaine. Je m'enrôlais à son bord pour quinze à vingt jours.

Je passe sous silence notre voyage de Boston à Saint-Pierre Miquelon, le premier rocher qui se montre à nos yeux en arrivant dans les eaux du Newfoundland. Ce qui me frappa le plus pendant cette traversée, accomplie par un temps admirable, ce fut la quantité de poissons qui se jouaient dans nos eaux. Ces habitants de mer, comme les oiseaux de grand vol, étaient dotés d'une force de natation qui leur permettait de franchir des distances considérables avec une grande célérité, et sur leur route ils avaient à chaque instant la chance de rencontrer quelque aliment à engloutir, sans avoir besoin de s'arrêter un moment. Rien n'était comparable à la vivacité, à la souplesse de mouvements de ces radieuses dorades, à qui la nature avait départi une puissance de locomotion vertigineuse, lorsque, parcourant les eaux de notre navire lancé à pleines voiles, elles coupaient son sillage comme des éclairs argentés, passant de l'avant à l'arrière et s'élançant maintes fois hors de l'onde. J'observais avec une attention minutieuse les brillantes coryphènes et les bonites légères qui se balançaient dans les remous, les poissons pilotes qui s'attachaient au vaisseau et se plaisaient dans son écume, les thons en troupes, dont la pêche providentielle faisait la joie de l'équipage, et ces dauphins navigateurs que le marin signale de loin comme un heureux présage. Avant-coureurs d'un vent frais, ils arrivaient du bout de l'horizon, bondissant sur la lame comme pour saluer le *Montcalm*, plongeaient sous sa quille, le croisaient dans sa marche et revenaient en un clin d'œil pour recommencer leurs évolutions. Et puis derrière, dans le sillage, le terrible requin, aux sinistres traditions, se tenait toujours prêt à engloutir ce que la fatalité, le hasard ou la ruse offriraient à sa voracité.

Enfin, un matin après déjeuner, le cinquième jour après notre départ, la vigie cria : Terre ! Nous étions arrivés. M. Wilson hissa le pavillon parsemé d'étoiles, l'assura de dix coups de canon, auxquels le fort de Saint-Jean répondit par un double salut ; puis nous descendîmes à terre pour nous rendre auprès du gouverneur.

Je ne veux pas raconter les détails de cette difficulté piscatoriale, qui fut bien vite terminée, grâce au bon vouloir des deux parties, et je reviens à mes… poissons.

J'étais venu à Newfoundland pour voir le pays, pour me rendre compte de la pêche de la morue, et comme nous restions quatre jours francs à Saint-Jean, je profitai de ce temps-là pour explorer les pêcheries et prendre des notes.

Mon premier soin fut d'aller à une lieue de Saint-Jean visiter un navire français, *la Sainte-Marie*, que l'on m'indiqua comme étant le mieux installé de tous ceux qui se trouvaient à Newfoundland. C'était un vaisseau de cent tonneaux, pourvu d'un équipage de douze hommes, tous excellents marins et pêcheurs expérimentés. Les provisions du navire étaient simples, mais d'une qualité parfaite. Il était convenu à l'avance que les spiritueux étaient, à peu d'exceptions près, interdits à bord. Du bœuf, du porc salé, du biscuit : voilà quel était l'ordinaire. Quant aux vêtements des matelots, ils étaient faits d'étoffes chaudes, et se composaient en outre de jaquettes, de culottes de toile bise imprégnées d'huile et à l'épreuve de l'eau, de grandes bottes de mer, de chapeaux ronds goudronnés et cirés, de gants de peau et de chemises de laine. La cale du vaisseau était remplie de tonneaux de dimensions diverses contenant du sel, tandis que les autres, restés vides, devaient renfermer l'huile que l'on retire des morues. Les gages de ces hommes variaient de 80 à 100 francs par mois, suivant leur capacité.

J'eus promptement obtenu du capitaine, nommé Simon, la permission d'assister à une journée de pêche de son équipage, et voici ce qui fut convenu avec lui. Je viendrais déjeuner à trois heures du matin avec tout son monde, et je partirais avec la grande pinasse, montée par les habiles pêcheurs de son bord.

Fidèle au rendez-vous promis, je montais sur le pont de la *Sainte-Marie* à l'heure convenue. L'équipage déjeunait, et certes le repas était confortable : du café, du pain, et de la viande. J'avais peu d'appétit ; mais je n'avalai pas moins quelques bouchées pour me lester un peu l'estomac en attendant l'heure où la faim me viendrait. D'ailleurs chacun emportait sa provende pour toute sa journée ; c'était l'usage à bord des navires de pêcheries.

« Hoop ! En route ! s'écria tout à coup M. Simon ; allons mes gars, et bonne pêche ! »

Je m'affalai de mon mieux, le long de l'échelle de corde, dans la pinasse, où s'assirent quatre pêcheurs à qui je fus chaudement recommandé, et tandis que les autres embarcations prenaient leur monde, nous nous dirigeâmes vers les bancs où se plaisaient les morues. Une fois parvenus en cet endroit, les bateaux s'établirent à de courtes distances l'un de l'autre ; la petite escadrille laissa tomber l'ancre dans une profondeur de dix à vingt pieds d'eau, et à l'instant même la pêche commença.

∽

Je revins le soir à bord du *Montcalm*, ébahi, me demandant si j'avais bien eu les yeux ouverts ou si je rêvais encore. Ces monceaux de poissons me rappelaient un souvenir d'enfance, lorsqu'un jour, dans les étangs de Berre, on avait pêché sous mes yeux tant de maquereaux, que les gens du pays les achetaient pour *fumer* les oliviers. Pendant plus d'une année tout le territoire de Baux, près Arles, en France, avait été parfumé à ce point qu'on aurait cru, les yeux fermés, se trouver au milieu d'une poissonnerie où tout les produits de la mer auraient été pourris.

Le lendemain, – ou dimanche, – M. Wilson m'emmena à Miquelon, où il avait quelques compatriotes à voir ; puis, le jour d'après, nous dînâmes chez le gouverneur de Newfoundland [le colonel sir John G. LeMarchant] à Saint-Jean.

En sortant de la maison de ce digne fonctionnaire, un habitant du pays qui avait été un des commensaux de la table du magistrat terre-neuvien nous proposa de nous emmener au bal.

« Au bal ! Nous écriâmes-nous, le capitaine Wilson et moi !

– Certainement, Messieurs. Qui m'aime me suive ! »

Après avoir longé le dédale tortueux de quelques rues s'étalant au bas du fort [Townsend], nous parvînmes devant une maison de bois sur le seuil de laquelle une lanterne vacillante semblait attirer le passant. On eût dit le réverbère d'un commissaire de police, eu égard aux verres rouges qui garnissaient les rainures de cuivre de la lanterne. Au fond d'un corridor, sur un sol gluant et glissant, s'ouvrait un vaste rez-de-chaussée éclairé par des lanternes chinoises en papier de couleur, et quelques chandelles appliquées contre les murailles. À droite s'élevait une cheminée noire et enfumée, sur le manteau de laquelle étaient étagés des pots de toutes formes. Toute la batterie de cuisine diaprait les murailles, et une rangée de bancs et d'escabelles de bois meublait les parois tout autour de l'appartement, cet ameublement étant disposé de manière à donner tout le confortable possible aux demoiselles de l'endroit, dont quelques-unes étaient déjà à leur poste, grasses, épanouies et vêtues de robes aux couleurs chatoyantes dont l'éclat faisait mal aux yeux. On eût dit des *squaws* d'un des grands « wigwams » du Far-West.

Peu à peu la salle se remplit, les dames et les gentlemen pêcheurs arrivèrent en foule, et la danse commença, dans qui n'avait rien en particulier, si ce n'est ce trémoussement continue, cousin germain du « cancan », de nos campagnards des villages des environs de Paris.

À chaque pause des musiciens, – un violon et une clarinette, – les *fishermen* et leurs belles accouraient dans un des angles de la salle pour se *désaltérer* à l'aide d'un verre de rhum, que les femmes surtout ingurgitaient sans faire la moindre grimace.

Somme toute, c'était là un spectacle curieux, mais qui ne valait pas la privation du repos auquel nous nous fussions condamnés de gaieté de cœur, en demeurant plus longtemps dans ce *bastringue* où nous n'étions vraiment pas à notre place.

M. Wilson me proposa une retraite honorable, et j'acceptai sans trop me faire prier.

Une heure après, le quart était piqué à bord du *Montcalm*, et chacun de nous dormait de son mieux dans son cadre.

Dès l'aurore, M. Wilson hissait le pavillon américain, et appuyait le drapeau de dix coups de caronade, auxquels répondaient les canons du fort ; et, toutes les voiles dehors, nous reprenions la direction de Boston, où nous parvînmes sans encombre, après avoir éprouvé un semblant de tempête.

Le capitaine Wilson est mort il y a cinq ans, dans un voyage au cap Horn, emporté par un coup de mer. Que Dieu ait son âme !

Ce que peut coûter un plat de poisson (1853)

H. Émile Chevalier, « Terre-Neuve : souvenirs de voyage », p. 607-617.

Henri-Emile Chevalier (1828-1879), journaliste libéral et homme de lettres, s'engagea au 7e dragons en 1847 et, ne parvenant pas à l'épaulette, rentra dans sa province, Châtillon-sur-Seine, où il fonda en 1851, pour combattre les menées bonapartistes, le très libéral *Progrès de la Côte-d'Or*, ce qui lui valut, à la fin de l'année, la prison et l'exil. Il partit pour l'Amérique, puis se rendit au Canada, où il prit la direction de la *Ruche littéraire* et du *Moniteur canadien* à Montréal. Il voyagea beaucoup, s'intéressa à la question indienne, et publia quelques romans à ce sujet. En profitant de l'amnistie accordée aux exilés par Napoléon III, il rentra en 1860. Par la suite, il collabora à de nombreux périodiques et publia de très nombreux romans canadiens qui lui assurèrent la célébrité. Chevalier fit partie de la commission municipale de Paris après la chute de Louis-Napoléon en 1870 : il était inspecteur général des approvisionnements de la capitale et combattit comme garde national. Élu conseiller municipal pour le quartier de Grenelle en 1874, il siégea à l'extrême gauche.

I.

Ainsi que des sentinelles géants, deux promontoires escarpés semblent faire éternelle faction à l'entrée de la passe de Saint-Jean. L'un a nom la Tête nord (*north Head*), l'autre la Tête sud (*south Head*). Sur celle-ci, vous découvrez un gros bastion armé, le fort Amherst. L'on embouque le canal. Il est profond, accessible à tous les navires, mais fort étroit, à peine suffisant pour le passage de trois grands vaisseaux de front, dominé par des falaises abruptes à leur faîte, curieusement affouillées par le flot à leur base, et d'un aspect général sauvage et triste. Cela donne froid au cœur. Cependant le chenal s'évase peu à peu, ses bords s'animent ; quelques traces de culture, des habitations humaines apparaissent çà et là ; et bientôt, après avoir élongé les îles Pancake, aperçu les rochers sur lesquels portait cette chaîne que, naguère, l'on tendait chaque soir pour fermer le port, vous pénétrez dans la rade terre-neuvienne.

Dominée par l'imposante citadelle Townsend, la ville est sous nos yeux, déployant, du nord au sud, ses constructions de bois et de briques, ses *graves*, ses entrepôts, ses *chauffauts*, ses *cageots*, ses mille bateaux de pêche, toutes les choses nécessaires à l'exploitation de la morue et des fruits de la mer, dont le rapport, tiré de ces parages, peut bien être évalué, bon an, mal an, à une centaine de millions de francs.

Le W. *World* accosta au quai (*wharf*), à la vive et bruyante joie de tous les passagers. Et, mettant le pied sur le sol d'Amérique, je dis adieu à ce pauvre paquebot ; car fantaisie m'avait pris de passer quelques mois à Terre-Neuve, afin de m'y livrer à mon goût favori pour la pêche et la chasse.

D'un coup d'œil, voulez-vous embrasser Saint-Jean, la métropole de ces brumeuses, pluvieuses, mais précieuses contrées ? Parcourez ce tableau, tracé par un Anglais, homme d'esprit et d'observation tout à la fois.

En essayant, dit-il, de décrire Saint-Jean, l'on éprouve quelque difficulté à lui appliquer un adjectif qui soit suffisamment distinctif et approprié. Au nom des autres cités, nous trouvons accolées des épithètes qui indiquent tout de suite leur trait caractéristique prédominant : – Londres la plus riche, Paris la plus gaie, Saint-Pétersbourg la plus froide. Sous un rapport, la principale ville de Terre-Neuve n'a, je pense, pas de rivale. Nous pouvons, en conséquence, l'appeler la plus poissonneuse des capitales modernes.

Tout autour de son port, vous apercevez sur des étendues de plusieurs arpents, des hangars couverts de morues fendues en deux, placées comme des ardoises sur un toit, et séchant au soleil ou plutôt à l'air, car ici l'on ne peut guère compter sur le premier. Ces navires, portant presque tous les pavillons du monde, sont chargés de morues ; ces lourds et robustes bateaux, qui encombrent les quais, reviennent de pêcher la morue ; ces maigres champs auxquels la culture patiente arrache une chétive récolte, sont fumés avec de la morue ; ces confortables maisons, leur beau mobilier, le piano et le talent musical de la jeune miss qui s'y exerce, la robe de satin de sa mère, la chaîne d'or du père, tout cela acquis par la morue ; les brises du rivage ne sont point embaumées du parfum de mille fleurs, mais du parfum de mille morues ; la mer, la terre et l'air sont imprégnés de ce merveilleux poisson. Pour lui, il n'y a qu'un endroit sacré et préservé de son intrusion : c'est la salle à manger. Il semblerait pourtant que là, mieux qu'ailleurs, il fût à sa place. Mais faites-en la remarque devant les habitants de Saint-Jean, et vous les surprendrez autant que si vous demandiez à un marchand de charbon de terre pourquoi il ne fait pas servir sur sa table des caillettes d'anthracite, comme plat de résistance.

Si, à ce malin, mais fidèle crayon, j'ajoute que la ville est fort irrégulièrement bâtie, mal pavée, mal éclairée, aux trois quarts veuve de trottoirs, enfumée par des fabriques d'huile et d'engrais, infectée par les détritus de toutes sortes, les odeurs les plus nauséabondes, remplie de chiens décharnés et grondeurs, de chats qui sont en querelle constante avec ceux-ci, de rats nombreux, émigrés des quatre coins du globe ; si je dis qu'il pleut à Saint-Jean pendant la moitié de l'année, que, le reste du temps, il y *brouillasse*, gèle ou neige, l'on connaîtra cette localité aussi bien que moi, après plusieurs mois de séjour. Population : de 40 000 à 50 000 habitants, suivant les saisons. Une belle cathédrale catholique, divers temples protestants, les palais des deux évêques, la résidence du gouverneur général de l'île, le fort Townsend, nid d'aigle, qui commande toute la ville, la tour des Signaux, l'hôtel du parlement, la douane, l'hôpital maritime et quelques maisons particulières, de plus grande mine que la masse, constituent, avec une ou deux statues commémoratives, les principaux édifices de Saint-Jean. On y imprime, du reste, des journaux anglais, comme la *Royal Gazette*, le *Public Ledger*, le *Newfoundlander*, le *Times*, le *Patriot*, etc., quotidiens, hebdomadaires et mensuels, pour le service de la cité et de la province, qui compte environ 150 000 âmes.

À Saint-Jean, les mœurs sont douces, faciles, très-hospitalières. Le gouvernement métropolitain laisse aux colons la plus grande liberté. Ils en profitent pour se rendre la vie agréable. Je ne connais pas de pays, sauf le Canada, où pendant l'hiver, l'on aime autant à s'amuser, et où règne autant de concorde. Les divisions religieuses ne se sont même pas, fort heureusement, glissées parmi les Terre-Neuviens. Il y a peu de temps encore, non seulement les offices du culte catholique et réformé se célébraient souvent dans la même église, mais l'on regardait comme décent pour les ministres des deux dénominations de présider ensemble aux funérailles de leurs morts. Les mêmes hommes qui allaient couper du bois pour l'un des évêques se réunissaient aussi pour en offrir à l'autre. Et, cependant, la majorité des habitants se compose de ces braves Irlandais inflammables comme la poudre, de ces Bretons plus têtus que les mules, et des ces rigides calvinistes, ailleurs aussi rigoristes que les Têtes-rondes de Cromwell[1]! Comme les mariages, les enterrements étaient, au reste, et sont encore des causes de régalades. Voire, aurait dit Rabelais, on y prenait franches lippées[2]. Les liqueurs hautement fermentées, le rhum, le whiskey, le genièvre, la bière d'épinette, arrosaient les *soques* de porc et la *tiaude*, morue fraîche, cuite à l'étuvée avec des tranches de lard et du jambon. On chômait, au surplus, toutes les fêtes carillonnées. On les chôme toujours. Les présents de Christmas et la bûche de Noël n'ont pas de plus traditionnels conservateurs que les gens de Terre-Neuve. Pourquoi donc ne se divertiraient-ils pas à leur loisir? Ah! il ne leur est pas toujours donné de reposer le dimanche. Et quelle dure existence que la leur! Que de fatigues, que de trouble, que d'angoisses! Que variés et multiples sont les dangers qu'ils affrontent jour et nuit! C'est à travers la tempête, c'est au milieu des montagnes de glace; c'est par des pluies battantes et continuelles, par des froids de quinze à vingt degrés, fréquemment, qu'ils vont, les braves, demander à un élément perfide et terrible, ce poisson dont nous faisons un de nos plus substantiels aliments, et cette huile employée par l'homme au développement de son industrie, à la conservation de sa santé. Que gagne le pauvre matelot, pour prix de tant de peines, de tant de risques! Au plus un millier de francs dans l'année. Encore faut-il qu'il s'équipe à ses frais, paye son coffre, ses hardes, son tabac à des armateurs ou à des marchands trop souvent cupides, et qui le rançonnent à ce point que, parfois, après une campagne de douze mois, il ne lui reste que des dettes ou quelques francs, en rentrant au port d'embarquement.

2.

Mais, voyons-le à l'œuvre. Suivez-moi, je vous prie, à bord du *New-Foundland*, goëlette de cent tonneaux où je viens de m'embarquer pour aller pêcher la morue sur le Grand-Banc. Nous emmenons dix-huit hommes d'équipage et cinq canots. Quoique l'on soit à la fin de mai, le soleil ne se lève qu'à de rares et courts intervalles. La mer est tourmentée. Notre bâtiment danse sur la vague, comme une coquille de noix. C'est ici qu'il faut posséder un estomac solide pour résister aux oscillations d'escarpolette, auxquelles nous sommes soumis, et à l'ordinaire de la table commune; car tout le monde, matelots, engagés, mousses, nous mangeons ensemble. Le maître-queux, – un affreux négrillon, – ne se distingue ni par l'ingéniosité, ni par la variété de sa cuisine. Du porc salé avec des

---

1. Oliver Cromwell (1599-1658) fut élu député du Parlement britannique à l'âge de 28 ans. De 1629 à 1640, le roi Charles I gouvernait l'Angleterre en souverain absolu, mais la tentative de l'archevêque Laud de Canterbury pour instaurer l'anglicanisme dans l'Écosse presbytérienne déclencha la révolte écossaise. Charles convoqua le parlement pour obtenir les subsides nécessaires, et Cromwell montra surtout sa détermination à défendre le protestantisme le plus pur. Alors, il rejoint les députés les plus déterminés à s'opposer au roi et à la hiérarchie anglicane.
2. François Rabelais (1494?-1553), auteur de *Pantagruel* (1532) et de *Gargantua* (1534), pour de nombreuses lecteurs évoque un gros bonhomme rigolo au langage cru et amusant et qui passe son temps à boire et à manger.

pois cassés, et, pour changer, des pois cassés avec du porc salé, voilà le menu quotidien. Mais on a la perspective de dévorer, à pleine bouche, du poisson sur le champ de bataille.

Nous avons quitté le havre de Saint-Jean au nombre de cinquante ou soixante vaisseaux. Quelques-uns se dirigent le long de la côte pour faire la chasse aux phoques et aux *pourcies* (marsouins). D'autres vont suivre les plages. De la sorte, on capture la morue par grande quantité. Un seul coup de seine en rapporte souvent quatre ou cinq mille livres, les filets ayant plusieurs centaines de brasses en longueur. Quelques bateaux se disposent à pêcher la *boitte*. Par boitte (*bait*, en anglais), on entend l'appât qui sert à amorcer les lignes. La boitte est fraîche ou salée. Suivant les époques, on l'emprunte au capelan, au hareng, à l'encornet, quelquefois à la morue elle-même et aux nombreux oiseaux aquatiques, qui fourmillent sur les côtes, les îlots et les bancs de Terre-Neuve. Nous nous sommes rendus tributaires de la boitte aux Anglais, pour nos pêcheries. Alors que nous pourrions nous la procurer à bon marché, comme je le ferai voir plus loin, elle nous coûte de sommes considérables, plus de 1 500 000 francs par an. « Le prix élevé que payent les Français pour la boitte, dit le professeur Hind, a fait naître, une irrésistible tentation vers le trafic illicite. En 1856, ils donnaient une moyenne de 32 à 33,75 F par baril de harengs, pour boitte, alors que la valeur réelle des harengs, pour l'exportation, n'était que de 30,10 F [3] ».

La boitte se prend dans les filets à maille étroite. Sur les côtes du golfe Saint-Laurent, les femmes et les enfants se livrent fort à cette pêche. Son commerce est très-lucratif pour les Anglo-Saxons.

Tandis qu'après être sorties de la passe, les goëlettes gagnaient leur destination respective, nous faisions voile au nord-est vers le Grand-Banc.

L'on sait que les bancs de Terre-Neuve, véritable archipel sous-marin, sont des alluvions vaseuses, formées probablement par le vaste courant connu sous le nom de *Gulf-Stream*. Nous en comptons trois principaux : le Grand-Banc, le Banc-à-Vert, et les Banquereaux. Un quatrième, de peu d'importance comme superficie, mais de haute valeur pour la pêche, le Banc-Jacquet, précède le Grand-Banc, à l'est. On pourrait citer encore le Bonnet-Flamand. Cependant, il est peu fréquenté par les marins terre-neuviers. Quant au Grand-Banc, le foyer de l'un des plus considérables mouvements maritimes qui s'accomplissent annuellement, entre juin et octobre, il atteint une longueur de cinq cents kilomètres, sur une largeur de trois cent soixante. La profondeur moyenne de l'eau y varie entre trente et quarante-cinq mètres. Vers le milieu se trouve un vaste sillon, appelé la Fosse. La découverte des Bancs *par les Français*, remonte, quoiqu'on en ait dit, à un temps immémorial. Je le démontrerai plus tard, en parlant de l'île de Terre-Neuve. Bornons-nous à rappeler maintenant, que la morue arrive en avril sur le Grand-Banc, où elle dépose son frai, sur les longues algues qui en tapissent le fond, et où sa venue communique alors à ces zones une animation inimaginable. La vie pullule, si je puis m'exprimer ainsi, dans les eaux et dans les airs. « On y assiste, pendant tout l'été, dit le savant auteur de *les Colonies et la politique coloniale de la France*, à une fermentation tumultueuse [de vie animale], qui se prolonge en traînées mouvantes le long des îles voisines et du continent, et attire une multitude d'oiseaux du ciel, jusqu'à ce que l'hiver refoule de nouveau les forts et les faibles dans le fond des mers ou dans les régions polaires et équatoriales, jusqu'au printemps suivant [4] ».

---

3. [Henry Youle Hind], « The Political and Commercial Importance of the Gulf of St. Lawrence, Labrador, and Newfoundland », p. 57.

4. Jules Duval, *Les colonies et la politique coloniale de la France*, p. 302.

Songez à l'infinie fécondité des morues ! L'on est étonné du nombre prodigieux d'œufs que portent les poissons femelles : aucune de ces femelles n'a pourtant été favorisée à cet égard comme celle de la morue. Ascagne parle d'un individu de cette espèce qui avait treize décimètres de longueur et pesait vingt-cinq kilogrammes. L'ovaire de ce gade en pesait sept et renfermait neuf millions d'œufs. « On en a compté neuf millions trois cent quarante mille dans une autre morue, écrit M. A. Guérin, qui nous fournit cet intéressant détail, et si le plus grand nombre de ces œufs n'était ni privé de la laite féconde du mâle, ni détruit par divers accidents, ni dévoré par différents animaux, on voit aisément combien peu d'années il faudrait pour que l'espèce de la morue eût, pour ainsi dire, comblé le vaste bassin des mers ».

Sans doute. Mais bien que M. Michelet[5] prétende que le proverbe populaire : « Heureux comme un poisson dans l'eau », exprime une vérité, il est fait, de partout, aux habitants de l'onde une poursuite si acharnée que nous n'avons pas à craindre de les voir jamais combler leur réservoir naturel, en portant, par leur décomposition, la peste et la mort sur notre planète. Plus d'une fois, cependant, j'ai rencontré sur le littoral du golfe Saint-Laurent des bancs de harengs échoués, ayant une longueur d'un ou deux milles, une largeur de cinquante à soixante pieds, une hauteur de dix à douze.

Il me surprendrait que des armateurs ne pensent pas à fréter leurs navires avec cet engrais, au lieu de les laisser trop souvent revenir sur lest, si je n'étais encore plus surpris de la dévastation insensée que l'on fait du poisson, depuis la morue jusqu'au maquereau, au saumon et au homard, ce dernier, entr'autres, si cher sur nos marchés et à peine estimé cinq centimes la pièce sur les côtes de la Nouvelle-Écosse, ainsi que l'attestent les *Rapports officiels des pêcheries du Canada*, pour 1867.

On lit, en effet, dans ces *Rapports*,

« Le homard se trouve [rencontre] ici en grande quantité, mais on le considère comme n'étant presque d'aucune valeur. Pendant la saison de la pêche au saumon, on rencontre [trouve] sur le rivage des monceaux de ce précieux crustacé, que les pêcheurs, en revenant de leurs filets, ont jetés là, en passant... On peut acheter le homard en quantité quelconque au prix de 60 *sols* [centins] le cent[6]. »

Nous atteignîmes le Grand-Banc avec une mer si démontée que, pendant plusieurs jours, il ne fallut songer qu'à courir des bordées. La vie était insupportable, le travail écrasant. Enfin, la méchante humeur de l'Atlantique se calma, le ciel se mit à sourire par un coin d'azur, l'on s'apprêta à pêcher. Des centaines d'embarcations, semblables à la nôtre, se montraient à l'horizon. L'ancre fut jetée, toute les voiles furent soigneusement serrées et les mâts supérieurs abattus jusqu'aux chouquets. Nous étions mouillés par trente brasses. La joie régnait sans partage à bord. Les accents du *Rule Britannia* se mêlaient au refrain de *Hail Columbia*, et, bonté divine ! je voyais flotter, à quelques encablures de nous, le noble drapeau tricolore, et la brise m'apportait un vieux chant de France :

C'est dans la ville de Dieppe, – Mon capitain' je rencontrai,

Il a tiré son écritoire, – Du papier pour m'engager.

Hélas ! j'ai eu la promptitude. – Hélas ! je me sut engagé.

---

5. Jules Michelet (1798-1874), catholique et royaliste sous la Restauration, évolua vers le libéralisme après 1830. Il dirigea la section historique des Archives nationales en 1831, puis devint suppléant de François Guizot à la Sorbonne. Michelet accueillit avec enthousiasme la Révolution de 1848, mais il était destitué de ses fonctions par le Second Empire.

6. « Rapport de M. Miller », *Documents de la session [...] de la Puissance du Canada*, vol. 1, no. 8, 1867-1868, p. 113.

3.

– Allons ! à l'ouvrage, mes gars ! crie notre patron.

Et l'on affale les canots suspendus aux porte-manteaux ; et l'on arrime sur le pont les bailles qui renferment les lignes. Ces lignes sont de plusieurs sortes. Je mentionnerai la ligne de fond, la ligne perdue ou flotte, la *bultow* des Anglais, la ligne à faucher ou faux ; cette dernière est prohibée. Mais si sévère que soit la défense, elle n'empêche pas les pêcheurs d'en faire un fréquent usage. Son nom indique sa destination, et à peu près la manière de s'en servir. En guise d'appât, la faux port à l'*haim*, fixé à l'empile, un simula-cre de poisson en métal. On la lance à pleine volée et on la ramène rapidement à travers les bancs de morue. Elle y commet des ravages inouïs. La flotte diffère de la faux par la forme du plomb, arrondi au lieu de figurer un poisson. On l'emploie surtout près des grèves. Toutefois elle est usitée en pleine mer, ainsi que la faux, dont le plus grand dés-avantage est de tuer ou de blesser souvent le poisson, sans qu'on parvienne à s'emparer des victimes. On pratique aussi, malgré les règlements, la pêche à la traîne, un des engins les plus destructeurs que je sache. Il n'y a donc pas lieu de s'émerveiller si la poursuite de la morue devient, chaque jour, moins fructueuse, et si un bateau, monté par quatre hommes, ne rapporte plus, à présent, que six ou sept cents de ces gades de tel endroit où il en aurait pris, au siècle dernier, cinq ou six mille.

La ligne la plus généralement employée par les Français, est la ligne de fond ; les Anglais et les Américains lui préfèrent la ligne à la main et à la dérive. Ces lignes ont depuis un jusqu'à deux centimètres de circonférence et se composent de fils très-fins et très-forts. Le bout est garni d'un plomb en forme de cylindre ou de poire, pesant d'une à quatre livres, suivant la profondeur supposée de l'eau et la rapidité du courant. Le pêcheur, placé près de la lisse du bateau, quelquefois sur une galerie volante, formée de moitiés de tonneaux, ou il est debout, le pêcheur tient l'extrémité de la ligne dans sa main et laisse l'*haim* ou hameçon descendre dans l'eau jusqu'à une brasse environ du fond. Les marins sont superstitieux. Aussi attachent-ils une grande importance à la façon dont les lignes sont filées et disposées. Plusieurs y nouent des amulettes, des rubans donnés par leurs bien-aimées, ou quelque objet bénit à l'église, soit le jour de la Saint-Pierre, soit le jour de la Sainte-Patrick. Chacun, du reste, n'a point la main heureuse. Et s'il n'est pas donné à tout le monde d'aller à Corinthe [7], il n'est pas, non plus, je vous le jure, donné à tout le monde de prendre des morues à la ligne. Pour mon compte, j'ai rarement réussi à en attraper par ce procédé. Il me souvient que le capitaine Basil-Hall, célèbre voyageur anglais, était d'une gaucherie égale à la mienne. Il se donne cette excuse, dont je suis heu-reux de réclamer le bénéfice pour ma part, et les maladroits de notre trempe :

« Je n'ai jamais compris, dit-il, pourquoi certaines personnes prennent du poisson tandis que d'autres ne peuvent en venir à bout. Dans la pêche de rivière, un certain degré d'adresse, le choix de lieu, sont des chances de succès, cela se conçoit. Mais quand une ligne est plongée à quatre-vingt ou cent brasses de la vue, à quoi peut servir l'adresse ? Eh bien, dans un vaisseau sur les bancs de Terre-Neuve, ou dans un canot sur les bords du Thrumpcap, dans le havre d'Halifax, j'ai vu un matelot amener autant de morues qu'il pouvait amorcer de fois son hameçon ; d'autres, au contraire, dans des circonstances tout à fait semblables, en apparence, avaient beau se tourmenter pendant une demi-journée, ils ne prenaient rien du tout. Sans doute, l'intelligence doit agir à l'une des extrémités de

---

7. Horace, *Épîtres*, XVII, 35 : « Non cuivis homini contingit adire Corinthum » (Tout le monde n'a pas la chance d'aller à Corinthe).

la ligne, autrement le poisson ne mordrait pas à l'autre bout ; mais l'embarras est de comprendre par quelle force mystérieuse l'intelligence humaine trouve son chemin, comme l'électricité, le long de la ligne, jusqu'au fond de la mer. J'ai souvent demandé à d'heureux pêcheurs comment ils faisaient mordre le poisson, mais ils ne m'ont fait que des réponses vagues. Quelquefois, ils prétendaient que cela tenait à l'appât. Alors, disais-je, donnez-moi votre ligne et prenez la mienne. Mais, deux minutes après que nous avions changé de place, mon compagnon capturait autant de poissons qu'auparavant, et ma nouvelle ligne n'éprouvait aucune secousse, bien que tout à l'heure les poissons parussent se disputer de mordre à la ligne de mon voisin, qui déjà faisait merveille avec ma propre ligne. Il y a, je suppose, un tour de main, un jeu de poignet qui communique à l'appât un mouvement particulier et le fait ressembler aux choses que les poissons aiment le mieux. Mais cet art ne se démontre pas plus par des paroles que le talent d'un peintre ou les pirouettes d'un danseur[8] ».

Je crois que l'on naît pêcheur à la ligne comme l'on naît rôtisseur. Quand la nature vous a doté de ce privilège, et quand le poisson donne sur les bancs de Terre-Neuve, armé d'une ligne à chaque main, vous ne cessez de la plonger et de la lever tour à tour : un homme peut alors prendre deux ou trois quintaux de morues par jour, pourvu qu'il ait de la boitte de bonne qualité. J'ai dit, à ce propos, que la boitte était ou fraîche ou salée. Mais la boitte fraîche est toujours préférable ; car, bien que les gades soient goulus au point de tout avaler, même des chiffons, du bois, même de se dévorer entr'eux, quand la faim les presse, ce n'est que sur les plus grands bancs où leur nourriture ordinaire consiste en crustacés ou mollusques, qu'ils piquent bien à un hameçon garni avec du poisson salé.

L'on se sert de ce poisson pour appâter les lignes dormantes (*set lines*), comme on les désignait à bord de notre goëlette. Cependant, lorsqu'il est possible de se procurer de la boitte fraîche, elle est toujours préférée, jusque sur le Grand-Banc. Ces lignes mesurent deux ou trois milles brasses de longueur. Au lieu de flotter sur la mer, elles traînent sur le fond, où elles sont maintenus, à chaque bout, par des grappins, dont les bouées, surmontées de petits drapeaux avec un gros chiffre d'ordre très-apparent, indiquent la place. De distance en distance, sur ce long câble, nommé *maîtresse-corde*, à quatre mètres à peu près les uns des autres, on a noué des *cordeaux* (*snoods*[9]), longs d'un à deux mètres environ et que terminent des hameçons.

Voici comment on les pose ou plutôt comment on les *longe*, pour me servir du terme technique :

Le navire étant à l'ancre (et non à la cape), retenue par des câbles de chanvre, on appâte les cordeaux de deux des lignes de fond que possède la goëlette. Elles sont ensuite *louées* avec soin dans des bailles ou des paniers. Ces bailles sont descendues dans deux bateaux solides, généralement des chaloupes-baleinières, munis d'une voile de fortune, et, vers trois heures de l'après-midi, ils quittent ensemble la goëlette, de laquelle ils s'éloignent, à angles droits, par les côtés opposés, en filant chacun une ligne qui enfonce à mesure qu'ils avancent. Le lendemain, à la pointe du jour, ces bateaux vont relever les grappins amarrés aux extrémités des lignes. Et, tandis que l'équipage de chaque chaloupe se hale sur la maîtresse-corde, en décrochant le poisson pris aux cinq ou six mille hameçons qui hérissent les cordeaux, les hommes de la goëlette hissent les lignes à bord, à

---

8. Basil Hall, *Scènes de la vie maritime*, p. 58-59.
9. Snood : ce mot n'est pas connu à Terre-Neuve mais aux États-Unis.

l'aide d'un virevaut. Ainsi, l'on prend communément, dans une seule nuit, quatre cents grosses morues du Banc (*gadus bancus*). Le poisson est ou expédié tout de suite, par un bateau spécial de transport, vers un point de la côte, pour être préparé, ou bien il est habillé et salé à bord de la goëlette. Puis on l'emmagasine dans la cale, et il forme ce qu'on appelle la *morue verte*.

L'*habillage* de la morue se pratique en la « tranchant au plat » ; elle est décapité par un homme nommé, à cause de ses fonctions, *décolleur*. La langue est mise de côté ainsi que le foie ; ensuite on *désosse* le poisson, c'est-à-dire que, l'ayant fendu, on le débarrasse de l'arête médiane et de la partie correspondante de la cavité abdominale. Si la morue n'est ouverte que jusqu'à le queue, elle formera la Morue Ronde ; si elles est fendue dans toute sa longueur, elle donnera la Morue Plate. C'est là l'affaire de l'*habilleur*, qui, après l'avoir lavée, la passe au *saleur*, lequel est chargé de mettre le poisson dans le sel, quelquefois en bailles, où il trempe dans la saumure, mais le plus souvent en *arrimes*, c'est-à-dire en des tas d'où la saumure s'égoutte sans baigner le poisson.

Quant au foies, on les fait bouillir dans de vaste chaudrons, nommés *foissiers*, assez semblables à la *cabousse*, employée sur les baleiniers pour fondre le lard des grands cétacés, et on enferme les produits, *drache* ou *marc*, dans des barriques qui restent sur le pont. Comme dans le porc, tout est bon dans la morue : ses intestins même, appelés *noues* par les pêcheurs terre-neuviers, sont conservés, et l'on prépare, soit pour la table, soit pour la pêche de la sardine, sa langue et ses œufs (*rouges* ou *raves*). La besogne se continue sans relâche, malgré les plus violents intempéries. « Ce labeur combiné est incessant, dit justement M. de Gobineau, il dure autant que le poisson donne, jour et nuit on s'y relaye ; jour et nuit, le matelot est sur le pont, quelque temps qu'il fasse, presque toujours mouillé jusqu'aux os, couvert d'huile et de sang, respirant une odeur infecte, entouré de débris dégoûtants, travaillant sans s'arrêter.

« Comme la première affaire est de rapporter le plus de poisson possible, on ménage avec grand soin la place disponible. On n'a donc de vivres que ce qu'il en faut strictement, et pour qu'il en faille moins, on s'arrange à ne manger presque que du poisson, qui ne manque pas dans l'eau. Très-peu de spiritueux à bord, une nourriture d'anachorète, voilà pour distraire de la fatigue. Mais ce n'est rien encore.

« Il peut arriver et il arrive presque constamment que la pêche ainsi faite n'est pas suffisante. Alors des embarcations montées de deux ou trois hommes s'en vont tous les jours, quelquefois jusqu'à trois et quatre milles en mer, tendre d'autre lignes. On rayonne fort loin autour du navire. Chaque matin, à quatre heures, les matelots se mettent dans leur coquille de noix, assoient sur les bancs, et en commençant à ramer, comme nous disons à terre, à nager, comme ils disent, récitent tout haut une prière ; puis ils remettent leurs bonnets et s'en vont à leurs lignes.

« Mais il fait nuit, mais il pleut, mais le brouillard est opaque, mais la mer devient subitement furieuse. Un courant s'est emparé de l'embarcation, l'a jetée hors de sa route ; plusieurs jours se passent, on n'a pas eu de ses nouvelles, on n'en aura jamais. Voilà ce que peut coûter un plat de poisson [10]. »

---

10. Joseph Arthur de Gobineau, *Voyage à Terre-Neuve*, p. 33-34.

Capitaine de frégate Georges-Charles Cloué à bord de l'*Ardent* en 1857.
(Paul-Émile Miot/Bibliothèque et Archives du Canada/PA-194627)

Une visite diplomatique (1858)

Joseph L'Hopital et Louis de Saint-Blanchard (dir.),
Correspondance intime de l'amiral de La Roncière Le Noury [...],
vol. 1, p. 137-144.

Camille-Adalbert-Marie, baron Clément de La Roncière Le Noury (1813-1881), fils du général comte Clément de La Roncière, entra au service de la marine en 1829. En 1843, il avait déjà atteint le tire de chevalier de la Légion d'honneur, ainsi que de lieutenant de vaisseau et aide de camp du préfet maritime de Cherbourg. Il était aussi auteur d'un ouvrage remarqué sur les navires de la France et de l'Angleterre. Il se sentait destiné à un bel avenir militaire. Peu démocrate par tempérament, il apprit sans enthousiasme la Révolution de 1848. Au début de 1858, comme capitaine de vaisseau, il prit la direction de la Division navale de Terre-Neuve dans des conditions délicates, car les droits des pêcheurs français furent contestés par le gouvernement de Terre-Neuve. Alors, on l'envoya montrer le pavillon français sur tous les points du *French-Shore* et y supprimer les établissements anglais. Au début de la guerre de 1870, comme vice-amiral, il reçut le commandement de la division de marins détachés dans les forts de Paris. Il fut ensuite député et sénateur.

Sydney, le 23 juillet 1858.

Ma Chère Petite Fille[1],

Ce n'est que le 3 juillet au matin, qu'impatienté outre mesure d'être depuis douze jours enfermé [au havre des Griguets], les glaces commençant à diminuer, j'ai fait appareiller les quatre bâtiments que j'avais avec moi. Nous nous en sommes tirés tant bien que mal, le *Gassendi* non sans grand'peine, parce que, étant plus grand que les autres, il lui fallait plus d'espace pour tourner. Nous en avons été tous quittes pour quelques pales cassées et quelques rayons de roues forcés. Au large, la mer était plus libre, et chacun de nous a fait route pour sa destination, le *Sésostris* pour Sydney, emportant le courrier et devant visiter les établissements sur son chemin, le *Ténare* pour un port appelé le Croc, où je le fais séjourner quelque temps pour venir au besoin en aide aux pêcheurs, et le *Gassendi* remorquant la *Fauvette* pour continuer, en allant vers le sud, à visiter les pêcheries, que je tiens à voir toutes en personne. Notre navigation, au milieu d'une quantité innombrable d'énormes montagnes de glaces, était fort pittoresque, mais en même temps fort épineuse.

---

1. Sa fille Marguerite-Henriette, née en 1845.

En sortant des Griguets, nous fûmes mouiller dans la baie Saint-Lunaire, dans une anse appelée l'anse Amélie. L'hydrographie de cette baie a été faite, en 1786, par M. de Granchain, capitaine de vaisseau de Sa Majesté, lequel était, je crois, un peu parent de ma mère. J'en ai souvent entendu parler dans mon enfance. Il avait quatre filles et a donné le nom de chacune de ses filles à quatre îles qui sont dans la baie [2]. Sa femme s'appelait Amélie, d'où le nom de l'anse où nous mouillâmes. Si je découvre une île, je l'appellerai l'île Marguerite ; la seconde que je découvrirai sera l'île Toto [3].

Dans l'anse Amélie je suis allé aux Bréhats, pour y mouiller. Je suis allé du large en canot visiter les établissements ; de là au fort Saint Antoine, puis à la Crémaillère, où j'ai mouillé et d'où je suis allé en canot aux Trois-Montagnes, et des Trois-Montagnes, par terre, aux Petites-Oies. Dans ce port, nous avons trouvé par millions des poissons que l'on nomme capelans et qui servent à amorcer les lignes pour prendre la morue. Ils venaient s'échouer en masse sur le rivage et la mer en était noire, on ne voyait pas le fond. Ces poissons ressemblent par la forme et par le goût aux éperlans, mais ils sont moins fins.

Aux Petites-Oies, la pêche avait été très bonne, un seul établissement avait pris 3 000 morues en dix jours. Nous sommes revenus aux Trois-Montagnes, où le *Gassendi* était venu nous attendre et nous sommes allés mouiller à 10 heures du soir, non sans difficulté, à cause de la nuit, des roches et des bancs de glace, au port des Grandes-Îlettes. Tu vois que nous avons rudement employé la journée.

Dès 4 heures du matin, le lendemain, nous étions en canot pour aller visiter les établissements des îles Fichot et des Petites Îlettes. Une brume des plus épaisses nous retarda beaucoup. Nous ne pûmes être de retour à bord qu'à 1 heure ; malgré la brume, nous appareillâmes dans une éclaircie, visitâmes les Saints-Juliens et les Grandes-Oies sans mouiller ; et, à 4 heures, nous mouillions dans le havre du Croc, où était le *Ténare*. Son capitaine était allé à la chasse ; nous l'appelâmes à coups de canon.

J'avais là diverses affaires à régler. Je laissai des instructions au commandant du *Ténare* et, à 7 heures, par une brume à ne pas voir l'avant du navire, je suis parti pour le havre du Cap Rouge, que j'ai trouvé en tâtonnant et où j'ai mouillé à 10 heures du soir, ayant encore fait une très fatigante journée. Le lendemain, dès 4 heures du matin, j'étais en canot. Je visitai tous les établissements du Cap Rouge, puis je fus, par terre, à la Conche, où j'eus pas mal de difficultés avec les Anglais, qui sont là en nombre et fort récalcitrants, ce qui m'obligera à y envoyer souvent des bâtiments et à y retourner moi-même plusieurs fois. J'étais de retour à bord à 2 heures. J'ai appareillé immédiatement après avoir réglé diverses contestations de pêcheurs ; remorquant toujours la *Fauvette*, je suis allé visiter successivement, mais sans mouiller, et par des alternatives de brume et de pluie, les établissements de Boutitou, des Aiguillettes, des Canaries, de Raincé et du Dégrat du Cheval. Enfin, à 10 heures, je mouillai par un coup de vent du nord dans le havre Sans Fond, où j'ai eu grand'peine à tenir sur mes ancres. C'était encore une journée bien remplie. Le lendemain, 6, le coup de vent durait toujours, j'en ai profitai pour dormir jusqu'à 10 heures du matin. À 1 heure, je me suis décidé à appareiller, malgré le temps. Je n'avais plus d'établissements à voir sur cette côte, réservant de visiter la baie Blanche à mon prochain voyage en août.

---

2. Guillaume-Jacques Liberge de Granchain de Semerville (1744-1805), qui commanda la *Nymphe* en mission à Terre-Neuve en 1784, produit les *Instructions nautiques relatives aux cartes & plans de pilote de Terre-Neuve*, 1784. Voir Adolphe de Bouclon, *Liberge de Granchain*, p. 425-452, et « Plan de la Baye de St. Lunaire à la Côte de Nord-Est de Terre-Neuve levé géométriquement en 1784 ».

3. Toto : chien favori de Mme de La Roncière.

Je me dirigeai donc sur le port de la Fleur de Lys, par les 50° 6' de latitude. Là je ne fis que prévenir de mon inspection pour le lendemain, et je fus au Pot d'Étain, où je visitai l'établissement ; enfin, à 10 h. $^1/_2$ du soir, je mouillai au havre de Pasquet, charmant endroit, au milieu de beaux sapins, où il eut été très agréable et très reposant pour nous tous de rester quelques jours. Mais j'avais des devoirs plus pressés. À 5 heures j'étais en canot et visitai les établissements. À 8 heures j'étais avec le *Gassendi* à la baie des Pins, et de là je retournai à la Fleur de Lys, où j'eus beaucoup d'affaires à régler.

Le temps était devenu tout à fait beau, quoique je circulasse toujours au milieu des montagnes de glaces. J'avais laissé au havre de Pasquet la *Fauvette*, avec des instructions sur les mouvements ultérieurs. Je fus de la Fleur de Lys au havre de la Scie par les 50° 7' de longitude, et malgré la petitesse du port je m'obstinai à y mouiller le *Gassendi*, ce qui réussit parfaitement. J'inspectai tous les établissements par une chaleur de 32°, quoique entouré de plusieurs montagnes de glaces, ayant passé quatre jours avant pendant plus d'une semaine enfermé dans la banquise. Voilà une transition ! Je partis de la Scie le même soir, 7, à 7 heures du soir, et je fis route pour Saint-Jean, capitale de l'île, située à la pointe la plus est de Terre-Neuve, à 80 lieues de là. J'eus à exercer une grande surveillance la nuit à cause des glaces flottantes ; mais j'eus beau temps. Je passai en vue de l'île Funk, et, pour ne pas arriver avant le jour à Saint-Jean, j'allai mouiller pendant trois heures à Bonavista.

À Bonavista, nous rentrions dans un commencement de civilisation, les habitants de la côte que nous venions de parcourir étant encore à l'état très primitif. Nous vîmes ici de vraies femmes, à chapeau, qui nous offrirent une branche de vrai lilas. Malheureusement tous ces pays-là, vivant presque exclusivement de la pêche et du commerce de la morue, en répandent partout la désagréable odeur, de sorte que je me figure que les fleurs même la sentent. On fume d'ailleurs le peu de terre cultivable avec des capelans et des harengs, tant il y en a, et avec des têtes de morues.

Le 9, à 8 heures du matin, nous entrions dans le havre de Saint-Jean. Nous étions enfin dans une vraie ville. J'envoyai Jonquières[4] porter mes compliments au gouverneur et lui annoncer ma visite pour 11 heures. L'animal d'agent consulaire de France, qui est le maître du principal hôtel de Saint-Jean[5], était absent, quoique je lui eusse faire savoir qu'un bâtiment de guerre français irait à cette époque à Saint-Jean. Je ne sais qui a fait nommer cet homme agent consulaire de France. Il n'est pas convenable d'avoir dans cette position un aubergiste, quelque riche qu'il soit, et quoiqu'il soit le seul Français habitant le pays. Plusieurs petits fonctionnaires de la ville vinrent me visiter ; mais je les ai reçus fort lestement, n'étant pas venu là pour voir tous ces faiseurs d'embarras, mais simplement pour faire une visite au gouverneur représentant la Reine. Je m'abstins d'ailleurs de saluer la ville. Je ne reçus moi-même que le commandant militaire[6], vieux brave qui m'a pris en grande amitié. Je fis recevoir le reste par un aide de camp.

A 11 heures, je fus chez le gouverneur *in fiocchi* [avec décorations], avec Jonquières, Massenet, Lossieux et Paulin dans son magnifique habit noir. Le gouverneur, Sir Alexander Bannerman[7], soixante-quinze ans et beaucoup d'analogie extérieur avec lord

---

4. Le lieutenant de vaisseau Fauque de Jonquières, son chef d'état-major.
5. J.-C. Toussaint, propriétaire de l'Hôtel de Paris, ouvert après l'incendie de 1846 jusqu'en 1865.
6. Le colonel Robert Low, commandant des Royal Newfoundland Companies.
7. Sir Alexander Bannerman (1788-1864), né en Écosse, fut élu député de la Chambre des communes du Royaume-Uni en 1832. Il était gouverneur de Terre-Neuve de 1857 à 1864.

Stratford Canning[8]. Mais il y a cette différence que Sir Alexander se grise une fois tous les jours pairs, deux fois les jours impairs et toute la journée le dimanche, afin de mieux le sanctifier, selon la mode anglaise. Comme il était 11 heures du matin, et que c'était un jour pair, il était dans tout son bon sens et a été fort aimable. Il nous a présenté à lady Bannerman, femme de cinquante ans, qui m'a paru parfaitement distinguée et qui parle français. Lui n'en dit pas un mot. Il voulait me faire rester deux jours pour me donner un grand dîner, mais j'ai refusé. À 3 heures du soir, j'ai appareillé par un temps magnifique. J'ai fait route pour le banc de Terre-Neuve, où je voulais voir nos pêcheurs, qui, cette année, ont beaucoup souffert du mauvais temps. Outre de grande pertes matérielles, il a péri beaucoup de matelots.

Je voulais préalablement aller reconnaître un écueil nommé *Virgin's Rock*, dont la position n'a jamais été bien déterminée ; mais le mauvais temps m'a pris dans la nuit. J'en ai passé assez près, mais il n'y avait pas à songer à aller sonder sur l'écueil même. La mer était grosse et il y avait beaucoup de brume. J'ai traversé plus de deux cents goélettes américaines pêchant, et je suis allé à une quarantaine de lieues plus au sud chercher nos pêcheurs. Pris par des brumes continuelles, je n'ai pu en voir qu'un petit nombre, et je suis allé moi-même à bord de la plupart. Cette marque d'intérêt donnée à ces dignes marins, qui font le métier le plus dur et le plus dangereux possible, a fait, je n'en doute pas, un très bon effet. Je suis resté deux jours parmi eux et suis allé de là à Saint-Pierre, n'ayant pas cessé un instant d'avoir la brume la plus épaisse. J'ai fait néanmoins le tour de force de trouver l'île et d'entrer dans le port sans voir à vingt pas devant le bâtiment. C'est le 14, à 3 heures du soir, que j'y suis arrivé. J'y ai trouvé la *Perdrix*, à bord de laquelle j'ai pris des vivres. J'ai été passer la soirée chez le gouverneur, où on a fait un vingt-et-un[9]. Le 15, j'ai passé la journée à régler toutes sortes d'affaires de service et d'administration, et le soir j'ai dîné chez le gouverneur ; après le dîner, nouveau vingt-et-un. Je voulais partir le lendemain 16, de bonne heure. Mais la brume étant toujours excessivement épaisse, j'ai attendu jusqu'à midi. Comme elle augmentait, au lieu de se dissiper, je me suis déterminé à midi à partir nonobstant, ce que j'ai fait sans accident, et le lendemain 17, à 10 heures du matin, elle s'est enfin dissipée. Elle ne m'avait pas quitté un instant depuis le 10 au soir. Le même jour, à 7 heures du soir, j'étais à Sydney, où le *Sésostris* m'attendait et d'où je l'ai immédiatement expédié pour la côte nord de Terre-Neuve[10].

Le 18, j'ai passé toute la journée à lire tous mes journaux. Le 19, l'agent consulaire de France, l'illustre M. John Bourinot, esquire[11], m'a emmené faire une promenade dans l'intérieur, avec Jonquières, dans son berlingot. Je suis allé prendre le thé chez lui, le soir.

---

8. Stratford Canning (1786-1880), premier vicomte de Redcliffe et diplomate. En 1845, de La Roncière fut envoyé par le ministre de la Marine en mission en Angleterre, où il se fit des amis dans l'aristocratie pendant une période de six mois.

9. Joué au vingt-et-un (*blackjack* en anglais).

10. Sydney servait de base de ravitaillement à la Station navale et était le port de relâche de la marine française chargée des intérêts de la France sur la côte ouest de Terre-Neuve. Les navires français s'y approvisionnaient régulièrement en victuailles et en charbon.

11. John Bourinot (1814-1884) joua un rôle majeur dans l'établissement harmonieux des relations françaises officielles dans les provinces de l'Atlantique. Né à Grouville, dans l'île de Jersey, d'une famille d'origine huguenote, il fit ses études à Caen et était parfaitement bilingue. D'abord juge de paix à Sydney, il devint surintendant du trafic maritime du port. En 1859, il fut élu député à l'Assemblée législative de la Nouvelle-Écosse. Mais il fut éclipsé par un de ses fils, sir John George Bourinot (1837 – 1902), qui devint historien canadien distingué et scientifique politique, ainsi qu'autorité en matière de la constitution et du gouvernement du Canada.

C'est un homme instruit, intelligent et fort désireux de nous être utile et agréable. Il a une femme, puritaine exagérée, qui a un goitre, et qui ne rit jamais. En outre, elle ne dit pas un mot de français. Il a aussi une fille de dix-sept ans, qui parle assez bien français, et d'un caractère naturellement gai, mais on voit que sa mère ne lui permet même pas de rire.

Je reçois ici des invitations de tous côtés. La présence du commodore français, c'est ainsi que l'on m'appelle ici suivant l'usage anglais, est la principale époque de l'année à Sydney. Cela donne lieu à des parties sur l'eau, des soirées, etc. Je refuse tout. Je me contente de donner un dîner à l'agent consulaire de France ; douze personnes, tout compris. Aussitôt après le départ du courrier qui emportera cette lettre, j'irai faire mon charbon à 2 lieues d'ici. Le *Ténare* doit être ici le 24. Je l'enverrai de suite à Saint-Pierre chercher des dépêches que l'on m'annonce de Paris. Dès qu'il sera de retour et selon ce que me diront ces dépêches, j'irai très probablement à Halifax conférer avec l'amiral anglais qui m'y attend. Je resterai deux ou trois jours, reviendrai à Sydney prendre du charbon et je retournerai de suite sur la côte de Terre-Neuve, où je passerai tout le mois d'août ; je ne reviendrai ici qu'au commencement de septembre.

John Bourinot, consul de France à Sydney en Nouvelle-Écosse en 1859. (Paul-Émile Miot/Bibliothèque et Archives du Canada/PA-188216)

UNE EXCURSION ETHNOGRAPHIQUE (1858)

N. O'Brig, « Terre-Neuve », p. 183-185, 218.

N. O'Brig est, sans doute, le pseudonyme d'un officier de marine qui était à Terre-Neuve avec la Station navale pendant l'été de 1858. Son article, dont l'extrait qui suit traite de façon sévère des mœurs des colons, s'inspire beaucoup des renseignements fournis par C.-J.-A. Carpon dans son *Voyage à Terre-Neuve* (1852). Rédigé en mer au mois d'octobre, il parut en deux parties, bien illustré de gravures mettant en scène les activités de pêche à Terre-Neuve et à Saint-Pierre et Miquelon, dessinées par Louis Le Breton (1818-1866), dessinateur au Service des cartes et plans à Paris, d'après des photos du lieutenant de vaisseau Paul-Émile Miot (1827-1900), qui créa le premier atelier photographique au Dépôt des cartes.

Tout le monde pêche à Terre-Neuve : les colons, dans les nombreuses baies découpées dans ses côtes; les Français, dans quelques-unes de ces baies et sur le fameux Banc, plus précieux que les mines du Potose [en Bolivie]; les indigènes, dans les grands lacs creusés dans l'intérieur du pays. On y pêche la morue, le saumon, la truite, la baleine même et le loup-marin. C'est de ces diverses pêches qu'il s'agit de donner une idée. Assez longtemps nous avons mangé de la morue, en France, sans nous inquiéter des phases qu'elle parcourt avant d'arriver sur nos tables ! Comme la pêche au loup-marin ressemble par trop à une véritable chasse, nous allons nous occuper d'abord de celle-là, pour n'y plus penser.

L'histoire du loup-marin a été souvent faite; celle du colon de Terre-Neuve qui le pêche est tout à faire. On nous pardonnera de n'en donne qu'une exquisse bien pâle et bien incomplète. Nous n'entendons parler que de l'habitant des côtes. À part l'odeur *sui generis* qu'on y respire, Saint-Jean ressemble assez à toutes les villes du monde. L'homme du peuple y subit un peu l'influence de la longitude et du voisinage de l'Amérique : le gourdin n'est pas un compagnon inutile quand on circule le soir les rues, même les plus fréquentées; mais les étrangers y trouvent dans la bonne société l'accueil le plus cordial. L'habitant des côtes, quand il est jeune et qu'il n'a pas voyagé, est un être assez arrière en civilisation; il est paresseux et peu intelligent, par suite peu industrieux. Les exceptions sont rares. Il connaît toutes les ruses de la pêche, sait prendre la morue au filet et à l'hameçon, « l'habile », mieux que nos pêcheurs français, au dire de certains connaisseurs; mais ne lui en demandez pas davantage. Ne lui demandez pas d'avoir près de sa cabane un petit jardin où il plante des choux, des carottes ou des navets; il sait tout au plus faire de la bière de spruce. Cependant, comme il parle anglais, il a reçu, par la voie du langage sans doute, les bonnes traditions du confort domestique, et, derrière les faibles murailles de sa maison de planches, il sait braver les rigueurs du plus glacial vent d'hiver. Les vieux, qui ont voyagé ou qui sont venus d'Irlande, d'Écosse ou d'Angleterre, auraient pu apporter avec eux la civilisation ; mais nous nous sommes laissé dire que ce sont pour la plupart de vieux pêcheurs de l'ancien continent qui viennent ici planter leurs tentes, et que presque tous ont un crime à expier sur ces rives ingrates. Or, ces crimes, quelque légers qu'ils soient, supposent toujours une certaine révolte contre la civilisation et des instincts antisociaux.

Préparation de la morue à Cap Rouge en 1857-1859.
(Paul-Émile Miot/Bibliothèque et Archives du Canada/PA-202293)

La tâche civilisatrice est peut-être réservée au sexe faible. Que de choses les femmes savent d'instinct ! Celles-ci n'ont pas voyagé ; elles sont nées sur le sol ; elles n'ont pas appris qu'à *trancher* la morue ; qui leur a enseigné la coquetterie ? Comme elles sont coquettes pourtant, ces grossières filles d'Ève ! Nous en connaissons qui, surprises par un photographe pendant qu'elles apprêtaient du hareng, ne voulaient pas consentir à ce qu'il reproduïsit leurs images dans ce costume et cette occupation vulgaire. Certes leurs modes ne sont pas marquées au coin du bon goût ; mais nous n'oserions pas affirmer que leurs tailles soient vierges de la tyrannie du corset et qu'elles n'aient pas deviné la crinoline. Plus qu'ailleurs, ce renfort artificiel serait ici économique : la baleine y est si commune !

Dans leur petite sphère, ces gens-là sont heureux. C'est là qu'ils naissent, vivent et meurent. Ils se marient quand l'envie leur en prend et qu'ils se conviennent : les contrats sont bientôt faits ; la bénédiction nuptiale vient ensuite, quand il passe un prêtre à portée, et il arrive souvent aux aumôniers de la station navale française d'avoir à marier les pères en même temps qu'ils baptisent les enfants. Ils sont catholiques en majorité, bien que les églises protestantes de toute confession soient multipliées dans la partie sud de l'île avec cette profusion qui caractérise l'esprit schismatique des Américains. Nous n'oserions pas assurer que la théologie est dans le nord bien orthodoxe, et qu'ils ont une idée bien nette de leurs devoirs envers le pape. Ils ont, en revanche, de bonnes idées d'économie élémentaire ; car je crois que c'est par raison d'économie que ce père de famille, de je ne sais plus quel havre, coupait en morceaux son fils décédé pour en faire de l'appât pour les renards. Pour peu qu'ils développent ces notions, comme ils leur est facile, pendant leur long hiver, d'*égarer* dans les bois discrets une compagne turbulente ou mauvaise ménagère ! la simplicité seule du procédé donne le frisson quand on y songe. Nous ne pensons pas cependant qu'il soit souvent mis en usage. Au contraire, nulle part plus qu'à Terre-Neuve, on ne se souvient du précepte : « *Crescite et multiplicamini*[1]… ».

Toute cette population est inscrite sur des registres que l'on tient à Saint-Jean, et elle s'administre d'ailleurs comme elle l'entend. Le père de famille est seul propriétaire ; à sa mort, ses fils partagent son héritage. Les filles s'épousent sans dot, même quand elles appartiennent à un père riche, à moins qu'il ne soit bien généreux. Un terrain clos, un arbre marqué, sont une propriété que le voisin respecte avec une foi scrupuleuse : il y a tant de place à côté ! Avec quelques idées plus ou moins précises sur le bien et le mal, ils peuvent ainsi passer l'hiver en attendant que les beaux jours leur ramènent deux espèces d'hirondelles : les marchands (*traders*) avec qui ils échangent contre des vivres et des étoffes les fourrures des animaux tués pendant l'hiver, et les pêcheurs d'Europe qui leur apportent de plus amples notions des devoirs sociaux, et sans doute aussi quelques vices d'outre-mer qu'un scalpel légèrement scrutateur découvrirait bientôt. Ces vices, dont « l'oisiveté est la mère », ont d'ailleurs ici une barrière naturelle dans la vie active qu'on y mène l'hiver et l'été. En hiver, ils ont la pêche ou mieux la chasse du loup-marin, à laquelle nous sommes ramenés après cette excursion ethnographique.

Le nombre des loups-marins que l'on voit sur les glaces, à la côte N.-E., dépasse toute imagination, s'il est vrai que dans certains jours la surface des glaces en soit noire à plusieurs lieues à la ronde. Nous dirons à ceux qui connaissent, au havre de la Conche, l'industriel qui répond au nom de Jean Dower[2], que c'est de lui que nous tenons cette hyperbole, et nous ne sommes pas fâché de lui en renvoyer la responsabilité. Les statistiques de pêche prouvent au moins qu'ils se montrent en assez grandes troupes. M. Carpon, dont nous recommandons, pour exactitude, le *Voyage à Terre-Neuve*, dit aussi : « Une goëlette *loup-marinière*, montée par vingt hommes, peut rapporter, au bout d'un mois à six semaines de séjour dans les glaces, deux mille de ces animaux[3] ». Ces goëlettes sont expédiées des divers havres et restent prises dans les glaces pendant la saison. Quand paraissent les loups-marins, on s'en approche avec des fusils, des haches, et des bâtons, et on les tire du mieux qu'on peut. Comme les fusils ne valent pas mieux que les tireurs, on ne les tue pas souvent. On les achève avec la hache ou le bâton, qui suffiraient parfaitement pour la chasse. On les garrotte alors, ou on les accroche simplement avec un morceau de fer recourbé fixé au bout d'une corde à laquelle on attelle un chien. On ne retire du loup-marin que l'huile et la peau, qui rapportent, en moyenne, une livre sterling par animal. Quand les glaces sont fondues, on *pêche* le loup-marin. Cette pêche

---

1. La Genèse, 1, 28 : « Benedixitque illis Deus, et ait : Crescite, et multiplicamini, et replete terram, et subjicite eam, et dominamini piscibus maris, et volatilibus cæli, et universis animantibus quæ moventur super terram » (Et Dieu les bénit, et il leur dit : Croissez et multipliez-vous, remplissez la terre, et assujettissez-la, et dominez sur les poissons de la mer, sur les oiseaux du ciel et sur tous les animaux qui se remuent sur la terre).

2. John Dower était pour longtemps le principal gardien de la propriété française à Conche.

3. C.-J.-A. Carpon, *Voyage à Terre-Neuve*, p. 51.

se fait au moyen de filets à larges mailles et faits avec la *ligne*, au lieu du fil qui sert pour les filets à poisson. Les havres du détroit de Belle-Île, qui sépare Terre-Neuve du Labrador, sont les plus favorables à la pêche ; les havres de la côte N.-E. sont surtout propices à la chasse.

∽

Le daim ou *caribou* (deer) procurerait une chasse non moins attrayante, s'il ne fallait aller le chercher si loin dans l'intérieur. MM. R***, H*** et X***, trois officiers de l'armée anglaise qui, des premiers, ont traversé Terre-Neuve cet été, de la baie de *la Conception* à la baie *des Îles*, en ont abattu des quantités prodigieuses. Ces voyageurs auraient une belle page à ajouter aux histoires de chasse, de pêche et d'expéditions aventureuses. On sait par eux à quoi s'en tenir sur la nature du pays à l'intérieur. Cela se résume à de grands lacs très poissonneux, dont les castors, les loutres et les rats musqués peuplent les bords ; il a de grands bois qui abritent des ours noirs, des renards de plusieurs couleurs, et surtout des troupeaux de caribou. Les reptiles y sont inconnus, et M. Carpon n'en a jamais vu à Terre-Neuve dans ses voyages réitérés. Les merles y répètent, comme à *Saint-Georges*, une phrase musicale qui reproduit les premières mesures d'une de nos polkas en vogue. Il résulte des récits de ces mêmes voyageurs que les Indiens n'ont pas disparu de l'intérieur du pays. On en voit, à Saint-Georges, qui ont quitté le wigwam de leurs ancêtres et savent se construire des habitations à l'européenne. Ceux de l'intérieur sont de véritables Peaux-Rouges, plus le costume, pour lequel ils mettent à contribution la faune du pays. Ils ont dépouillé leur vieille rancune contre les Européens et enterré le tomahawk. Ils passent une partie de leur temps sur les lacs dans leurs pirogues de peaux de caribou. Ils ont l'ouïe aussi fine que leurs frères canadiens, et connaissent aussi bien qu'eux la manière de s'en servir. C'est à cette race qu'ils appartiennent, et ils ont toute la physionomie des Micmac de l'Acadie, qui sont eux-mêmes une des tribus survivantes de cette grande nation qu'a immortalisée F. Cooper[4].

De la transplantation de la race française sur le sol de l'Acadie est résulté le *Jacotar*, qui, du cap Breton (Nouvelle-Écosse), émigre à Terre-Neuve, où il tient aujourd'hui sa place. Il parle un français hybride comme lui, qu'il *accentue* en allongeant les voyelles, et il abuse de certaines inflexions de voix qui semblent empruntées à des dialectes du nord de la France[5]. Il ne manque pas de bon sens, malgré sa physionomie un peu niaise ; il est d'une simplicité primitive, et son horizon intellectuel est assez borné ; ses mœurs et ses habitudes sont celles des autres colons[6].

---

4. James Fenimore Cooper (1789-1851), romancier américain.

5. En fait, le français terre-neuvien est une variété du français acadien. Voir Ruth King, « Le français terre-neuvien : aperçu général », p. 227-244.

6. Vers 1893, P. Viator, dans « Le French Shore », p. 141, décrit la situation des Jacotars, de provenance acadienne, qui vinrent s'établir en face du village de Saint-Georges vers 1850 : « Ils ne comptaient que quatre familles à l'origine ; ils forment aujourd'hui une population que l'on peut évaluer à deux ou trois cents âmes. Ils ont essaimé tout autour de Saint-Georges et créé d'autres villages qui s'augmentent rapidement : Saint-Étienne, les Gravelles, l'Anse-aux-Canards. Pendant l'été, presque toute la population mâle se porte sur différents points de la côte pour s'y livrer à la pêche. Elle ne rentre à Saint-Georges que pour l'hiver.

Comme toutes les populations franco-canadiennes, ces Jacotars se multiplient rapidement ; mais là où ils sont mêlés de trop près à la population anglaise, les mariages, les nécessités du commerce, le manque d'écoles françaises leur font perdre peu à peu l'usage de la langue maternelle ; et c'est un malheur, car l'influence française n'a chance de se maintenir à Terre-Neuve que par l'immigration et la multiplication de ces Canadiens de langue française qui, par la fécondité de leurs familles, peuvent seuls réussir à contre-balancer les apports de l'immigration anglaise et irlandaise de la côte Est. »

Parmi les naturels de Terre-Neuve, on compte enfin le chien. Il ne faudrait pas juger le chien de Terre-Neuve d'après l'animal dépaysé qui va mourir en Europe, et n'a de commun avec ses pareils que les pieds palmés. Il y a, du reste, bien des types différents de chiens de Terre-Neuve. Pour le naturaliste, il y a le chien à poil ras et le chien à long poil. Pour le philosophe se retrouvent toutes les nuances de caractères que nos moralistes ont rencontrées sous leurs plumes, depuis le filou qui vole sournoisement dans l'ombre jusqu'au Robert-Macaire [7] qui vole effrontément en plein jour; depuis le chien débonnaire, qui sait que la clémence est une vertu des forts, jusqu'au chien hargneux qui harcelle les passants. Les uns ont exagéré ses défauts, les autres ses qualités. On peut dire, tout compte fait, que la bonté domine chez lui. Une de ses manies est de *rapporter* ce qu'on lui jette et même ce qu'on ne lui jette pas. Il n'est pas rare de se voir suivi par un chien qui tient dans sa gueule un caillou ou tout autre objet qu'il cherche à placer. Ils ont des instincts carnassiers très prononcés. Chargés de pourvoir eux-mêmes à leur nourriture, dont nul ne s'inquiète, il ne leur arrive que trop souvent de se réunir en troupes, soit pour aller au loin dépecer une vache ou une brebis, soit pour mettre en pièces un chien étranger arrivé nouvellement dans le pays. Un regard échangé décide de l'expédition; on part à la suite d'un ancien, on traverse les lacs, les rivières ou les taillis qui séparent de la victime; et quand elle est trouvée, elle a bientôt disparu, expédiée en quelques coups de dents que chaque membre de la meute distribue en conscience. Un coup de langue à droite et un coup de langue à gauche du museau enlèvent les dernières preuves du crime. On les emploie l'hiver à tirer les traîneaux [8].

On nous a beaucoup vanté à Saint-Jean les agréments du traîneau, auquel les gens aisés attellent des chevaux; et les plaisirs de l'hiver, dont la rigueur n'est plus à craindre derrière les remparts de fourrures ou derrière ces cheminées où le charbon de terre procure à si bon marché un feu si ardent. Cet hiver, avec son blanc manteau de neige et de glace, doit bien avoir sa poésie en effet. Cependant, nous qui le fuyons, nous appelons de tous nos vœux le bon vent qui nous rapproche du beau pays de France, où l'on n'a pas besoin de fourrures et où le coin du feu n'est ni moins joyeux ni moins chaud.

En mer, 26 octobre 1858.

---

7. Robert Macaire : un personnage créé par Honoré-Victorien Daumier (1808-1879), un des caricaturistes les plus célèbres du XIXᵉ siècle. En 1832, Daumier entama une longue collaboration avec *Le Charivari*, journal dirigé contre Louis-Philippe qui joua un rôle important dans la vie politique de l'époque. Daumier fut condamné en 1832 à six mois d'emprisonnement pour la publication d'une caricature représentant Louis-Philippe en Gargantua. Il fallut cependant attendre 1835, année de l'adoption des lois sur la censure, pour que Daumier renonce à la satire politique qu'il fut contraint d'abandonner pour se tourner vers la caricature de mœurs représentée par Robert Macaire, Les Gens de Justice, et Les Bons Bourgeois. La Révolution de 1848 permit ultérieurement à Daumier de retrouver sa veine politique.
8. Voir aussi au sujet des chiens Henri Herz, *Mes voyages en Amérique*, p. 38-45. Henri Herz (1803-1888) était un virtuose et compositeur célèbre à Paris dans les années 1830 et 1840. Pour combler les déficits survenus dans la fabrication des pianos, il a voyagé beaucoup en Europe, en Amérique du Sud et aux États-Unis. En partant de Liverpool pour Boston le 2 novembre 1846 à bord du *Caledonia*, il a rendu visite à Terre-Neuve.

LES ORIGINES DE LA POPULATION FRANÇAISE (1859)

E. Rameau, *La France aux colonies*, vol. 1, p. 86-91.

Edmé Rameau (1820-1899) était issu d'une famille d'origine bourgeoise. Catholique social et démocrate, il plaça ses espoirs dans la Révolution de 1848 et s'opposa à Louis-Napoléon. Condamné à la prison, il avait néanmoins hérité d'une fortune assez considérable, ce qui lui permit à sa sortie de consacrer une bonne partie de sa vie à l'étude de l'histoire des Français d'Amérique. En 1859, il publia *La France aux Colonies*, consacré en bonne partie aux Acadiens, et l'année suivante il effectua un voyage d'études en Acadie, au Québec et en Louisiane. Durant les quarante années suivantes, il ne cessa pas d'accorder son appui aux œuvres d'éducation et de colonisation en Acadie. Son étude *Une colonie féodale en Amérique – l'Acadie (1604-1881)* serait la première synthèse historique portant sur ce peuple.

Pour compléter le tableau de la race acadienne et française dans le golfe Saint-Laurent, il nous reste à parler des colonies, que l'expansion naturelle de ces populations a librement fondées. Depuis quelques années les Acadiens du cap Breton et de l'île Saint-Jean [l'île du Prince-Édouard], adonnés à la pêche et au cabotage et déjà trop nombreux dans leurs villages, ont porté leurs émigrants aux îles de la Madeleine, situées au nord-ouest du cap Breton et sur les côtes du Labrador; ce sont eux aussi qui ont fourni une partie de la population de certaines côtes de Terre-Neuve et de nos colonies de Saint-Pierre et Miquelon.

Nous ne ferons qu'indiquer les îles Madeleine, rattachées maintenant au comté de Gaspé, qui fait partie du Bas-Canada; nous aurons occasion d'en parler avec détail dans la seconde partie de ce volume; la population, entièrement acadienne, s'y élève aujourd'hui à 3 000 âmes environ; il en sera de même sur la côte du Labrador, où l'on compte aujourd'hui 8 à 900 Acadiens, et nous passerons de suite à Terre-Neuve.

Terre-Neuve se partageait autrefois entre la France et l'Angleterre; cette île fut le premier but de nos armements pour l'Amérique du nord, et peut-être le premier lieu d'établissement des Français dans ces contrées; toujours est-il qu'en 1663 nous y possédions un établissement colonial à Plaisance, puisque M. de Méry, menant un convoi d'émigrants au Canada, y déposa 75 colons. Les archives possèdent plusieurs recensements de cette petite colonie : celui de 1700 qui est nominal nous y montre 38 chefs de famille, dont 27 à Plaisance. Dans celui de 1706, aussi nominal, on trouve 205 habitants et 299 pêcheurs hivernants; enfin en 1711 on y comptait, outre 354 pêcheurs hivernants, 66 habitants en état de porter les armes, ce qui suppose une population d'environ 300 âmes.

Les établissements étaient concentrés sur la baie de Plaisance, au sud de l'île, dans les villages de Plaisance, la Pointe-Verte et Petit-Plaisance. Tous les habitants étaient directement originaires de France ou nés dans la colonie. On ne voit point qu'ils se soient recrutés dans le Canada ni dans l'Acadie, la plupart étaient sortis du pays basque.

En 1713 le traité d'Utrecht céda la totalité de Terre-Neuve aux Anglais, néanmoins tout porte à croire qu'une partie de la population française qui existe aujourd'hui sur ces parages descend de ceux de nos anciens colons qui seront restés dans la contrée. Leur nombre du reste, a été fortement accru depuis par l'accession de beaucoup d'Acadiens, et surtout des émigrants français qu'y laissent les expéditions annuelles que nous envoyons sur ces côtes, où les traités nous ont toujours conservé certains parages privilégiés pour la pêche de la morue. Ce privilège, qui s'étend sur la moitié de la côte sud de Terre-Neuve, sur toute la côte ouest et une petite portion de la côte nord-est a, peu à peu, amené l'établissement sur ces rivages d'une population française, fort peu connue même des Anglais qui sont les maîtres de l'île. Cependant nous sommes réduits à recourir à leurs statistiques pour évaluer d'une manière approximative le nombre de ces habitants ; Montgomery-Martin les évaluait en 1833 à 12 000 âmes[1] ; Bonny-Castle confirme ce chiffre en 1842, tout en déclarant qu'il est impossible de se procurer des données exactes à ce sujet, et que ce nombre doit être au-dessous de la réalité[2] ; M. Taché estime en 1857, que Terre-Neuve contient 20 000 habitants de race française[3]. Nous pensons qu'il doit s'en trouver une portion dans nos anciens établissements de Plaisance ; mais la majeure partie est disséminée sur les côtes réservées aux pêcheurs français, principalement dans la baie Saint-Georges et autres anses de la côte de l'ouest. Bonny-Castle rapporte avoir vu lui-même au havre d'Ingornachoix, au nord-ouest de l'île, un établissement de 5 à 600 Français.

Une partie des Français de Terre-Neuve avons-nous dit est d'origine acadienne ; ces émigrants sont venus dans ces parages tant à l'époque de la grande dispersion des Acadiens, pour y chercher un refuge, que dans ces derniers temps attirés par la pêche ; M. Girouard[4], curé d'Arichat estime très approximativement qu'il peut y en avoir un millier peut-être sur la baie Saint-Georges.

Quant aux descendants de nos anciens colons qui y avaient été établis sous Louis XIV, nous ne pouvons déterminer pour quelle proportion ils entrent dans la composition de la population actuelle ; mais il serait possible de distinguer cette descendance parmi la masse des colons français, car nous avons encore quatre ou cinq recensements nominaux de leurs auteurs.

Tous ces habitants français de Terre-Neuve ont bien plus de facilités que les Acadiens pour la conservation de leur langue et de leur nationalité : car l'arrivée périodique de nos nombreux bâtiments de pêche, dont les équipages séjournent au milieu d'eux pour la préparation de la morue, et le passage fréquent de quelques navires de guerre français, les maintiennent en relation avec la mère patrie, et y entretiennent même constamment un certain courant d'immigrants.

---

1. R. Montgomery Martin, *History of the British Colonies*, vol. 3, p. 490.
2. Richard Henry Bonnycastle, *Newfoundland in 1842*, vol. 2, p. 243.
3. J. C. Taché, *Des provinces de l'Atlantique du Nord et d'une union fédérale*, p. 17 : « Sur ce chiffre de résidents et de visiteurs réguliers des côtes, à peu près 20 000 appartiennent à l'origine française. »
4. Hubert Girroir (1825-1884), curé d'Arichat, en Nouvelle-Écosse, de 1853 à 1863.

L'utopie irlandaise de la baie Saint-Georges (1859)

Joseph Arthur de Gobineau, *Voyage à Terre-Neuve*, p. 160-171.

Joseph Arthur, comte de Gobineau (1816-1882), diplomate et écrivain, était issu d'une vieille famille bourgeoise sans fortune. Gobineau fut élevé dans le culte des valeurs aristocratiques et dans la mémoire de ses ancêtres nordiques, dont il resta préoccupé. Arrivé à Paris en 1835, il gagna sa vie comme petit fonctionnaire, tout en publiant des articles et des romans. Mais la Révolution de 1848 décida de son avenir. Légitimiste, il devint en 1849 chef du cabinet de Tocqueville, alors ministre des Affaires étrangères. Ensuite, il fut envoyé successivement comme secrétaire à Berne (1849), à Hanovre (1851), et à Francfort (1854), aussi à Terre-Neuve (1859) comme membre d'une commission anglo-française pour l'interprétation des droits de pêche français. Ministre plénipotentiaire à Téhéran, à Athènes et à Rio Janeiro, il rentra en France en 1870 et reçut sa nomination d'ambassadeur à Stockholm, où il acheva sa carrière en 1877. Gobineau passa la fin de sa vie à voyager, et il noua avec Richard Wagner une amitié profonde.

Les côtes de Terre-Neuve nous apparurent à quelque distance du point où nous allions les aborder, désolées et maussades. On conçoit parfaitement qu'aux yeux des marins qui viennent de ces parages, Sydney soit le paradis, et Halifax le septième ciel. Pour entrer dans la baie Saint-Georges, on longe quelque temps une langue de sable qui s'avance parallèlement à la terre, on en double la pointe et on pénètre dans un vaste bassin entouré de rives assez plates. À l'est s'élèvent des maisonnettes de bois en grand nombre et devant toutes celles qui avoisinent la mer une ligne de débarcadères chargés de tonneaux.

Plusieurs barques et une ou deux goélettes étaient mouillées à quelque distance du rivage quand le *Gassendi* entra. C'était l'image parfaite de la tristesse la plus lugubre. Il ne pleuvait pas absolument, mais le brouillard distillait une humidité désagréable. Le ciel était bas et les nuées lourdes et languissantes semblaient avoir attendu l'arrivée du *Gassendi* pour s'appuyer sur ses mâts. Des flocons de vapeurs blanchâtres erraient le long de la côte, tantôt se fondaient les uns dans les autres, tantôt se séparaient. C'était à faire prendre la vie en dégoût si on avait dû rester là à perpétuité.

Nous descendîmes à terre pour faire connaissance avec le village et passer le temps en attendant l'arrivée des Anglais : contrairement aux traités, la population presque toute irlandaise de Saint-Georges s'occupe uniquement de pêche et exploite notre avoir au nombre d'environ quinze cents habitants qui se sont graduellement emparés de cette place : au printemps, les harengs poursuivis dans la haute mer par des poissons plus gros qu'eux, viennent se réfugier en masse dans la baie, et les habitants de Saint-Georges n'ont que la peine de les y prendre. Ils les préparent, les salent, et c'est là leur fortune et leur unique moyen d'existence.

Il n'y a point d'agriculture, et il ne peut y en avoir. Le sable lutte avec les cailloux, les cailloux confinent à la tourbe. Beaucoup de sapins et des grandes herbes forment des taillis et des fourrés. Avec quelque peine, on réussit à obtenir des pommes de terre ; mais en petite quantité. C'est le suprême effort de la puissance créatrice de ce sol.

Cependant les cabanes ont bon air. Elles sont remarquablement propres au dehors et au dedans, garnies de meubles d'une certaine élégance, fournies de bons poêles que permettent de braver la rigueur des hivers interminables. Hommes, femmes et enfants sont vigoureux, bien portants, de bonne humeur, bien vêtus. Rien n'est plus singulier que de voir passer sur cette grève sauvage des dames et des jeunes demoiselles en chapeaux, tenant, lorsque le temps veut bien le permettre, une ombrelle à la main. Cette élégance jure avec l'aspect de la contrée et plus encore avec le genre de vie du beau sexe. Car ces dames sont des néréides. Elles tirent les barques à terre, vont prendre le poisson dans la baie avec leurs pères et leurs maris, le salent et l'encaquent de leurs propres mains. Tout cela ne les empêche pas d'avoir une tenue fort convenable, d'être pour la plupart très-agréables à garder et de ne ressembler en aucune sorte à leurs émules du continent.

La presque totalité de la population de Saint-Georges étant irlandaise est, par ce fait même, catholique et fort zélée pour la religion. Une petite église en planches a été construite au milieu du village et est desservie par un prêtre qui relève de l'évêché de Saint-Jean.

Assurément, la religion est pour beaucoup dans la bonne attitude de ce peuple, dans la régularité extrême de ses mœurs, qui est réelle, et par suite dans sa bonne santé, mais ce qui y contribue peut-être davantage et d'une façon plus directe, c'est l'habitude et la nécessité d'un travail incessant et l'absence du numéraire. À Saint-Georges et sur toute la côte de Terre-Neuve la population irlandaise ne manque absolument de rien, sauf d'un sou dans sa poche et, en conséquence, le cabaret y est une institution inconnue.

Au printemps, on n'a ni assez de bras ni assez de temps pour prendre les harengs dans la baie, et, une fois pris, leur faire subir les préparations convenables. En été, les hommes vont pêcher au dehors. Une ou deux familles plus aisées qui possèdent des goëlettes, se rendent elles-mêmes à la Nouvelle-Écosse ou au Canada avec leur poisson et rapportent de ces lieux plus civilisés tout ce qui est nécessaire à la vie. En automne et en hiver, on coupe le bois pour le chauffage, on raccommode les maisons et les embarcations, on refait les filets, surtout on fabrique par centaines les tonneaux nécessaires à la conservation des harengs. Pas une minute dans l'année n'est libre d'un soin quelconque. Mais c'est toujours un soin dont chacun voit immédiatement l'utilité pressante et le résultat positif. Chacun travaille, mais profite directement et personnellement de son travail. Nul ne contraint son voisin, qui n'obéit à personne qu'à la nécessité, et tout le monde est affairé et content.

Ce sont de très-puissants personnages et en bien petit nombre que ceux qui peuvent aller vendre eux-mêmes le produit de leur travail au dehors. La presque totalité des pêcheurs est dans l'impossibilité d'en faire autant. Ils sont donc contraints de se mettre en rapport avec les marchands de Saint-Jean qui viennent chaque année les trouver et reçoivent le poisson en échange d'objets d'utilité. C'est ainsi que les planches, les meubles, la farine, l'eau-de-vie, les vêtements tout faits, même les rubans pour les femmes, les berceaux et les jouets pour les enfants entrent dans le pays. Une fois que le pêcheur a pris son poisson, comme il sait qu'il en retrouvera d'autre l'année prochaine, il le livre volontiers et en quantité plus qu'équivalente pour ce qui lui inspire quelque envie. Les traitants font donc, en réalité, un commerce usuraire. Ils le font d'autant plus que dans les mauvaises années ou lorsque les besoins du pêcheur sont trop grands, ils consentent volontiers à des avances, et de cette manière engagent à perpétuité ce petit monde dans un mode de trafic qui leur profite à eux surtout. Mais, en somme, si jamais le pêcheur de Saint-Georges ne fait fortune, ce qui serait un fait presque inouï, il n'est jamais non plus dans l'inquiétude de mourir de faim. L'Océan représente pour lui une nourrice qui lui donnera toujours, à défaut de pain, au moins du hareng et de la morue.

C'est une petite Arcadie [1] que je viens de décrire. Arcadie fort sévère, sans doute, et où les poètes font absolument défaut ; l'Arcadie sans troupeaux, sans clochettes, sans bergers, sans pipeaux, mais qui a cependant l'essentiel : c'est-à-dire des mœurs simples et pures et une sorte de bonheur placide et monotone peut-être… comme le bonheur. Peu d'événements marquent dans la vie des pêcheurs, et en général leur histoire est toujours la même.

Leurs pères, quelquefois eux-mêmes, sont venus de la verte Erin en un jour de détresse et quand la misère s'est trouvée si grande qu'elle ne pouvait plus s'accroître sans aboutir à la mort. Le souvenir qu'ils ont gardé de ce passé est terrible, et plus les années s'éloignent, plus la tradition l'exagère et l'assombrit. L'Irlande leur apparaît comme la plus malheureuse contrée du monde, martyre de sa foi, martyre de la haine que l'Angleterre porte injustement à la race que l'habite. Le pêcheur conserve des récits de violences et de spoliations épouvantables qui ne sont probablement pas tous très-historiquement fondés, mais qui entretiennent en lui le mauvais vouloir le plus incontestable pour la nation britannique. Il les transmet à ses enfants avec cette sorte d'éloquence descriptive et saisissante commune à toutes les imaginations irlandaises, et il n'y a pas à douter que ces enfants, quand ils seront narrateurs à leur tour, ajouteront au fait devenue légende plus d'un trait auquel personne n'a encore songé jusqu'ici.

L'émigrant est donc sorti d'Irlande en secouant la poussière de ses pieds. Il s'est embarqué à bord d'un navire où l'espace, l'air, l'eau, la nourriture lui étaient, pour son pauvre argent, si parcimonieusement dispensés, que beaucoup de ses compagnons n'ont pas atteint la fin du voyage. Il ne manque pas d'accuser encore les Anglais de cette spéculation cruelle et a oublié ou ignoré que, la plupart du temps, il a été traité ainsi par ses propres compatriotes devenus de riches armateurs. Il ne sait pas, ou il oublie, et dans tous les cas il se ferait scrupule d'avouer que le gouvernement britannique s'est au contraire entremis depuis plusieurs années pour faire cesser cette monstrueuse spéculation et a voulu que les émigrants blancs ne fussent pas exposés par les trafiquants à un sort non moins dur et mortel que celui des esclaves de Guinée entassés sur les négriers. Une loi a été portée par le parlement pour ordonner que désormais tout navire transportant des émigrants devrait assurer à chacun d'eux tant de pieds cubes d'air, tant de pieds carrés d'espace pour lui et ses bagages et serait tenu à emporter en vivres et en eau, des provisions suffisantes pour que la cargaison humaine ne fût pas exposée à périr en route.

Mais encore une fois, le pêcheur irlandais ignore tout cela et s'indignerait d'y croire, tant il a peur de se prendre de goût pour les Anglais.

---

1. L'Arcadie : l'univers bucolique des auteurs antiques comme Théocrite, Virgile et Ovide.

Arrivé au terme de sa navigation, il s'est trouvé jeté sur le pavé de quelque ville où la nécessité évidente de travailler pour ne pas mourir de faim, s'est clairement manifestée à lui. Soit qu'il trouvât le salaire insuffisant, ou plutôt que ses habitudes enracinées lui rendissent des efforts soutenus insupportables, il n'a pas tardé à se trouver à peu près aussi malheureux sur la terre américaine qu'il l'était dans sa patrie. Il a entendu alors parler des pêcheries et de la baie Saint-Georges. Il a fait son paquet qui n'était pas lourd, il est venu et, par un bonheur inouï, il a enfin rencontré sa véritable vocation ; un genre de labeur qui parle à l'imagination, rien qui exige une assiduité mécanique, et surtout l'absence heureuse des séductions alcooliques auxquelles il ne sait pas résister.

Je disais tout à l'heure, qu'il n'existe pas de poëtes à la baie Saint-Georges. Non ; mais la poésie ne manque pas à cette existence, et c'est pourquoi les Irlandais, race essentiellement conduite par la mobilité des impressions, s'accommodent si parfaitement de ce milieu, et incontestablement s'y améliorent, ce qui est la meilleure preuve qu'il est fait pour eux. Car si nul événement ne vient jamais à terre troubler l'enchaînement régulier de la vie, il n'en est pas tout à fait de même lorsque les gens sont en mer. Là, ils entrent en lutte avec les éléments et courent tous les hasards d'un aussi rude combat. Le résultat de leurs efforts n'est pas toujours le même. C'est une sorte de jeu où les chances aléatoires abondent. Aujourd'hui le pêcheur est rentré avec une pêche miraculeuse remplissant jusqu'au bord son embarcation, et femme, enfants, l'ont reçu comme un triomphateur, en poussant des cris de joie. Mais demain, il va repartir et peut-être il restera huit jours absent, pour ne rien trouver et ne rien saisir.

Alors, il devient admirable d'obstination et de fermeté. Positivement, il est emporté par l'espoir, par la franche passion du jeu. À chaque fois qu'il retire sa ligne où le poisson n'a pas mordu, il est désespéré. Mais, au moment où il la laisse de nouveau tomber et filer sur le bord de son bateau, l'attente le reprend et l'enivre.

Au milieu de ces alternatives rapides de déception et de confiance, il ne s'aperçoit pas de la marche du temps. Il n'a que pour deux jours de vivres et en voilà trois qu'il est parti. Il s'est juré à lui-même de ne pas revenir à vide. Il restera une semaine s'il le faut, et il se nourrit d'un peu de poisson cru, car il est mouillé jusqu'aux os et il ne saurait où allumer du feu. Voilà la vie que mènent les pêcheurs de Saint-Jean [Saint-Georges].

Pour achever le tableau, il est nécessaire d'ajouter que la seule autorité qu'ils connaissent, c'est le curé, et eux-mêmes le payent et lui donnent sa rente en poisson. Ils n'ont pas d'autre monnaie. À la vérité, depuis peu de temps, un homme parmi eux se prétend magistrat ; mais personne n'a besoin de lui, personne ne lui obéit et il ne réclame l'obéissance de qui que ce soit, car tout le monde sait là et lui-même aussi bien qui chacun, l'impossibilité où il serait de montrer un titre régulier qu'aucune autorité ne pourrait lui délivrer. La raison en est simple. C'est que le village de Saint-Georges est situé sur la côte française ; que son existence est complètement illégale et contraire au texte positif des traités ; que les pêcheurs anglais ou sujets anglais ne doivent pas s'établir là où la seule puissance régulière est celle du commandant en chef de la station navale française et de ses officiers. Mais comme cette puissance ne peut naturellement s'exercer sur des sujets anglais que pour leur faire quitter les lieux et que jusqu'à présent elle a toléré leur présence, il en résulte que ces honnêtes Irlandais vivent absolument sans maîtres, sans magistrats, sans constables ni gendarmes, en un mot sans loi, mais je me garderai bien de dire sans foi, car ce sont les plus honnêtes gens du monde.

Je ne suis pas fâché d'avoir vu une fois dans ma vie, une sorte de pays d'Utopie où quelques-uns des rêves des philosophes se sont réalisés et je l'ai vue, non-seulement à

Saint-Georges, mais sur toute l'étendue de la côte française, comme on s'en apercevra à mesure qu'on avancera dans cette relation. Seulement, je remarque qu'il a fallu pour établir cet état de choses si singulier, précisément le contraire de ce que les inventeurs de cités ou de républiques idéales ont été imaginer et réunir de combinaisons propres, suivant eux, à rendre l'espèce humaine douce, bonne, maniable et sociable, et susceptible de se passer du frein des lois. Saint-Georges et autres lieux de Terre-Neuve ne sont ni une Salente[2] ni une ville de Campanella[3]. Je n'y vois pas trop l'emplacement d'une abbaye de Thélème[4]. Un climat sauvage et odieux, un paysage rébarbatif, le choix entre la misère et un dur et dangereux labeur, pas de distractions, pas de plaisirs, pas d'argent, la fortune et l'ambition également impossibles, et pour toute perspective riante, une sorte de bien-être domestique de l'espèce la plus rude et la plus simple ; voilà, à ce qu'il semblerait, ce qui réussit le mieux à rendre les hommes habiles à user de la liberté absolue sans excès et à se tolérer entre eux. Je ne sais pas si les disciples de Fourier[5] et de Saint-Simon[6] voudraient de l'indépendance et de la vertu à ce prix. Ce qui est certain, c'est que les Irlandais de Saint-Georges s'en contentent et méritent, en conséquence, beaucoup d'estime.

---

2. *Les aventures de Télémaque* (1699) était un récit didactique de François Fénélon (1651-1715), qui, sous couvert de présenter l'Antiquité au duc de Bourgogne, était en réalité un moyen pour Fénélon d'initier son difficile élève à la politique. Fénélon met en scène des épisodes empruntés aux poètes et aux historiens grecs et montre ainsi à Télémaque et, donc, au duc de Bourgogne, toutes les sortes de gouvernements et d'autorités. Afin de donner à son élève une parfaite leçon de morale et de politique, il en vient finalement à décrire le gouvernement idéal de Salente.
3. Tomasso Campanella (1568-1639), auteur d'une utopie sociale, *La cité du soleil* (1623).
4. L'abbaye de Thélème : communauté modèle dans *Gargantua* (1534) par Rabelais.
5. Charles Fourier (1772-1837), un des premiers socialistes utopistes français.
6. Claude Henri de Saint-Simon (1760-1825), qui à partir de 1820 établit une doctrine visant à favoriser l'émergence d'une nouvelle société égalitaire basée sur le système industriel.

QUELQUES OBSERVATIONS POLITIQUES (1859)

Joseph Arthur de Gobineau, *Voyage à Terre-Neuve*, p. 237-251, 254-255.

Le gouvernement de Terre-Neuve est absolument semblable à celui des autres colonies anglaises. L'impôt se vote par une chambre basse composée des membres qu'élisent les habitants de l'île partagés en districts, sauf ceux qui habitent la côte française, lesquels n'ont pas d'existence civile reconnue. Les lois coloniales sont faites par cette chambre et par le conseil, espèce de sénat nommé également à l'élection. Le gouverneur, représentant de la reine, ne saurait rien faire sans le concours de ces deux pouvoirs et c'est dans leur majorité qu'il prend les agents principaux de son administration, ministère responsable devant la colonie. Toutes les affaires sont traitées d'après la méthode constitutionnelle, avec une grande publicité, une grande intervention de la part des journaux, un appel constant à l'appui ou à la méfiance des électeurs, de grandes difficultés pour les ministres et enfin bon nombre de soucis pour le gouverneur.

Celui-ci est à beaucoup d'égards un roi dominé par le pouvoir parlementaire. Mais il a encore des embarras que ne connaît pas un souverain. Tourmenté par les administrés auxquels il fait face, il lui arrive encore constamment d'être pressé par le cabinet de la reine au sujet de telle mesure désirée qu'il ne peut ou ne sait obtenir, et tandis qu'il se débat pour atteindre à ce que ses supérieurs lui demandent, il est dénoncé à Londres par son peuple, comme ne répondant pas aux vœux de la colonie[1]. Si la discussion est grave et s'envenime, il peut lui arriver d'être brusquement rappelé, ce qui excite une vive satisfaction et une expansion turbulente d'orgueil satisfait parmi les colons bien persuadés d'une importance qu'ils mesurent sur les ménagements dont on les entoure. Si, au contraire, les ministres de la reine tiennent bon, soutiennent le gouverneur, maintiennent leur volonté, la colère n'a pas de bornes, on traîne le drapeau britannique dans les ruisseaux des rues, on déclare qu'on va s'annexer aux États-Unis, ou se déclarer indépendants ou toute autre chose du même genre. Il n'y a pas d'exemple depuis une quin-

---

1. Gobineau fait référence, peut-être, à sir Charles Henry Darling (1809-1870), gouverneur de Terre-Neuve dès 1854. En arrivant à temps pour présider à l'ouverture de la première séance du gouvernement responsable nouvellement constitué, il eut de bonnes relations avec la Chambre des députés jusqu'à la présentation de l'accord anglo-français de 1857. Cet accord aurait donné aux Français les droits exclusifs à pêcher sur une certaine partie de la côte ouest. Cependant, les Terre-Neuviens sentirent que les négociateurs avaient commis un abus de confiance et que Darling avait trahi la cause quand il recommanda au ministère des Colonies à Londres d'accorder les droits exclusifs aux Français. Après que l'accord fut refusé par la Chambre des députés, Darling fut nommé gouverneur de la Jamaïque en février 1857, et il partit au printemps.

zaine d'années que ces manifestations se sont reproduites assez souvent, tantôt sur un point, tantôt sur l'autre, que le gouvernement britannique soit jamais sorti des bornes de la mansuétude la plus patiente. Il a attendu, il a laissé faire, il a paru ne s'apercevoir de rien ; rien ne l'a offensé. Généralement, il est vrai, il lui a toujours fallu céder dans le fait ; quelquefois il a pu sauver quelque chose dans la forme et au bout de trois ans, terme légal de leur mission, les gouverneurs sont toujours changés.

Rien n'est curieux comme l'expression des passions coloniales et leur violence. Il y a tel gouverneur, d'un habilité incontestable, d'une intégrité manifeste, dont le nom après plusieurs années qu'il a quitté le pays n'est encore prononcé qu'avec l'adjonction des épithètes les plus injurieuses, simplement parce qu'il n'a pas acquiescé avec assez de déférence à telle ou telle prétention de sa législature. Pas de nation souveraine plus pointilleuse et plus susceptible que ces petites communautés ; le peuple romain dans ses comices n'en approchait pas et je ne sais si le peuple américain va au delà.

Un Anglais d'un rang élevé était entré dans une boutique pour y acheter un objet d'usage fort ordinaire, des gants ou quelque chose de semblable. Il se trouva que le marchand était membre de la législature. Reconnaissant son chaland, il lui demanda avec hauteur pourquoi le change était plus élevé dans sa ville qu'il ne l'était à Londres, et comme la personne interpellée restait un peu interdite de cette question, l'homme d'État colonial lui déclara d'une voix brève la ferme résolution de ne pas tolérer plus longtemps une pareille inégalité ; il comptait en faire l'objet d'un vote.

Un certain nombre de gouvernements coloniaux sont très-préoccupés d'un grave défaut de leur constitution qui les humilie fortement. Ils reconnaissent l'omnipotence intacte que leur laisse la métropole dans l'administration de leurs affaires. Ils avouent que les gouverneurs ne sont pas toujours aussi noirs qu'il peut être à propos de le dire et de l'écrire et que, dans tous les cas, c'est un joug qui n'a rien d'intolérable ni surtout de durable. Enfin, ils ne nient pas que les impôts très-légers dont ils se chargent eux-mêmes et qu'eux seuls perçoivent, se dépensent en totalité dans le pays et que, bien loin de leur demander le moindre subside, la couronne se charge encore de beaucoup de dépenses locales et, quand on le lui demande, consent encore bénévolement à contribuer à des créations d'utilité ou d'embellissement. Oui, mais elle accapare les relations avec les cabinets étrangers, et les gouvernements coloniaux, ou plutôt certains de leurs hommes d'État, attacheraient un prix extrême à nouer, à conduire, à dominer des relations diplomatiques.

Il est remarquable combien cette préoccupation singulière, assurément bien utile dans son objet et cruellement compromettante si elle venait jamais à être satisfaite, est cependant présente à beaucoup d'esprits. Dans les discussions qui s'élèvent constamment au sein de la législature de telle ou telle colonie pour juger et généralement blâmer et morigéner de très-haut les actes du gouvernement métropolitain, on paraît toujours rechercher avec prédilection les questions de douanes, d'importation et d'exportation, non pas précisément par le point où elles affectent réellement les intérêts locaux, mais surtout par les occasions qu'elles fournissent d'exprimer des idées violentes sur un prétendu rapport de la colonie avec tel ou tel cabinet étranger, et même sur la politique générale de ce cabinet. Les hommes les plus populaires se plongent à l'envi dans ces discussions, et alors le public émerveillé peut entendre l'opinion de ses orateurs sur la conduite des grandes cours. L'année dernière un de ces parlements traita une nation d'Europe [la France] de peuple à demi barbare, étranger aux plus simples notions de progrès, et son gouvernement fut menacé de mesures sévères s'il ne prenait une marche plus convenable. Il est à craindre que l'avertissement ne produise pas tout son effet faute d'avoir été entendu.

Un patriotisme si hautain, une idée si exagérée de l'importance locale, des prétentions de toute nature si roides, si superbes, tout en faisant concevoir la possibilité d'une vive agitation dans la politique intérieure, indiquent assez que, comme les petites républiques grecques de l'antiquité, les intrigants sont, dans ces parages, très-puissants, et en état de faire beaucoup de mal un jour. Les négociants riches, les hommes d'affaires occupés, les agriculteurs ont peu de temps à donner à la vie publique, et il en est dans ces colonies comme aux États-Unies : ils s'en tiennent généralement fort loin. Il leur suffit que l'Angleterre administre le pays avec une douceur et une générosité visibles, que les impôts soient insignifiants, les droits de douane fort libéraux et que la sécurité publique soit parfaitement garantie. Ils sollicitent donc assez peu les suffrages de leurs concitoyens. Ce sont les hommes sans grandes ressources, d'esprit turbulent et vaniteux, tourmentés d'ambitions un peu maladives qui recherchent donc le plus ordinairement les places ; et comme les masses populaires appelées à décider de tout, ne comprennent pas très-bien les grandes théories politiques, il devient indispensable de leur parler d'ordinaire le seul langage qui puisse les émouvoir : c'est celui de l'antagonisme religieux. Aux protestants, il faut dire que les catholiques, si on ne les contenait pas, amènerait un régime d'intolérance ; aux Irlandais, il faut rappeler tout ce que leurs ancêtres et eux-mêmes ont souffert dans la mère patrie.

On réussit ainsi à créer des partis assez fortement organisés. Les dissidents, les puritains se réunissent à certains jours sous la conduite de tel ou tel ministre pour s'en aller par les champs faire des promenades religieuses [2]. On déjeune, on prêche, on dîne, on chante des cantiques, on s'encourage à combattre le bon combat et à rester ferme dans la foi [3]. On déplore le malheur du temps qui consiste à vivre côte à côte avec les papistes idolâtres et, finalement, on prépare les élections de manière à se tenir bien uni contre ces adversaires.

Mais, il existe des divergences entre les différentes sectes. Elles se méprisent sincèrement entre elles, et d'autant plus que des nuances plus imperceptibles les séparent. C'est une œuvre difficile que de les maintenir dans les mêmes rangs. Il y faut une grande dépense de promenades, de dîners religieux, de sermons, de conciliabules et ce concessions.

Du côté des catholiques les choses ne se passent pas ainsi. À part quelques descendants des Français et un certain nombre d'Écossais venus des Hautes-Terres presque tous sont Irlandais d'origine. Par habitude, par instinct, ils naissent avec un chef tout trouvé et dont ils ne discuteront jamais tant qu'ils vivront l'autorité imprescriptible. Ce chef, c'est leur évêque, et les prêtres sont les lieutenants naturels de ce juge suprême de tous les intérêts temporels aussi bien que spirituels.

Dans les autres pays de la chrétienté, dans les contrées les plus catholiques de l'Europe, les âmes les plus ferventes se réservent une certaine part de libre arbitre pour la conduite de leurs intérêts mondains. Les Irlandais du nouveau monde, pris en masse, n'en conservent aucune. L'évêque et ses prêtres sont leurs maîtres. Ils rapportent à cette

---

2. Une référence, peut-être, aux processions annuelles des Orangistes bien impliqués dans les affaires politiques.
3. Le 1er Épître à Timothée, 6, 12 : « Combats dans le combat de la foi, remporte la vie éternelle, à laquelle tu as été appelé, et dont tu as fait une si belle profession en présence de plusieurs témoins. »

décision sacrée, tout, depuis des querelles du ménage jusqu'aux combinaisons électorales, et plus la population catholique est pauvre, plus cette disposition des esprits est absolue, car elle se fortifie alors de ce fait concluant : elle vit, en grande partie, des aumônes que distribue l'évêque, et se presse autour de lui comme autour d'un père nourricier. Cependant l'évêque ne reçoit de l'État ni de la colonie aucun traitement. Tout ce qu'il a, il le tient du don volontaire de ces mêmes ouailles dont la plus grande partie lui tend la main grande ouverte pendant tout le courant de l'année.

L'évêque de Saint-Jean de Terre-Neuve, notamment, peut passer pour un des riches prélats de la catholicité. Ses revenus sont considérables, et se fondent, pourtant, presque uniquement sur la vente du poisson. Les contributions des fidèles arrivent sous cette forme, et le plus misérable pêcheur préférerait prendre sur la portion destinée à la nourriture de sa famille que de diminuer la portion qu'en son âme et conscience il croit devoir réserver à son premier pasteur.

Il apporte son tribut en nature, et l'évêque le fait vendre, et comme il se trouve ainsi annuellement en possession de cargaisons considérables, il en résulte qu'indirectement il représente la plus forte maison de commerce de la colonie.

Mais s'il a de grands revenus, il a aussi de grandes charges. Je viens de dire que la partie pauvre de son troupeau recevait ses aumônes ; elle s'y confie même si absolument que, sur plus d'un point, elle ne sent pas même la nécessité de travailler. L'évêque est là pour la nourrir, et elle le récompense par un dévouement tellement entier, tellement aveugle, qu'il serait imprudent au plus haut degré, à quelque autorité que ce soit, de se mesurer avec un chef populaire aussi vénéré, aussi sûr d'être servilement obéi.

Ce n'est pas tout encore. Mgr de Saint-Jean a bâti de ses deniers, au point culminant de la ville, une vaste cathédrale en pierres, d'un goût un peu contestable, mais imposante par la masse, la solidité, les dimensions, et décorée à l'intérieur avec une profusion d'ornements qui atteint à la magnificence, sinon à la beauté.

Il a établi à coté son palais épiscopal où il réside avec ses prêtres, deux couvents de religieuses, un collège, et cette cité ecclésiastique, qui semble regarder dédaigneusement la ville marchande et même les forts établis au-dessous d'elle, est comme un emblème de la suprématie incontestable que l'évêque de Saint-Jean exerce sur toute la contrée.

Ce serait en retracer une image incomplète que de la représenter sous la couleur uniquement religieuse. Cette suprématie s'appuie également, et avec beaucoup de franchise, sur l'idée de la nationalité irlandaise, mise en opposition avec la race anglo-saxonne. Saillant des murailles du couvent, des sculptures montrent l'effigie d'anciens rois d'Irlande ; sur le pavillon épiscopal, la croix est verte, couleur de l'antique Erin, et s'unit à la harpe, symbole du pays de saint Patrice. Des allusions fréquentes, constantes, passionnées au souvenir du passé, entretiennent un patriotisme déjà fortement enraciné dans tous les cœurs chez une race singulière qui n'a ni la faculté de rien oublier, ni celle de se corriger d'aucun des défauts, source de ces malheurs. Partout, aux colonies du Nord-Amérique, comme dans l'Australie, comme aux États-Unis, elle porte cette gaieté un peu insouciante qui la fait ressembler, à certains égards, aux lazzarones napolitains [4] : sa bravoure étourdie, son imprévoyance, son manque absolu de tout principe sérieux, son dévouement facile et entier, son esprit d'aventure et son vif amour de toutes les jouis-

---

4. Lazzarones napolitains : la population nombreuse et insouciante qui encombrait les rues de Naples, dormant ou se chauffant au soleil, sans domicile fixe ou profession assurée. Ils formaient une population redoutable mais qui n'avait pas manqué d'un certain sentiment patriotique, et qui savait tourner son énergie vers la défense de la liberté ou de l'indépendance nationale.

sances, enfin ces traits si multipliés, si divers d'une nature séduisante à l'extrême, souvent médiocrement estimable, et qui l'ont rendue et la rendront jusqu'à la fin l'antipode de l'esprit anglais.

Quand viennent les élections, l'évêque décide naturellement des candidats qui seront élus. Pendant le cours des sessions, il ne dissimule ni son approbation ni son blâme touchant l'action des catholiques et la marche des affaires. Quand une mesure importante préoccupe l'esprit public, il emploie la voie des journaux pour faire connaître son sentiment personnel, et s'agirait-il une question de tarif, d'un chemin à construire ou de tout autre intérêt analogue, une fois qu'il a parlé, ce qui est catholique sait ce qu'il faut croire et dire. Pour trouver dans les faits européens une analogie avec une telle situation, on doit remonter au moins au douzième siècle.

Mgr M[ullock [5]], évêque de Saint-Jean, est un prélat parfaitement digne du pouvoir qu'il exerce. Un esprit ferme et entreprenant, hardi et modéré, mais surtout capable de conduire jusqu'au bout les résolutions les plus extrêmes, une imagination vive, une érudition solide rapporté d'Italie où il a fait ses études, le placent, non moins que sa haute dignité, à la tête de sa nation. D'une simplicité de mœurs complète, employant tout son revenu à de grandes créations ou à des aumônes, il est redoutés sans doute, mais non moins vénéré des protestants eux-mêmes. Son activité est prodigieuse. Il sait mener de front la construction de ses édifices, l'administration des couvents et du collège, les affaires spirituelles de son diocèse, l'intérêt de chaque jour qu'il porte aux affaires de la colonie et ses constantes visites pastorales, et la composition de nombreux écrits. Le respect qui l'entoure, et les manifestations de ce respect ne sont pas inférieures à ce que les souverains peuvent prétendre, et le prélat a quelque chose de leur majesté. Profond, m'a-t-on dit, dans les connaissances théologiques, il porte dans la discussion des idées appartenant à l'économie politique et à l'avenir des pays américains, une connaissance des faits, un esprit de discernement, une fermeté de vues qui appartiennent certainement à une intelligence du premier ordre. J'ai vu plus d'un meneur du parti catholique, incertain d'être blâmé ou approuvé par lui, l'approcher avec une crainte visible. Ce sont là des nouveautés tout à fait remarquables pour un observateur européen.

Dans le temps que nous étions à Halifax, le siège archiépiscopal de cette ville était vacant. Le dernier titulaire, mort depuis peu, avait laissé des regrets universels, et, bien que son autorité ne fût pas aussi évidente, aussi en dehors que celle de Mgr M[ullock] à Terre-Neuve, il paraît qu'elle n'était guère moins considérable en fait, et que son successeur aura recueilli un puissant héritage. Car je l'ai déjà dit, les dispositions et les sentiments des catholiques sont partout les mêmes dans ces contrées.

Mais je ne dois pas oublier que si j'ai parlé ici de la situation des catholiques et de leurs chefs dans les colonies anglaises du Nord-Amérique, c'est principalement au point de vue des parties politiques. En ce moment, où il me reste peu de chose à ajouter à la description du pays, je vais continuer ces observations.

Les dispositions ambitieuses des parlements coloniaux, qui les portent à ne pas se contenter d'une situation cependant idéalement bonne, et qu'aucune combinaison différente ne vaudra jamais, à coup sûr, n'auraient peut-être pas de grandes conséquences dans l'avenir tant elles sont visiblement peu raisonnables, sans deux faits qui leur donnent une portée toute particulière.

---

5. John Thomas Mullock (1807-1869), un Irlandais, devint l'évêque catholique de Terre-Neuve en 1850.

Je viens d'indiquer le plus général : c'est l'antipathie irréconciliable des émigrés irlandais pour l'Angleterre, et, qui plus est, la façon dont cette antipathie s'accroît dans les générations nouvelles qui ne reçoivent cependant que des bienfaits de cette ancienne ennemie. Mais l'imagination irlandaise ne pardonne rien. De sorte que la vanité locale d'un côté, l'aversion de race de l'autre, rendent la métropole de plus en plus impopulaire dans ses colonies. Cependant, si celle-ci ne consistaient que dans le territoire de la Nouvelle-Écosse, de l'île du Prince-Édouard, du Cap-Breton, du Nouveau-Brunswick, de Terre-Neuve, ces velléités auraient grand'-peine à jamais rien produire de considérable, et il ne serait pas difficile au cabinet de Londres de maintenir sa suprématie. Les populations sont partout si faibles dans ces territoires, le sol y est généralement si peu fécond, la richesse si médiocre, qu'il n'y aurait pas tendance sérieuse à se soustraire à une domination dont on ne pourrait jamais nier les côtés avantageux ; mais le Canada existe, et c'est vers ce point que se dirigent les regards comme étant le centre de ralliement nécessaire de toutes les colonies de ces parages.

Il ne m'a pas été possible, malheureusement, de visiter cette région remarquable à tant d'égards. Dans les colonies anglaises, on la considère, et avec raison à ce qu'il semble, comme un foyer de richesses et de connaissances qui ne pourront que s'accroître avec le temps. Le sol y est généralement fertile, le commerce et l'industrie s'y montrent très-développés, et, autant que j'ai pu en juger par les livres et les journaux qui en proviennent, le niveau intellectuel y est sensiblement plus élevé qu'aux États-Unis.

La rivalité ancienne qui existait entre le haut et le bas Canada, entre les populations d'origine française et celles venues d'Angleterre, paraît avoir presque complètement disparu par le seul fait de l'égalité des droits et de situation accordée à tout ce peuple. Il n'y est plus question, comme vingt ans en ça, de s'unir aux États-Unis, et l'opinion publique s'est tellement transformée à cet égard, que les derniers chefs du parti qui autrefois menaçait la couronne d'Angleterre de rechercher cette annexion, sont aujourd'hui abandonnés de tout le monde et complètement obscurs. Des alliances de famille multipliées tendent à confondre de plus en plus les origines, et, il y a deux ans, une grande manifestation publique est venue, en quelque sorte, enterrer tous les souvenirs hostiles. Un monument a été élevé aux morts français et anglais de la bataille de Québec, et les discours prononcés en cette circonstance, en présence des autorités et des troupes anglaises, ont célébré la gloire des deux armées, et salué la mémoire des pères communs de la patrie.

∽

Il ne serait pas impossible toutefois que Terre-Neuve ne fût maintenue en dehors d'une telle combinaison. Si l'on excepte Saint-Jean, il n'existe pas dans cette île un point de quelque valeur en égard à la population. Le terroir est d'une stérilité sans remède. On n'a jamais pu réussir à coloniser aucune partie de l'intérieur, qui est resté aussi désert qu'aux premiers temps de la découverte, considération qui paraît péremptoire ; le voisinage où cette île se trouve d'Irlande, sa situation dans le golfe Saint-Laurent lui donnent une importance au point de vue stratégique dont il est difficile d'admettre que l'Angleterre puisse faire aisément abstraction. On paraît même avoir déjà commencé à fortifier Belle-Isle, afin de s'assurer en tout état de cause la domination de détroit, et, partant, une sorte d'autorité militaire dans le golfe.

Quoi qu'il en soit, en retranchant ou en réunissant Terre-Neuve, l'ensemble des colonies anglaises du Nord-Amérique semble marcher vers une situation qui peut modifier considérablement l'avenir des pays américains, et, à ce titre, ces régions sont plus dignes que jamais de fixer l'attention des esprits sérieux.

LES THÉÂTRES DES OPÉRATIONS FRANÇAISES (1867)

Édouard du Hailly, *Six Mois à Terre-Neuve*, p. 953-962.

Édouard du Hailly était en réalité Édouard-Polydore Vanéechout (1824-1871), qui entra au service de la marine en 1843. Il devint lieutenant de vaisseau en 1854, et, promu au grade de capitaine de frégate en 1866, il servit dans la Station navale de Terre-Neuve. Vanéechout joint son écriture à sa carrière navale. Il publia son recueil *Campagnes et stations sur les côtes de l'Amérique du Nord* (1864), ainsi que *Campagnes et stations, par L. du Hailly : une campagne dans l'Extrême-Orient, les Antilles françaises, Terre-Neuve* (1869). Il publia également *La France en Cochinchine : débuts d'une colonie* (1866).

Le principal intérêt de cette campagne est d'étudier les mœurs de la population assez singulière qui, sous le prétexte de garder nos établissements de pêche pendant l'hiver, s'est peu à peu fixée sur les divers points de la côte fréquentés par nos navires. D'origine anglaise ou plus souvent irlandaise, on a peine à comprendre quel mobile a pu retenir ces exilés volontaires sous un ciel aussi inclément. Ce n'est pas l'appât du gain à coup sûr, car le premier regard qu'ils ont jeté autour d'eux en arrivant a dû suffire à leur montrer quelle misère serait leur lot le plus probable ; ce n'est pas non plus l'amour du sol, puisque, outre qu'ils ne sont pas toujours nés dans l'île, leur vie un peu nomade les y fait souvent passer d'un point à un autre de la côte. Non, ce qui les retient là, c'est cet instinct d'indépendance vague et irréfléchi dont eux-mêmes ne se rendent pas compte, qui pousse sur la voie des aventures un flot sans cesse renouvelé d'enfans perdus de la race anglo-saxonne. Aussi ces philosophes pratiques vivent-ils de la plus primitive de toutes les existences, exempts de magistrats, d'impôts et de quoi que ce soit qui rappelle un semblant d'autorité ou d'organisation quelconque. Le navire dont ils sont censés garder l'établissement pendant l'hiver subvient à une partie de leurs besoins matériels par les vivres qu'il leur laisse. Pour le reste, la chasse et la pêche leur fournissent la matière d'un petit commerce avec les goëlettes de quelques caboteurs, qui vont de baie en baie échanger des objets de troc contre du poisson ou des fourrures.

Catholiques pour la plupart, ces familles accueillaient avec joie la venue de notre frégate, à bord de laquelle se trouvait un aumônier, et c'était surtout fête pour ces braves gens lorsque nous passions un dimanche au mouillage dans leur baie, ce qui leur permettait de venir assister à la messe du bord. Quelles toilettes les femmes n'arboraient-elles pas pour la circonstance ! jusqu'à des crinolines[1] ! Ce n'est pas cependant que les

---

1. Il n'était pas rare, selon Vanéechout, de voir les capitaines des navires de pêche rapporter de France chaque année des gravures de mode destinées aux familles de leurs gardiens, à la demande

secours spirituels leur manquent absolument, car le diocèse d'Avranches tient à honneur d'envoyer autant que possible à chaque saison un prêtre sur les lieux de pêche, et cette mission était même confiée, il y a quelques années, à un ancien capitaine pêcheur, entré dans les ordres à la suite de malheurs de famille ; mais les distances sont trop considérables et les communications trop difficiles pour qu'une seule personne puisse suffire à tout. De plus le hasard avait fait que pendant plusieurs campagnes successives nous n'avions envoyé à Terre-Neuve que des bâtimens de guerre non pourvus d'aumôniers, de sorte que, partout où nous nous arrêtions, notre pauvre abbé se trouvait en présence d'un formidable arrière de liquidation. Il faut l'avouer, malgré l'absence du prêtre on ne s'en était pas moins marié dans l'intervalle tout le long de la côte, et les enfans s'étaient succédé avec autant de régularité que si nulle formalité n'eût été omise. Aussi chaque jour quelque nouvelle mère de famille venait-elle à bord supplier notre aumônier de régulariser sa situation et de bénir son mariage, en même temps qu'il baptiserait ses trois ou quatre enfans. Ajoutons que ces épisodes étaient empreints d'un tel sceau de bonne foi et de naïveté que nul n'était tenté d'en sourire.

Loin de nous craindre et de nous considérer comme usurpateurs du sol, nos Anglais (jamais un capitaine n'appellera son gardien autrement que *son* Anglais), nos Anglais, dis-je, attendent chaque année avec impatience le retour des pêcheurs, car ce retour, qui coïncide avec celui de la belle saison, est aussi le signal de l'apparition des morues sur la côte. Les premiers navigateurs de Terre-Neuve en avaient fait la remarque, ainsi que le racontait déjà Marc Lescarbot en son naïf langage. « Quand l'hiver arrive, dit-il, tous poissons se trouvent étonnés, et fuient les tempêtes chacun là où il peut ; mais sitôt que la sérénité du printemps revient et que la mer se tranquillise, ainsi qu'après un long siège de ville, la paix étant faite, le peuple auparavant prisonnier sort par bandes pour aller prendre l'air des champs, de même ces *bourgeois de la mer*, après les furieuses tourmentes passées, viennent à s'élargir par les campagnes salées, ils sautent, ils trépignent, ils font l'amour, ils s'approchent de la terre [2]. »

Les divers postes assignés sur la côte à nos navires sont désignés d'avance par la voie du sort pour un terme de cinq ans, dans une assemblée générale d'armateurs tenue à Saint-Servan. Les bâtimens destinés à la côte ouest partent de France dans les premiers jours de mars, ceux qui vont à la côte orientale attendent la fin d'avril ; mais pour les uns comme pour les autres la traversée est rarement commode. Il faut remonter au nord pour trouver le bon vent, et la mer y est rude en cette saison, d'autant plus rude que l'on se sait exposé aux dangereuses rencontres des *ice-bergs*. Chacun guette à bord la première apparition d'un oiseau bien connu du marin des mers polaires, le godillon, au plumage noir et blanc, au bec pointu, aux pattes larges et palmées[3]. Sa présence annonce le voisinage des glaces. On ne tarde pas en effet à voir se multiplier autour du navire ces gigantesques montagnes flottantes aux formes fantastiques, et souvent même, lorsque se profilent à l'arrivée les sommets encore neigeux du havre où l'on croit pénétrer, souvent on s'en voit séparé par une infranchissable banquise dont force est d'attendre patiemment la débâcle. La route est libre enfin, on entre, et la journée n'est pas terminée que déjà le bâtiment est solidement fixé par quatre amarres au fond de quelque crique.

---

des femmes et des filles, qui copiaient ces dessins.
2. Marc Lescarbot, *Histoire de la Nouvelle-France*, p. 828.
3. Godillon : peut-être le mergule nain *Alle alle*, ou Dovekie en anglais. Cependant, tel que c'est décrit, les caractéristiques s'applique aussi bien aux *murres* de Terre-Neuve et au petit pingouin (*razorbill*).

Dès le lendemain, la véritable campagne est commencée. Le plus pressant est de courir aux embarcations de pêche halées au sec sur le rivage lors du départ de l'année précédente, de les visiter et de les remettre à flot. Il faut en même temps réinstaller le *chauffaud*, vaste hangar élevé sur pilotis et recouvert d'une toile à voile, où la morue traversera les premières phases de sa préparation ; à cet effet il est toujours construit au bord de la mer, où il s'avance assez au large pour permettre en tout temps aux canots chargés d'accoster librement. À quelque distance en arrière du *chauffaud* sont les huttes qui serviront de logement à la petite colonie pendant toute la durée de la campagne, le toit en planches recouvertes d'une toile goudronnée, les parois en sapins tronçonnés, enfoncés en terre à coups de masse et calfatés dans les interstices avec de la mousse ; à l'intérieur un corridor, toujours en troncs de sapins ; à droite et à gauche, superposées comme à bord, les couchettes des hommes, presque toujours sordides et repoussantes. D'autres cabanes non moins primitives sont réservées à l'état-major, à la cambuse ou dépôt de vivres et au four du boulanger, car il serait injuste de passer sous silence cette unique douceur du régime des matelots à Terre-Neuve, le pain frais à discrétion.

À la vérité les soucis de la vie matérielle tiennent peu de place dans cette laborieuse existence. Partir avant l'aube, ne rentrer qu'à la nuit, passer de longues heures au large dans les canots, ne vivre que pour la pêche, ne voir que la morue, tel est le programme de chaque jour. Aussi le *chauffaud* est-il à certaines heures le théâtre d'une activité presque fiévreuse, à mesure que s'y succèdent les embarcations qui reviennent chargées. À peine sont-elles amarrées à la galerie extérieure que les matelots embrochent le poisson de leurs *piquois* et le jettent aux mousses, lesquels le rangent sur l'étal du décolleur. Celui-ci égorge la victime, l'ouvre d'un coup de couteau, lui arrache la tête et les entrailles, et la pousse au trancheur, qui d'un seul coup de couteau doit enlever la *raquette* ou colonne vertébrale. La morue est alors remise au saleur, qui la couche à plat, la chair en haut, entre deux lits de sel. Où la poésie va-t-elle se nicher, et qui croirait que la morue eût pu inspirer les horribles vers que voici ? Je les extrais des œuvres d'un Terre-Neuvier trop enthousiaste [Carpon] : que la muse didactique de Delille[4] lui pardonne !

> Un matelot la jette, un mousse la ramasse,
> Aux mains du décolleur rapidement la passe,
> Qui, lui serrant les yeux, debout dans un baril,
> De son couteau-poignard l'ouvre jusqu'au nombril.
> Deux doigts de la main droite en détachent le foie ;
> Sans tête et sans boyaux avec force il l'envoie
> Au trancheur vigilant, armé de son couteau,
> Qui la fait en deux temps tomber dans un traîneau[5].

Je fais grâce du reste, ainsi que de l'énumération des qualités qui constituent la morue parfaite, comme quoi, ayant été soigneusement *énoctée*, elle doit présenter à la place de la raquette une rigole aux bords nets et rectilignes, n'avoir aucune érosion à la peau ni aux nageoires, etc. Une fois le poisson décollé, tranché et salé, il reste à le laver et à le sécher. La première opération se fait au moyen d'une cage mobile à claire-voie que l'on hisse et amène dans l'eau de mer. La seconde, plus délicate, exige chez le pêcheur une connaissance approfondie de la météorologie de Terre-Neuve, car il suffit souvent de quelques heures d'un soleil trop ardent pour brûler la morue et la réduire à l'état d'en-

---

4. Jacques Delille (1738-1813), versificateur bien connu par sa *Traduction des géorgiques de Virgile* (1770).
5. C.-J.-A. Carpon, *Voyage à Terre-Neuve*, p. 94-95.

grais sans valeur. Cette sécherie se fait sur les *graves*, c'est-à-dire sur des portions de rivage recouvertes de cailloux en manière de plate-formes, et c'est là aussi qu'après avoir reçu de la sorte le nombre de *soleils* voulu (c'est le terme consacré), le poisson est ramassé d'abord en *javelles*, puis en piles pyramidales, jusqu'au *soleil* d'embarquement, donné dans les derniers jours de beau temps qui précèdent le départ définitif, en septembre.

Telle est la vie du pêcheur de la côte, l'on voit que le repos n'y tient pas grand'place ; tel est le dur travail dont il paie un gain souvent chétif. Et cependant cette existence est plus rude et plus âpre encore, lorsqu'au lieu de rester à la côte le pêcheur va chercher le poisson sur les bancs du large. Là le bâtiment n'est plus tranquillement et solidement amarré au fond d'une baie ; c'est en pleine mer, sans nul abri contre une houle souvent dangereuse, que sont mouillés ces navires auxquels les matelots donnent le nom de *banquiers*, en raison des bancs qui servent de théâtre à leurs opérations ; mais l'antithèse a ici quelque chose de triste, car ces pauvres *banquiers* semblent représenter la personnification la plus complète de la misère navale.

Pour eux, la journée commence longtemps avant le soleil. Dès deux heures du matin, on voit les hommes de l'équipage émerger l'un après l'autre du panneau de l'avant, et accoster le long du bord les chaloupes dans lesquelles ils vont embarquer. La nuit est sombre, la brise souffle à lourdes rafales ; n'importe, il faut quitter le navire pour aller bien loin au large avec une frêle embarcation chercher les lignes de pêche mouillées la veille ; il faut, quand on les a retrouvées, les relever lentement et patiemment sur une longueur de 3 000 ou 4 000 mètres, en visitant l'un après l'autre les six cents hameçons suspendus de distance en distance. Le jour est venu sur ces entrefaites, mais ce n'est guère avant huit heures du matin que l'on regagne enfin le navire pour y embarquer le poisson, l'ouvrir, le nettoyer, en retirer les rogues et les foies et se hâter de *boiter* les hameçons, car il faut repartir l'après-midi dans les chaloupes afin de tendre de nouveau les lignes avant le coucher du soleil. Les embarcations une fois parties et bientôt hors de portée de la vue, il ne reste à bord que le capitaine et deux hommes, qui, tout en tranchant, décollant et salant la morue, doivent constamment veiller l'horizon, afin de rappeler les canots à coups de pierriers, si le temps menace ou si la brume se fait, et de leur faciliter au besoin l'accostage.

La double opération que l'on vient de décrire, consistant à mouiller et à relever les lignes, est désignée par les pêcheurs sous le nom de marée, et comme trente ou trente-cinq marées au moins sont nécessaires pour remplir la cale du navire, comme il faut changer fréquemment de mouillage, manœuvre toujours longue et fatigante par ces grands fonds, il s'ensuit que la durée d'une pêche embrasse généralement plus de quarante jours de ce labeur incessant et excessif : heureux si nul sinistre ne vient assombrir la campagne, si aucune chaloupe ne manque à l'appel du soir ! Personne d'ailleurs n'est plus fier de sa profession que le matelot des bancs de Terre-Neuve, et rien n'est mieux justifié que cette conscience qu'il a de sa supériorité.

2.

Après deux ou trois mois de l'existence peu variée que l'on mène au milieu des pêcheurs, on comprend avec quel enthousiasme est accueillie l'annonce d'une visite à l'un des quelques points civilisés compris dans le ressort de la station. Ces centres de civilisation ne sont par malheur qu'au nombre de trois, deux anglais et un français, ce dernier incontestablement le moins gai. C'est l'îlot de Saint-Pierre-Miquelon, rocher plutôt qu'îlot, et le seul point de ces mers jadis françaises où les traités nous aient conservé le droit de faire flotter notre pavillon. La ville s'étends en amphithéâtre autour d'un petit havre intérieur, dit *Barachois*, dans lequel se réfugient pendant l'hiver les bâtimens d'un faible tonnage qui ne rentrent pas en France. Au bord de la mer sont les *habitations* ou établissemens consacrés à la préparation de la morue, tous entourés, en guise de jardins, de ces parterres caillouteux baptisés du nom de *graves*. En arrière se croisent à angles droits une demi-douzaine de rues, où les boutiques alternent avec les cabarets, plus en arrière encore un étage de collines recouvertes d'une forêt lilliputienne de sapins montant au plus à hauteur du genou[6]. Il y a peu d'années que ces forêts étaient encore à l'état vierge, lorsque le département de la marine eut l'heureuse idée d'envoyer à Terre-Neuve chaque année, pendant deux mois, une partie des bâtimens de la division des Antilles, afin de soustraire les équipages aux fâcheuses influences d'un hivernage tropical.

Pour que les matelots pussent mieux profiter de ce changement de climat, ils furent occupés à terre à doter la petite île de Saint-Pierre des voies de communication qui lui manquaient, et ce fut ainsi que l'on vit s'ouvrir à travers les forêts de l'intérieur la route de la *Cléopâtre*, la route de la *Bellone*, celle de l'*Iphigénie*, du *Surcouf*, du nom des différens navires qui s'illustrèrent ainsi successivement dans la carrière des ponts et chaussées ; puis, comme un progrès ne vient jamais seul, l'administration locale se piqua d'honneur, et fit don au port d'un système de quais et de jetées. Enfin en 1867 les embellissemens de la colonie furent complétés plus coûteusement qu'on ne l'eut désiré par l'intervention brutale d'un incendie, qui força les habitans à reconstruire leurs maisons plus espacées et moins exposées au feu. C'est ainsi que Saint-Pierre prit peu à peu l'aspect d'un port de commerce à peu près respectable, et que ce rocher perdu, condamné par la nature à une stérilité absolue, n'en est pas moins devenu le siège d'un mouvement maritime qui s'accroît chaque année.

Le moment le plus animé est vers la fin du mois de mai, lorsque la flotte des banquiers vient débarquer le produit de sa première pêche, et acheter en même temps aux goëlettes venues de la côte anglaise le capelan destiné à servir de boîte ou d'appât pour la second pêche. Alors, pendant quelques semaines, la rade est couverte de navires, le mouvement des entrées et de sorties est incessant, et à terre les rues ne désemplissent pas de matelots en goguette, traînant de taverne en taverne leurs énormes bottes de mer montant à demi-cuisses. C'est aussi le moment de la grande activité dans toutes les habitations, où se préparent pendant cette campagne d'été les expéditions destinées aux divers marchés que nous alimentons, Boston, les Antilles, Marseille, la Réunion.

Un fait assez curieux est que le premier choix de morue est invariablement réservé à la place américaine de Boston, les qualités inférieurs étant considérées comme suffisantes pour nos colonies, où des tarifs différentiels en protègent la vente. Quoi qu'il en soit de cette conséquence inattendue du système protectionniste, et si artificielle que puisse paraître la prospérité de Saint-Pierre, toujours et-il que le commerce s'y traduit annuellement par un chiffre de 13 à 14 millions de francs, qui tend à augmenter ; l'exportation de morue séchée y est en moyenne de 12 millions de kilogrammes par an. C'est sans nulle mauvaise intention d'ailleurs que nous qualifions cette prospérité d'artificielle, car personne n'ignore que l'existence des pêcheries de Terre-Neuve repose forcément sur le maintien d'un système de primes renouvelé pour dix ans in 1860.

---

6. Lilliputienne : comme le petit monde de Lilliput dans la traduction de la satire par Jonathan Swift, *Voyages du capitaine Lemuel Gulliver en divers pays éloignez*, La Haye, 1727.

Ces primes, de deux sortes, sont les unes de 50 francs par homme d'équipage pour les pêches avec sécherie, et de 30 francs pour les pêches sans sécherie, les autres de 20 à 12 francs par quintal métrique de poisson, selon la destination des produits. La charge qui en résulte pour l'état est insignifiante, puisqu'elle ne dépasse pas 2 millions de francs dans les meilleurs années, et que, grâce à ce mince sacrifice, nous nous assurons une pépinière permanente d'environ 10 000 matelots de premier ordre. Bien loin donc qu'il y ait lieu de formuler contre cette minime dépense une protestation en l'honneur du principe de la liberté commerciale, nous pensons qu'il est de notre intérêt de la maintenir, et peut-être y aurait-il avantage à en augmenter le chiffre, en présence de la diminution progressive de notre population maritime. Terminons en disant que l'administration de cette colonie microscopique ne coûte que 300 000 francs, tant au personnel qu'au matériel ; c'est le plus économique de nos établissemens d'outre-mer, et ce n'est assurément pas le moins utile.

Malgré tous ces mérites, il en est un peu de Saint-Pierre-Miquelon comme la jument de Roland dans l'Arioste[7]. Nous ne chercherons donc à établir aucune comparaison entre notre îlot et Saint-Jean, le chef-lieu de la colonie anglaise, grande ville de 30 000 âmes où se trouvent réunies toutes les séductions de la société moderne, un gouvernement, un parlement, des consuls, des tribunaux, des églises catholiques et protestantes de toutes les dénominations, des rues éclairées au gaz, des journaux, des banques, et jusqu'à une maison de fous. Autour de la ville, des routes bien entretenues montrent de distance en distance quelques-uns de ces jolies *cottages* dont les Anglais ont le secret. Quelques fermes aussi sont éparses çà et là, comme pour rappeler à l'esprit que l'on est sur une terre appartenant aux premiers agriculteurs du monde, bien que l'aspect même de ces cultures ne donne pas une idée très encourageante de la fertilité du sol. On renaît en un mot à la vie civilisée, et l'on jouit par contraste de tout ce dont on a été privé pendant des mois d'exil au pays de la morue.

Ce n'est pas que Saint-Jean n'ait rien à démêler avec ce précieux poisson, tout au contraire, mais au moins la ville a-t-elle atteint ce degré de prospérité et d'importance où elle n'est plus obligée d'étaler à ses portes l'abominable cuisine de l'industrie qui la fait vivre. Le temps de relâche s'écoule donc on ne peut plus agréablement, et l'on y retrouve cette existence toujours à peu près la même que les Anglais transportent à leur suite sur les nombreux points du globe où ils ont jugé bon de s'établir. Partout l'intérieur des maisons aura le même cachet, ou pour mieux dire le même air de famille, partout le programme des journées ramènera à la même heure ce dîner stéréotypé qui tient une place si importante dans cette vie d'outre-mer, surtout quand la visite d'un bâtiment étranger permet après le *pass-wine* de couronner la soirée par un quadrille improvisé. *Colonial society*, vous disent avec un dédain confidentiel ceux qui croient devoir prendre en pitié ces mœurs accommodantes. Il est certain qu'en présence d'une société aussi savamment hiérarchisée dans son échelle aristocratique que l'est la Grande-Bretagne, les Brown, les Jones et les Smith qui abondent dans le monde colonial se trouveraient peut-être un peu dépaysé aux salons du West-End à Londres ; mais l'étranger qui n'a que faire d'y regarder d'aussi près jouit sans arrière-pensée de cette cordiale hospitalité dont il ne trouverait l'équivalent ni à Londres, ni dans aucune ville d'Angleterre.

---

7. Ludovico Ariosto (1474-1533), diplomate au service du cardinal Hyppolyte d'Este, qui rédigea des poésies latines, des satires et des comédies inspirées des auteurs latins. Surtout, il consacra trente ans à l'écriture du *Roland Furieux*, un long poème héroï-comique.

Grâce à la fertilité relative des provinces de Plaisance et d'Avalon, les plus riches de l'île, la population de la partie anglaise a pu s'élever à un chiffre de 130 000 habitans, bien supérieurs sous tous les rapports aux 2 000 ou 3 000 enfans perdus disséminés le long de la côte française. Le mouvement commercial annuel y est de 75 millions de francs, dont la plus grosse part est fournie par l'universelle morue. Toutefois la pêche qu'en font les Anglais est limitée à leurs côtes, et aucun de leurs navires ne vient tenter la fortune sur les bancs à côté des nôtres, comme ils auraient le droit de le faire. En revanche, nous ne leur faisons dans ces parages aucune concurrence pour une autre pêche à laquelle sont occupés tous les ans leurs meilleurs matelots, et qui, bien qu'elle ne dure guère plus de cinq semaines, n'en chiffre pas moins aussi ses bénéfices par millions. Je veux parler de la pêche des phoques ou veaux marins aux mois de mars et d'avril.

Cependant en mars les havres de la côte sont encore pris dans les glaces, et les pêcheurs ne peuvent gagner la pleine mer sur leurs navires que par des canaux péniblement ouverts à la scie et à la hache. Il importe en effet de se hâter ; c'est en février que les immenses champs de glace qui descendent des mers du nord, entre le Labrador et le Groënland, se dirigent vers les côtes nord-est de Terre-Neuve, et c'est à la fin de ce même mois que les femelles mettent bas sur ces bancs. Il faut donc entrer en chasse avant que les petits ne soient assez grands pour échapper aux poursuites ; mais au mois de mars les pêcheurs n'ont pas à chercher bien loin la banquise : elle les entoure bientôt sous la forme de ce que les navigateurs des mers polaires appellent *drift-ice*. Ce sont tantôt de larges bandes de glaces dérivant au gré du courant, tantôt des amas de morceaux brisés et serrés les uns contre les autres, ou encore d'énormes *ice-bergs*, véritables îles flottantes aux formes étranges. Ces dernières sont les seules dont il faille se défier, car grâce à une construction spéciale les navires expédiés à cette pêche n'ont rien à redouter de la plupart des glaces qu'ils rencontrent.

Ce qui suit est barbare et cruel. Il s'agit de trouver les phoques réunis en troupeaux, alors que les petits sont encore hors d'état de s'enfuir. Chaque homme est armé d'une sorte de massue ferrée de deux mètres de long et d'un couteau. Quand les mères le voient s'approcher, elles plongent d'abord dans quelque fente du glacier ; puis, comme éperdus aux cris de douleur de leurs nourrissons, elles remontent sur la glace pour les défendre, et viennent le plus souvent s'offrir d'elle-mêmes au massacre. Un seul coup sur le nez suffit à tuer le pauvre phoque ou du moins à l'étourdir, et il est alors écorché et dépecé sur place, presque toujours encore palpitant, afin de ne rapporter à bord que la peau et la graisse qui y reste adhérente. Ce retour est la partie la plus laborieuse et aussi la plus dangereuse de l'opération. Souvent le navire est loin ; depuis qu'on l'a quitté, la route aura changé de nature, et il faudra traîner à grand'peine les dépouilles des victimes à travers des obstacles de tout genre. Parfois la glace cède, et l'homme disparaît ; parfois aussi survient une brume épaisse ou une tempête de neige qui ne permet de rien distinguer, et, pour peu que les courans aient entraîné le navire dans une autre direction que celle où on l'a laissé, le pauvre pêcheur a bien des chances de succomber à la peine sous la triple étreinte de la faim, du froid et de la fatigue.

Aussi n'est-il pas d'année où l'on n'ait à enregistrer quelque sinistre de ce genre ; mais la saison suivante n'en verra pas moins partir une nouvelle flotte, plus nombreuse chaque fois ; elle compte aujourd'hui jusqu'à deux cents navires montés par plus de 10 000 matelots, car l'irrésistible séduction des coups de dé heureux ne s'exerce pas moins ici qu'aux *placers* [dépôts] de Californie. Tel navire dans une seule journée a tué plus de 3 000 phoques, et réalisé de la sorte un bénéfice de 45 000 francs en quelques heures. Pourquoi serait-on moins favorisé ? Le mois de mai voit la fin de cette courte et lucrative campagne, de façon que rien n'empêche les mêmes matelots de prendre part successivement dans l'année aux deux pêches des phoques et de la morue. Quant à nos pêcheurs, force leur est de se borner à la morue, les traités nous interdisent d'hiverner à Terre-Neuve, comme il faudrait le faire pour être prêt à chercher les phoques en même temps que les Anglais, en mars.

La croissance de la population et les droits français (1873)

O. de Ceinmar, « Les nouveaux états britanniques et les pêcheries françaises dans l'Amérique du Nord », p. 357-362.

Olivier de Ceinmar était en réalité Olivier-Marie Carné (1848-1892), fils de Louis-Joseph-Marie de Carné, comte de Carné-Marcein, un des fondateurs du premier *Correspondant*. Il entra au service de marine en 1864, et comme enseigne de vaisseau en 1870 il fut décoré de la Légion d'honneur pour sa conduite lors du siège de Paris au plateau d'Avron. Lieutenant de vaisseau en 1875, il pris sa retraite en 1889. Carné était par la suite membre de la Société archéologique du Finistère et de l'Académie de Marseille. Il s'occupa aussi d'action sociale et religieuse et publia en 1880 *Les doctrines des congrès ouvriers en France*. Dans cet article-ci, publié dans le *Correspondant*, il souleva la question des droits français en Amérique du Nord après la Confédération canadienne.

À la paix de 1763, on modifia d'un commun accord les limites consenties en 1713. Ces modifications furent équitablement opérées par voie de compensation. De cette époque datent nos premiers établissements à Saint-Pierre ; nous promîmes de ne pas fortifier nos deux îlots. Les Anglais voulaient nous enlever nos moyens militaires, sans prétendre entraver nos droits commerciaux ; aussi nous permirent-ils de pêcher au cap Breton, à la Nouvelle-Écosse et sur les bords du Saint-Laurent. On abolit aussi vers la même époque les droits sur les poissons salés ; et les pêcheries reprirent une vigueur que l'on ne pouvait guère espérer après tant de désastres maritimes. À la paix de 1784, on vit dix mille pêcheurs à Terre-Neuve ; c'était moitié moins qu'un demi-siècle auparavant, mais c'était encore beaucoup. C'est à la paix de 1784, que les États-Unis, devenus une nation puissante, reconnurent nos droits de pêche, et ce fait a bien son importance. Les traités de 1815 laissèrent intact le privilège précieux conquis par Louis XIV, et l'on ne parla plus des pêches jusqu'en 1832. D'égoïstes spéculateurs demandèrent, à cette époque, une modification du traité, nuisible à la plupart des armateurs, avantageuse seulement aux auteurs du projet. Pour gagner un maigre butin, partagé avec les Anglais et les Américains, nous allions perdre une partie de nos droits, et des meilleurs, lorsque les négociations déjà entamées échouèrent devant l'obstination de la législature de Terre-Neuve. Nous étions sauvés.

Mais cette démarche imprudente eut pour résultat d'attirer l'attention sur la question, et de faire discuter des droits que jusqu'alors n'avaient pas été discutés. Il se forma, à Saint-Jean, un parti qui mit à sa tête quelques-uns de ces ambitieux de bas étage, toujours prêts à exciter les passions populaires. Des envoyés mystérieux sillonnèrent les havres de pêche, abrités derrière une patente de marchands de bimbeloteries. Ils s'attachèrent à persuader aux naïfs pêcheurs que nos droits étaient une pure fiction, qu'une tradition mal interprétée avait, seule, pu conserver. Ils prêchaient la croisade contre nos hommes, et réussirent plus d'une fois à soulever des incidents fâcheux. Plus leurs sophismes étaient absurdes, plus ils étaient crus. Les proclamations du gouverneur de Saint-Jean n'étaient plus écoutées, et il fallut user d'autres moyens plus efficaces. Le second Empire, qui ne manquait pas une occasion de marquer toutes nos anciennes institutions à son effigie, saisit avec empressement celle qui lui était offerte de remanier l'œuvre de Louis XIV. Sur la proposition du ministre de la marine, une commission anglo-française fut nommée, en 1858, pour discuter les nouvelles mesures à prendre. La commission parcourut les différents havres de l'île, écouta les observations des uns et des autres, et renouvela à la population l'assurance de nos droits légitimes. Elle constata en même temps que des villages entiers s'étaient élevés là où, d'après les traités, ni les Français ni les Anglais ne pouvaient faire de constructions permanentes, et nous reconnut en conséquence le droit de chasser les intrus. Les conclusions de la commission calmèrent momentanément l'effervescence de la population de l'île, mais c'était un simple temps d'arrêt. Voici, d'après l'intéressant exposé qu'en a fait M. de Gobineau, l'un des commissaires français, les principales clauses de l'arrangement arrêté en 1858[1].

Nos droits exclusifs sur une grande partie des côtes sont reconnus en même temps que nos droits partagés sur d'autres points. Nous pouvons pêcher sur les côtes du Labrador, et même y faire sécher le poisson, tant que les Anglais n'y auront pas d'établissements permanents. Il est formellement interdit aux sujets britanniques d'élever des constructions sur les parties des côtes à nous réservées.

Les Français peuvent couper gratuitement le bois nécessaire à la réparation de leurs habitations, et dans le voisinage de celles-ci.

Nos pêcheurs peuvent maintenir à l'état permanent un gardien du matériel, qu'ils laisseront dans l'île pendant l'hiver.

Une disposition nouvelle nous autorise à pêcher l'appât sur la côte sud de Terre-Neuve, côte exclusivement anglaise, dans le cas où cet appât viendrait à manquer pendant deux années, près de nos îles.

Ces dispositions sont à peu de chose près celles du traité de 1763, et nous font encore la part assez belle, pour qu'il importe de ne pas la laisser amoindrir.

Tandis que le gouvernement français s'efforçait de maintenir dans leur intégrité les avantages reconnus par le traité d'Utrecht, le gouvernement anglais organisait le pays. On ne jugea l'île capable de recevoir une constitution qu'en 1832, et on fit bien.

À peine émancipés, les habitants, comme des enfants mis hors de page, abusèrent de la liberté, et ce fut en 1852 [1855] seulement que le ministère anglais put établir à Terre-Neuve la plénitude du régime parlementaire. Depuis lors, rien n'a été changé dans l'organisation politique de cette île.

Le grand recensement de l'Amérique anglaise, fait en 1868, ne donne pas plus de 132 000 âmes à Terre-Neuve, encore faut-il compter pour la seule ville de Saint-Jean une bonne partie de ce chiffre. C'est une ville en bois de grande étendue, dont les habitants, la plupart pêcheurs, ont des mœurs simples et faciles. On ne trouve pas là de gentlemen accomplis, mais de braves et honnêtes gens, ce qui vaut mieux. La population qui n'ha-

---

1. Voir aussi *Convention Between Her Majesty and the Emperor of the French, Relative to the Rights of Fishery on the Coast of Newfoundland and the Neighbouring Coasts.*

bite pas Saint-Jean est disséminée dans des villages fondés le long des côtes, au fond des baies, au mépris des droits qui nous sont réservés. La grande majorité des habitants est irlandais, et il ne faut pas longtemps à un Irlandais pour devenir la souche d'une famille nombreuse.

Les traités nous donnent le droit de laisser, partout où il y a un lieu de pêche, un gardien chargé de veiller au matériel, qu'il serait trop coûteux de rapporter en France chaque année. Les capitaines choisissent pour ce service un de ces Irlandais nomades. Bien vite ils se sont entendus, grâce à l'octroi de quelques vivres qui permettent à cet homme de passer l'hiver, et au droit de pêche dont nous sommes les grands dispensateurs. Qu'il vienne dans un havre voisin un autre Irlandais, avec sa fille, et voilà vite un mariage contracté. Grâce à leurs rudes travaux, à leur nourriture prolifique surtout, le nouveau couple a bientôt une nombreuse famille. Ces enfants se marient à leur tour, et voilà un village fondé ; il suffit pour cela de dix ou quinze années. Le droit de pêche, qui avait été primitivement concédé au père, s'étend aux enfants, quoique ceux-ci ne nous rendent aucun service. Peu à peu ils en viennent à considérer comme un droit ce qui n'avait été qu'une concession. On comprend dès lors que les meneurs qui, dans leur intérêt personnel, cherchent à soulever la population contre nous, trouvent un terrain bien préparé. Le *gardiennage* devient dans ces conditions une plaie, et la commission de 1858, tout en nous reconnaissant le droit de chasser ces petites colonies, n'y a apporté aucun remède sérieux. Elle a constaté le délit sans rien faire pour le réprimer. Les villages deviennent chaque année plus nombreux et plus forts ; chaque année aussi s'altère davantage la notion de nos privilèges exclusifs, et nos pêcheurs, malgré leur titre incontestable, se voient maltraités et menacés dans certaines parties de l'île.

C'est à la marine militaire qu'est dévolu le soin de faire respecter les droits que nous donnent les traités. D'après ceux-ci, nous possédons une grande partie des côtes de l'île en quelque sorte à l'état latent. Notre possession a ce caractère tout spécial qu'elle est exclusive et en même temps passagère. Ni les Anglais ni nous ne pouvons fonder là où nous sommes quoi que ce soit de stable.

En examinant la question sans parti pris, on est frappé de ce qu'elle a d'anormal et d'étrange. Cette demi-occupation de la plus grande partie des côtes de l'île rend impossible tout essor ultérieur pour le commerce ou l'industrie.

Les Français, peu intéressés à la prospérité du sol où ils s'établissent passagèrement, ne font dans le pays aucun des travaux que nécessite une véritable occupation. Nos droits sur les côtes empêchent les Anglais de tracer les routes qui y aboutiraient, et seraient la première condition d'un établissement sérieux. Quand donc la route de mer est fermée, c'est-à-dire six mois sur douze, les havres ne peuvent avoir entre eux aucune communication. On vient de trouver dans l'île des mines de cuivre ; peut-être découvrirait-on encore d'autres minerais, et la première condition de l'exploitation, une route, manque complètement. Nous avons donc dans ce pays une position faussé, et il en est ainsi des deux côtés. Il en résulte que les commandants de station sont conduits à parler très-haut de nos droits, et à fermer les yeux lorsqu'ils les voient violer. Dans de pareilles conditions, la station navale devient une charge pour nos finances, sans que les intéressés en retirent les avantages auxquels ils pourraient prétendre. Si l'on admet que les abus sont assez forts pour que nous ne puissions pas chasser les intrus qui viennent [bu]tiner sur notre bien, ne vaudrait-il pas mieux entrer carrément dans une voie de réformes ? Un fait est incontestable, ce sont les traités ; un autre ne l'est pas moins, c'est leur violation constante et la reconnaissance implicite de notre impuissance à les faire respecter. La force, fût-ce même celle de l'habitude, ne doit primer le droit nulle part dans les sociétés civilisées. Si donc nous voulons garder nos privilèges, sachons les maintenir énergiquement. Si des concessions sont jugées nécessaires, sachons les faire en temps utile ; c'est la meilleure manière pour sauvegarder notre situation ; si nous continuons à fermer les yeux, il ne sera bientôt plus temps. Terre-Neuve ne fait pas encore partie des *New Dominions of Canada*. N'attendons pas pour résoudre la question que l'entrée de cette province dans la confédération des autres États vienne la compliquer ; n'attendons pas surtout que la pêche, qui va périclitant chaque année, faute d'une protection efficace, soit abandonné par les armateurs. Si jamais la question s'impose à l'opinion publique, il faudra bien y songer ; mais alors peut-être il sera trop tard.

On ne peut recourir, et personne n'y songe, à l'emploi de la force pour nous sortir d'embarras. Des obus lancés sur des cabanes de pêcheurs sont une barbarie inutile ; ce qu'il faut, c'est extirper le mal diplomatiquement. Les mesures pas trop radicales produisent rarement l'effet qu'on en attend. Les Anglais voient fort bien tout cela et ne disent rien, se contentant d'user avec nous d'une tactique habile. Ils traînent les choses en longueur ; quand les abus seront devenus assez généraux pour faire loi, ils estiment que la suppression n'en sera plus possible, et que le fait remplacera le droit. Peut-être ont-ils raison ; il est permis aussi d'espérer que l'administration compétente prendra les mesures nécessaires ; il est encore temps, mais le plus tôt serait le mieux, car chaque année le mal s'aggrave.

Ce n'est pas tout de signaler une mauvaise situation, il faut encore, autant que possible, indiquer une combinaison qui permette d'en sortir. La première solution que se présente à l'esprit serait l'aliénation complète de nos droits, moyennant une somme d'argent que, si petite qu'elle pourrait être, l'état de nos finances ne nous permettrait pas de dédaigner ; mais ce moyen serait détestable, car il supprimerait l'industrie de la pêche de la morue. Ce qui serait préférable, ce serait d'abandonner une partie de nos droits exclusifs, en nous réservant certains lieux de pêche en toute propriété. En choisissant convenablement ces points, nos pêcheurs pourraient encore faire sécher leur morue à terre. Nous serions alors à Terre-Neuve au même titre que tous nos nationaux qui ont des propriétés à l'étranger ; nous perdrions certainement à cette concession, au point de vue du droit, mais en fait nous n'arrêterions pas le développement de tout un pays. L'État, qui serait devenu le propriétaire des havres concédés, pourrait les céder aux armateurs dans des conditions analogues à celles qui sont aujourd'hui en usage. Si avec cet état de choses la pêche se maintenait, on aurait obtenu un excellent résultat ; si elle tombait, il faudrait en faire son deuil, car toute industrie qui ne se maintient que par le privilège doit fatalement périr. En dernier ressort, l'État pourrait concéder les havres à de grandes compagnies, forcément mieux outillées que de simples armateurs ; ce serait peut-être la meilleure manière de remettre nos pêcheries sur un bon pied : on ne verrait plus, comme aujourd'hui, acheter en France de la morue anglaise, parce qu'elle se vend à meilleur compte. Même dans l'état de choses actuel, ces grandes compagnies seraient plus capables de se faire respecter que des pêcheurs isolés, et craindraient moins les menaces des Anglais.

Outre le soin de surveiller l'exécution des traités, la marine militaire doit veiller à ce que nos propres pêcheurs ne pêchent que de la façon indiquée par les règlements. Les bâtiments de guerre se transforment ainsi en tribunaux maritimes chargés de juger les différends des pêcheurs entre eux, ils sont enfin chargés du service postal entre les différents havres de Terre-Neuve. Ce service a une importance considérable. C'est à peu près le seul moyen de correspondance entre les capitaines et leurs armateurs ; pour les équipages aussi il est bon que, pendant six mois, ils ne soient pas complètement séparés de la famille, et qu'ils conservent la force morale que donne toujours la régularité de la correspondance.

LES VARIÉTÉS DU TEMPS (1883)

Henri de La Chaume, *Terre-Neuve et les Terre-Neuviennes*, p. 10-17.

Henri Chenard de La Chaume (1861-1949), né à Mayac, Dordogne, était le fils d'Émile de La Chaume, vice-consul de France à Saint-Jean de 1882 à 1883. Il y accompagna son père comme attaché au commerce, et les deux s'installèrent au 4, Musgrave Terrace, rue Gower. Rentré en 1883, il se maria et s'établit à Cognac, où il s'occupa de sa propriété et de ses jardins, ainsi que de ses opinions de Terre-Neuve. Pour sa perspective sur la situation politique, il profita de l'ouvrage de Joseph Hatton et Moses Harvey dans *Newfoundland, the Oldest British Colony* (1883). De La Chaume perdit ses trois fils pendant la Grande Guerre, et sa femme mourut en 1918. Passionné de la musique, il demeura alors à l'abbaye de Chancelade, Dordogne, comme organiste. En 1932, il s'installa à Charente, chez sa fille Yvonne, Madame Castillon du Perron, jusqu'à son décès.

C'était donc le 1er juin. Cette date éveille en vous, à coup sûr, des sensations toutes différentes de celles qu'on éprouve ici à la même époque. Un mot alors, si vous le permettez, sur le climat et les saisons.

Tandis que les glaces s'échouaient sur le rivage, la neige elle-même, sur la terre, avait oublié de fondre en plusieurs endroits. La nature ne paraissait nullement songer au réveil. Cependant, le soleil commençait à réchauffer le sol humide de la fonte des neiges. Une sorte de vapeur tiède semblait comme flotter invisible dans l'atmosphère.

Et le lendemain, plus de soleil : le froid, le pardessus d'hiver, et les bourgeons restaient blottis sous leurs couvertures. Vers le 15 juin, les mieux abrités se hasardèrent tout de même à montrer le nez. Puis, encouragés par quelques jours de soleil, tout d'un coup, ils s'épanouirent en masse, et le 30 juin, tout était en fleur, tout était en feuilles.

C'était l'été succédant brusquement à l'hiver.

Mais un été perfide, avec des rayons brûlants ou des nuages glacials. Dès que le soleil était caché et que le vent soufflait, il fallait se couvrir.

« Patience ! nous disait-on, patience : nous aurons bientôt l'*été indien*. Vous verrez comme il fait beau alors ».

Octobre arriva. Les pluies avaient cessé ; le soleil, chaque matin, sortait des flots en secouant sa crinière d'or, éblouissante.

C'était l'automne : c'était l'été indien.

Cela dura environ deux mois, de la mi-septembre à la mi-novembre.

Puis le froid arriva peu à peu, bien que ce ne fût réellement qu'avec la nouvelle année que l'hiver sévit dans toute sa rigueur. Le vent, qui garde ici un empire éternel, nous l'apporta un jour, brusquement, tout enveloppé de neige.

Il faut vous dire que Terre-Neuve est la patrie du vent. Pour sûr le vieil Éole devait avoir, jadis, par là, quelque château. Il souffle toujours de quelque part et produit des amoncellements de neige prodigieux.

Mais où il devient dangereux, c'est lorsqu'il soulève en épais tourbillons cette neige si fine et cristallisée qui, à la lumière de la lune, semble une poussière de diamant. En un instant on est aveuglé et poudré de la tête aux pieds. Bien heureux lorsqu'en même temps on n'est pas obligé de lutter contre la tempête pour rester debout.

Pareille aventure m'est arrivée, pour la première fois, un soir de la semaine dernière. Grâce à Dieu, nous étions trois pour nous tirer d'affaire.

Un fait assez curieux, c'est qu'ici la neige ne tombe ainsi dire jamais en gros flocons. Il en est de même, m'a-t-on dit, dans les régions arctiques.

De temps en temps, l'aquilon se fait zéphyr. Les nuages laissent le champ libre au soleil, et alors c'est comme un mirage de printemps avec le ciel bleu pâle, l'Océan argenté de glace et les hautes falaises endormies sous leur blanche fourrure. Mais, tout à coup, le vent se déchaîne brutalement et passe, tout frissonnant des froides caresses de la neige.

On s'aperçoit alors que le thermomètre marque 20° Fahrenheit au-dessous de zéro, et que le port et la mer sont gelés. Puis on entend un coup de canon : c'est le steamer apportant le courrier d'Europe. Comment fera-t-il pour arriver jusqu'au quai, à travers cette croûte de glace épaisse d'un pied et demi ?

Le spectacle vaut la peine d'être vu, et même d'être raconté.

Il faut faire la brèche. Pour cela, le navire comme un bélier battant une tour s'élance à toute vapeur contre l'obstacle. Il le pénètre environ de toute sa longueur, et puis la résistance devient trop forte, et il faut prendre un nouvel élan. Il se recule alors pour se précipiter de nouveau de toute sa force et de toute sa vitesse. Et l'attaque dure plus ou moins longtemps suivant l'éloignement du quai où doit accoster le bateau. Mettons, si vous voulez, qu'il faille une heure pour parcourir une étendue d'un demi-mille.

Vous vous imaginez sans peine que ce genre de navigation, qui rappelle le combat de don Quichotte contre les moulins à vent [1], exige des steamers d'une construction spéciale et d'une solidité à toute épreuve. Aussi les parois qui forment l'avant sont-elles de véritables murailles.

Lorsqu'un vapeur entre en rade dans de pareilles conditions, le côté pittoresque ne fait pas défaut. Une foule de curieux entoure le steamer ou fuit devant lui à mesure qu'il pénètre dans la glace. Le pauvre Saint-Pierre doit être bien honteux de sa frayeur, s'il voit tous les gamins qui courent ici sur les flots [2].

---

1. S'identifiant aux héros de ses lectures, Don Quichotte de *Don Quichotte de la Manche*, par Miguel de Cervantès (1547-1616), se voulut chevalier errant, redresseur de torts. Cheminant avec son fidèle écuyer Sancho Panza sur les plaines de Castille, il y provoqua mille aventures dont il sortit souvent abîmé, jamais abattu.

2. De La Charme fait référence à l'évangile selon Saint Matthieu, 14, 24-32, où Jésus marche sur la mer et les disciples en sont troublés. Mais il les rassure, et Pierre, en répondant, lui dit, « Seigneur ! si c'est toi, commande que j'aille à toi sur les eaux ». Alors, Pierre marche sur les eaux, mais voyant que le vent était fort, il a peur, et comme il commençait à s'enfoncer il s'écrie, en disant, « Seigneur ! sauve-moi ». Jésus étend sa main, en lui disant, « Homme de petite foi, pourquoi as-tu douté ? ».

Je vous ai dit, tout à l'heure, que le thermomètre Fahrenheit était descendu jusqu'à 20° au-dessous de zéro, ce qui en fait 29 centigrades. Cela n'est arrivé qu'une fois, vers la fin de janvier ; et encore faut-il ajouter que les habitants n'en parlaient qu'avec consternation, comme d'un fait qui ne s'était presque jamais produit antérieurement. En effet, l'hiver terre-neuvien est bien plus redoutable par sa durée que par sa rigueur. Il faut compter qu'on restera sept mois sous la neige, d'octobre à mai. Et quelle neige ! Elle s'amoncelle en maints endroits jusqu'à la hauteur de plusieurs mètres. De sorte que les routes deviennent impraticables même aux traîneaux. Et comme le temps est très-souvent clair pendant la saison froide, il arrive fréquemment que dans la journée le soleil fait fondre la neige à la surface. Aussitôt que le jour commence à baisser, la glace se reforme, et, comme toutes les rues de la ville sont plus ou moins en pente, il devient impossible de se tenir debout sur le glacier si l'on n'est ferré à glace.

Avril amène le dégel, qui dure jusqu'à la fin de mai. Quelquefois, pendant la nuit, il se produit une baisse soudaine dans la température. Alors le lendemain matin tout est enveloppé de glace comme d'un émail. Et chaque objet, jusque dans ses plus petits détails, semble être enfermé dans un écrin de cristal. Rien de joli comme un rayon de soleil éclaboussant de lumière un bouquet d'arbres ainsi transformés.

On passe donc à patauger dans l'eau froide et sale les deux mois les plus charmants : avril et mai. Aucun symptôme de végétation ne se produit avant la soudaine et définitive apparition de l'été.

Quelquefois, en mars, on est tenté de croire que l'hiver fait ses préparatifs de départ. Mais pour m'ôter toute illusion à cet égard, quelqu'un me citait l'autre jour ce proverbe : « Lorsque mars vient en colombe, il s'en va en lion [3] ».

Triste pays, n'est-il pas vrai ? dont on peut dire que l'année y a perdu son printemps !

Et l'été lui-même vaut-il beaucoup mieux ? Juin et juillet sont presque toujours brumeux. Quelquefois, pendant ces deux mois, on reste quinze jours sans voir ni la mer ne le port, qu'un brouillard épais dissimule entièrement. Fait assez singulier, ce brouillard s'arrête toujours le long des quais, sans jamais pénétrer dans la ville. De sorte qu'au lieu du havre, de ses navires et de ses falaises, on voit se dresser devant soi une haute muraille blanche, opaque, impénétrable. D'autres fois ces bandes de nuages se reposent à l'entrée de la passe, sans envahir l'intérieur de la rade. C'est alors qu'il est curieux de voir entrer un navire. Au moment où l'on s'y attend le moins, on l'aperçoit, tout à coup, émerger dans la lumière comme une apparition.

Bref, on finit par se sentir comme dans une prison. On a des accès de mélancolie. Cette muraille blanche vous pèse sur le cœur et vous énerve. On regrette l'hiver avec ses ciels limpides, et surtout on appelle de tous ses vœux l'été indien.

---

3. En anglais, l'expression équivalente serait plutôt « Lorsque mars vient en agneau, il s'en va en lion ».

Les habitudes sociales de Saint-Jean (1883)

Henri de la Chaume, *Terre-Neuve et les Terre-Neuviennes*, p. 35-48.

Deux jours après mon arrivée à Terre-Neuve, j'entrai de plain-pied dans la société de Saint-Jean. Il y avait un bal au palais du gouverneur ; je me trouvais faire partie du monde officiel, et je fus invité aussitôt.

Quel pourrait bien être l'aspect de cette réunion ?

Je savais déjà, et c'était une des premières nouvelles que j'avais apprises en descendant à terre, qu'il y avait par la ville nombre de jolis minois.

« Les femmes d'ici sont charmantes, me disait-on. Vous êtes sûr d'être fêté et accueilli par elles avec empressement ».

Nous fendions la foule des curieux en station sur la « cale » de la Compagnie Allan. À notre passage, les yeux s'écarquillaient, les oreilles se tendaient sans rien comprendre.

Derrière nous, des émigrants russes, allemands, irlandais, quittaient le pont, chargeant la passerelle de leur troupeau grouillant et misérable. Aussitôt, les poulies crièrent ; les câbles agités s'élancèrent dans le ventre du vaisseau, et lentement, avec effort, un à un, ils en remontaient, entraînant après eux de lourds colis qu'ils ne lâchaient que pour se jeter sur une autre proie. Par groupes, ceux du navire et ceux de la ville évacuaient le plancher du quai. Au pied d'un mur, un rassemblement s'était formé.

– Qu'est-ce ?

– Rien : deux matelots qui s'accommodent le visage à coups de poing.

Je fus content ; c'était couleur locale.

Du reste, le ciel était bleu, le soleil presque chaud, et je vivais enfin, après un malaise de neuf jours, sur une mer froide.

Le soir, de très-loin, on entendait encore le ronflement aigu du treuil qui acharnait sur le steamer à son travail de mineur. Il s'élançait, prompt et bruyant comme la foudre, et d'un coup sec s'arrêtait soudain.

La manœuvre se faisait maintenant à la lueur rouge des fanaux. Je dus y aller, car une malle manquait à mon bagage. Une étroite échelle qui plongeait dans les ténèbres me conduisit à fond de cale. Là je rampai sur la surface houleuse des ballots de toute forme, heurtant de la tête contre la nuit des parois, et souvent obligé de rétrograder à reculons, faute d'espace pour me retourner.

Dieu ! Que les étoiles me semblèrent éclatantes et l'obscurité lumineuse lorsque, allongé tout droit sur la petite échelle, les coudes au corps, la tête en vigilance, je sentis l'air libre autour de moi !

Non moins agréable fut la sensation que j'éprouvai à quelques soirs de là, quand je fis mon entrée dans les salons éblouissants de l'administrateur.

Trouver à Terre-Neuve un monde, ou simplement quelque chose d'analogue à ce qu'on appelle le monde, voilà ce que j'étais loin d'imaginer en quittant Paris.

– Connaissez-vous Saint-Jean de Terre-Neuve ?

– Parbleu ! C'est là qu'on fait sécher la morue.

– Ah bah !… Suivez-moi donc !

Il n'y a pas de gouverneur pour le moment, mais un simple administrateur qui en tient lieu et place : Son Honneur sir F.B.T.C., K.C.M.G[1].

On me présente ; mais je ne sais encore que trois mots anglais, qui ne sont pas d'accord ensemble, et lui n'est pas plus fort en français. Heureusement, dans un shake-hand un Anglais peut vous faire comprendre tout ce qu'il pense sans être capable de l'exprimer. Voilà pourquoi, cette fois, notre conversation se borna à cet acte de courtoisie.

À défaut d'un grand homme, l'administrateur est un homme grand. Il s'avance vers vous, toujours affable, la main tendue, ses petits yeux souriant dans sa tête de vieil enfant rasé. Du plus loin qu'il vous voit, il s'empresse, pour vous faire honneur, de déganter sa main droite, afin de vous la donner toute nue à serrer.

Ainsi fait là-bas tout vrai gentleman.

Très fier de son crachat et de sa cravate rouge, l'administrateur ! Ils sont comme cela trois ou quatre à Terre-Neuve, que la Reine a affublés des insignes de « chevalier-compagnon de Saint-Michel et Saint-Georges », ce qu'ils expriment toujours avec le plus grand soin à la suite de leur nom par les initiales : K.C.M.G. Cet ordre créé pour les colonies, et qui ne jouit que là d'une certaine considération, donne à son titulaire droit au titre de *sir*.

On ne saurait croire à quel point ce tout petit mot remplit la bouche d'un Anglais.

À Terre-Neuve, le moindre politicien qui a la rare fortune de pouvoir s'appeler *sir* est du même coup consacré grand homme. Ce qu'il y a de plus joli, c'est que lui-même s'imagine l'être. Bien qu'il ne soit sir qu'en vertu de son K.C.M.G., il a tôt fait d'établir sa généalogie jusqu'à Guillaume le Conquérant[2]. Or, comme, en général, personne ne sait d'où il sort, il lui est aisé de faire dire ce qu'il veut.

Plus fier qu'un pair d'Angleterre, il en impose autour de lui, et à l'étranger qui sourit, on insiste : « Il est sir ! Ne savez-vous pas ? C'est un sir ! »

Ah ! madame, la jolie robe qui vient de faire froufrou dans mes jambes !

On dit autour de moi qu'elle vient de Paris. Cela se peut bien : en soie couleur du temps, miraculeusement relevée de toutes parts avec des rangs de perles. Et pourtant, cette robe, – on dit maintenant qu'elle vient de chez Worth[3], – elle n'est pas parfaite ; quelque chose y manque : le chic n'y est pas.

Attendez donc !… La robe a du chic ; – c'est la femme qui en manque.

---

1. Sir Frederick Bowker Terrington Carter (1819-1900), anciennement premier ministre et chef de la cours suprême, fut le premier Terre-Neuvien à recevoir l'honneur Knight Commander of St. Michael and St. George. Il exécuta parfois le rôle d'administrateur en l'absence du gouverneur.
2. Guillaume de Normandie (1028-1087) naquit dans la ville de Falaise. Après la conquête de l'Angleterre en 1066, les Normands marchèrent sur Londres, et Guillaume le Conquérant fût couronné dans l'abbaye de Westminster le jour de Noël.
3. Charles Frederick Worth (1825-1895), fondateur de la haute couture à Paris.

– Quelle est donc, monsieur le secrétaire, cette ravissante personne qui entre par là ?

– Où la voyez-vous ?

– Ici : cette brune qui porte comme une Parisienne une robe de moire blanche brodée de perles, avec une touffe de roses pourpre au corsage ?

– Aoh ! C'est ma fille.

L'heureux père ! Il en a quatre comme celle-là, toutes plus accomplies les unes que les autres et toutes parlant français.

À peine ai-je eu le temps d'être présenté à cette jeune reine, qu'un danseur l'emporte dans un tourbillon. Mais aussitôt on m'*introduit* à une *young lady* parlant français.

– Mademoiselle, voulez-vous me faire l'honneur de danser cette valse avec moi ?

– Certainement, monsieur, à moins que vous ne préfériez la « causer ».

Je m'empressai d'accepter, et aussitôt, prenant mon bras, elle m'entraîne hors des salons, et nous enfilons un large couloir où d'autres groupes se promenaient déjà.

J'étais ébahi de cette liberté d'allures, que je trouvais du reste adorable. De papa et maman point n'était question. Qu'avaient-ils à voir dans nos affaires ? On n'avait pas même jugé à propos de me les montrer. Et puis ni l'un ni l'autre ne savaient un mot de français.

Au contraire, miss Esther le parlait correctement et avec un jolie pointe d'accent anglais, à peine de quoi rappeler sa nationalité.

Au bout d'un instant, de nouveaux promeneurs affluèrent par toutes les portes dans le corridor. C'est qu'ici, au lieu de déposer gravement sa danseuse sous l'aile de sa mère dès qu'on a cessé de la faire tourner, on lui offre le bras et, jusqu'à la danse suivante, on se promène, on cause, en un mot, on flirte.

À la première reprise de l'orchestre je pensais, – j'étais alors farci de préjugés, – que les convenances et la discrétion me faisaient un devoir de ramener miss Esther à sa place.

– Vous allez danser ? interrogea-t-elle.

– Je n'en ai nullement l'intention.

– Alors continuons à causer, c'est bien plus agréable.

C'était fort mon avis. Je n'avais jamais été à pareille fête. Je trouvais savoureux à l'excès le pain blanc de la flirtation, en vrai Français qui n'a jamais eu sa part de ce mets exotique.

Et la conversation reprit son train, touchant à tout, sans embarras, sans entraves et sans repos.

La dernière valse arriva. Miss Esther l'avait promise, et, en quittant mon bras qu'elle avait gardé plus d'une heure, elle me dit qu'elle comptait sur ma visite dès le lendemain.

C'était dimanche aujourd'hui, et la journée a débuté par m'apporter plusieurs nouveaux sujets de stupéfaction.

D'abord, à la messe de onze heures à la cathédrale. Le premier dimanche, le secrétaire colonial[4] m'avait gracieusement ouvert l'accès de sa stalle. Je ne pouvais faire moins, en face d'une telle marque de courtoisie, que de me conformer pour la tenue à la façon d'être de mes voisins. Or, en sortant de l'église, à midi, j'avais tâté avec inquiétude mes malheureux genoux ankylosés par suite de l'abus que j'en avais fait.

---

4. Edward Dalton Shea (1820-1913), secrétaire colonial jusqu'en 1885 dans les administrations de sir Frederick Carter et de sir William Whiteway.

Ce matin, grâce à miss Esther, je suis monté à la tribune de l'orgue. J'ai rencontré là une dizaine de jeunes filles de la meilleure société d'ici et qui se réunissent tous les dimanches pour chanter.

Bien entendu, la première convention qui a été établie entre elles a eu pour but de permettre à chacune d'amener avec elle un cavalier.

Me voilà donc introduit parmi ce chœur de vierges, placé auprès de ma protectrice et me faisant à moi-même l'effet d'un loup entré dans la bergerie.

Je m'accoutumai vite à l'entourage, et je crois même que la messe me parut moins longue que la première fois.

Il est vrai que j'eus les oreilles charmées au delà de toute expression.

Clara Fischer, soprano, vers 1885.
(Archives provinciales de Terre-Neuve et Labrador/G19-15)

Soudain, une voix pure, fraîche, délicieusement timbrée et conduite avec un art infini, modula les premières mesures de l'*Ave Maria* de Mercadante[5]. À la fin du morceau, j'étais au ciel.

Impossible de soupirer ces longues phrases avec une douceur plus harmonieuse ; impossible de mettre plus d'âme aux ardeurs de l'invocation. Et comme la voix se perdait haut et loin insensiblement, et comme elle revenait aux notes graves avec une chaude passion !

Bref, j'étais dans l'extase, invoquant tour à tour les noms de Van Zandt[6] et de la Patti[7], et me disant que si mon âme pouvait souvent se griser de cette voix, je serais heureux à Terre-Neuve.

Dès qu'elle eut achevé, miss Fisher[8] reprit modestement sa place tout contre l'orgue. Aussitôt je me fis présenter pour lui offrir l'hommage de mon enthousiasme.

Quelle fut ma stupéfaction, un instant après, lorsque j'appris qu'elle était actrice et protestante !

Eh bien ! Elle était là non-seulement avec l'assentiment, mais sur la prière de l'évêque. Au bout de quelque temps, ce dernier la décida même à venir tous les dimanches. Dix-huit mois après, vers l'époque de mon départ, son talent s'était accru à tel point, qu'entendant la Patti à New-York, quelques jours après, je m'écriai à part moi : « Je n'aurais jamais cru que miss Fisher chantât aussi bien ! »

Du reste, elle se trouvait à Saint-Jean par hasard, retenue par sa mère très-malade depuis longtemps.

D'autres étonnements m'étaient réservés pour ce jour-là.

Comme nous descendions de la tribune, l'abbé Galveston, un artiste et déjà un ami, nous croisa dans l'escalier et s'arrêta pour parler avec une jeune fille.

Je ne la connaissais pas encore, et, comme je passais, elle se fit présenter à moi par le prêtre. Je serrai la main que me tendait miss Lizzie et continuai à suivre miss Esther. Deux de ses amies, qui semblaient nous guetter, nous arrêtèrent sous le porche pour solliciter également l'honneur de m'être présentées.

J'étais confus, presque offusqué de voir avec quelle audace cavalière les jeunes filles osaient se jeter à la tête des jeunes gens. Ces deux dernières, miss Catherine, qu'on appelait Kitty, et sa sœur, miss Bessy, parlaient français aussi bien que moi.

Mais je m'enfuis avec miss Esther qui demeurait tout près et que j'accompagnai chez elle. C'est alors que je fis la connaissance de ses parents.

Au bout d'un instant, on apporta du sherry et du porto. C'est l'habitude là-bas d'offrir de ces vins au visiteur. Le climat permet l'usage quelque peu abusif des boissons alcooliques. En hiver, il est même nécessaire d'en prendre, et c'est alors que le soir on aime à se réchauffer le sang avec un grand verre de whisky et d'eau chaude.

---

5. Saverio Mercadante (1795-1870), compositeur italien qui composa non seulement soixante opéras mais également plusieurs concertos.
6. Marie Van Zandt (1858-1919), soprano américaine.
7. Adela Juana Maria Patti (1843-1919), soprano espagnole.
8. Clara Fisher, née aux États-Unis, s'installa à Saint-Jean en 1879. Pendant les années 1880, elle était un des personnages marquants de la scène musicale, en participant aux opérettes comiques (en particulier dans une série de pièces par Gilbert et Sullivan), aux concerts aux églises, ainsi qu'à ceux de la Société chorale de Saint-Jean. Elle était aussi professeur de musique dans le système scolaire et dans son conservatoire privé, le Clara Fisher Vocal Academy.

Dès qu'il eut avalé son sherry, le père de miss Esther, sachant parfaitement que ce n'était pas lui que je venais voir chez lui, se retira discrètement pour me laisser en tête-à-tête avec sa fille.

Après une conversation des plus nourries et quelques moments employés au piano, je pris congé, et reçus l'invitation de venir souvent passer la soirée.

Chemin faisant, je réfléchissais sur l'étrange liberté laissé à toutes ces jeunes filles ; à l'entière faculté qu'on leur accordait, de donner rendez-vous à des jeunes gens, de les recevoir en tête-à-tête, le soir comme le jour, sans que les parents soient préalablement consultés sur le choix de ces jeunes gens attirés chez eux. J'admirais cette confiance absolue de la part du père et de la mère, confiance méritée à coup sûr, puisqu'elle n'était jamais ébranlée dans l'esprit des parents.

Comme j'étais loin de la France ! Quelle différence de mœurs, de vie ! Et comme ce commerce perpétuel et intime avec les jeunes filles devait mettre au cœur de l'homme un tendre respect et une affectueuse estime pour la femme !

J'en étais là de mes rêveries, lorsqu'une légère charrette anglaise qui venait à ma rencontre s'arrêta tout à coup auprès de moi.

Je n'eus que le temps de reconnaître miss Lizzie et de saluer.

— Montez là auprès de moi, je vous emmène à la maison, me dit-elle dans un joli français de sa façon.

Je pensais d'abord avoir mal compris, ou bien qu'elle-même ne savait pas très-exactement la signification des mots qu'elle venait d'employer.

Je voulus m'excuser, mais elle insista, et, prenant mon parti en brave, je m'installai auprès d'elle. Je me demandais avec terreur quel scandale nous allions causer par les rues, car elle demeurait hors ville, presque à la campagne, et il fallait traverser Saint-Jean tout entier.

Je savais qu'ici il y avait environ quatre femmes pour un homme : que par suite, les jeunes filles trouvaient difficilement à se mettre en ménage et faisaient la chasse aux maris.

Struggle for life[9]. Ici : *struggle for wedding*.

Je me croyais déjà compromis, obligé de comparaître devant M. le consul, qui, usant à la fois de ses droits hiérarchiques et paternels, m'aurait sans doute fort mal reçu, ne trouvant pas l'union à son goût.

Je ne me sentis moi-même alors aucune inclination pour le mariage – pour celui-là surtout.

Cependant, voyant que l'attention des passants n'était pas soulevée autre mesure, je me rassurai petit à petit.

Miss Lizzie, qui parlait très peu le français, parlait beaucoup pour faire croire qu'elle parlait bien. Moi, je l'aidais, trouvant le mot qui ne lui venait pas, achevant pour elle la phrase commencée.

À cela, elle déclarait, et la remarque est très-juste :

— Vous autres, Français, êtes très-charitables : vous ne vous moquez jamais des étrangers qui parlent mal votre langue, et vous les aidez à exprimer leur français. Nous,

---

9. Struggle for life : Henri de La Chaume fait allusion à Charles Darwin (1809-1882), qui dans son *magnum opus*, *On the Origin of Species By Means of Natural Selection* (1859), émit l'hypothèse selon laquelle il existe un mécanisme régulateur dans la nature qu'il nomme « la lutte pour la vie ». C'est la lutte pour la vie et le « combat entre les espèces » qui en résulte qui permet à différents groupes de population de survivre.

au contraire, nous rions à la moindre faute et ne soufflons jamais le mot qu'on a de la peine à trouver.

Enfin, nous arrivons à la Colline des Fleurs[10]. Toute la famille se met en quatre pour me recevoir ; mais Lizzie est la seule que je comprenne à peu près ; de sorte que le salon semble transformé en théâtre de marionnettes.

Comme j'ai bu du porto chez Esther, j'opte ici pour le sherry. Pour échapper au second verre que le papa veut à toute force me faire avaler, je salue et me dirige vers la porte.

Miss Lizzie m'accompagne jusqu'à la sortie du jardin, et le long de la route ramasse un bouquet de pensées qu'elle m'offre au départ :

– Attendez, fait-elle avec un sourire, je vais vous le passer à la boutonnière.

En cet instant, je me fis à moi-même le vœu de ne plus m'étonner de rien de la part d'une jeune fille anglo-américaine.

---

10. Flowers Hill : une rue particulièrement escarpée au centre de Saint-Jean.

L'influence du clergé (1883)

Henri de la Chaume, *Terre-Neuve et les Terre-Ñeuviennes*, p. 51-62.

26 décembre. – C'était hier Noël par un soleil radieux. J'ai dîner chez l'évêque : c'est-à-dire que j'y ai passé une partie de la journée, et je saisis cette occasion de parler de lui, de ses œuvres et de son clergé.

Sur quel emplacement merveilleux s'élève la cathédrale catholique ! Elle est le point que l'on voit de partout et d'où l'on domine tous les horizons. De là le regard se perd dans un lointain qu'il ne peut saisir jusqu'au bout. Entre deux chutes de montagnes, la mer se découvre, semblant sortir du havre et répandre dans le ciel en s'évasant ses flots d'aigues-marines. Si quelque navire quitte le port et se dirige vers l'Europe, on l'aperçoit pendant des heures filer tout droit, diminuer peu à peu et s'éteindre lentement dans un pli de vapeurs invisibles. Ou bien, s'il remonte les côtes, on ne le voit qu'un instant contourner les falaises. Il passe de profil, et un à un ses mâts disparaissent derrière les rochers, tandis que son pavillon qui s'agite à la corne d'artimon s'évanouit dans un dernier adieu.

Et tout d'un coup le vide se fait sur la mer unie, sinistre comme un tombeau que se referme. L'immensité passe sur elle, accablante, jusqu'à ce qu'une voile imperceptible ramène la vie sur son aile blanche.

La mer est triste, vue de haut. Elle élargit sa ceinture jusqu'au milieu du ciel, et la plus forte houle y fait à peine frémir une ride.

Devant ce calme inquiétant, la méditation doit être plus facile et plus consolante au prêtre, et s'il en est ainsi, l'évêque de Saint-Jean est bien placé pour faire monter ses prières au firmament.

En effet, le palais archiépiscopal est tout près de la cathédrale.

Charmant homme, jeune, actif, intelligent, que l'évêque actuel[1] !

D'ailleurs, toutes ses qualités trouvent aisément leur emploi ; car c'est une grande situation que la sienne. Plus de la moitié des habitants de Saint-Jean, au delà de quinze mille âmes, sont ses sujets fidèles et soumis. Il est bien véritablement prince de l'Église ; il règne en père et domine en roi parmi ses sujets.

Loin d'abuser de sa puissance, il ne s'en sert qu'avec la plus scrupuleuse modération et jamais dans son intérêt privé.

---

1. Thomas Joseph Power (1830-1893), nommé évêque de Saint-Jean en 1870.

Il est vrai qu'il serait peut-être embarrassé pour exprimer un souhait. Car il vous fait les honneurs de chez lui avec un contentement qui illumine son visage. Il vous montrera ses écuries, sa basse-cour, son verger, son potager, non point pour en tirer vanité, mais parce qu'il se trouve heureux de tout cela et qu'il pense vous faire plaisir.

Du reste, accueillant au possible et très-enthousiaste de la « belle France ». Il comprend difficilement le français et sait malgré tout s'en servir pour faire des plaisanteries que l'enchantent.

Sa maladie est une nervosité déplorable. Dès qu'il est avec quelqu'un, le voilà dans tous ses états. Il vous fait asseoir trente-six fois. La crainte, je veux dire la terreur de ne pas vous faire une réception digne de vous le roule dans une agitation fébrile. Il ne cesse de parler et vous pose mille questions sans en attendre la réponse. Bref, il ne sait où donner de la tête pour être aimable, sans se douter que tant de pénibles efforts le rendent fatiguant autant qu'ils le fatiguent.

Mais qui oserait lui faire un reproche de ce qu'il est ainsi, alors que c'est le plus naturellement du monde qu'il est si peu naturel ?

Aussi la confiance et la vénération qui l'entourent lui sont-elles bien légitimement dues.

À sa table, qui nourrit une partie de ses prêtres, il est le boute-en-train de la réunion, il interpelle chacun et répand une gaieté communicative.

Dans la chaire, sa voix est la plus vibrante, ses gestes sont les plus larges, ses paroles les plus profondes.

Dans le monde, avec toute son exubérance apparente, il sait pourtant se taire et tout sonder chez les autres sans se laisser pénétrer.

Voilà pourquoi on l'aime, on le vénère et l'on a confiance en lui.

Ses fidèles sont ses enfants. Pauvres, pour la plupart, ils ont toujours de l'argent quand il leur en demande pour ses couvents, ses collèges, ses églises.

Facilement il eût pu se faire le chef d'un parti politique. Toute l'Irlande de Terre-Neuve obéirait à un signe de lui. Il a su résister à cette tentation d'orgueil. Il a compris que toute son influence devait être réservée à la cause de la religion, et que ce serait la prostituer que la mettre au service des ambitions de parti.

C'est qu'à Terre-Neuve le rôle de l'évêque catholique est un grand rôle. Il est le suprême directeur des couvents et collèges où la jeune génération de l'île va chercher des idées d'études, jusque-là tout à fait étrangères aux indigènes.

Et surtout il est comme le patron de ces nombreuses confréries d'hommes qui, pour le Français, sont le côté pittoresque de la société de là-bas. Je pourrais aussi bien dire grotesque, n'était la grandeur morale du but.

Je veux parler de ces « sociétés de tempérance » dont l'accroissement a grandi si vite dans tout le nord du continent américain et de ses dépendances.

C'est une véritable ligue contre l'ivrognerie, ou mieux, contre l'alcool.

Voudra-t-on le croire ? Le triomphe sur cet ennemi intime se fait si rapide que, dans le Maine, un des États de l'Union, la *total abstinence* est entrée comme loi dans la constitution politique[2] ! En d'autres termes, le débit public de l'alcool ou de toute boisson,

---

2. Le mouvement antialcoolique aux États-Unis était originaire du Maine, où il domina la vie politique, dans une certaine mesure, pendant plus d'un siècle. La première société d'abstinence totale fut fondée à Portland en 1815, suivie d'un réseau de sociétés formées en 1834. En douze ans, ils développèrent assez d'influence pour forcer la promulgation d'une loi pour la défense de la vente des spiritueux, sauf à des « fins médicinales ». Le Maine interdit la confection ainsi que la vente

bière, vin, etc., en contenant, est légalement interdit sur tout le territoire de l'État. Les *rum-shops* ou *grog-shops*, ce que nous pourrions traduire par *zinc*, n'y existent plus qu'à l'état de souvenirs. On trouve dans les campagnes des jeunes gens qui ignorent à la fois ce qu'est un homme soûl et ce qu'est l'alcool.

Depuis que l'ivrognerie a été expulsée, le nombre des crimes a considérablement diminué, et la fortune publique s'est accrue.

Société antialcoolique de St-Jean.
(Archives provinciales de Terre-Neuve et Labrador/A36-150)

Voilà l'idéal rêvé et poursuivi par tous les pays de cette portion de l'Amérique.

Terre-Neuve, presque tout entière peuplée de marins, considère avec épouvante, comme un monstre surgissant des flots pour la dévorer, cette passion de boire qui brûle le cerveau et abat les muscles. Aussi a-t-elle engagé la lutte avec acharnement, aidée de tout l'empire du clergé catholique et protestant. Les sociétés de tempérance sont déjà imposantes par le nombre de leurs membres et par le zèle de ceux-ci à la diffusion de leurs principes.

Il faut les voir, les jours de grandes fêtes, se rendre en procession à l'église. C'est alors qu'apparaît le côté grotesque. C'est d'abord la *band* ou fanfare de la société. Jamais concert de chats, aux heures d'inspiration nocturne, n'inventa d'aussi sublimes discordances. Une vingtaine de gaillards déchaînent à pleins poumons, dans leurs cuivres, une tempête de fausses notes. Derrière eux, les membres *leaders* de la confrérie : par-dessus leur redingote ils portent en sautoir l'écharpe aux couleurs de leur Société ; une écharpe large et longue, noblement étalée sur la poitrine, et de ses bouts, battant une cadence sur le mollet. Autour du chapeau haut de forme, un voile blanc noué avec art retombe en

des boissons alcoolisées en 1851, et le soi-disant « Maine Law » resta en vigueur jusqu'à la révocation de la Prohibition nationale en 1934.

une queue longue comme celle d'un cheval arabe et que le vent soulève d'une main légère. Enfin, pour soutenir le poids de tant de grandeurs accumulées, ce pontife solennel, qui porte la redingote comme un chimpanzé qui n'aurait jamais fait cela de sa vie, s'appuie sur une houlette que décore un flot de rubans aux grâces bucoliques.

Puis la foule des membres de la confrérie.

Après c'est une autre *band*, d'autres houlettes, d'autres adeptes de la tempérance.

Et derrière encore un nouveau cortège, peut-être encore un quatrième, ô Musique !

Mais ce n'est point pour le vain plaisir de parader que se sont fondées les sociétés de tempérance.

Elles se réunissent en assemblées, présidées d'ordinaire par des membres du clergé ou du parlement. On prononce des discours, on prend des résolutions.

Le temps n'est pas loin où l'abstinence totale deviendra à Terre-Neuve une loi constitutionnelle [3].

Et il ne faut pas croire que tout cela se passe en paroles. Souvent dans un dîner, vous voyez des jeunes gens qui ne boivent que de l'eau. Pour rien au monde ils ne tremperaient leurs lèvres dans un verre de vin ou dans un bock.

Est-ce admirable ou ridicule ?

Tout ce que je puis répondre, c'est que l'alcool est la mort de ces populations de pêcheurs irlandais ou écossais, et que c'est un ennemi qui ne peut se combattre avec des demi-mesures.

J'ajouterai que quel que soit l'ascendant du clergé sur les sociétés de tempérance, elles n'appartiennent à aucun parti, pas plus religieux que politique ; elles sont essentiellement nationales et indépendantes.

Au surplus, si le clergé est puissant à Terre-Neuve, il ne le doit point à l'intrigue, mais au seul esprit religieux qui anime le peuple.

En aucun lieu du monde les prêtres ne sont plus tolérants. Il ne peut en être autrement pour que la bonne entente se maintienne entre une population mi-partie catholique et protestante.

Du reste, les ministres du culte jouissent d'une liberté d'allure aussi grande, en proportion, que celle qu'ils laissent à leurs ouailles.

L'abbé un tel accepte un cigare sans plus de façon que le capitaine un tel.

Ils font des visites aux jeunes filles et, à l'occasion, montent à côté d'elles dans leur voiture. On bavarde, on débite des cancans.

J'étais suffoqué, la première fois qu'une *young lady* m'a dit : N'est-ce pas que le Père un tel est joli garçon ? n'est-ce pas qu'il est charmant ? Je suis folle de lui !

Ils savent qu'il y a entre eux une barrière infranchissable ; ils sont certains de ne la jamais briser. Qu'ont-ils donc à craindre, et pourquoi s'interdire ce flirtage canonique ?

Il n'y a que deux endroits où je n'ai pas rencontré le prêtre catholique : au skating-rink et au bal. Mais le théâtre ne lui est pas fermé.

Il y avait des prêtres, et l'évêque lui-même, à la représentation de *Patience*, donnée par des jeunes gens et jeunes filles de Saint-Jean [4]. Possible n'y seraient-ils pas allés si la pièce eût été jouée par des cabotins : mais qu'est-ce que le nom des acteurs peut changer au principe ? D'autant que *Patience* est une opérette qui a eu un immense succès à

---

3. La Total Abstinence and Benefit Society, fondée en 1858, était ouverte aux membres de toutes les religions. Comme de La Chaume l'avait prévu, la prohibition entra en vigueur à Terre-Neuve le 1er janvier 1917, après un plébiscite national, mais la loi fut révoquée en 1924.
4. *Patience* : opéra-comique par sir Arthur Sullivan qui fit sa première à Londres en 1881.

Londres et à New-York, et qui n'a rien de commun avec un mystère ou même avec une tragédie comme *Polyeucte*[5].

Peut-être le frottement des clergymen conduit-il les prêtres catholiques à ce laisser-aller, que je suis, je me hâte de le dire, loin de blâmer.

Ou peut-être est-ce tout simplement encore, là-bas, l'âge d'or pour les mœurs. Oui, c'est plutôt cela. Quand les fidèles ont la foi du charbonnier, les ministres peuvent, sans inconvénients, se mêler davantage à leur existence. À Terre-Neuve les hommes sont ignorants. Ils n'ont pas l'idée d'employer leur intelligence à penser ; elle ne leur est bonne qu'à tenir leurs livres de commerce en partie double. Les femmes, qui lisent beaucoup, ont l'esprit plus cultivé. J'en connais bon nombre qui sont plus familières avec notre littérature que bien des jeunes filles françaises élevées au couvent. Mais les Anglaises sont poétiques entre toutes les femmes, et la plus sublime poésie, c'est la religion.

Aussi faut-il voir l'enthousiasme qui les transporte à l'église lorsqu'il s'agit de suivre une mission. Tant que durent ces pieux exercices, le sermon du Père A… ou celui du Père Z… sont le sujet de toutes les conversations. On a retenue leur discours par cœur ; on se le répète les uns aux autres ; on l'admire ensemble, autant comme morceau de littérature que comme parole divine.

Il a défendu de valser. Et au prochain bal, vous verrez toutes les jeunes filles catholiques demeurer sur leurs chaises, tandis que leurs amies protestantes tourneront avec d'autant plus d'entrain. Beaucoup resteront liées par leur promesse pendant toute la saison.

Il est vrai que flirter n'est point pécher, et qu'elles y trouvent une compensation.

Aussi les bons missionnaires, qui viennent sans doute à Saint-Jean pour leur propre édification, n'ayant rien d'autre à interdire à des âmes si parfaites, sont contraints de s'en prendre à l'innocent plaisir de valser.

Quant aux jeunes filles protestantes, je suppose qu'il n'y a point d'amusements dont leurs pasteurs les empêchent de jouir, puisqu'eux-mêmes ne se privent de rien.

Sauf un peu plus de vénération autour de sa personne, et d'étoffe aux basques de sa redingote, le clergyman n'a rien qui le distingue particulièrement des autres hommes. Il va dans le monde, danse, joue la comédie pour rire et pour de bon ; il a une femme qui reçoit et des filles passionnées au lawn-tennis. Nous n'avons donc rien à dire de plus sur son compte dans ce chapitre.

Il n'y a qu'un évêque anglican pour toute l'île de Terre-Neuve et les Bermudes[6]. Tous les quatre ans, il va séjourner quelques mois dans cette dernière partie de son diocèse.

Au contraire, les diocèses catholiques sont au nombre de trois. Malgré la disproportion du territoire, l'évêque protestant est tout de même un moins important personnage que son collègue.

Cela tient, je pense, à ce que l'Église protestante est très-divisée.

---

5. Pierre Corneille, *Polyeucte*, 1643.
6. Llewellyn Jones (1840-1918), nommé évêque anglican de Terre-Neuve en 1878 et des Bermudes en 1879.

Le chemin de fer (1883)

Henri de la Chaume, *Terre-Neuve et les Terre-Neuviennes*, p. 175-182.

Quoique Saint-Jean soit une ville anglaise, elle ressemble beaucoup, sous certains rapports, à ses voisines du continent.

Il est vrai qu'il n'y a ni théâtres, ni promenades publiques, ni musiques dignes de ce nom ; il est vrai que les voitures y sont de formes surannées, qu'on y trouve que des meubles du mauvais goût le plus parfait ; en un mot, qu'il n'y rien pour les gens du monde et rien pour les artistes.

Seulement, le peuple de Terre-Neuve est composé de pêcheurs, la société de négociants, et tous les perfectionnements relatifs à la pêche et au commerce, vous pouvez les y aller chercher.

Vous trouverez que cette ville, bâtie de bois, possède un dock, à peine achevé d'après un nouveau système, et où les plus grands navires du monde peuvent être reçus.

Avant de quitter le port, jetez un regard sur le gréement des goëlettes. Leurs câbles ont été fabriquées dans une corderie voisine de Saint-Jean, et qui, en 1883, à l'Exposition internationale des pêcheries, a obtenu à Londres une médaille[1].

Prenez garde, la nuit, en suivant les rues non pavées et à peine éclairées, de vous heurter contre les poteaux des téléphones.

Evitez aussi ceux du télégraphe qui se débandent à travers pays, le long de routes où ils n'ont jamais rencontré de cantonniers.

Si vous êtes en voiture, faites attention aux poteaux indicateurs du chemin de fer. Ils vous avertissent que la voie ferrée coupe la route à cet endroit-là. Ce sont les seuls gardes-barrières qu'ait institués la Compagnie.

Du reste, si cela vous convient, vous pouvez à votre aise vous promener le long des rails. Rien n'en défend l'accès, pas plus dans les champs que dans les rues de la ville qu'ils traversent entre deux maisons. En remontant la ligne, vous finirez par aboutir à un hangar en planches. Vous vous demanderez peut-être pourquoi les trains s'arrêtent là ? Eh ! parbleu ! c'est la gare.

N'allez pas croire que c'est un chemin de fer pour rire, au surplus voici son histoire.

Le premier projet date de 1875. Son auteur, ingénieur en chef des chemins de fer du Canada[2], avait pour objectif la création d'une voie de correspondance plus rapide

---

1. La fabrication de cordage devint considérable à Terre-Neuve à la fin de siècle, où l'atelier le plus important était la compagnie Colonial Cordage, établie en 1882.
2. Sandford Fleming (1827-1915), ingénieur du Chemin de fer inter-colonial du Canada.

entre l'Angleterre et l'Amérique. Il proposait une ligne de steamers de grande marche, ne portant que la malle, les passagers et les colis de grande vitesse. Ces paquebots iraient de Valentia (Irlande) à Saint-Jean de Terre-Neuve. Là on débarquerait pour traverser l'île en chemin de fer, jusqu'à la baie Saint-Georges. Une correspondance, par steamers, serait créée entre ce point et Shippegan, dans la baie de Chaleur [Nouveaux-Brunswick], d'où un tronçon irait rejoindre les réseaux canadiens et américains. Suivant cet itinéraire, la traversée ne devait point dépasser quatre jours, et le voyage entier de Londres à New-York serait de sept jours[3].

En 1878, le projet n'ayant pas reçu d'exécution, M. Whiteway[4], – en mal d'ambition, – résolut de pousser l'affaire et sa fortune, dans la Législature de la colonie.

Battu en brèche par de puissants adversaires, il pensa se rendre populaire en se lançant dans la voie du progrès. Il y avait beaucoup à faire dans ce sens, et entreprendre était déjà réussir. Une fois qu'on eut résolu de faire autre chose de l'île de Terre-Neuve qu'une simple station de pêche, il fallut songer aux moyens propres à attirer des émigrants et à leur donner la faculté d'exister. Les pêcheurs avaient beau gagner de l'argent par leur industrie, ils n'en étaient pas moins misérables pendant une partie de l'année, forcés par l'hiver à rester oisifs.

Plus que toute autre, la création d'un chemin de fer parut bonne à parer à ces inconvénients.

En effet, il traverserait un pays désert où il y aurait des terres à cultiver, des forêts à exploiter. Dans le centre de l'île la température était moins rigoureuse, l'agriculture pouvait obtenir des résultats, tout au moins par l'élève du bétail. Il y avait aussi des terrains miniers dont l'exploitation ne pouvait se faire, faute de débouchés. Les domaines de la couronne seraient distribués en concessions à ceux qui voudraient s'y établir et cultiver.

Au lieu d'attendre l'appel d'une population établie, c'est au contraire le railway qui prend les devants pour l'engager à venir et à se grouper autour de lui.

Et l'on devait compter que le sifflet de la locomotive serait entendu par des milliers d'émigrants, et qu'enfin Terre-Neuve deviendrait un véritable pays comme les autres.

Tel est le plan général de la politique qu'on a appelé « politique du progrès » et qui est celle du gouvernement actuel de Terre-Neuve.

À ses séduisants discours le « new party », ennemi de M. Whiteway, répondait en assurant qu'il y avait ni forêts, ni terres cultivables dans l'intérieur pas plus que sur les côtes, et que l'entreprise ne servait qu'à mettre de l'argent dans la poche de Whiteway et compagnie.

L'avenir seul décidera. Il n'en est pas moins vrai que s'il est permis de mettre en doute l'intégrité du Premier, ses ennemis apportent pourtant de jour en jour moins d'acharnement à le condamner sur ce point.

M. Whiteway obtint donc de la Législature un subside annuel de $120 000 et des dons libéraux de terrain de la couronne le long de la voie, pour toute Compagnie qui se chargerait de l'entreprise du projet de 1875.

Mais une difficulté s'éleva qu'avec un peu de bonne foi, il était aisé de prévoir : le gouvernement de la métropole refusa sa sanction, parce que la ligne finissant à Saint-Georges se trouverait sur le *French-Shore*, et qu'il y avait à ce moment-là des pourparlers entamés avec la France au sujet de nos droits de pêche.

---

3. Voir Joseph Hatton et Moses Harvey, *Newfoundland, the Oldest British Colony*, p. 448-456.
4. William Vallance Whiteway (1828-1908), premier ministre de Terre-Neuve de 1878 à 1885, ainsi que de 1889 à 1894 et de 1895 à 1897.

Après deux ans d'attente vaine, sir W. Whiteway, ne pouvant faire cette ligne, proposa d'en construire une autre qui devait mesurer trois cent quarante milles et servir à l'exploitation des mines entre Harbor Grace et Brigus. Il proposait à la colonie d'entreprendre elle-même ses travaux avec ses finances qu'il prétendait suffisantes. Un comité chargé de l'examen du projet fit un rapport favorable qui fut adopté par la Législature.

L'entreprise fut confiée à une Compagnie américaine[5]. En retour d'une subvention annuelle de $180 000 et de la donation de cinq mille acres de terre cultivable par mille de chemin de fer, elle s'engageait à terminer toute la ligne en cinq ans.

À l'heure qu'il est, les trains font le service de Saint-Jean au Havre de Grâce, les deux plus importantes villes de Terre-Neuve.

En février 1882, pendant la session de la Législature, une demande fut présentée pour une « *Charter of Incorporation for the Great American and European Short-line Railway Company*[6] ». Le dessin de cette Compagnie était de mettre à exécution l'ancienne idée d'une grande voie de communication entre l'Amérique et l'Europe, en passant par Terre-Neuve.

Le plan, mieux étudié que le premier, propose d'établir un railway de première classe, de la côte-est de Terre-Neuve à un point dans le voisinage du cap Ray ; puis un transport à vapeur pour passer la malle et les passagers jusqu'au cap Nord (Cap-Breton), une distance de cinquante-six milles. De là un chemin de fer rejoindra le détroit de Canso. Cette traversée faite, le réseau des chemins de fer du Canada et des États-Unis est atteint, et l'on peut aller dans toutes les directions.

Une ligne de paquebots rapides serait créée entre un port de la côte ouest d'Irlande et celui de la côte-est de Terre-Neuve où aboutirait le railway. Par cette voie on mettrait pour aller de Londres à New-York deux jours de moins qu'il ne faut aujourd'hui.

Si réellement il doit en être ainsi, toutes les grandes Compagnies transatlantiques seront forcées d'adopter ce nouvel itinéraire, et il n'y a pas le moindre doute que Terre-Neuve se ressentirait bien vite de l'énorme avantage apporté par sa position sur la route la plus fréquentée de l'Océan.

Aussi la Législature s'empressa-t-elle d'accueillir ce nouveau plan, et la Compagnie que s'en chargea reçut en retour la promesse de cinq mille acres de terre par mille de chemin de fer, le droit d'usage exclusif pendant quarante ans, et l'importation franche pour tous les matériaux nécessaires à la construction et à l'entretien de la ligne.

Voilà, non pas ce que j'ai appris, mais ce que je me suis fait préciser dans ma conversation d'aujourd'hui. Malgré tout, je crois que les politiciens de Terre-Neuve ont plus d'ambition que de capacités, et que leur pays, en dépit de leurs beaux discours en mauvais anglais, ne deviendra jamais autre chose qu'une station de pêche, – à moins qu'un beau jour les Américains ne mettent la main dessus.

---

5. Un syndicat représenté par Albert Blackman.
6. Voir le *Journal of the House of Assembly of Newfoundland*, 1882, p. 42-45.

LE SYSTÈME MONÉTAIRE (1884)

Ernest-Ange Marquer, « Conférence sur l'île de Terre-Neuve [...] », p. 23-25.

Ernest-Ange Marquer, né en 1842 à Pleurtuit, entra au service de la marine en 1859 et fut promu au grade de lieutenant de vaisseau en 1870. Ce qui suit fait partie d'une conférence plutôt condescendante qu'il donna lors d'une séance publique de la Société bretonne de géographie le 4 janvier 1884. Promu contre-amiral en 1900, il était de 1902 à 1904 Chef d'état-major général.

Vivant au grand air, cette population est saine et vigoureuse et s'accroît rapidement ; cependant chez les femmes, que leurs occupations retiennent plus souvent au foyer, les cas d'anémie sont assez fréquents.

Les maisons sont construites en bois, bien closes et parfaitement chauffées par un vaste poêle placé au milieu de la pièce principale. Dans les baies, généralement, toute famille possède deux habitations ; l'une pimpante, aérée et coquette pour l'été ; l'autre basse, resserrée et enfumée pour l'hiver. – Dans les villes, où un tel luxe ne serait pas possible, et où d'ailleurs on trouve plus de confort, on se contente d'appliquer avant les froids, devant chaque porte d'entrée, un tambour vitré, qui souvent est converti en serre. – Car, ainsi que l'ai dit Michelet, « Plus la nature est triste, plus le foyer est cher ».

Ceci vous explique la passion des Terre-Neuvais pour ces mignonnes et frileuses exilées, dont la présence aux jours les plus sombres de l'hiver leur fait entrevoir comme dans une vision consolante les pays ensoleillés où elles s'épanouissent librement.

La vie de ces pêcheurs est patriarcale ; dans des trous perdus, où l'on s'attend à trouver que des rustres, l'étranger, que n'amènent pas des discussions d'intérêts, rencontre des hommes polis et hospitaliers, des femmes bienséantes et fort décemment attifées. – Partout où il entre, on lui offre du lait ; et c'est là le secret de cette vigueur paisible et de cette robuste longévité. Tandis que tout près et dans des conditions identiques, la population française de Saint-Pierre-et-Miquelon est partiellement abrutie par une consommation extravagante d'alcools empoisonnés qui littéralement la déciment, l'eau du ruisseau, le thé et le laitage sont les seules boissons connues à Terre-Neuve. Dans toute l'île vous ne trouveriez pas dix maisons où l'on consentît, où l'on eût à vous donner un verre d'eau-de-vie ou même de bière forte. Les sociétés de tempérance, ont radicalement guéri ce pays, et l'ivrognerie, si de rares traces en subsistent encore, est devenue un vice pour ainsi dire aristocratique, permis seulement à quelques tristes personnages assez riches pour se faire expédier des boissons d'Europe et pouvoir les déguster à l'abri des regards, le plus souvent, d'ailleurs, membres influents eux-mêmes d'une société de tempérance ; car malheureusement, à quelque point de vue qu'on l'étudie, la vertu Britannique cache toujours de ces hypocrisies-là.

Comme toutes les colonies anglaises, Terre-Neuve possède un système monétaire qui lui est propre et qui comprend des monnaies de papier, d'argent et de billon.

Les monnaies de papier sont le billet de 4 dollars ou *livre de Terre-Neuve* et ceux de 2 dollars et de 1 dollar.

Les monnaies d'argent sont les pièces de 50, de 20, de 10 et de 5 cents.

Les monnaies de billon, celles de 2 cents et de 1 cent.

Le demi-dollar américain n'est reçu que pour 45 cents ; la monnaie française est prise au taux fixe de 5, 40^F par dollar.

Du reste, dans les baies, les monnaies de toute effigie sont absolument inconnues. Lorsque vous voulez solder quelque petit achat, la famille tient conseil et votre pièce circule de main en main ; si le marché n'est pas accepté, ne vous rebutez pas et invitez les vendeurs à fixer eux-mêmes leur prix ; neuf fois sur dix, il sera inférieur à la somme que vous aviez offerte.

En effet, toutes les transactions s'effectuent par voies d'échange ; deux fois par an, des goëlettes de *troqueurs* font le tour de l'île, et, contre des peaux d'animaux ou du poisson, livrent les produits manufacturés nécessaires aux besoins très-primitifs des populations. J'ai pour ma part rencontré sur la côte Ouest un ancien déserteur français qui, depuis cinquante-quatre ans qu'il était établi là, voyait pour la première fois une pièce de 20 cents.

Le gardien à l'havre du Croc (1885-1886)

L. Koenig, « Le French Shore [...] », p. 385-390.

Louis Koenig (1847-1920), né à Colmar en Alsace, entra au service de marine en 1862. Promu en 1875 au grade de lieutenant de vaisseau, il était à l'état-major du ministre Cloué en 1881 et embarqua en 1885-86 à bord de la *Clorinde*, dans la Division navale de Terre-Neuve, comme adjudant de division. Koenig fut considéré très intelligent par ses officiers supérieurs. En 1891, il fut promu au grade de capitaine de frégate, mais à cause d'une affection profonde de l'oreille il dut prendre deux mois de congé. Par conséquent, il devint officier de Réserve en 1894 et dès 1900 directeur de la Compagnie générale des bateaux parisiens jusqu'à sa retraite en 1905.

Il serait fastidieux d'imposer au lecteur l'itinéraire de la *Clorinde* en 1885 et 1886 et de la suivre au jour le jour dans ses pérégrinations sur le French Shore. La frégate était obligée, par la nature même de son service, de se rendre d'une baie à une autre fort éloignée, puis, de là, de revenir sur ses pas et de relâcher souvent aux mêmes endroits. Une telle description jetterait le désarroi, au point de vue géographique, dans l'esprit du lecteur. Aussi, s'il veut bien m'accepter pour guide, préférerais-je commencer par lui faire connaître le centre de la station, le *Croc*, seul point de tout le French Shore où nous ayons un magasin appartenant à l'État ; puis nous descendrons ensemble vers le sud jusqu'au cap Saint-Jean, et, revenant sur nos pas, nous visiterons toute la côte jusqu'au cap de Raye en passant par le détroit de Belle-Île.

Le Croc, situé sur la côte nord-est de Terre-Neuve, n'est pas une ville, ni même un hameau. C'est un fjord bien abrité des vents du large et dont les bords peu élevés sont couverts d'une épaisse forêt de sapins. L'établissement officiel de la station française, construit au fond de la baie, se compose de deux cabanes en bois, l'une servant de magasin pour les rechanges, l'autre pouvant offrir quelques logements.

Au printemps, dès que la frégate arrive, on débarque les bœufs, les vaches et les moutons apportés de France ou achetés lors de la relâche à Saint-Pierre, et on les place sous la surveillance d'un quartier-maître et de quelques marins qui s'installent à terre, où ils resteront pendant toute la belle saison, menant la vie pastorale. Leurs occupations consistent à soigner les bêtes, à défricher les alentours afin de créer quelques pâturages, et à cultiver le petit jardin qui doit procurer des légumes frais aux équipages. La joie de ces braves gens échappant aux exigences et à la monotonie du service à bord n'est comparable qu'à celle des pauvres bêtes à cornes ou à laine se retrouvant sur la terre ferme ; ces animaux, peu faits pour la navigation, dépérissent à vue d'œil pendant la traversée et reprennent dès qu'on les remet au vert. Chose curieuse, au bout de trois jours de ce régime normal, nous avons vu une vache donner du lait!

En hiver, notre établissement est soigné par notre gardien attitré, le vieux père Patrice, Irlandais d'origine, aux cheveux filasse et aux dents proéminentes[1]. Patrice a son habitation tout à fait à l'entrée de la baie, dans quelques cabanes abandonnées d'une ancienne place de pêche nommée la *Genille*, qu'il exploite en été, avec ses enfants, ce qui ne l'empêche pas d'être très dévoué à nos intérêts. Ah! Si nos droits sont contestés, ce n'est certes pas par Patrice! Il retire de ses fonctions quasi-officielles de sérieux avantages qui lui feraient singulièrement défaut si nous abandonnions l'île.

Sitôt la frégate mouillé, Patrice vint à bord se mettre à notre disposition et nous raconter, à la fois, les affaires de l'établissement et les siennes propres; il nous parla de notre toiture, enlevée par le dernier ouragan, et de sa bru qui désirait bien une vache pour nourrir son dernier-né, mélangea les palissades vermoulues aux boucaux de farine et les serrures rouillées aux barils de lard salé qui lui sont concédés chaque année.

Le lendemain nous lui rendîmes sa visite; il était confortablement installé, au milieu de ses enfants et petits-enfants, dans une grande cabane en bois fort proprette et abondamment garnie de tous les ustensiles nécessaires à une existence aisée. Un grand poêle américain, permettant à la fois de chauffer le logis, de faire la cuisine et le pain, garnissait le fond de la pièce. On parla de la pêche, de l'hiver qui venait de finir, et la conversation tomba sur un récent sinistre de mer; et comme nous relations les péripéties de ce naufrage et les circonstances où ces marins avaient trouvé la mort, une jeune femme nous demanda avec inquiétude: « Étaient-ils catholiques? » Sur notre réponse négative, l'auditoire sembla ne plus prendre aucun intérêt au sort de ces malheureux.

Je cite ce fait parce qu'il caractérise bien l'esprit de la plus grande partie des Terre-Neuviens, dont l'origine est ordinairement irlandaise ou canadienne [mic-mac]. Partout j'ai trouvé chez eux une foi robuste, une conviction extrême poussée souvent jusqu'à l'intolérance. Les prêtres missionnaires, ayant leur résidence au sud, dans les parties habitées de l'île, visitent rarement les bourgades du nord, trois ou quatre fois l'an tout au plus; aussi la venue de l'un d'eux est une vraie fête, l'heureuse nouvelle s'en répand au loin et l'on accourt de toutes parts, par mer et même par terre – moyen de communication bien difficile à Terre-Neuve – afin d'entendre une messe qui est dite dans la cabane du plus notable habitant.

Ces pêcheurs du nord tiennent tellement aux cérémonies du culte, qu'ils conservent leurs morts dans de la glace, l'hiver, et dans du sel l'été, jusqu'à la venue d'un prêtre, afin de les faire enterrer suivant le rite catholique.

Nos équipages ont doté le Croc d'un avantage précieux pour ceux qui aiment la promenade: à coups de hache et de pioche, ils ont tracé une petite route s'enfonçant dans l'intérieur de l'île, et les marins la réparent soigneusement chaque année. Ce sentier, presque unique dans les parties nord du French Shore, longe les rives d'un joli ruisseau formant parfois cascade, selon les caprices du terrain. On traverse un petit pont de bois nommé pont Marie-Louise, en souvenir de la fille d'un des commandants de la station navale, et l'on arrive, peu après, à un lac pittoresque situé sur la hauteur et reflétant mystérieusement la sombre végétation qui l'entoure. Là, malheureusement, il faut s'arrêter: la forêt inextricable reprend ses droits; partout des fleurs, l'air est embaumé de parfums balsamiques, mais, hélas, partout aussi des moustiques qui troublent complè-

---

1. Le gardien était Patrick Kearney selon la « List of Inhabitants on the French Shore, Newfoundland » dans l'appendice du *Journal of the House of Assembly*, 1873, p. 750-778.

tement la délicieuse quiétude dont on se proposait de jouir au bord de ces eaux calmes et silencieuses.

À l'entrée du fjord se trouvent des falaises dont le sommet n'est recouvert que d'une végétation herbacée : les arbres ne peuvent pas prospérer dans ces régions exposées aux vents froid du large. Dans une de nos excursions sur ces plateaux, nous fûmes surpris de trouver des champs immenses d'une plante rougeâtre dont la feuille est enroulée sur elle-même comme un cornet d'épicier. Le médecin du bord reconnut le *Saracenia purpurea*[2], auquel on attribue des vertus souveraines pour combattre les rhumatismes et la goutte. Le lendemain, accompagnés d'une corvée de marins munis de sacs, nous cueillîmes tout ce qu'il nous fut possible de cette précieuse plante. On fit sécher le tout, et, pendant le reste de la campagne, officiers et matelots furent exclusivement traités par la tisane de *Saracenia*, quelle que fût du reste leur indisposition ; la santé générale ne cessa d'ailleurs d'être excellente, et le docteur ne manqua pas d'attribuer ce résultat à l'efficacité de son remède.

Au sud de notre établissement, la mer s'enfonce et forme un golfe étroit nommé l'*Épine Cadoret* ; sur les hauteurs que le dominent, dans un site poétique et triste, quelques tombes se sont groupées autour d'une croix de bois. Là reposent plusieurs marins français et anglais ; là deux *midshipmen*, victimes d'un accident de mer, dorment d'un éternel sommeil auprès d'un de leurs camarades retrouvé mort dans la forêt, où il s'était égaré, affolé par les moustiques.

On est ému en pensant à la fin prématurée de ces tout jeunes gens qui, heureux et confiants dans l'avenir, ont péri si tristement loin de ceux qui les aimaient.

À l'entrée de la baie, dans la partie sud et juste en face de la Genille, habitée par Patrice, se trouvent deux emplacements de pêche nommés l'Amirauté et la Plaine et exploités d'ordinaire par deux navires français.

---

2. *Saracenia purpurea* : en anglais le « *pitcher plant* », emblème floral de Terre-Neuve.

Une promenade partout dans Bonne-Baie (1886)

Julien-Olivier Thoulet, *Un voyage à Terre-Neuve*, p. 59-71.

Julien-Oliver Thoulet (1843-1936), né à Alger, est connu sous le nom du « patriarche de l'océanographie française ». Après avoir obtenu un baccalauréat ès-sciences, il abandonna ses études de minéralogie et de cartographie afin de mener une vie errante au service de plusieurs compagnies industrielles, que ce soit pour la construction de chemins de fer ou pour l'exploitation de mines. Ainsi, il séjourna en Espagne, en Italie, et aux États-Unis, où il était chef de section aux études du Northern Pacific Railroad dans la région du lac Supérieur. En 1882, il entra à l'Université de Nancy, où il fut professeur titulaire de minéralogie et de géologie jusqu'à sa retraite en 1913. Thoulet voulait être pour la France ce que les géologues Murray et Buchanan étaient pour l'Angleterre. En 1886, il demanda et obtint une mission scientifique à bord de la *Clorinde*, stationnaire au large de Terre-Neuve, ce qui marqua dans sa carrière une étape décisive. Désormais, son activité s'étendit à toutes les branches de l'océanographie physique.

Bonne Baie
(Robert Holloway/Archives provinciales de Terre-Neuve et Labrador/C5-34)

Au matin, nous arrivons à Bonne-Baie en doublant la pointe du sud. Bonne-Baie est un fjord divisé en deux branches principales, le Bras de l'Est avec l'anse des Sauvages et le Bras du Sud ; la côte est par conséquent très accore ou, en d'autres termes, la profondeur de l'eau au voisinage de la terre est considérable ; on passe si près des montagnes que, de la dunette, il faut lever la tête pour regarder leur sommet. Dans ce pays modelé par les glaces, nul ressaut, nulle plate-forme ni terrasse ne vient rompre la verticalité des murailles qui bordent la mer. Lorsqu'on a franchi l'entrée, les pentes deviennent par endroits un peu moins abruptes et se transforment en collines étagées dont une partie résulte de l'amoncellement des débris tombés des hauteurs, entraînés par les rivières et déposés par elles autour de leur embouchure.

À droite, se trouve le village de Bonne-Baie. La plupart des habitations sont construites sur le bord de l'eau et sont précédées d'un débarcadère sur pilotis, en troncs de sapins juxtaposés où les goëlettes de pêche viennent s'amarrer et débarquer leur chargement de morues ; d'autres, plus éloignées, montrent leur façade peinte en blanc et leur toit en bardeaux ; elles sont entourées de champs close par des barrières et récemment défrichés, car la terre labourée noire est encore hérissée par les troncs coupés et blanchis des arbres de la forêt qui occupait l'emplacement. Au milieu d'un bouquet de sapins, une église en planches dresse son clocher trapu et le bétail paît dans de grands espaces verts qui sont des prairies. Une mince fumée monte droite au-dessus de quelques maisons et l'on entend les coqs chanter : la nature et les habitants s'éveillent, des femmes sortent et nous regardent.

La *Clorinde* s'avance avec une faible vitesse, elle oblique un peu, l'horizon de la mer disparaît et la baie se prolonge ; les montagnes se resserrent et comme le tapis de verdure qui couvre leurs flancs supprime les détails, on ne distingue que des masses largement modelées. Les maisons se continuent le long du rivage et lorsqu'on défile par le travers d'une vallée, on aperçoit à une dizaine de milles le commencement d'un immense plateau de roche rouge-jaunâtre sans le moindre végétation, si élevé qu'il semble nous écraser, coupé de larges brèches se reliant aux crêtes latérales par une double pente uniforme sur laquelle courent des traînées d'éboulis où, çà et là, d'énormes blocs roulés des sommets paraissent autant de grains de sable sur de la poussière. Ce plateau s'étend, dit-on, dans l'intérieur de Terre-Neuve, et partout il est séparé de la mer par une ceinture de forêts qui en rendent l'accès très difficile.

Si jamais le climat polaire devenait assez chaud pour fondre les glaces qui maintenant recouvrent en toutes saisons le sol du Groënland, cette contrée offrirait probablement un aspect analogue. Près de nous, les rochers noirs sont marqués par les taches d'un rouge ocreux des mousses desséchées, les bandes vertes des fougères cramponnées aux anfractuosités et les marques blanchâtres des lichens. Quelque vaste que soit le paysage, il se laisse admirer sans causer d'effroi ; il est si uniformément grand, qu'il grandit ceux que le contemplent. Quand le soleil perce par instants les nuages qui peu à peu ont voilé le ciel, il vient tracer d'étroites raies étincelantes sur l'eau sombre de la baie. La frégate mouille à l'extrémité du Bras du Sud, au pied d'un piton de forme étrange qui ressemble à un pouce recourbé, et dès que les embarcations sont amenées, nous nous empressons de descendre à terre.

Nous nous dirigeons vers une étroite vallée encaissée entre deux montagnes, continuation des parois du fjord. Le fond de la mer s'élève tout d'un coup et apparaît si près de la surface que, bien qu'en doris, nous avons à peine assez d'eau pour flotter. Les plies épouvantées par le bruit et le mouvement des avirons s'enfuient d'un bond et vont se blottir contre le lit de vase et de cailloux où elles restent immobiles tout comme dans un champ de blé les bandes de moineaux pillards s'envolent devant le promeneur et vont se poser un peu plus loin. Au bout d'un instant, l'eau nous manque absolument et des matelots nous prêtent leurs épaules pour débarquer sans nous mouiller. Nous franchissons une mince bordure de galets, une plage étroite et nous arrivons en pleine forêt.

La végétation s'étend tout autour de nous et nous couvre d'un dôme de verdure formé par les branches des sapins, des bouleaux, des merisiers et des aunes ; le sol est jonché d'iris, de fenouil en larges feuilles, de violettes aussi pâles que des violettes de Parme et de bouquets de fougères dont chaque feuille a son extrémité enroulée en crosse et qui, maigres du pied, fournies au sommet, rappellent la touffe de plumes d'autruche qui sert d'armoiries au prince de Galles ; la terre dégage une odeur particulière, pénétrante, l'odeur de la sauvagerie. En ce printemps des régions froides, à peine la neige a-t-elle disparu et le soleil a-t-il percé les nuages de ses premiers rayons que chaque plante veut profiter du court été qui commence et se hâter de verdir pour se hâter de fleurir.

Une petite rivière coule au fond de la vallée, elle a entraîné les sédiments tombés des hauteurs, son faible courant a suffi pour les chasser jusqu'à l'embouchure où ils se sont déposés dans les eaux profondes du fjord en formant un talus à pente rapide sur lequel la *Clorinde* a échoué l'année dernière. Après être resté confiné dans l'étroite cabine du bord, on jouit comme un enfant du bonheur de pouvoir remuer ses membres, on éprouve des envies folles de marcher, de courir, de sauter, d'agiter ses bras et ses jambes. Malheureusement, il est difficile de pénétrer dans la forêt, les arbustes, les arbres abattus enchevêtrés les uns dans les autres ne laissent aucun passage et le pied du promeneur enfonce à chaque instant dans la mousse humide ; il faut s'arrêter, se contenter de respirer la senteur des bois et revenir sur ses pas.

Une cabane en planches est à gauche de l'embouchure de la rivière. L'un de nous [le lieutenant de vaisseau Koenig] s'arrête non loin de là pour prendre un croquis du paysage ; tandis qu'il dessine, assis sur un tronc d'arbre, un petit garçon de quatre ou cinq ans qui, à demi caché derrière la fenêtre, a épié nos mouvements, finit par s'enhardir ; il sort devant sa porte, s'arrête un instant, réfléchit, s'avance encore ; un peu plus loin, il s'arrête, réfléchit de nouveau et, retenu par la timidité, poussé par la curiosité, par marches et haltes successives, il arrive enfin près de l'artiste et immobile, les mains derrière son dos, il considère avec une attention profonde les lignes que trace le crayon. Un si beau succès donne courage à une sœur plus âgée qui approche à son tour portant dans ses bras un autre petit frère ; vient alors la mère avec un nourrisson, ensuite un grand frère qui bêchait dans le champ voisin, enfin le père, et tous ces gens très calmes, très tranquilles, savourant leur admiration, réunis en un seul groupe, contemplent attentivement les progrès de l'œuvre et parfois échangent entre eux un mot, une courte réflexion.

Nous faisons connaissance, nous causons et après les questions d'usage : le froid a-t-il été rigoureux, la morue abondante et notre traversée favorable, l'homme nous explique que depuis quatre ans il s'est établi là ; il a bâti sa cabane, défriché un coin de forêt, les hivers sont durs et longs, mais on les passe et en définitive chacun gagne sa vie et se porte bien. Après tout, n'est-ce pas la sagesse ? Je ne comprends pas que, sauf les infirmes et les malades, il existe un seul misérable dans le monde. Tout homme a plus que le droit, il a le devoir de se créer une famille, d'avoir des enfants et d'être heureux. Le jour où, jeune et fort, il sent que la civilisation qui l'entoure va l'écraser et que la misère s'approche, à moins d'être un sot ou un lâche, et dans ce cas il ne mérite point de pitié, il n'a qu'à ceindre ses reins et à marcher, droit devant lui, jusqu'au premier coin de terre inculte et inhabité – Dieu merci, il n'en manque point ; au Nord, au Sud, à l'Est et à l'Ouest, on en trouve partout et sans aller bien loin. – Arrivé là, qu'il commence immédiatement la bataille contre la nature, cette noble lutte dont, s'il le veut, l'homme sort toujours vainqueur, qu'il travaille et, j'en parle non par théorie mais par expérience, en retour de ses fatigues, ce sol qu'il aura fécondé lui donnera peut-être la richesse et sûrement l'indépendance, la santé et le bonheur.

Le rivage septentrionale du Bras du Sud est si escarpé qu'il est à peu près impossible de le suivre à pied, même à marée basse ; la verdure commence au niveau de l'eau ; au contraire, un chemin longe l'autre rive jusqu'au village de Bonne-Baie. Sur presque tout son parcours, quoique plus nombreuse du côté de la mer, les maisons sont espacées avec l'irrégularité d'allures de l'anglo-saxon qui, surtout dans un pays où le terrain ne coûte pas cher, n'aime pas à sentir trop les coudes de ses voisins. Le chemin est large et souvent bordé de champs clos de *fences*. On donne ce nom aux barrières en troncs de sapins bruts qui caractérisent les pays américains ; leur disposition est très variée, mais jamais il n'entre dans leur construction la moindre ferrure ni le moindre clou ; pour les établir il suffit d'une hache et du voisinage de la forêt ; le plus souvent elles sont en zigzag, formant des séries d'angles alternativement rentrants et en saillie, plus rarement elles sont droites et les sapins, couchés suivant leur longueur, sont soutenus à leurs deux extrémités par deux montants verticaux réunis à leur sommet par une traverse. Il est assez difficile de les décrire, un dessin donnerait mieux idée de leur diversité ; quoi qu'il en soit, elles sont fort pittoresques.

Lorsque l'Américain, aussi bien aux États-Unis qu'au Canada ou à Terre-Neuve, veut créer un champ, il abat les arbres de la forêt à la hauteur commode pour le maniement de la hache, c'est-à-dire à environ un mètre du sol ; il se sert des troncs pour élever les fences, brûle sur place les broussailles et les branches, puis abandonne le tout. Pendant que les vaches y pâturent l'herbe, les souches se détruisent lentement au contact de l'air, au soleil, à la pluie et à le gelée ; après quelque temps, elles prennent une teinte argentée et perdent tellement leur résistance qu'il suffit de les frapper avec une masse pour les jeter à terre. On peut alors labourer ; les racines au-dessous du sol ne sont plus un obstacle, elles s'anéantissent sans qu'on s'en occupe davantage.

Le chemin franchit deux rivières ou plutôt deux gros ruisseaux par des ponts en bois établis sur des piles quadrangulaires en troncs de sapins superposés ; l'ensemble est solide, léger, peu coûteux et fort plaisant à l'œil. C'est sous un pont de ce genre que passe la rivière de Shoal Brook dont les eaux coulent sur un lit de roche très magnésienne, sorte de serpentine d'un éclat si gras qu'on la croirait frottée d'huile. À une centaine de mètres, en remontant, on se trouve brusquement en face d'une cascade qu'un promontoire de rocher empêchait d'apercevoir. L'eau tombe d'une hauteur de huit à dix mètres d'un escarpement vertical à travers les schistes rouges en une belle nappe blanche d'écume au-dessus de laquelle le soleil se jouant dans les gouttelettes de poussière humide qui s'élèvent en tourbillons, fait briller un arc-en-ciel ; des arbres réunissant leurs rameaux couronnent la cascade d'une arche verte et l'on voit les truites se poursuivre au milieu du bassin d'eau limpide et glacée. C'est un véritable décor d'opéra comique.

Nous continuons à marcher, montant et descendant les pentes du chemin bordé de framboisiers sauvages en fleurs, admirant le magnifique panorama qui se déroule sous nos yeux et change d'aspect à chaque instant. Un peu avant d'atteindre le village, nous faisons la rencontre du pasteur, un homme encore jeune, tout heureux sans doute de trouver des gens avec qui causer, car la connaissance est faite aussitôt après l'échange d'une très cordiale poignée de mains. Il se met à notre disposition et commence par nous conduire chez lui et nous présenter à sa femme. Nous nous asseyons un instant dans le parloir *of his humble parsonage* [de son presbytère modeste] comme il l'appelle, orné de l'inévitable orgue, le meuble indispensable de tout salon anglais et qui sert à accompagner le chant des cantiques du dimanche. La porte ouverte laisse voir le cabinet de travail tout rempli de livres ; les pièces sont très basses, assez encombrées et bien que la température ne soit rien moins que froide au dehors, elles sont chauffées outre mesure ; lorsqu'on y entre en venant du grand air on croirait pénétrer dans une étuve.

Le pasteur nous parle de la vie qu'il mène à Bonne-Baie, de ses occupations : l'été il ne quitte guère sa demeure, car il est à peu près impossible de cheminer dans l'intérieur du pays ; l'hiver, les glaces se forment le long du rivage de la mer, elles s'amoncellent épaisses de quatre ou cinq pieds, la neige les recouvre et c'est alors qu'il entreprend la visite de ses paroissiens, suivant toujours la côte, les pieds chaussés de raquettes, accomplissant des trajets dépassant cinquante et soixante milles, jusqu'à la baie d'Ingornachoix au nord et la baie des Îles au sud, dormant dans les huttes de pêcheurs ou sur la glace, roulé dans une couverture. Il voyage aussi dans son traîneau tiré par des chiens et justement, tandis qu'il nous parle, un gros chien de Terre-Neuve, couché sur le tapis, semble comprendre qu'il est question de lui ; il se lève, s'étire et vient poser son museau noir sur les genoux de son maître.

Les chiens de Terre-Neuve abondent à Terre-Neuve, ce qui est assez logique, mais ils sont rarement de race pure, au moins sur le French Shore où ils sont mâtinés par la race du Labrador. C'est encore à Saint-Pierre que j'ai vu les plus beaux ; ils sont entièrement noirs avec quelquefois une traînée blanche, un jabot, sur le devant de la poitrine, l'intérieur de la gueule est noir, la queue touffue, les doigts palmés, la taille moyenne, très inférieure à celle des chiens des Pyrénées et le poil long frisé, si serré et si gras qu'après un bain, on trouve que la peau est restée absolument sèche ; on en fait des bonnets qui ressemblent à de l'astrakan. Le chien du Labrador est plus petit ; il a le museau pointu, le poil ras, la queue longue et mal fournie. L'hiver on les attelle aux traîneaux ; l'été, ils vivent de leurs rentes, de leurs maigres rentes. On les voit rôder efflanqués et affamés au bord de la mer, n'ayant pour nourriture que des têtes de morues ou des capelans amenés par le flot et desséchés par le soleil, qu'ils mangent du bout des dents et qui leur communiquent des maladies de peau. Assez sociables à l'égard des hommes, ils sont terriblement hargneux entre eux et notre pauvre ami Lancelot, un basset venu de France avec nous, ne pouvait guère, pendant nos promenades, quitter nos talons sous peine d'être assailli. Cet accueil inhospitalier ne contribuait pas peu à entretenir en lui une humeur mélancolique qui lui donnait l'air, lorsqu'il tournait tristement les yeux autour de lui, de chercher en pleurant son mouchoir de poche pour essuyer les larmes.

Les chiens de Terre-Neuve sont assez intelligents ; ils ont la passion de la natation et du sauvetage ; ils sauvent tout ce qui flotte, morceaux de bois, algues, flocons d'écume et même des hommes à la condition toutefois qu'on ne fera pas un mouvement, car, dans ce cas, ils ne manquent jamais de poser lourdement leur patte sur la tête du malheureux qui se débat, l'enfoncent sous l'eau et, tranquilles, se tenant à bonne portée, ils réitèrent l'opération jusqu'à ce que le patient soit complètement noyé ; alors ils le saisissent avec la gueule et le rapportent. Si jamais je suis en pareil danger, ce qu'à Dieu ne plaise, je souhaite de tout mon cœur n'avoir point de terre-neuve dans mon voisinage. J'ai beaucoup connu deux chiens élevés ensemble, deux amis, deux époux, un ménage modèle. Un jour, on leur jette un morceaux de bois, tous deux se précipitent à l'eau en même temps, madame arrive la première et happe l'objet, monsieur, arrivé un peu en retard, s'empresse de lui mettre la patte sur la tête ; nous eûmes grand'peine à l'empêcher de la noyer. Il m'en coûte de détruire une illusion chère aux âmes tendres, précieuse aux artistes et utile aux romanciers, la légende du terre-neuve candidat au prix Monthyon[1], sauvant l'enfant de son maître tombé dans le lac pour avoir voulu cueillir un bouquet de myosotis ; ma conscience m'ordonne, hélas ! d'être véridique.

Nous demandons au pasteur s'il ne serait pas possible de se procurer des fourrures et aussitôt, il s'offre à nous conduire chez un de ses paroissiens qui peut-être en possède. Nous sortons ensemble et tout en le suivant, je jette à travers les vitres de la fenêtre un coup d'œil dans la salle de l'école où une vingtaine de fillettes étudient, assises sur des bancs. Dans les pays froids, en Islande, en Suède, dans l'Amérique du Nord, l'éducation des enfants est bien plus complète que dans les pays du Midi : l'hiver crée des loisirs et empêche le vagabondage. Et cette raison d'ordre météorologique n'est pas la seule qu'on pourrait donner pour expliquer le fait.

Dès qu'un étranger débarque à Terre-Neuve, il s'empresse de se mettre en quête de fourrures, mais ses recherches sont rarement payées de succès. Les animaux abondent dans l'île ; on y trouve le rat musqué, le lièvre polaire dont le peau est fort difficile à distinguer, pour un profane, de celle d'un vulgaire lapin blanc, le renard rouge, le castor, la loutre, enfin le renard argenté qui se vend fort cher. Je ne parle pas du veau marin dont la pêche est l'importante occupation d'hiver, l'industrie à peu près unique des Terre-Neuviens. Ces animaux sont tués au fusil ou pris au piège par les pêcheurs établis le long du French Shore qui se bornent à clouer les peaux sur une planche pour les faire sécher et les conservent ainsi jusqu'au commencement du printemps. Aussitôt que la mer est libre de glaces, des troqueurs montés sur des goëlettes font le tour de la côte, d'habitation en habitation, et échangent les fourrures pour des vivres ou des ustensiles de ménage. Les fourrures sont alors rassemblées chez quelques grands marchands de Saint-Jean et expédiés soit sur le Canada, soit sur Boston ; il en résulte que le voyageur trouve assez difficilement à s'approvisionner, sauf en peaux de lièvre ou de renard qui sont très abondantes et presque sans valeur.

Nous arrivons, sous la conduite du pasteur, chez un marchand cumulant les multiples fonctions d'épicier, de quincaillier, de marchand de nouveautés et de chef du bureau de poste. Il ne possède en ce moment qu'une mauvaise peau de loutre que nous nous empressons de ne pas acheter ; en revanche, nous examinons le magasin qui me rappelle ceux des villes frontières des États-Unis. Comme autrefois à Crow-Wing, dans le Minnesota, tout en haut du Mississippi[2], c'est un amoncellement d'objets de toutes espèces, de vêtements, d'épaisses étoffes de laine, de haches, de barils de farine et de lard ; au plafond sont suspendus des gants à morues, de grosses bottes, des cirages, capotes pour la pluie à l'usage des marins, puis des caisses de clous, des boîtes de thé et de cassonade, des scies, des couteaux, de la verrerie, de la poterie, de la vaisselle. On est saisi par l'odeur âcre qui, malgré la propreté très réelle avec laquelle le magasin est tenu, se dégage de toutes ces choses hétéroclites.

1. Prix Monthyon : prix de vertu établi par Jean-Baptiste Antoine Auger, baron de Monthyon (1733-1820), et distribué par l'Académie française. Ce prix était destiné par le fondateur à récompenser les actes de vertu et les ouvrages les plus utiles aux moeurs, qui seraient parus au cours des deux années précédentes.
2. Dans le département de Crow-Wing de Minnesota, les premiers habitants blancs étaient des négociants en fourrure. Le premier village fut fondé en 1823 par Allan Morrison, employé de la compagnie du Nord-Ouest, au confluent des fleuves Crow-Wing et Mississippi.

Elle est particulière à l'Amérique du Nord et d'ailleurs chaque pays possède la sienne. Il y a une odeur d'Espagne, une odeur de l'Italie, une odeur algérienne, effluve spéciale qui imprègne l'air d'une contrée et caractérise celle-ci pour l'odorat, comme le langage qu'on y parle la caractérise pour l'oreille ou le type, le costume des habitants, l'architecture des monuments pour l'œil. Le marchand est peu affairé, aucune goëlette n'est en partance et la pêche est médiocre à cause de la morue qui abandonne depuis plusieurs années les côtes pour se rassembler sur les bancs : il en résulte que, dans l'île, on n'a pour ainsi dire pas de poisson, tandis qu'on en a trop dans le Sud. Ainsi va le monde et les gens ne sont jamais contents, même les heureux qui, faute d'autre misère, se plaignent quelquefois d'être trop heureux.

Nous revenons par le même chemin. Au moment de mettre le pied dans l'embarcation qui doit nous ramener à bord, une femme nous demande si le médecin n'est pas avec nous. Par bonheur il en est ainsi et comme notre excellent docteur est toujours prêt à faire la charité de son talent et de son dévouement, il se rend immédiatement chez la malade. Ces gens connaissent la *Clorinde* et l'attendent chaque année avec impatience, parce qu'ils savent que le docteur a ce double mérite de guérir et de ne point faire payer. Les maladies sont de celles qui ont pour cause la pauvreté du sang ; elles résultent d'une alimentation trop uniquement composée de poisson, de l'humidité du climat, du confinement pendant l'hiver. La frégate ne reste pas assez longtemps au même endroit pour qu'il soit possible de soigner et surtout d'opérer ces malheureux lorsqu'il y a lieu ; on se borne à leur donner quelques conseils d'hygiène. Ils ne manquent pas de demander du brandy, c'est leur remède souverain et comme presque tous les habitants font partie de sociétés de tempérance, nulle part sur la côte on ne peut se procurer une bouteille de vin ou de liqueur.

Au total, ils ne s'en trouvent pas plus mal ; l'ivrognerie exerce de terrible ravages sur les nations qu'elle frappe surtout dans les contrées du nord où le fléau a pour origine l'impérieux besoin de se réchauffer et la facilité d'assimilation de l'alcool, aliment tonique et respiratoire par excellence. L'idée religieuse, avec toutes les conséquences qu'elle entraîne directement et indirectement avec elle, est seule assez puissante pour lutter contre l'ivrognerie : les Anglais et les Américains, instruits par une triste expérience, en ont la ferme conviction et l'on ne saurait trop faire l'éloge du courage, de l'infatigable persévérance avec lesquels les membres du clergé se sont dévoués à cette tâche d'humanité. Je n'ignore pas qu'en France on est d'opinion différente et le repos absolu du dimanche, la fermeture obligatoire des cabarets, la crainte du scandale poussée même jusqu'au pharisaïsme ont le don de soulever les protestations et les critiques de mes compatriotes. Tout se tient ; le vieux proverbe « Qui veut la fin veut les moyens » est profondément vrai. Il ne s'agit point de théorie ni de lieux communs trop faciles sur la liberté, mais de pratique. J'ai vu bien des pays d'ivrognes, j'y ai consulté les hommes les plus sérieux, les plus éclairés, les plus expérimentés et, je le déclare avec eux, j'ignore absolument quelle autre arme pourrait être employée contre l'alcoolisme, ce vice qui, dès qu'il a touché un peuple, le corrompt, corps et âme, jusqu'à la moelle.

ENTRE ICEBERGS ET MOUSTIQUES (1886)

Julien-Olivier Thoulet, *Un voyage à Terre-Neuve*, p. 82-84, 89-91, 94-99.

En quittant la baie Sainte-Marguerite nous rencontrons note premier iceberg. C'est une masse haute d'une douzaine de mètres, large d'une trentaine, séparée par une vallée transversale en deux monticules inégaux, l'un terminé en aiguille, l'autre moins élevé. De quelque côté qu'on l'examine, son contour est presque toujours fait de lignes courbes ; au sommet, sa blancheur est mate, mais plus bas elle devient transparente et prend des colorations d'un vert glauque qu'un aquarelliste chercherait à imiter avec du bleu de Prusse clair et une pointe d'outremer. La glace est en strates azurées ou légèrement grises, disposées parallèlement et plus ou moins inclinées sur le plan de flottaison, percées de trous, de creux, de cavernes où la lumière dessine des ombres d'une incomparable douceur. L'ensemble charme, étonne et effraie tout à la fois. Nous lui envoyons un obus : la détonation retentit, on suit le projectile, il atteint le but, s'y enfonce, éclate, une faible avalanche glisse dans la mer, les nuées d'oiseaux qui couvraient le sommet comme autant de points noirs s'envolent à tire-d'aile et l'iceberg continue tranquillement sa route vers le sud.

À mesure que nous pénétrons dans le détroit de Belle-Île, le nombre des glaces flottantes augmente ; nous en comptons déjà dix-huit autour de nous et cependant l'hiver a été remarquablement doux cette année. Extrémités des grands glaciers du Groënland, détachées par la mer qui les soulève, elles descendent la mer de Baffin, obéissant au courant polaire qui les entraîne le long du Labrador et de la côte orientale de Terre-Neuve. Il en est peu qui franchissent le détroit pour arriver dans ce vaste espace, si improprement nommé golfe de Saint-Laurent, compris entre le Labrador méridional, le Canada et la côte ouest de Terre-Neuve. Pendant leur voyage, ces icebergs fondent au contact d'une eau et d'un air plus chauds et lorsque, par suite de leur usure, leur centre de gravité se déplace, ils roulent sur eux-mêmes, l'une de leurs extrémités devenue plus légère émerge, l'autre s'enfonce sous les flots et comme les vagues qui en battent le pied y creusent une sorte de moulure arrondie, ces sillons apparaissent alors et donnent le modèle caractéristique des montagnes de glace dans ces parages. Leur forme dépend de la latitude : dans le nord, au voisinage des localités d'origine, ils sont anguleux et à arêtes vives ; plus le voyage dure et plus les blocs diminuent de volume, quelques-uns même se désagrègent complètement et, rompus en mille pièces, couvrent sur un large espace la mer de leurs débris flottants.

Parvenus sur les bancs de Terre-Neuve, ils heurtent le courant très chaud du Gulf-stream et s'y anéantissent, mais en refroidissant l'air saturé de vapeur qui les baigne ; ils condensent celle-ci et produisent les brumes. Comme la glace est plus légère que l'eau, l'iceberg, pour surnager, conserve immergée une partie de son volume, les six septièmes environ. Cette base cachée racle quelquefois le sol sous-marin ; le plus souvent elle suit l'impulsion des contre-courants inférieurs et si la portion aérienne est poussée par un vent favorable, la glace franchit le Gulf-stream. On en a rencontré, dit-on, jusqu'auprès des Açores. Nous les voyons à l'horizon et nous ne nous rendons un compte exact de leurs dimensions gigantesques que lorsqu'une goëlette passant auprès d'elles fait l'effet d'une tache sombre à côté de l'énorme masse blanche. Le plus grand de ces icebergs mesure cinquante-cinq mètres au-dessus de l'eau, ce qui lui donne près de quatre cents mètres de hauteur totale. Leur majesté, leurs formes si étranges et si élégantes, la dou-ceur des teintes qui les colorent, leur grâce mêlée de terreur, frappent vivement le spec-tateur. Au crépuscule ou au matin, dans la demi-lumière de l'aurore, alors qu'ils dérivent lentement, on comprend que les simples et poétiques marins scandinaves aient placé dans leurs grottes transparentes les palais où les mermaids, filles aux yeux bleus de l'Océan du Nord, tressent leurs longs cheveux humides et accompagnent leurs chants prophétiques sur des harpes d'argent, gardées par les monstres des profondeurs, l'ef-froyable kraken aux cornes menaçantes, les serpents de la mer relevant leur cou entouré d'une horrible crinière et faisant onduler leur corps écailleux.

∞

L'aspect de la baie du Croc avec sa ceinture de collines boisées repose de la déso-lante aridité de la côte nord. Néanmoins la végétation se ressent du passage des icebergs et comme elle est moins touffue qu'à la côte ouest, on peut pénétrer en forêt. Ce n'est pas certainement le comble de l'aisance ; il faut escalader les troncs d'arbres tombés ou se glis-ser par-dessous ; de temps à autre, quand on a gagné des espaces élevés et découverts où l'herbe pousse sur le rocher désagrégé et d'où l'on domine le pays, on s'oriente et on fait choix d'une direction qu'on essaiera de suivre alors que, redescendant la pente, on sera rentré sous la voûte de feuillage.

On se rend ainsi de la Forge à la Genille, groupe de quatre ou cinq cabanes au fond d'une crique où vit avec sa famille l'Irlandais Patrick, le gardien d'hiver de nos établisse-ments. Il a installé auprès de la mer un petit chauffaud, quelques rances, et, faute de mieux, il s'y occupe en ce moment à faire sécher des capelans. De la Genille à la pointe des Graux, le terrain, malgré son élévation, est marécageux et dans la mousse humide croissent de grosses touffes de *Sarracenia* aux feuilles en cornets, tachées de rouge, et aux fleurs verdâtres de forme étrange qu'on croirait découpées à l'emporte-pièce dans du zinc. En face de la Genille, à l'extrémité d'un havre plus profond et que semble en ce moment défendre en guise de sentinelle un iceberg échoué en train d'être démoli par les vagues, est la Plaine, place de pêche occupée par un équipage français. Les morutiers ont, là encore, sujet de se plaindre, la morue n'a pas donné et leur capitaine vient de mourir. Hier il a travaillé toute la journée, le soir il s'est senti mal à l'aise, au milieu de la nuit ses compagnons l'ont entendu se lever et sortir, au matin ils ont trouvé son cadavre étendu la face contre terre. Il avait autrefois servi sous les ordres de notre commandant ; depuis son enfance, mousse, matelot, patron, il avait travaillé, accomplissant sa besogne tran-quillement, simplement, sans perte de temps et surtout sans phrases ; lorsque l'heure est venue, il a posé son couteau de trancheur et il est mort. On l'enterre demain aux Saint-

Julien où se trouve son bateau ; ses marins se bornent à dire de lui : C'était un brave homme, et cette oraison funèbre est aussi éloquente et plus vraie que bien d'autres.

Cimetière à l'entrée de l'Épine Cadoret dans le havre du Croc en 1886.
(Julien Thoulet/Société de géographie/C206816)

La baie du Croc possède son cimetière dominé par une grande croix blanche, à l'entrée de l'Épine-Cadoret, devant la pointe de l'Observatoire où les officiers ont l'habitude de faire leurs observations astronomiques. Là sont enterrés les marins de la station française et ceux de la station anglaise qui meurent dans ces parages. Les tombes sont cachées au milieu des hautes herbes, sous les fleurs sauvages et le sommet de leurs croix de bois peintes en noir, massives, solides, œuvres des charpentiers de marine, dépasse seul la verdure. Matelots et officiers, Français et Anglais, catholiques et protestants, un Villaret de Joyeuse [1] entre un quartier-maître français et un novice anglais, dorment côte à côte, dans la suprême égalité.

Pourquoi la mort est-elle plus effrayante dans une ville qu'à la campagne ? Dans cette solitude, devant ces montagnes incultes hérissées de sapins, elle apparaît grave, mélancolique, mais dépouillée d'horreur. Est-ce parce que ce qui sort de la main de l'homme, les objets de notre industrie et de notre art, tout chante la vie et proteste contre la mort dont le nom seul fait frémir ? Au sein de la nature, la vie et la mort forment une alliance si intime qu'elles sont inséparables ; si la vie parle de la mort, la mort y parle aussi de la vie, l'une fait suite à l'autre, chacune n'est qu'un épisode ; sur la terre d'une tombe où le pied foule la feuille desséchée de l'an passé, il suffit de lever les yeux pour voir les feuilles vertes ou les branches chargées de bourgeons qui, gonflés de sève, font craquer leur enveloppe. Le moment où s'achève une existence est celui où commence une espérance ; l'hiver qui suit l'été précède le printemps et le soir n'a point d'effroi, puisque l'on sait que le matin va bientôt venir. Le paysan, le marin, le sauvage, meurent bien plus facilement que le citadin, ils terminent leur vie tandis que lui, il entre dans la mort.

---

1. Membre de la famille noble de l'amiral distingué Louis Thomas, comte Villaret de Joyeuse (1748-1812).

∽

Et puis, je le demande, m'est-il possible de me laisser aller à l'enthousiasme lorsque, pendant toute ma promenade, je suis dévoré par les moustiques qui voltigent en essaim autour de mon visage ? Malgré mon capuchon de calicot fermé par un voile de gaze et dont la partie inférieure, très ample, est recouverte par mon vêtement boutonné, malgré mon bonnet de laine enfoncé jusqu'aux oreilles, malgré ma persévérance à conserver mes mains au fond de mes poches et à ne les sortir sous aucun prétexte, ils pénètrent par des interstices connus d'eux seuls et ne me donnent que trop de preuves de leur présence. Si j'étais poète et si la poésie héroïque était aujourd'hui aussi en honneur qu'elle l'était autrefois, au moment de parler des moustiques, je commencerais certainement par une invocation aux divinités de la désolation, de la colère, de la rage, de la fureur et du désespoir, j'essaierais de n'en oublier aucune et toutes, je les supplierais d'accourir à mon aide pour peindre, d'un façon tant soit peu conformé à la gravité du sujet, les souffrances et les tortures que font endurer en été ces misérables insectes au malheureux voyageur dans les régions septentrionales de l'Amérique. On prétend que les États-Unis et le Canada n'en ont pas le privilège absolu et que le même fléau existe dans toutes les contrées du Nord, en Laponie, en Russie et en Sibérie. Les zoologistes se chargeront, s'ils le désirent, d'élucider ce point d'histoire naturelle géographique. Les misères d'autrui ne m'ont d'ailleurs jamais paru tant diminuer celles dont je souffrais moi-même : j'aurai passé par les moustiques des États-Unis et par ceux de Terre-Neuve et maintenant que j'en ai, Dieu merci, terminé avec eux, j'en éprouve la même fierté qu'un vieux troupier de ma connaissance que se redressait en se rappelant qu'il avait assisté à la retraite de Russie et qu'il en était revenu.

On parle des moustiques des pays chauds ; ceux-là sont des abrégés de moustiques. En Algérie, en Espagne, en Italie, dans le midi de la France, on n'a jamais affaire qu'à des moustiques d'amateurs, des moustiques innocents ou au moins de constitution délicate, des moustiques artistes, musiciens, ennuyeux par moments, surtout pour les personnes qui aiment les mélodies un peu variées. Dans ces contrées où fleurit l'oranger, lorsqu'on s'endort le soir et qu'un de ces insectes est par hasard entré dans la chambre, il se contente de signaler sa présence par un simple susurrement ; à peine pratiquera-t-il quelques piqûres dont rien ne reste au matin sinon une légère boursouflure. J'ai cependant entendu des gens, n'ayant voyagé que dans le Midi, prétendre s'y connaître en moustiques. Erreur ! Il faut venir ici, de juillet à fin septembre, pour juger de la somme de colères sourdes ou apparentes que représente un de ces êtres minuscules.

Bien entendu, le mot *un* est une forme de langage, une fleur de rhétorique, on dirait aussi bien un millier, un million, un milliard, un milliard de milliards de moustiques, blackflies, gnats, simulies, hornets, guêpes et de toute cette engeance altérée de sang, brutes féroces, tigres ailés, qui, dès l'instant où vous débarquez et où vous pénétrez sous bois, ou encore lorsque vous demeurez immobile, occupé à dessiner, à prendre des notes, se réunissent en bataillons, se rallient et se précipitent en tourbillons sur le cou, derrière les oreilles, sur les tempes, sur les mains, indifférents au sort funeste de leurs compagnons, écrasés, aplatis par centaines. En guerre, chaque homme tué ou blessé est un ennemi hors de combat et, par conséquent, un de moins à combattre ; pour les moustiques, il n'importe, et quand d'un soufflet judicieusement et vigoureusement appliqué sur votre propre visage, vous en avez écrasé un certain nombre, *uno avulso non deficit alter* [2], ses collègues serrent les rangs, sonnent la charge et reviennent à l'assaut.

Pour le savant, il y a moustique et moustique, pour le promeneur tout est moustique. Il y a le vrai moustique au corps effilé, aux pattes grêles, à la petite tête noire, au corselet velu, à la bouche armée d'une trompe acérée qu'il sait enfoncer dans la chair et qui, après avoir servi de tarière pour percer l'épiderme, fait l'office de tuyau de pompe par lequel monte le sang du patient ; il y a la simulie, petite mouche grosse comme le demi-quart d'une de nos honnêtes mouches de France, grise de couleur, trapue, dont les pattes noires sont marquées d'une bande d'un blanc pur : une négresse qui a marché dans de la céruse ! Avec ses mandibules, elle coup la peau et laisse une blessure qui, pendant deux jours, cause une insupportable démangeaison et produit une ampoule douloureuse, véritable plaie qui met sept ou huit jours à se cicatriser.

On se défend comme on le peut et quelque système qu'on emploie, on se défend mal. Les uns s'enduisent d'huile, de vaseline, de glycérine phéniquée ou laudaninisée ; le remède sert pendant quelques minutes, après quoi le visage est recouvert d'un cambouis aussi gênant qu'impuissant contre la réserve ; d'autres portent des voiles et des masques de chimiste en toile métallique ; d'autres s'encapuchonnent. Les moustiques semblent d'abord un peu déconcertés, mais ils ne perdent pas courage ; ils cherchent un trou, lentement, patiemment, et, si un seul fil de la gaze vient à manquer, ils découvrent le défaut de l'armure et, s'y glissant à la file, ils exercent leurs déprédations d'autant mieux que, lorsqu'ils sont suffisamment gorgés et qu'ils désirent se retirer pour aller digérer en paix, ils ne manquent jamais de ne point retrouver la porte de sortie et sont ainsi forcés de se remettre à table, peut-être pour en faire les honneurs aux nouveaux arrivants. Puis le voile est gênant : quand il fait chaud, il asphyxie, quand on marche, qu'on se glisse sous bois entre les troncs d'arbres au milieu des fondrières, il se déchire et ne protège plus, ou bien il trouble le regard, le pied manque, on s'enfonce dans le trou qu'on pensait éviter et l'on tombe.

Au début, on s'arme surtout de courage et de philosophie, on écrase un envahisseur, mais quand on arrive au millième et qu'on se sent encore piqué, on s'indigne, on devient furieux, on se frappe, on jure, on voudrait que les moustiques n'aient plus qu'une seule tête afin de couper d'un seul coup, fût-il plus grosse que les tours Notre-Dame. Tout est inutile. On lutte contre un lion, un serpent, une panthère, un rhinocéros, on ne lutte pas contre les moustiques, on devient la proie du désespoir jusqu'au moment où, en sûreté à bord de la frégate, ce qui n'arrive que si l'on est mouillé loin de terre et au-dessus du vent, on ôte son voile et l'on contemple une figure gonflée, des oreilles brûlantes et des tempes plus écarlates que la carapace d'un homard sortant de la marmite. On en est quitte pour une journée de fièvre et pour se gratter pendant une partie de la semaine suivante. On cite des gens égarés dans la broussaille et assaillis par les moustiques qui, affolés par la douleur et rendus incapables de suivre leur chemin, sont tombés morts tués par ces bourreaux. Au cimetière du Croc se trouve la tombe d'un pauvre midshipman anglais qui a péri de cette façon.

Ceux d'entre nous aimant à aller taquiner la truite qui abonde dans les ruisseaux, souffrent particulièrement des moustiques. Ils partent affublés de la manière la plus divertissante, mais il ne leur sert de rien de se déguiser même en Esquimau avec un ciré, un suroua imperméable, de grosses bottes et des gants, ils reviennent horriblement maltraités. J'ai vu dans les criques, l'eau grouiller de larves de moustiques, et si un problème

---

2. Virgile, l'*Énéide*, livre VI : *Uno avulso non deficit alter* (Quand on se débarrasse d'un, un autre arrive).

insondable s'est présenté à mon esprit, c'est celui de savoir de quoi vivent ceux de ces animaux dont l'existence s'écoule sans qu'ils aient rencontré un être à dévorer. Car enfin, après tout, les promeneurs n'abondent pas dans le nord de Terre-Neuve. Ils meurent, sans doute, d'inanition et lèguent cette faim inassouvie aux myriades de leurs confrères en moustiquerie qui auront, eux, la bonne fortune de trouver sous leur trompe un mal-heureux pêcheur, un misérable géologue, ou un infortuné dessinateur.

Le moustique et la simulie apparaissent aux premières chaleurs et disparaissent aux premiers froids. Quand viendra la gelée qui les tuera ? mais, en l'attendant, nous sommes dévorées.

En causant avec les morts (1886)

Julien-Olivier Thoulet, *Un voyage à Terre-Neuve*, p. 103-106.

Débarqué à l'Anse-à-Bois, je me suis rendu à la baie aux Mauves par un sentier qui traverse des terrains marécageux, franchit la crête de la colline et redescend ensuite sur le versant opposé. Le trajet s'achève en une demi-heure ; devant mes pas s'envole de temps en temps un robin de couleur noir grisâtre, à gorge rouge, qui ressemble un peu, à la nuance près, au merle de France, bien que son cri ne soit pas aussi strident, aussi prolongé, aussi spirituel. Le chant de nos merles est un chant de jeunesse et de gaîté : dans nos bois, le matin, lorsque l'oiseau s'enfuit au milieu du feuillage trempé de rosée, il nous crie qu'il fait bon vivre et notre tristesse doit être bien profonde pour qu'en l'écoutant, nous ne répétions pas avec lui qu'en effet il fait bon vivre.

J'arrive à la mer, près d'un chauffaud où deux hommes et un mousse mettent au sec des capelans, tandis que le capitaine se promène sur la plage, se plaint de la dureté des temps, de l'absence de la morue et invoque l'assistance du Gouvernement. Je le quitte pour aller observer les falaises qui bordent le rivage et, tout in marchant, je songe qu'aujourd'hui même, une baleinière de la *Clorinde* envoyée en corvée a dû attendre pendant quelques instants un officier ; en six minutes, montre en main, les hommes ont pris à la ligne dix-sept morues. Où donc est la vérité ? Les quinze ou vingt familles anglaises établies à l'Anse-à-Bois trouvent bien le moyen non seulement de vivre de leur pêche mais encore de se procurer, grâce à elle, par voie d'échange, tous les objets qui leur sont nécessaires. Serait-ce que, plus économes que les Français, ayant moins de besoins à satisfaire, ils se contentent de faibles bénéfices, insuffisants pour rémunérer ceux-ci malgré l'avantage des primes payées par l'État ? Tout homme est en droit de chercher à recevoir le plus haut prix du moindre travail, cependant l'équilibre de l'offre et de la demande se charge de mettre une limite à son ambition et de lui prouver, par l'arrêt des achats ou par la suppression des bénéfices, alors que d'autres hommes en réalisant, que la rémunération exigée est au-dessus de la valeur réelle du travail accompli ou encore que la somme de travail dépensé est supérieure au résultat possible à obtenir. Les faits n'ont point de sentimentalité. Dans l'un ou l'autre cas, on suit évidemment une fausse route et s'obstiner devient une folie. Il faut cesser l'exploitation ou diminuer résolument les salaires, ou encore, si l'on tient à conserver les mêmes salaires, augmenter le rendement par un procédé quelconque tel, par exemple, que des perfectionnements d'outillage. Malheureusement, au lieu de prendre une détermination, j'ai peur que nos pêcheurs ne bornent leurs efforts à des récriminations.

Je reviens de la baie aux Mauves par l'Anse-à-Bois. Je rencontre d'abord le cimetière, entouré d'une barrière, à deux pas de la grève bleue d'ardoises brisées où s'étalent les petites vagues. J'aime causer avec les morts ; ils m'ont toujours enseigné la sagesse, le courage et l'espérance. Ces tombes sont creusées dans le sable ; du côté des pieds, une planchette verticale en bois peint en blanc et arrondie en demi-cercle à sa partie supérieure ; du côté de la tête, une dalle en marbre blanc semblable à la planchette, quoique beaucoup plus grande. Elle porte un emblème : deux mains entrelacées, une main offrant une rose. Ces images de l'union dans la mort après l'union dans la vie, de la volonté fatale qui d'en haut brise la fleur d'ici-bas, de la résignation de l'être qui rend sa vie sans murmure à Celui de qui elle vient, disent à elles seules les vertus de ceux qui les ont tracées.

L'art en est grossier parce que l'art est une expression dont la signification est à peine soupçonné par le peuple anglais ; en revanche elles crient des vertus qui sont bien anglaises : la famille, la foi, l'espoir de l'au-delà, la soumission courageuse. Et puis, sur ces pierres on lit des mots touchants : « *Gone home* », parti pour l'autre *home*, ou bien une phrase de la Bible. Au-dessous, le nom et l'âge du mort. Il y a des hommes, il y a des femmes ; l'un avait 45 ans ; une pauvre vieille de 84 ans est enterrée avec *her beloved son*, son fils bien-aimé et avec le fils de son fils. Le malheureux comme le riche a besoin de place pour exister ; le pays natal, l'Écosse, était trop rempli, elle l'a abandonné, la terre est vaste, elle y a trouvé un coin pour s'y donner une nouvelle patrie, où elle a pu vivre, accomplir les devoirs de famille, de travail, de douleur et de joie qui incombent à tout être humain, où elle est morte pleine de jours et jouissant du suprême bonheur de mêler sa poussière de ceux qu'elle avait aimés : « *in love they lived, in love they died* », comme le chante l'ancienne ballade [1].

Il y a là aussi des enfants ; leur tombe, toute petite, est semée de sable fin ; des mains pieuses en ont orné le tour d'une guirlande de cailloux blancs. Au milieu, enchâssé dans le sol, un morceau de vitre. Je n'en comprends pas la raison : est-ce pour qu'une mère, qu'un père, puissent se donner l'horrible joie d'apercevoir encore le bois qui en un jour de malédiction a enfermé tant de tendresses, d'angoisses, d'amour et de dévouement inutiles ? – Je ne sais ; il m'est impossible de distinguer, la lame est couverte de buée en dessous. La terre a pitié, elle semble cacher le cercueil sous un voile de larmes.

Dans les colonies françaises, les cimetières ne contiennent ni tombes de femmes, ni tombes d'enfants, mais seulement d'hommes et tous âgés de vingt à trente ans. Cela est grave.

Un peu plus loin, sur le sommet d'un coteau est le temple construit en planches : les fenêtres sont larges, l'intérieur est propre et nu : au fond, une chaire sur laquelle repose la Bible ; en face, deux séries de bancs disposés parallèlement : un temple de puritains et de puritains pauvres, sans rien de ce luxe qui trop souvent dépare nos églises de campagne et rend grotesque ce qui pourrait être si touchant. Au-dessous, les quelques maisons du village disposées en désordre, car le terrain est sans valeur et l'Anglais aime l'indépendance. Beaucoup d'entre elles sont sur le bord de la mer et se prolongent par des appontements. Les habitants s'agitent et travaillent. Grands, blonds, vigoureux, les hommes entassent le poisson dans des barriques ou partent pour la pêche ; les femmes s'occupent dans l'intérieur des maisons et de temps à autre apparaissent sur le pas de leur porte pour surveiller les enfants qui jouent dans l'herbe. Les garçons se laissent glisser en criant sur la pente du coteau, les filles avec leur tablier blanc à bavette sont plus sérieu-

---

1. Voir la ballade « The Children in the Wood » : « In love they lived, in love they died,/And left two babes behind. »

ses et plus tranquilles. Un tout petit, la tête nue, a perdu l'un de ses souliers ; il a croisé derrière son dos ses mains potelées rougies par le vent frais et il considère avec une profonde attention une mouche qui se promène sur le sable autour d'un capelan desséché ; partout le travail, partout la famille et pas un seul uniforme !

Et maintenant, ô philosophes, ô historiens, vous tous qui étudiez la vie des nations, qui cherchez à savoir pourquoi tel peuple remplit la terre, pourquoi tel autre peuple est puissant tandis que tel autre s'efface lentement et disparaît, au lieu de rester dans vos cabinets, de compulser des chiffres, de lire et d'écrire des volumes, d'essayer de remonter à l'origine des siècles, que ne vous êtes-vous promenés un instant avec moi au village de l'Anse-à-Bois, dans la baie Jacques-Cartier, au nord de l'île de Terre-Neuve !

Julien Toulet (à gauche) en compagnie du gardien terre-neuvien
et sa famille à l'île Jacques Cartier en 1886.
(Julien Toulet/Société de géographie/C206822)

Une tournée d'inspection (1889)

A. Salles, « Autour de Terre-Neuve », p. 381-391.

André Salles (1860-1929) naquit à Tarbres, son père étant d'une ancienne famille des Hautes-Pyrénées et sa mère d'une ascendance créole de Saint-Domingue. Salles devint aide-commissaire de la marine en 1882, fit la campagne de Chine en 1884-1885, et se trouva à Formosa sur l'*Éclaireur*. En 1888-1889, il était aux Antilles et à Terre-Neuve à bord du *Bisson*. Sous-commissaire en 1889, il passa dans l'inspection coloniale en 1894 et fit des tournées d'inspection aux Antilles, en Indochine, au Dahomey, à La Réunion, à la Côte des Somalis, à Tahiti jusqu'à sa retraite en 1906. Lors de ses voyages, il publia six articles dans l'*Annuaire du Club alpin*, dont celui-ci.

Cependant la France possède encore, sur environ la moitié du pourtour de cette grande île de Terre-Neuve, disposée comme un coin au-devant de l'estuaire du Saint-Laurent, un droit de servitude qui, strictement exercé, exclurait d'une manière absolue tout sujet anglais de quatorze cents kilomètres de littoral d'une possession britannique. Néanmoins, malgré ce droit, des villages permanents terre-neuviens se sont peu à peu formés sans protestations de notre part.

Port-au-Port.
(Archives provinciales de Terre-Neuve et Labrador/A1-56)

En faisant le tour de l'île par l'Ouest, la première de ces agglomérations tolérées que nous venons à rencontrer est située au fond de la baie Saint-Georges, cul-de-sac qui entaille la côte comme si d'un coup de hache la presqu'île de Port-à-Port eût été détachée de Terre-Neuve. Les maisons du village sont éparses sans ordre sur une langue de sable et de galets que les mousses et les petits sapins conquièrent lentement à la terre ferme ; ce n'est pas encore une grande ville, car il n'y a pas plus de douze cents individus, pêcheurs à peu d'exceptions près.

Les plus pauvres habitants n'ont qu'une cahute basse qu'ils entourent de piles de varech destinées à préserver du refroidissement extérieur leur misérable demeure ; à quelques pas on se doute à peine que là peuvent vivre des êtres humains. On ne le croirait pas si, au-dessus de ce qu'on peut prendre pour un tumulus, ne s'élevait un mince cylindre d'où s'échappe la fumée bleuâtre du poêle en fonte qui est le foyer domestique de ces malheureuses gens ; et cependant je vis sortir d'un de ces taudis toute une famille dont les petits derniers vinrent quémander une obole, non pas en anglais, mais bien dans ce français normand du Canada qui sonne si doucement à l'oreille et va, qu'on le veuille ou non, droit au cœur. Les Canadiens français sont nombreux sur le *French Shore*.

La région voisine de Saint-Georges est parmi les plus fertiles et les plus riches en forêts et en mines de Terre-Neuve ; ce n'est pourtant que de loin en loin que l'on aperçoit sur cette côte mise en interdit quelques maisonnettes de pêcheurs, de homardiers et de bûcherons, se montrant dans un encadrement de bois noirs comme des colonies de microbes acharnés à se répandre dans un milieu qu'on leur défend d'accaparer.

Au delà de ce grand golfe, le littoral vers le Nord est tout autre : très élevé, inaccessible, partagé en petits massifs par de profondes coupures, d'un aspect sauvage et parfois morose ; la continuité en est bientôt interrompue par la large ouverture de la baie des Îles, qui envoie ses trois ramifications jusqu'au loin à vingt-huit milles dans les terres.

Dans un recoin de cette baie, au havre d'York, je rencontrai un vieillard de quatre-vingts ans qui se rappelait être Français ; mais absent du sol natal depuis son enfance, établi là depuis vingt ans, il ne parlait plus notre langue. Autour de sa maison, ses fils et ses gendres ont défriché quelques lopins de forêt. Voyant derrière les carreaux de la maison de l'un d'eux, bâtie en bois rond, plusieurs jolis figures fraîches et blondes, je m'adressai au père qui venait de me vendre un beau saumon pour trente sous et je le complimentai sur ses enfants. « Entrez donc », me dit-il.

La pièce où je pénétrais – il n'y en avait que deux en tout – était d'une remarquable propreté ; comme meubles, il n'y avait presque rien. La mère, assise sur un banc, habillait un des gamins, tandis que l'aînée, fillette de douze ans, avec deux de ses plus jeunes frères, était à quatre pattes, lavant et frottant énergiquement le plancher ; derrière le poêle allumé, un vrai monument disposé pour la cuisine et même pour faire le pain, le dernier mioche, au-dessous du tuyau, dormait à poings fermés dans son berceau de bois. Tous ces enfants étaient brillants de santé ; ils semblaient heureux de vivre, à la manière des milliers de fleurettes terre-neuviennes qui se hâtent d'épanouir leurs corolles pendant le court été de ce pays enseveli sept mois durant sous la neige et sous la glace.

L'un des sommets les plus hauts de Terre-Neuve domine immédiatement la rive Sud de la baie des Îles ; il porte le nom significatif et difficilement traduisible de *Blow-me-down* (635 mèt.), qui lui fut sans doute imposé par quelque ascensionniste renversé par la violence du vent en essayant de le gravir. Comme il était trop éloigné du mouillage, force me fut de me contenter d'une hauteur de 400 mèt. environ, appartenant au même massif.

De la plage, je dus tout de suite pénétrer sous bois. Là, des petits sapins droits et d'aspect vieillot alternaient avec les bouleaux au tronc marbré, au feuillage vert tendre ; le sol n'était qu'un épais tapis humide où j'enfonçais comme dans une éponge et d où émergeaient les jeunes pousses des arbres, les crosses des fougères nouvelles au travers de beaucoup de troncs renversés, demi-pourris. Grâce à un sentier qui allait je ne sais où, je gagnai rapidement la crête qui se continuait dénudée jusqu'au sommet.

De ce point, la vue s'étendait sur toute la partie antérieure de la baie des Îles sur un plateau bas au Sud du havre d'York, couvert de forêts et parsemé d'une douzaine de lacs petits ou grands. Vers le Nord-Est, le panorama était borné par la masse du Blow-me-down, dans les plis supérieurs duquel subsistaient quelques plaques de neige ; une vallée à pentes très raides et très boisées m'en séparait ; un lac ovale – un tiers de la superficie de Terre-Neuve est en lacs – montrait ses eaux à quelques mètres au-dessous du point où je me trouvais, mais cachait ses bords sous les sapins qui semblaient surgir de la nappe liquide.

Je descendis par le versant Nord, dans la direction de l'embouchure d'une petite rivière où un groupe de camarades pêchait la truite. D'abord je fis fausse route en prenant trop sur la droite ; les mousses étaient très mouillés et la roche ruisselante très inclinée. Je gagnai une croupe nue et sèche ; mais à mi-hauteur il fallut bien rentrer dans le bois. À quelques mètres seulement du niveau de la mer, la végétation était plus folle qu'ailleurs, et le sol si spongieux que je ne savais si j'étais dans l'eau ou sur la terre. Je réussis pourtant à émerger du fourré.

Je trouvai les pêcheurs très joyeux ; en quatre heures, à huit, ils avaient pris dix-huit kilogrammes de truites. Ce jour-là le poisson était d'une extraordinaire voracité ; ce n'était, il est vrai, que la truite de mer. Bien autrement difficile à prendre est la petite truite mordorée des rapides, et surtout la grosse truite noire mouchetée de feu des grand lacs.

On ne peut pas faire la campagne de Terre-Neuve sans s'adonner à la pêche : du pont du bâtiment il suffit presque partout de laisser tomber la ligne pour sentir bientôt la secousse du poisson goulu qui se prend, une morue en général. À terre, il n'y a pas de ruisseau ou de lac sans truite. On peut enfin se mettre à chercher le saumon ; je dois dire que, pour ce genre de sport, nos collègues des navires anglais, très passionnés, nous battaient à plate couture.

Le bras méridional de la baie des Îles, appelé *Humber River*, est un fjord et non pas une rivière. Sur chacune de ses berges distantes de deux à trois milles, les collines, de moyenne hauteur, me rappelèrent, sous un beau soleil, par leurs formes boisées et leur couleur, nos Maures de Provence [1]. À l'extrémité du bras de mer dont les eaux, chargées de débris végétaux, sont rougeâtres, il y a deux petits villages, Petitpas et Birchy, chacun avec son église. À Petitpas, un Terre-Neuvien de l'endroit, qui retournait ses morues au soleil, m'adressa la parole en anglais pour me dire : « Enfin ! je ne comprends pas ; le Parlement de Saint-John's prétend se mettre à nous faire payer des droits pour l'exercice de la pêche, et pourtant la mer n'est pas aux Anglais, elle appartient aux Français ». Voilà un Anglais d'une espèce rare !

Toujours en suivant le French-Shore dans la même direction, nous rencontrons plus au Nord un accident géographique, Bonne-Baie, analogue à la baie des Îles, mais de moindres proportions ; cependant, ce que Bonne-Baie perd en superficie, elle le gagne en

---

1. Les Maures en Provence : montagnes noires à cause des forêts de résineux qui appartiennent au massif hercynien de la « Tyrrhénide ». Situé dans le Var, le massif s'étend sur 60 km de longueur entre Hyères et Toulon et sur 30 km de largeur.

pittoresque. Ses montagnes ne dépassent pas le Blow-me-down en altitude ; mais elles ne sont pas isolées comme lui : leurs plans et leurs colorations sont plus variés, et surtout leurs proportions s'allient mieux pour l'œil aux dimensions des espaces marins qui les séparent.

À l'entrée, la côte méridionale est une haute falaise de roche violacée qui plonge à la mer presque verticalement ; notre navire en passa si près que l'un nous crut pouvoir l'atteindre par le jet d'une pierre. Pauvre caillou ! Il n'arriva pas à la moitié du chemin.

La village de Bonne-Baie possède deux maisons *en pierre*, chose essentiellement contraire aux stipulations du traité d'Utrecht et des actes subséquents ; il est bâti sur un large terrain doucement incliné au point où le bras méridional de la baie s'incurve vers le Sud. Les *chaufauds*, auxquels sont accostées quelques goélettes, garnissent le rivage, et, en arrière des maisons, les prairies bien vertes, coupées de barrières en troncs de sapin longs et minces, montent jusqu'au premier plan des montagnes. Celles-ci, qui, un peu plus loin, baignent leur base dans les eaux de la baie, sans terrain intermédiaire, sont couvertes d'une végétation très dense jusqu'aux sommets, les uns arrondis en dômes, les autres rétrécis en pitons aigus.

Au delà de ces sommets et au-dessus d'eux, une ligne de faîte horizontale est tracée par un haut plateau dont les flancs rocheux, d'abord à pic, puis faits d'éboulis avec des plaques de neige d'une éblouissante blancheur, se montrent sous une belle couleur de carmin clair ; comme nulle part, sur ces parois, les arbres ne se sont implantés, leurs murailles arides forment un magnifique fond de tableau sur lequel se détache la crête inférieure finement dentelée par les têtes des sapins noirs. Grâce au beau soleil dont nous fûmes favorisés, je n'hésite pas à comparer et même à préférer Bonne-Baie à l'un des sites les plus vantés de l'Amérique du Nord : le Saguenay du Canada.

Un chemin suit tout le littoral du bras du Sud : partout où il y a un petit morceau de terrain plan, on voit une maisonnette avec son chaufaud, quelques sillons de pommes de terre, une prairie et plus ou moins de têtes de gros ou petit bétail.

Ici nous commençâmes à faire la connaissance de la petite mouche noire qui est la plaie de Terre-Neuve ; on ne peut s'imaginer la soif de sang de cette bête-là. Grosse comme un moucheron, elle ne se pose pas, elle se jette avec violence sur vous, toujours suivie d'une multitude de congénères qui luttent d'acharnement sur toute partie nue ; j'ai vu des boursouflures grosses comme la moitié d'un œuf de pigeon, qui provenaient de leurs piqûres. Mais passons pour le moment ; j'aurai à reparler tout à l'heure de ces exaspérants insectes.

Après Bonne-Baie, la côte terre-neuvienne ne tarde pas à perdre son caractère pittoresque, parce qu la chaîne *Long Range* s'en éloigne pour se rapprocher de l'autre littoral de la grande péninsule septentrionale : à partir de Port-Saunders et de la pointe Riche, l'ossature médiane ne forme plus sur l'horizon de l'Est qu'une ligne peu ondulée sans saillies remarquables.

Jusqu'ici nous n'avions rencontré nos compatriotes établis pour la saison qu'en deux seuls points, à l'Île-Rouge et dans la baie de Port-à-Port. C'est dans l'avancée de terre se terminant au cap Riche que se trouve le centre français le plus important de tout le French Shore, au Nouveau-Port-au-Choix ; il y a là, pendant la durée de la pêche, un groupement de trois cents matelots venus de Bretagne ou de Normandie, exclusivement occupés à la préparation de la morue salée. Les navires arrivent vers le milieu d'avril ; une fois au port, ils ne bougent plus, et c'est avec de petites embarcations appelées *doris*, non pontées et à fond plat, qu'on va placer et relever les lignes en mer. Vienne la fin de septembre, tout ce monde repartira, laissant à quelques Terre-Neuviens la garde des établissements en bois, en toile et en branchages que nos armateurs n'on pas le droit d'occuper à titre permanent.

Autour de cette baie toujours pleine d'activité, la presqu'île Riche, faite d'assises d'un grès très ancien qui se relève vers l'intérieur du pays, n'offre aucune ressource ; on n'y voit que quelques arbustes dans les fractures du sol où ils s'abritent des vents, ou bien

Séchage de la morue à Port-au-Choix en 1889.
(André Salles/Société de géographie/C206836)

quelques plaques de mousse, qui, luttant pour la formation de l'humus, se groupent autour d'un sapinet racorni et peu à peu l'ensevelissent. Ailleurs la roche est tout à fait nue, portant de loin en loin quelque beau bloc erratique, à moins qu'elle ne soit couverte d'une couche épaisse de petits éclats de grès à angles aigus qui souvent sont disposés, peut-être par la violence des tourmentes hivernales, en levées de dix à quinze centimètres de hauteur, tantôt courbes et parallèles, tantôt circulaires ou ovales, comme les grains de poussière sur une route rongée par le vent.

Au delà du cap Riche, le pays devient de plus en plus inhabité à mesure qu'on s'élève vers le Nord ; nos pêcheurs occupent encore pendant l'été quelques baies : Saint-Jean, Nouveau-Férolle, Sainte-Marguerite, Sainte-Geneviève. Des homardiers anglais y viennent faire la concurrence à nos nationaux. ; mais dès l'approche des premiers froids, plus personne ne reste sur cette côte glacée.

Lorsque, le 2 juillet au soir, le *Bisson* franchit le détroit de Belle-Île, le thermomètre ne marquait que +5° centigrades, et quelques beaux icebergs se dressaient sur la route.

À la côte Est du French Shore, au *Croc*, la division navale possède une *ferme*, où chaque été l'aviso-transport apporte de la Nouvelle-Écosse le *troupeau* destiné à ravitailler

Établissement français à St.-Julien vers 1889.
(André Salles/Bibliothèque et Archives du Canada/PA-178507)

les bâtiments. C'est loin d'être somptueux : trois maisons blanches à toit rouge constituent l'établissement, et c'est à un quartier-maître et à quelques matelots qu'on confie les
bœufs et les moutons.

Le Croc est une jolie baie qui, entre de hautes collines, se partage en deux branches
au bout de chacune desquelles un grand ruisseau vient aboutir, descendant des chapelets de lacs de l'intérieur par des successions de cascades et de rapides.

La forêt terre-neuvienne n'est nulle part plus délicieusement joli qu'aux alentours
du Croc. Elle n'a point d'arbres grandioses ; mais partout, sous la futaie composée des
mêmes essences qu'auprès du havre d'York, de chaque côté des brisants d'eau courante,
les petits gens du règne végétal étalent au-dessus des mousses leurs corolles délicates avec
une audace qui semble incroyable dans ce pays humides et froid. La saison chaude, ou
pour mieux dire tiède, est très courte ; aussi tout s'épanouit à la fois, et plus tard aussi
tout disparaît en une nuit de gelée.

Mais les mouches et, qui plus est, les moustiques, quelle plaie ! Il faut être tanné
comme les vieux Terre-Neuviens pour devenir insensible à leurs morsures. Quelques bra-
vaches osèrent s'aventurer sous bois sans aucun engin protecteur ; ils revinrent avant
l'heure, boursouflés et jurant, mais un peu tard, qu'ils ne mettraient plus les pieds à terre.
D'autres préféraient se badigeonner tous les quarts d'heure avec de la glycérine phéniquée : jugez de l'agrément ! Ce qui valait mieux, mais à la condition de n'être pas fumeur,
c'était un voile de gaze cousu au chapeau et méticuleusement fermé partout ; je dis méticuleusement, parce que les mouches noires s'acharnent à chercher un passage pour arriver jusqu'à la peau. Un jour, à la lisière du bois, assailli soudain sans voile, pendant que
je prenais une vue, je n'eus que le temps de mettre l'appareil tout monté sous le bras et
de fuir à toutes jambes. Heureusement les *black flies* ne peuvent pas s'éloigner de la forêt ;
à dix mètres des arbres on en est à l'abri ; le moindre soufflé d'air les entraîne.

Malgré tous les attraits de la belle nature du Croc, nous vîmes sans regret venir notre
tour d'aller, après deux mois sur cette côte, passer quelques jours dans un port civilisé ;
nous fîmes route pour Saint-John's, capitale de Terre-Neuve.

Un navire qui vient soit au Sud, soit du Nord, ne voit d'abord qu'une haute muraille
ininterrompue, rebord oriental de la péninsule d'Avalon ; puis une entaille se creuse et
peu à peu atteint la mer. Les parois de la tranchée s'éloignent, et à l'arrière-plan parais-

sent les maisons d'une partie de la ville de Saint-John's, s'étagées sur le flanc d'une colline rapide que couronnent les tours carrées de la cathédrale catholique.

La rade se recourbe en forme de poche vers le Sud, derrière un haut chaînon côtier, bordée d'un côté par les magasins et les quais de la ville, de l'autre par une longue suite de chaufauds à morue et de grands hangars où l'on fait de l'huile avec les phoques que les Terre-Neuviens vont tuer par centaines de mille sur la glace au moment de la débâcle des banquises.

Les Terre-Neuviens, imbus d'un commencement de sentiment national très vif, sont fiers de leur ville et se préoccupent de l'opinion qu'on en a. Invariablement tout nouvel arrivant est reçu par cette question : « *How do you like Saint-John's* ? – Comment trouvez-vous Saint-John's ? » Si l'on songe qu'il n'y a que quatre-vingts ans que l'Angleterre a permis à ses sujets de Terre-Neuve de construire des habitations autres que des abris volants et les a autorisés à mettre des barrières autour de leurs défrichements, on doit reconnaître que Saint-John's a marché à pas de géant et que, pour un petit peuple de trois cent mille âmes, c'est une capitale réellement digne de ce nom.

Le gouvernement, le parlement, la cathédrale catholique et les temples des principales confessions protestantes sont de vrais monuments. Les maisons particulières sont presque toutes en bois, – le bois coûte si peu à proximité des scieries du Canada, – et d'un style qui tient le milieu, comme le pays par sa position géographique et les gens par leurs idées et leurs mœurs, entre l'Angleterre et l'Amérique. Les magasins dans Water-street, la rue marchande, sont beaux et bien approvisionnés de tous les produits des deux continents ; mais… la voirie pourrait être meilleure.

J'ose à peine, je l'avoue, m'avancer jusqu'à formuler ce petit *mais*, tant je sais chatouilleux l'esprit de nos amis et amies de Saint-John's.

Un tout jeune Parisien [Henri de La Chaume] vint, il y a quelques années, faire un séjour en ce pays ; quittant pour la première fois l'asphalte du boulevard, transplanté brusquement dans un milieu étranger, il trouva extraordinaire le genre américain, de très bon aloi pourtant, de la société de l'endroit, et, à son retour, il se permit de jaser, avec trop de mise en scène, sur « Terre-Neuve et les Terre-Neuviennes[2] ». Ses critiques enfantines ont eu le don d'exaspérer toutes les jeunes misses, qui ne parlent maintenant de rien de moins que de lui faire subir un triste sort, à coups de raquettes de tennis, si jamais il osait reparaître devant elles.

Dieu me garde d'encourir un tel courroux ; je rétracte mon tout petit *mais*.

Le séjour à Saint-John's s'acheva trop vite à notre gré ; il fallut repartir pour le French-Shore. Mais au moment où nous allions recommencer en sens inverse le tout de l'île, un télégramme inattendu changea une fois de plus notre destination.

Quinze jours plus tard, nous étions replongés dans la fournaise des Antilles, n'ayant plus que le souvenir des brumes et de Terre-Neuve.

---

2. Voir Henri de La Chaume, *Terre-Neuve et les Terre-Neuviennes*.

LA GÉOGRAPHIE SOCIALE SELON UN ANARCHISTE (1890)

Élisée Reclus, « Terre-Neuve (Newfoundland) et ses bancs », p. 637, 653-663.

Élisée Reclus (1830-1905), né à Saint-Foy-la-Grande d'une famille protestante, fit ses études en Allemagne, et en 1848, à Paris, il participa au mouvement d'idées anarchistes. Exilé en 1851, il voyagea en Angleterre, aux États-Unis et en Colombie ; puis, pour sa participation dans la Commune de Paris, il fut exilé une seconde fois. Il fut par la suite professeur de géographie comparée à l'Université de Bruxelles de 1895 à 1905. Sa grande œuvre, la *Nouvelle géographie universelle* (1876-1894), fut publiée dans dix-neuf volumes. Reclus est reconnu comme figure importante dans l'histoire de la géographie, ainsi que dans l'histoire de la théorie politique de l'anarchisme. Il était également une figure originale de la théorie écologique.

L'île de Terre-Neuve est une colonie britannique distincte du Canada : consultée par les provinces de la Confédération, elle a refusé de s'associer à elles comme partie intégrante de la Puissance et dépend directement du gouvernement anglais. Cependant la question d'annexion au Canada reste ouverte et l'on ne cesse de la débattre, sous une forme ou sous une autre, dans les journaux et dans les assemblées délibérantes. En outre, il faut tenir compte des intérêts communs et des relations intimes qui existent entre les provinces du littoral et Terre-Neuve : en réalité elles font partie d'un même groupe politique, de même qu'elles appartiennent à un même corps continental, malgré l'étroit passage qui les sépare. Il importe donc d'étudier, après les contrées riveraines du Saint-Laurent, l'île qui en barre à demi le prodigieux estuaire.

∽

La population blanche est d'origine mélangée. À n'en juger que par les noms de lieux, on pourrait croire que les habitants parlent en majorité la langue française, mais ces noms ont été donnés par des pêcheurs de morue, qui ne séjournent pas dans la contrée et n'y fondent pas de familles. La nomenclature de Terre-Neuve ne donne donc pas des indications sûres ; néanmoins la part ethnique des Français doit être considérable. Ils occupent en entier les deux îles Saint-Pierre et Miquelon, qui appartiennent politiquement à la France ; ils sont également nombreux sur la côte voisine, ainsi que dans la péninsule d'Avalon, la partie de l'île où la population a le plus de densité ; sur la baie de Saint-Georges, des Acadiens se mêlent à la population britannique ; enfin on les rencontre temporairement sur la « Côte Française » ou de l'ouest, sur laquelle, pendant la saison de pêche, se fait la préparation des morues. Mais aucune statistique n'en donne le chiffre, même approximatif. Vers le milieu de ce siècle M. Rameau les évaluait à quinze ou vingt mille, sur une population totale de 130 000 habitants[1]. Dans les documents officiels, tous les habitants de l'île anglaise passent pour Anglais, quel que soit le lieu d'origine de leurs familles. Les Irlandais se présentent en très fortes proportions, aussi la prépondérance appartient-elle à l'église catholique ; toutefois les sectes protestantes réunies l'emportent par le nombre de leurs fidèles.

Si la colonisation de Terre-Neuve s'est faite avec une grande lenteur, il faut s'en prendre aux monopoles commerciaux. Chaque année, les « amiraux » de pêche prenaient commandement de l'île, assimilée à un vaisseau de guerre, et avaient pour premiers soins de détruire les maisons, cabanes, ou hangars que les habitants avaient pu élever près de la côte ; le littoral était, dans toute sa longueur, une zone de servitude comme les alentours d'une place forte. À leur retour dans la mère patrie, les capitaines de navires devaient ramener tous les hommes embarqués en Angleterre ou justifier de leur mort : il leur était interdit de laisser derrière eux un seul émigrant. Aucun étranger ne pouvait s'établir dans le pays, acquérir la propriété d'un lopin de terre, bâtir une maison nette, sans la permission expresse du gouverneur, qui la donnait rarement, car les intérêts de la pêche et ceux de la culture semblaient contradictoires, et les seconds étaient sacrifiés aux premiers. Les colons paraissaient n'être que des intrus, des maraudeurs rodant autour des pêcheries et cherchant à s'approprier un coin des ports ou quelques mètres de la plage. Encore en l'année 1797, un gouverneur tança l'un des magistrats pour avoir permis la construction d'un enclos. En outre, l'intolérance religieuse ne permettait pas l'exercice de la religion catholique, et souvent des Irlandais furent renvoyés dans leur patrie par cargaisons de navires : la célébration de la messe était considérée comme un crime, et les prêtres qui se trouvaient dans les équipages devaient se déguiser en simples matelots[2].

Au commencement de ce siècle, la population totale de l'île s'élevait à une vingtaine de mille résidents, malgré toutes les mesures prises pour empêcher le peuplement. À cette époque, l'Europe se trouvait en guerre ; les flottilles de pêche n'osaient sortir de leurs ports, et, par contre-coup, les pêcheries de Terre-Neuve prirent une importance exceptionnelle. Le nombre des habitants s'accrut rapidement ; ils étaient soixante-dix mille à la conclusion de la paix, en 1815 ; mais alors une banqueroute générale s'abattit sur l'île, et la population, qui vivait exclusivement de la pêche, se trouva soudain sans ouvrage, exposée à mourir de faim. La situation était devenue tellement périlleuse que l'on proposa la transportation de la plupart des habitants et l'on se mit même à l'œuvre : quelques centaines des plus malheureux Irlandais furent envoyés en Irlande, autre pays de misère, et plus d'un millier d'individus émigrèrent dans la Nouvelle-Écosse. Peu à peu, cependant, la situation économique revint aux conditions normales, et la population s'accrut, principalement par l'excédent des naissances sur les morts : elle dépasse actuellement deux cent mille individus, et l'équilibre entre les sexes, à peu près rétabli, prouve que l'immigration n'a qu'une part très faible dans le peuplement. Terre-Neuve, contrée fort salubre, a pour maladies les plus redoutables celles qu'on doit s'attendre à voir sévir dans

---

1. E. Rameau, *La France aux colonies*, vol. 1, p. 2.

2. Reclus perpétue ici des mythes commencés par John Reeve dans son *History of the Government of the Island of Newfoundland*, 1793, et continués par les nationalistes William Carson et Patrick Morris. Voir Keith Matthews, « Historical Fence Building : A Critique of the Historiography of Newfoundland », p. 143-165.

un pays de froidures et de brouillards : la phtisie et le rhumatisme sous toutes leurs formes.

L'agriculture reste à l'état rudimentaire, puisque la superficie des terrains en rapport ne comprend pas plus de 15 000 hectares, soit la 70ᵉ partie du territoire ; mais l'industrie proprement dite grandit en importance dans l'économie générale de Terre-Neuve. Cependant les pêcheries sont toujours la principale richesse : la morue reste « l'âme de la colonie ». L'exportation annuelle consiste presque uniquement en produits de la pêche : morues et huile de morue, harengs, saumons, truites, peaux et huile de phoques. Aux expéditions terre-neuviennes il faut ajouter celles des deux îles françaises, Saint-Pierre et Miquelon, dérivées en entier de l'immense vivier des bancs et représentant en moyenne une quinzaine de millions. Il faut tenir compte d'une énorme consommation locale et de la fabrication des engrais, pour lesquels on emploie principalement les têtes de morue rejetées par les pêcheurs. Malgré la tuerie annuelle, qui s'élèvent parfois à 150, même à 175 millions, il ne parait pas qu'il y ait diminution des morues ; cependant quelques baies du littoral, entre autres celle de la Conception, à l'ouest de Saint-John's, sont devenues comparativement désertes.

Trois nations se partagent ces trésors, Français, Anglais, Américains des États. Quoique possesseurs de l'île, les Anglais n'envoient pas le plus grand nombre de pêcheurs ; les Terre-Neuviens eux-mêmes ne s'occupent guère de pêcher que sur leur littoral et sur les côtes du Labrador. Les « Bostoniens », auxquels les traités concèdent la liberté de la pêche à trois mille marins des côtes, pêchent au large, mais ils ont encore une grande distance à franchir pour transporter le poisson sur les sécheries du Maine ou du Massachusetts. Quant aux « terre neuviens » français, qui disposent d'une clientèle quatre fois séculaire dans les contrées de l'Europe occidentale et méditerranéenne, ils ont aussi, en vertu du traité d'Utrecht, conclu en 1713 et depuis cette époque fréquemment confirmé, l'avantage d'un solide point d'appui dans ces parages par la possession pleine et entière de deux îles, Saint-Pierre et Miquelon, et par la jouissance de la côte occidentale de Terre-Neuve, dite French Shore ou « Côte Française » ; ils ont droit de pêche le long de ces rivages ; ils peuvent élever sur la terre ferme des « chaffauds », des « vignots » et des hangars, mais il leur est interdit, comme naguère aux Anglais eux-mêmes, d'y édifier des constructions permanentes, et ils n'ont pas l'autorisation d'y passer l'hiver. On comprend que le choc des intérêts fasse naître de fréquents conflits sur ce territoire que deux maîtres possèdent à la fois : aussi les démêlés diplomatiques sont-ils incessants. Les « primes » de 12 à 20 francs par quintal métrique de poisson et de 50 francs par matelot embarqué, que le gouvernement français accorde aux armateurs de pêche, en vue de « protéger les intérêts acquis » et de former des recrues pour sa marine de guerre, sont considérées par la législature de Terre-Neuve et par celle du Canada comme un passe-droit ne permettant pas aux marins nationaux de lutter à armes égales contre les pêcheurs français.

Pour combattre les effets de la prime donnée aux « terre-neuviens » de la Manche, le gouvernement de Terre-Neuve a voté en 1886, et le gouvernement britannique a sanctionné en 1888, une loi qui interdit l'exportation à Saint-Pierre et à Miquelon de la « boëtte », c'est-à-dire de l'appât dont les pêcheurs amorcent la morue. Au commencement de la pêche, le capelan est le meilleur appât, puis durant le mois d'août et jusqu'au milieu de septembre une petite espèce de poulpe ; ensuite les pêcheurs utilisent l'encornet ; enfin vers la fin de la saison ils emploient le hareng. Au risque de ruiner complètement les riverains des baies de Fortune et de Plaisance, qui fournissaient autrefois aux pêcheurs français ces diverses espèces de boëtte, les gros marchands de Saint-John's en ont fait interdire la pêche. La défense de vendre le capelan inquiétait peu les Français, car du 12 au 15 juin le flot qui déferle dans les anses de Saint-Pierre et de Miquelon renferme des capelans en quantités si prodigieuses que la mer en perd sa teinte verte pour prendre une couleur laiteuse, et les capelans laissés sur le rivage en état d'engourdissement y forment parfois des couches de 30 ou 40 centimètres d'épaisseur. Quant aux autres appâts, la contrebande, sollicitée, pour ainsi dire, par les actes législatifs de Terre-Neuve, comblait une partie des vides, mais à plus grands frais pour le pêcheur ; d'autre part, les établissements temporaires de la Côte Française, surtout ceux de la baie Saint-Georges, s'outillent pour livrer une plus grande quantité d'appât ; les bâtiments se munissent d'autres espèces de boëtte, de « coques » notamment, espèce de mollusques qu'on recueille sur les plages ; on utilise aussi de la boëtte importée d'Europe et l'on modifie les engins de pêche pour prendre le poisson par des procédés nouveaux ; enfin un grand nombre de pêcheurs abandonnent les bancs pour se livrer dans le voisinage de la Côte Française à la capture des homards et à la fabrication des conserves. Les adversaires s'accusaient les uns les autres de ne pas respecter les conventions et d'établir des « trappes » à l'entrée des baies pour capturer des bancs entiers et dépeupler ainsi la mer. De son côté, le gouvernement canadien, qui était resté neutre entre les deux partis en lutte, avait fini par s'allier à Terre-Neuve contre la France, en interdisant aux pêcheurs français de faire transiter leurs chargements de poisson, francs de douane, par le port de Halifax. Enfin cet état de guerre sournoise s'est terminé récemment par le renversement du ministère de Terre-Neuve qui avait prohibé la vente de la boëtte, et l'on pense que l'ancien ordre de choses sera rétabli. Quant aux conventions du traité relatives à la Côte Française, elles sont impraticables et, même depuis 1881, officiellement violées : de nombreux groupes de colons britanniques se sont établis sur la côte interdite, et c'est à eux que les pêcheurs français confient d'ordinaire la garde de leurs établissements pendant l'hiver. L'existence légale de ces colonies, qui comprennent environ 12 000 résidents, a été reconnue par le gouvernement britannique, et la « Côte Française », sorte de marche où personne n'avait le droit de séjour, est devenue « côte anglaise ». Les pêcheurs français, lésés par ces arrangements, n'ont gardé que leurs privilèges de pêche.

Le hareng est, après la morue, le poisson qui a le plus de valeur économique dans l'ensemble des pêcheries ; on le capture surtout dans la baie des Îles et dans le fjord où débouche la rivière Humber. Même en hiver, on pêche le hareng à la façon des Eskimaux, en perçant la glace et en jetant le filet dans les eaux cachées. Quant aux pêcheries de saumons et à la chasse aux phoques, elles ont graduellement diminué et n'ont plus d'importance dans le commerce général de la contrée. De même, les bancs d'huîtres sont presque entièrement épuisés. Mais sur divers points du littoral, notamment dans un îlot de la baie de Trinité, Dildo-island, on a fondé des établissements de culture maritime qui ont parfaitement réussi et qui permettent de compter sur le repeuplement des eaux dévastées par l'avidité des premiers pêcheurs : c'est par centaines de millions que les pisciculteurs distribuent le naissain des morues et des homards.

Le mouvement de la navigation, qui se confond partiellement avec celui de la pêche, est fort considérable, mais dans les statistiques on ne tient compte que des navires qui font régulièrement escale dans les ports pour y charger ou décharger des marchandises. Quant à la flotte commerciale de l'île, composée presque uniquement de bateaux pêcheurs, elle comprend plus de deux mille embarcations, mais n'ayant pas ensemble un total de cent mille tonnes : ce sont des bâtiments qui ne dépassent pas les parages du golfe de Saint-Laurent, des Bancs et du Labrador. Au premier abord, Terre-Neuve semble admirablement placée au-devant du continent américain comme vestibule d'entrée, puisqu'elle se projette vers l'Europe : les traversées de l'Océan se trouveraient réduites de deux jours si elles se faisaient directement entre Saint-John's et les rivages opposés de l'Atlantique ; mais la ligne du chemin de fer qui doit traverser l'île pour transporter passagers et marchandises n'est pas encore terminée, et du reste la plupart des voyageurs qui bravent la mer préfèrent ne pas avoir à s'embarquer deux fois. Du moins, Terre-Neuve est-elle le poste avancé du Nouveau Monde comme lieu d'attache du faisceau le plus considérable des câbles télégraphiques [depuis 1866] : sur les dix câbles transatlantiques du nord, cinq viennent se rejoindre dans une baie orientale, à Heart's Content, et de l'île d'autres câbles rayonnent vers le Canada, Cap-Breton, la Nouvelle-Écosse et les États-Unis.

Saint-John's, la capitale et la ville la plus populeuse de Terre-Neuve, renfermant à elle seule le sixième des insulaires, date des premiers temps de la découverte par Basques, Bretons et Portugais ; dès le commencement du seizième siècle, les bateaux-pêcheurs s'y trouvaient réunis par dizaines. Aussi ce port fut-il disputé avec acharnement par les Anglais et les Français ; mais depuis bientôt deux siècles il appartient à la Grande-Bretagne. La ville est invisible du large, et des amers placés au sommet des promontoires en indiquent l'entrée. À un détour de la côte, une fissure apparaît et l'on pénètre dans les « Étroits » ou *Narrows*, défilé marin d'environ 600 mètres de longueur, que dominent des parois de 150 à 200 mètres et qu'une chaîne de fer de 200 mètres fermait jadis aux navires ennemis : un amas de glaces poussé par la tempête l'obstrua un jour et il fallut faire sauter l'obstacle à la poudre[3]. Brusquement, on voit se dérouler le port, aux eaux toujours tranquilles, et la ville se montre, escaladant les gradins septentrionaux de l'amphithéâtre des monts. Saint-John's est pittoresque, mais ce n'est point une belle cité ; les commerçants qui l'ont bâtie y séjournent pour la plupart dans l'intention d'habiter ailleurs après fortune faite et se contentent de constructions massives et sans goût pour leurs magasins et leurs entrepôts ; quant à la population pauvre, d'origine irlandaise en grande majorité, elle habite des maisons en bois, enfumées, prêtes à flamber pendant les fréquents incendies d'hiver. L'odeur pénétrante du poisson envahit tous les quartiers ; sur les bords de la mer, où se trouvent les hangars, elle est insupportable. Il serait difficile de songer à l'embellissement d'une ville à l'odeur infecte : heureusement que Saint-John's s'alimente en abondance d'une eau pure, puisée dans un lac des monts environnants. Quelques jardiniers ont réussi à extraire des produits végétaux de la mince couche d'humus qui recouvre les rochers des alentours.

Un chemin de fer qui contourne la baie de la Conception, ainsi baptisée par Cortereal[4], réunit Saint-John's avec la deuxième ville de Terre-Neuve, Havre-de-Grâce, dont le nom a été changé par les Anglais en celui de Harbour-Grace. Les maisons se pressent au bord d'une crique protégée de la houle par un cordon de sable ; au seizième siècle, quatre cents bateaux pêcheurs, portugais, anglais, français, se voyaient à la fois dans la baie, et quoique la richesse des eaux voisines en vie animale ait diminué depuis cette époque, le Havre-de-Grâce est encore très fréquenté pendant la saison de pêche. L'ancienne colonie française de Carbonière, devenue la ville anglaise de Carbonear, se trouve à 13 kilomètres de Harbour-Grace, sur une baie qui reçoit également un grand nombre de bateaux pêcheurs pendant les mois d'été. À l'ouest de Harbour-Grace et de

---

3. A. Pendarves Vivian, *Wanderings in the Western Land*, p. 2.
4. Gaspar Cortereal, explorateur portugais de la fin du XVe siècle.

Carbonear, sur la rive orientale de la grande baie de la Trinité (Trinity-bay), un gracieux village de pêcheurs se niche entre les rochers : c'est Heart's Content, l'endroit ou le câble électrique, immergé en 1848, établit la première communication sous-marine entre l'Ancien Monde et le Nouveau. Aux paroles de « bonne volonté » échangées à travers l'Océan et transmises aux extrémités de la terre, on aurait pu croire que l'ère de la fraternité universelle avait commencé [5].

D'autres ports de pêche se succèdent au nord des baies de la Conception et de la Trinité. Les villes de Catalina et de Bonavista, qui datent des premiers temps de la découverte, reçoivent encore des centaines de bateaux pêcheurs. Le havre de Greenspond est également assez fréquenté. Au delà du cap Fréhel ou Freels s'ouvrent deux autres ports, ceux de Fogo et de l'ancienne ville française Toulinguet, dont les Anglais ont fait Twillingate : elle se dresse sur deux îles rocheuses unies par un pittoresque viaduc. De cette même région provenait naguère les plus beaux chiens de Terre-Neuve, noirs, avec une croix blanche sur le poitrail. Les ports de la côte septentrionale arment un grand nombre de bateaux pour la pêche du Labrador ; en outre on se livre à la culture, principalement dans les environs de Toulinguet ; mais la grande industrie, surtout à l'ouest, sur le littoral de la baie de Notre-Dame, a pour objet l'exploitation des gisements de cuivre, que l'on rencontre en des poches ou géodes éparses dans les rochers : des galeries profondes ont déjà pénétré fort avant dans les collines, autour de Tilt-cove, petit port dont presque tous les habitants travaillent aux mines. Une campagne anglaise exporte le minerai et construit routes, chemins de fer et télégraphes dans cette contrée, jadis dépourvue de toute communication terrestre avec le reste de Terre-Neuve.

La côte méridionale, principalement celle des péninsules d'Avalon, au sud de Saint-John's, a plus de population que celle du nord ; les habitants, attirés par le voisinage des bancs, se pressent sur les rives, mais le sol, pauvre et rocheux, ne leur permet guère de s'établir dans l'intérieur. La ville la plus populeuse de la contrée, jadis rivale de Saint-John's, est l'ancienne colonie française de Plaisance, dont le nom a été changé par les Anglais en Placentia, en 1713, lorsque soldats et habitants français durent évacuer Terre-Neuve et émigrer à Cap-Breton. En face, sur la rive septentrionale d'une crique, se voit le village de Petit-Plaisance, près duquel on exploite des mines de plomb. La baie de Plaisance a, pour son meilleur port, Burin, situé sur la rive occidentale et protégé de tous les vents par un cercle d'îles. Les armateurs de Burin équipent un grand nombre de navires pour la pêche des bancs et entretiennent un commerce très actif avec le port français de Saint-Pierre. Au delà, pas un des villages de la côte méridionale : Fortune, Burgeo, La Poile, Port-aux-Basques, n'a même un millier d'habitants. Près de Port-aux-Basques,

---

5. Près de dix ans d'efforts furent nécessaires pour surmonter tous les obstacles à la pose du premier câble transatlantique, dont le héros fut l'Américain Cyrus Field (1819-1892). La structure du premier différait sensiblement de celle des câbles précédents : au centre, une âme composée d'un toron de sept fils de cuivre pur gainé de trois couches de gutta-percha ; cette âme, d'un diamètre extérieur de près de 12,2 millimètres, était revêtue d'une mince couche de toile goudronnée et armée de dix-huit torons formés chacun de sept fils de fer. Le 7 août 1857, on commença de poser 3 200 km de fil, mais dix jours plus tard, le câble rompit par 3 700 mètres de fond, et le projet fut abandonné pour un an. Après quelques autres échecs, le 23 juin 1865, le *Great-Eastern* quittait Valentia après que le câble eut été relié à une courte ligne terrestre installé sur le côté. Le 2 août, 1 900 km de câble ayant été filés sans incident, on découvrit une anomalie électrique. Il fallut attendre l'année 1866, quand le *Great Eastern* réussit à poser un câble sans défauts entre Valentia et Trinity Bay, et le premier message fut transmis le 27 juillet. Voir aussi « Du *Great-Eastern*, le plus grand navire du monde », p. 110-120, et A. Delamarche, *Eléments de télégraphie sous-marine*, 1858.

appelé aussi Channel par les Anglais, se trouvent les écueils redoutés des Isles-aux-Morts, frangés d'épaves : parfois, après les tempêtes des escouades des fossoyeurs travaillèrent pendant plusieurs jours pour enterre les cadavres.

Le gouverneur sir Terence O'Brien ouvre le parlement à St.-John's en 1889.
(Collection Gossage/Bibliothèque et Archives du Canada/RSD 0304-02)

Le gouvernement de Terre-Neuve, copié sur celui de la Grande-Bretagne, repose d'une part sur la volonté populaire, représentée par le *manhood suffrage* ou « suffrage viril », d'autre part sur la volonté royale, dont le gouverneur est le mandataire direct. Tous les citoyens âgés de plus de vingt et un ans qui ont occupé un domicile pendant deux années avant le jour de l'élection, soit comme propriétaires, soit comme locataires, et tous les hommes âgés de plus de vingt-cinq ans, quelle que soit leur résidence, ont le droit de vote. L'île a été divisée en districts, nommant ensemble trente-trois députés à la « maison d'Assemblée ». Ces représentants sont choisis tous les quatre ans parmi les censitaires ayant au moins 480 piastres de revenu ou une propriété de 2 400 piastres, libre de toute hypothèque, et reçoivent un traitement annuel de 191 piastres s'ils résident à Saint-John's, la capitale, et de 291 piastres s'ils ont leur domicile ailleurs. Quant à la Chambre haute ou Conseil législatif, elle se compose de quinze membres nommés directement, à vie, par le gouvernement de Terre-Neuve et recevant un traitement de 120 piastres par session. Le Conseil exécutif ou ministère, composé de sept personnages, est choisi par le gouverneur, mais responsable envers la majorité de la législature. Enfin, la Couronne désigne le gouverneur pour une période qui dure ordinairement six années. La constitution date de l'année 1855, mais elle a été modifiée in 1885.

Les revenus de la colonie sont presque uniquement dérivés des droits de douane, qui varient de 10 à 25 pour 100 pour les diverses marchandises. Le charbon, les appareils de pêche, le papier d'imprimerie et les légumes sont exceptés des taxes d'importation.

LA PROGRESSION DE LA TUBERCULOSE (1892)

Georges-Benjamin-Edouard Martine, « La tuberculose à Terre-Neuve »,
p. 371-375.

Georges-Benjamin-Edouard Martine naquît en 1862 à Madras et entra au service de marine en 1882. Pendant sa carrière, il était médecin aux Bataillons d'infanterie de marine à Paris. Par conséquent, sa thèse de médecine, « L'occupation militaire française des Nouvelles-Hébrides » (1889), était un ouvrage important à propos des maladies (en particulier sur le paludisme) parmi les troupes françaises qui s'embarquaient sur l'archipel suite aux massacres d'Ambryn, Port Vita et Port Stanley. Martine était médecin-major du *La clocheterie* pendant la campagne de pêche à Terre-Neuve en 1892. Cet article, extrait de son rapport médical, parut dans les *Archives de médecine navale et coloniale*, revue publiée par ordre du ministre de la Marine et des colonies et rédigée sous la surveillance de l'Inspection générale du service de santé de la marine.

Si nous faisons abstraction des malades qui furent éliminés et remplacés lors de la période d'armement, nous pouvons dire que nos statistiques sont vierges de tuberculose ; résultat dont nous nous félicitons d'autant plus volontiers qu'il est unique dans les annales de la station de Terre-Neuve. C'est en effet la première campagne dans ces contrées qui se soit effectuée sans l'éclosion d'aucune phtisie [1] ; nous insisterons sur ce fait parce que nous estimons qu'il y a lieu d'en tirer une conclusion essentiellement pratique.

Auparavant, qu'il nous soit permis de sortir un instant du cadre pathologique proprement dit de la campagne pour exposer quelques considérations résultant de nos recherches sur cette question de la tuberculose à Terre-Neuve, question intéressante et qui passionne tous les médecins-majors de la station. Pendant longtemps on a cru dans la marine que les climats intertropicaux avaient sur la phtisie une influence sinon curative du moins favorable. Il a fallu la voix autorisée de J. Rochard [2] pour détruire ce préjugé ; depuis ces remarquables travaux où les preuves abondent irrécusables, l'accord est unanime ; l'influence néfaste de la chaleur sur la tuberculose constitue aujourd'hui un dogme scientifique dont la formule peut se traduire ainsi : interdire toujours la zone tor-

---

1. Phtisie aiguë pneumonique : affection des poumons due à un virus ou à une bactérie, et dont il existe plusieurs formes. La phtisie aiguë pneumonique est une forme de tuberculose se caractérisant par des modifications du tissu pulmonaire ayant l'aspect anatomique de la pneumonie lobaire. Elle se caractérise par une asthénie (fatigue) et une altération de l'état général secondaire à l'infection par le bacille de Koch.
2. Jules Rochard, *Traité d'hygiène sociale* (1888).

ride aux poitrinaires ; mais l'incertitude règne encore quand il s'agit du passage de la zone tempérée dans la zone froide. Ici les avis sont partagés ; ainsi Jan[3], se basant sur deux observations personnelles d'arrêt de l'évolution bacillaire à Terre-Neuve, hésite et déclare que les renseignements qu'il a recueillis sont loin de concorder avec certaines théories précédemment émises et qu'à l'hôpital de Saint-Pierre il parait démontré aux médecins dont le champ d'observations s'étend sur une population aussi grande que variée que la marche de la tuberculose dans ce pays subit plutôt un retard qu'une accélération[4]. Nous croyons que la thèse de Jan résulte d'un malentendu dont les conséquences peuvent être dangereuses.

La question est complexe en effet et ne saurait être ainsi résolue. Comprise d'une façon générale, pour éviter toute confusion et toute cause d'erreur, il est une première distinction à faire ; il faut établir dans les observations deux catégories bien définies, scinder la question en deux parties : 1° quelle est la marche de la tuberculose chez les individus qui comme nos marins du commerce et de l'État sont subitement transplanté sous le ciel de Terre-Neuve ? 2° quelle est-elle chez les indigènes de Terre-Neuve ? C'est en scindant ainsi cette question que nous avons pu l'élucider et nous faire une opinion basée sur l'observation et sur nos recherches. On ne saurait en effet comparer les indigènes qui sont nés à Terre-Neuve, et chez lesquels l'accoutumance climatique existe depuis le jeune âge, avec nos marins qui passent brusquement et pour ainsi dire sans transition dans un climat nouveau. Cette distinction est aussi nécessaire à établir qu'elle le serait dans les pays chauds entre le créole et l'Européen. Chez les Terre-Neuviens en effet et chez les Saint-Pierrais, la tuberculose en dehors de l'hérédité est préparée de longue date par mille conditions inhérentes à leurs mœurs et à leurs genre d'existence : allaitement artificiel au biberon, sevrage prématuré, séjour prolongé dans des appartements surchauffés par le poêle ; encombrement, air confiné, alimentation défectueuse, défaut d'exercice au grand air, etc. Pénétrez, même au cours de l'été, dans la première famille venue de pêcheurs de la côte de Terre-Neuve, voici presque invariablement le tableau qui s'offre à vous : dans la pièce principale d'une maison en bois, de chétive apparence, peu confortable et mal entretenue, les enfants et les femmes sont réunis, les portes et les fenêtres sont hermétiquement fermées ; au centre un vaste poêle est allumé entretenant dans l'appartement une température de 30 degrés et plus, qui fait reculer instinctivement le visiteur. À l'extérieur cependant la température est délicieuse, le soleil est superbe, la plage ensoleillée.

Ainsi les femmes et les enfants s'étiolent insensiblement ; chez eux, l'anémie s'installe sournoisement (cette anémie si bien nommé anémie du poêle) ; avec elle les pâles couleurs, les flueurs blanches, les troubles dyspeptiques, le dysménorrhée, les névralgies (cette grande endémie de Terre-Neuve !) etc., bref toutes les fonctions languissent et chaque jour le dépérissement s'accentue. L'anémie est ici le premier degré latent de ce long drame qui mène à la tuberculose et conduit au marasme et à la cachexie. Cette tuberculose à marche lente et torpide est bien dans ce cas le résultat de la vraie misère physiologique.

---

3. Aristide-Pierre-Marie Jan, né en 1854, était médecin distingué de la marine. En 1890, il fit une étude des conditions de santé entre les pêcheurs français à Terre-Neuve, tout en rendant visite aux hôpitaux des différents points de relâche fréquentés par la Division navale à Madère, Sydney et Saint-Jean. En 1911, il devint directeur de l'école principale du Service de santé de la marine à Bordeaux et en 1915 directeur du Service de santé à Rochefort.

4. [Aristide-Pierre-Marie] Jan, « La division navale de Terre-Neuve pendant l'année 1890 », p. 153-154.

Tout autre est le processus pathologique chez ceux de nos marins qui, étant atteints de tuberculose en pleine évolution ou encore à l'état latent, entreprennent la campagne de Terre-Neuve.

Les observations de Randon[5] sont concluantes, les voici résumées :

Sur la *Clorinde* : 2 tuberculeux ; 2 hémoptysies, poussées aiguës.

Sur la *Perle* : 2 tuberculeux ; chez l'un hémoptysie rebelle ; chez l'autre poussée aiguë.

Sur le *Drac* : 1 tuberculeux, granulée, mort.

Le tuberculeux de Jan lui-même a deux hémoptysies accompagnées le soir d'une température fébrile. Cette année-ci même, nous avons observé une poussée aiguë chez le tuberculeux du *Drac*. Et l'*Aréthuse* a laissé à l'hôpital de Saint-Pierre plusieurs hommes chez lesquels le brusque réveil de l'affection coïncide avec l'arrivée dans les parages de Terre-Neuve.

Si de la marine de guerre nous passons à la marine marchande, les exemples se multiplient. Chaque année, dès le début de la saison de pêche, la tuberculose occasionne de nombreuses entrées à l'hôpital de Saint-Pierre ; si nous consultons les archives du Conseil de santé, elles nous apprennent que le plus souvent elle y prend la forme aiguë et emporte le malade à brève échéance. Y a-t-il lieu de s'en étonner ? Le froid, le vent, la pluie, les brumes épaisses, l'humidité, les variations brusques et considérables de température, les exercices, les privations, les fatigues, les imprudences inhérentes au métier de la marine, sont-elles des conditions à recommander à un phtisique ? Ses poumons peuvent-ils affronter impunément cette gymnastique respiratoire de tous les jours, de tous les instants ? À la première période de congestion, les refroidissements, les rhumes, les congestions bronchiques sont autant de causes d'hémoptysie mécaniques et plus tard à la période d'ulcération, ce sont autant d'entraves à la réparation, à la cicatrisation des cavernes. Aussi chez le marin prédisposé qui arrive à Terre-Neuve, surtout au printemps à l'époque des grandes brumes, la tuberculose reçoit-elle une poussée aiguë comme un coup de fouet qui lui fait brûler les étapes et conduit presque fatalement à une tombe prématurée. De l'état latent elle se réveille soudain et devient granulée. – Des considérations ci-dessus découle une conclusion essentiellement pratique ; interdire toujours le climat de Terre-Neuve aux poitrinaires. Éliminez de vos équipages tous les sujets dont les antécédents sont douteux ou dont les sommets présentent des signes stéthoscopiques suspects (submatité, respiration rude, etc.). Partez de France avec un équipage sain, indemne, et votre campagne s'effectuera sans tuberculose. Le froid, le vent, etc., les conditions climatiques sont incapables d'engendrer la phtisie de toutes pièces.

---

5. Le docteur Randon était médecin de première classe de la marine.

LES NOUVELLES RICHESSES MINÉRALES (1894)

L. de Launay, « Les richesses minérales de Terre-Neuve », p. 395-400.

Louis de Launay (1860-1938), minéralogiste, ingénieur des mines et professeur à l'École supérieure des mines, est considéré comme le plus grand géologue français à s'être occupé de la science des gîtes minéraux. En Afrique du Sud, les gisements d'or du Transvaal et les gisements de diamant du Cap sont des exemples de son important travail sur un plan théorique ainsi que pratique. Dans l'étude des gîtes métallifères, il montra non seulement des qualités éminentes de minéralogiste, de pétrographe et de géologue, mais aussi une connaissance très étendue et une compréhension remarquable des phénomènes chimiques. L'article qui suit parut dans les *Annales des mines*, recueil de mémoires sur l'exploitation des mines et sur les sciences et les arts qui s'y rapportent.

L'île de Terre-Neuve forme le prolongement des zones N.-E. – S.O. de terrains primitifs et primaires, qui constituent, sur le continent canadien, le Nouveau-Brunswick et la Nouvelle-Écosse. Cette disposition se retrouve très nettement dans l'orographie du pays : lignes de côtes, fjords et saillies montagneuses lui sont parallèles.

Tous les terrains qui composent le sol sont primitifs ou primaires (laurentien, précambrien, silurien, dévonien (?) et carbonifère).

Le laurentien, si largement développé au Canada et au Labrador, occupe également une partie de Terre-Neuve, où il forme deux chaînes principales : l'une allant de la baie de la Fortune au cap Frehel ; l'autre, à l'Ouest, constituant le Petit-Nord et les Long-Ranges ; on le trouve également sur une grande partie de la côte sud.

Au-dessus de ce laurentien, on trouve à l'Est (St-John's) des dépôts qualifiés de précambriens : quartzites avec bancs jaspeux, conglomérats rouges, schistes brun sombre avec des organismes problématiques (*Aspidella Terranovica, Arenicolites* cf. *spiralis*).

Puis viennent, en discordance, dans les îles de la baie de la Fortune, à Saint-Pierre et Miquelon, des grès rouges, conglomérats et quartzites avec trilobites du cambrien inférieur (Longmynd et Lingula).

D'autres terrains primaires, cambriens ou siluriens inférieurs, se retrouvent dans tout l'Ouest de l'île, traversés et métamorphisés par des roches diverses : diorites, porphyres, trapps, etc. Autour des gisements cuivreux de la baie Notre-Dame, cet étage est caractérisé par des bancs serpentineux et dolomitiques avec schistes chloriteux du group de Québec calcarifère (silurien inférieur).

Un peu de silurien moyen se rencontre dans les îles de la baie Blanche et de la baie Notre-Dame. Dans la première, il existe peut-être même du dévonien au cap Fox.

Enfin, à l'Ouest de Terre-Neuve, deux lambeaux de carbonifère discordants sur les terrains antérieurs se rattachent visiblement, à travers la baie du Saint-Laurent, aux terrains de même age du Nouveau-Brunswick ; le centre de ce bassin, qui s'est très anciennement affaissé, est occupé par le trias de l'île du Prince Edward.

La production minière de Terre-Neuve se compose, jusqu'ici, presque exclusivement de minerais de cuivre. En 1891, l'île a produit 7 100 tonnes de minerai de cuivre, 3 700 tonnes de régule, 1 150 tonnes de lingots de cuivre, le tout représentant sur place une valeur totale d'environ 3 millions de francs et correspondant à peu près à 4 500 tonnes de cuivre. En 1890, la production avait été à peine moitié de ce chiffre : 1 200 000 francs ; mais, en 1888, elle avait dépassé 4 millions et, dans les années précédentes, on trouve, au milieu de fluctuations répétées, une année d'extraction maxima, 1877, avec 6 200 000 francs. Par cette production de cuivre, Terre-Neuve se place en bon rang parmi les États de second ordre, entre l'Italie et la Norvège.

Indépendamment du cuivre, on se contente d'extraire environ 20 000 tonnes de pyrite de fer valant 300 000 francs ; à diverses reprises, l'île a produit, en outre, de faibles quantités de plomb et de nickel.

Cuivre. – Les mines de cuivre, découvertes depuis 1857, sont situées dans la baie Notre-Dame, au Nord de l'île. Là se trouvent les gisements de Tilt Cove (Union Mine) exploités, depuis 1864, à environ 15 kilomètres du cap Saint-Jean, ceux de Bett's Cove ouverts depuis 1875, ceux de Little Bay, etc.

Les dépôts sont formés de grands amas, grossièrement interstratifiés, de pyrite de fer cuivreuse, ayant tenu, prétend-on, en moyenne, 12 p. 100 de cuivre (chiffre qui nous semble très exagéré). À la mine Bluff (Tilt Cove), qui peut nous servir de type, le gisement est encaissé dans des schistes chloriteux, très pyritisés, contenant des lits de dolomie et des traînées de serpentine avec grains de fer magnétique. Immédiatement au toit se présente une masse de diorite à veinules d'épidote ; puis, vers le Nord, un dyke de serpentine. Au mur, on a des diorites, des schistes sombres et des bancs de jaspe rouge. L'amas métallifère, dont la constitution paraît rappeler très fort celle des gisements norvégiens (Röraas, Foldal, etc.), situés également dans les terrains primaires, renferme souvent des intercalations schisteuses et chloritiques. Comme en Norvège, on a tous les passages entre les amas pyriteux importants, dont le défaut est toutefois d'être toujours limités en profondeur et de ne donner lieu, par suite, qu'à des exploitations temporaires, et des schistes imprégnés de pyrite dans leur masse.

La mine de *Tilt Cove*, d'abord activement exploitée, a été à peu près abandonnée depuis quelques années ; une nouvelle compagnie (Cape Copper Mining and Smelting Cᵉ) essaye de la reprendre.

La mine de *Bett's Cove*, également abandonnée aujourd'hui, a produit, en dix ans, de 1875 à 1885, 130 000 tonnes de minerai et de régule, avec 2 500 tonnes de pyrite de fer.

Parmi les mines les plus importantes actuellement, on doit citer celle de *Little Bay*, exploitée depuis 1878 sans interruption (40 000 tonnes de minerai, régule, etc., depuis 1886) ; puis la South West Arm, la Hall's Bay, la Rabbit's Arm, beaucoup moins importantes.

Dans cette dernière, par exception, on a eu affaire à des bandes de quartz pyritisé contenant parfois du cuivre gris argentifère. On peut également citer la présence d'un peu de cuivre natif aux affleurements de l'Union Mine de Tilt Cove.

En dehors de ce centre principal, on a exploité, au siècle dernier, un peu de cuivre à Shoal Bay, près de St-John's. Des indices de ce métal ont été, en outre, signalés en bien des points.

Pour les autres métaux encore inexploités, nous nous contenterons de quelques indications sommaires ; il est probable cependant que le développement, devenu très rapide, de la colonisation et la création prochaine d'un réseau de chemin de fer permettront d'en mettre quelques-uns en exploitation.

Or. – Des traces d'or existent, comme c'est en bien des pays le cas fréquent, dans les amas pyriteux, dont quelques-uns sont exploités pour cuivre et, par un phénomène bien connu, un peu d'or libre s'est parfois isolé par métamorphisme à leurs affleurements. On en a signalé dans des mispickels de la baie de Bonavista, dans des quartz de la baie Conception, dans plusieurs des mines de cuivre de la baie Notre-Dame (à Tilt Cove, on en aurait retiré pour 200 000 francs) ; puis, ce qui peut présenter un intérêt spécial pour nous, dans le French Shore (côte française) réservé partiellement à la France par le traité d'Utrecht.

Cet or peut fournir un appoint à des travaux portant surtout sur le cuivre ; il est peu vraisemblable qu'il donne lieu, à lui seul, à des exploitations bien importantes.

Plomb argentifère. – On a exploité, de 1857 à 1870, une mine de galène sur la baie de Plaisance (Placentia), au Sud de l'île ; il s'agissait d'un filon de calcite avec quartz et un peu de barytine, filon d'environ un mètre de large encaissé dans les schistes et ayant fourni environ 2 400 tonnes de galène. D'autres gisements sont signalés à Silver Cliff Mine, sur le Little Placentia Sound et à Port au Port Bay, sur la côte Ouest, où le minerai incruste une brèche de calcaire carbonifère.

Antimoine. – Des gisements de ce métal existent en quelques points de la baie Notre-Dame.

Fer. – En outre des pyrites de fer exploitées dans les mines de cuivre de la baie Notre-Dame, le laurentien renferme plusieurs amas de magnétite, ainsi à Saint-George's Bay sur la côte Ouest et dans les Long Range Mountains (Petit-Nord). Comme mine de pyrite de fer dans la baie Notre-Dame, nous citerons celle de l'*île Pilley*, qui occupe plusieurs centaines d'hommes, est éclairée à la lumière électrique, etc. Les pyrites de fer ont un débouché facile aux États-Unis, où l'on n'en exploite guère et où l'on importe, pour la fabrication de l'acide sulfurique, de grandes quantités de soufre.

Nickel. – Le nickel existe, avec les sulfures complexes de la baie Notre-Dame et a été exploité un peu, jadis, à Tilt Cove.

Charbon. – Dans l'Ouest de l'île, il existe deux lambeaux importants de houiller, qui prolongent, au delà de la baie du Saint-Laurent, le bassin de la Nouvelle-Écosse et du Nouveau-Brunswick (produisant 2 millions de tonnes par an). Le charbon n'y est pas exploité ; mais, en 1889, une exploration scientifique en a trouvé, en plusieurs points, particulièrement dans la région du Grand Lac. Ce charbon paraît se rapprocher du cannelcoal. La surface du sol étant généralement masquée par des alluvions glaciaires, les recherches y ont, d'ailleurs, été très incomplètes. En 1891, M. Howley, directeur du Geological Survey de Terre-Neuve, a conduit une exploration spéciale dans le bassin carbonifère de l'Humber Valley et a publié la coupe de ce terrain à Coal Brook ; on a tenté quatre sondages de 80 mètres de profondeur sans trouver de couche importante [1]. En 1892, des sondages du même genre, à Aldery Brook, ont traversé environ 4 mètres d'un charbon d'assez mauvaise qualité.

Amiante. – Depuis 1891, à la suite du développement de l'industrie de l'amiante au Canada et en raison de la rareté de cette substance, aujourd'hui très demandée, on l'a recherchée avec activité à Terre-Neuve, où se présente, notamment sur la côte Ouest, près de Port au Port Bay, le même système de roches serpentineuses à asbeste. Une exploitation a même été commencée en 1891 ; mais on n'en connaît pas encore le résultat.

Législation minière. – Au point de vue légal, les recherches de mines sont très facilitées à Terre-Neuve par le peu de surface encore occupée effectivement. Le régime est, d'après des notes inédites que veut bien nous communiquer M. Aguillon [2], le suivant :

« En terrains de propriété privée, la mine n'est pas séparée de la propriété du sol, conformément au principe fondamental du droit anglais.

« Dans les terrains de la couronne, c'est-à-dire les terrains vacants et sans maître, et non encore appropriés par des particuliers, toute personne peut rechercher des mines, moyennant une permission spéciale, une *licence*, à obtenir de l'administration.

« Tout explorateur nanti de cette licence peut se réserver, à la priorité de l'occupation ou de la demande, le droit exclusif de faire des recherches pendant un an dans un périmètre réservé de forme rectangulaire, d'une étendue d'un mille carré au plus (256 hectares).

« L'explorateur ne peut disposer des produits extraits que pour faire des essais.

« Il peut s'assurer le droit de jouissance pendant cinq ans de son périmètre, à charge par lui de faire chaque année une dépense utile en travaux de 4 000 francs au moins, et, la dernière année, de 14 000 francs au moins, le tout à peine de déchéance s'il ne se conforme pas, à un moment donné, à ces prescriptions.

« Si, au cours ou à l'expiration de ces cinq années, l'explorateur a dépensé 30 000 francs en travaux, il peut demander et obtenir la pleine propriété du dit périmètre sans aucune restriction ni condition pour l'avenir.

« L'explorateur ou l'exploitant peut, en outre du droit de recherche ou du droit de propriété sur la mine, obtenir le droit d'occuper ou la propriété d'une parcelle de 50 acres (20 hectares) pour des établissements superficiels.

« Ajoutons que l'on discute à Terre-Neuve la question de savoir si cette législation, faite plus spécialement pour les gîtes métalliques, s'appliquerait ou s'appliquera aux mines de houille. »

---

1. Voir James P. Howley, *Report for 1891 and 1892 on the Humber Valley and Central Carboniferous Area of the Island.*
2. Louis Charles Marie Aguillon (1842-1935) était professeur de législation à l'École des mines de Paris de 1882 à 1911.

L'ÉTABLISSEMENT DE PISCICULTURE À DILDO (1894)

Gaston Géraud et Henri-Augustin Colloch de Kérillis,
« Le laboratoire maritime de Dildo », p. 157-164, 172-174.

Jean-Baptiste-Marie-Gaston Géraud (1845-1900) entra au service de marine en 1865. En 1895, il fut médecin principal de la Division navale volante et d'instruction à bord de la *Naïade*. Henri-Augustun Calloch de Kérillis fut employé également à bord de la *Naïade* comme aide de camp de l'amiral commandant la 2e Division de l'escadre de la Méditerrané.

Nous avons quitté Saint-Jean le 23 juillet 1894, à 10 heures du matin pour nous rendre à Dildo et, de là, à l'établissement de pisciculture de M. Nielsen[1]. Notre programme était d'y recueillir, dans le peu de temps dont nous pouvions disposer, tous les renseignements et observations propres à faire connaître, dans ses détails principaux, le mode d'activité et les diverses installations de cet établissement.

Arrivés à Broad Cove, station de chemin de fer la plus proche de Dildo, à 2 h 50 du soir, nous avons quitté la voie ferrée à cet endroit pour prendre une voiture qui s'y trouvait, nous attendant. À quatre heures du soir, le même jour, nous étions à Dildo, petit port de la côte Est de la baie de la Trinité.

Après le pays boisé mais désert que nous venions de traverser, ce fut pour nous une agréable surprise de voir ce joli village étalé sur la colline verdoyante, et de constater que la vie, suspendue pour ainsi dire jusque-là, dans l'intérieur, renaissait tout à coup au moment où nous retrouvions la mer.

Nous avons dû attendre quelque temps à Dildo une embarcation de l'établissement de pisciculture, et c'est à 4 h 35 du soir seulement, après un faux départ occasionné par une saute brusque du vent de l'ouest à l'est, que nous avons pu appareiller pour le lieu de notre destination. Nous n'avons mis pied à terre, devant la demeure de M. Nielsen, que vers 5 h 15 du soir.

Quand, venant de Dildo, on traverse en embarcation la baie de la Trinité, on aperçoit devant soi un îlot allongé présentant à l'œil une côte élevée et boisée. Aucune mai-

---

1. Le gouvernement de Terre-Neuve fonda en 1889 un bureau de pisciculture à la tête duquel fut placé Adolphe Nielsen (1850-1903), un Norvégien. Nielsen choisit Dildo pour le site d'un établissement à la procréation à la morue et au homard, le plus grand du monde à cette époque-là. Il était aussi avocat de la conservation des espèces, et il rejeta la responsabilité de l'épuisement du stock à la morue sur l'utilisation des seines et des hameçons à ligne. Voir aussi au sujet de la pisciculture Paul Guéry, « Propagation artificielle de la morue et du homard », p. 657-669, et plus généralement « Etude sur le rôle et les procédés de la pisciculture marine », p. 145-173.

son, nul hangar, pas un wharf ne s'y détachent ; et si un mât de pavillon ne s'y dressait du sein des arbres, on pourrait croire cet îlot entièrement désert. Mais le marin qui guide l'embarcation, la dirige sur une pointe terminant l'île au sud, et, dès qu'on a dépassé cette pointe de galets, on se trouve tout à coup dans une anse, au bord de laquelle, dans une agréable position, l'établissement se présente au regard dans son ensemble.

Nous sommes reçus par M. Nielsen lui-même. Nous allons parcourir avec lui, comme guide, les diverses parties de son établissement ; il va nous montrer, chemin faisant, tous les éléments qu'il a réunis là pour résoudre le problème de la pisciculture.

En quittant l'embarcation, nous descendons sur des *wharfs en très bon état*. Détruits par un ras de marée en 1890, ils ont été reconstruits à neuf l'an dernier dans de bien meilleures conditions. Quatre réservoirs, d'inégales dimensions, y sont creusés dans l'épaisseur même des wharfs. Dans ces réservoirs, nous dit M. Nielsen, on place parfois des œufs fécondés quand la place manque au laboratoire ; ou bien, on y abandonne de grosses morues dont la ponte est terminée. De la mousseline forme filet dans ces réservoirs. M. Nielsen ne paraît pas en faire grand cas, il leur préfère de beaucoup les cloches et les caisses dont nous parlerons tout à l'heure.

Devant le wharf se dresse l'*habitation* elle-même, toute en longueur, à un seul étage, avec un rez-de-chaussée élevé, auquel on accède par un escalier en côté, de quelques marches seulement. Ce rez-de-chaussée est divisé en deux parties d'inégales dimensions et séparées entièrement l'une de l'autre par une cloison. L'orientation de la maison est sud-ouest. La grande salle, le vrai laboratoire, qui occupe la plus grande partie de l'espace disponible, est abondamment éclairée par sept châssis vitrés assez larges. À l'autre extrémité, se trouvent *trois locaux plus petits* réservés aux machines et au réservoir d'eau (ressemblant à nos cuves à vin). Le dessin ci-joint donne un aperçu du laboratoire où sont réunis les appareils d'incubation artificielle avec les accessoires indispensables. On peut voir dans ce dessin, mêlés aux détails de la charpente, des tuyaux d'alimentation dont les uns, de grandes dimensions, sont horizontaux, au nombre de trois et en communication directe avec le château d'eaux.

Les autres, plus nombreux, plus petits, descendent verticalement des précédents comme de leur source. Ils alimentent directement les auges et les cloches, véritables incubateurs de la morue ; de petits robinets permettent d'ouvrir ou de fermer à volonté les communications avec les gros tuyaux d'alimentation. L'eau coule nuit et jour dans les caisses, et, pendant la nuit que nous avons passée sous ce toit hospitalier, le bruit de cette circulation n'a pas été interrompu une minute. L'écoulement est réglé par ces robinets et par des siphons automatiques consistant en tubes de caoutchouc vulcanisé de 20 à 25 cent. de long, à cheval sur deux caisses étagées en escalier. Les siphons de la série inférieure, emmanchés dans un conduit métallique, dirigent définitivement l'eau qui a terminé son rôle, vers un système de drains placé dans le sous-sol et que nous n'avons pu voir. Non seulement ces siphons assurent la régularité de l'écoulement, mais ils peuvent aussi, quand on ouvre ou ferme à propos la communication du tube vertical avec le réservoir, à l'aide du robinet, ils peuvent, disons-nous, provoquer dans le niveau des mouvements lents d'*élévation et d'abaissement*, comme une sorte de marée artificielle. Ces oscillations, destinées à imiter celles que les œufs auraient trouvées à la mer, s'ils y fussent demeurés, sont, dit M. Nielsen, indispensables à l'éclosion rapide et au développement sûr des œufs déposés dans les cloches.

Il faut que ces mouvements soient bien utiles, en effet, et qu'ils soient, en même temps, jugés bien insuffisants dans les incubateurs précédents, pour que, dans les caisses que l'on voit [...] dans le dessin, M. Nielsen ait cherché de toutes manières à les réaliser plus parfaitement.

Dans un deuxième système, en effet, il nous a semblé que les auges étaient solidarisées par le soulèvement des planches de séparation dont les bords supérieurs se touchent : un courant lent est établi sur leur fond, qui fait passer les œufs d'une ruche dans l'autre comme entraînés par des flots qui se succéderaient.

Dans un troisième système, les auges réunies et solidarisées par une traverse horizontale, seraient susceptibles de se balancer lentement autour d'une tige verticale articulée sur la précédente.

Comme les récipients dont nous parlons, occupant le côté droit du laboratoire, étaient sans emploi au moment de notre passage, M. Nielsen n'a pu, pour nous bien faire comprendre ses idées, joindre la pratique à la théorie. Aussi, ses explications sont-elles pour nous demeurées un peu vagues. Il nous en est pourtant resté cette conviction :

1° Que M. Nielsen voulant, autant que possible, se placer dans les conditions de l'incubation naturelle, juge qu'un certain mouvement de l'eau, où les œufs sont en suspension, est indispensable.

2° Que le mouvement qui le satisferait le plus complètement n'est pas encore trouvé et qu'il est toujours à sa recherche.

∞

Un fait indéniable, c'est qu'on fabrique à Dildo de la vie avec une grande intensité, et, ce qui est également positif, c'est que cette procréation artificielle se présente dans les meilleures conditions : la morue laissée à elle-même reproduirait comme celle qu'on

Séchage de la morue à St.-Jean en 1894-1895.
(W. Libbey/Société de géographie/B133927)

dépose dans les bassins, mais beaucoup d'œufs seraient perdus qui deviennent féconde à Dildo ; nous avons vu que, sur le nombre immense des œufs recueillis par M. Nielsen, 60 à 65 p. 100 arrivent à maturité. C'est un résultat qui dépasse de beaucoup, proba-blement, celui de l'éclosion naturelle. On peut ajouter, avec vraisemblance, que la science permettra, dans l'avenir, de connaître beaucoup mieux les mœurs des morues, les dan-gers qui les menacent, et qu'il sera possible dès lors de semer les petites morues obtenues artificiellement, dans des conditions qui assurent leur durée. On aura donc réalisé par l'incubation artificielle un double bénéfice : économie des œufs, leur durée. Ceci reconnu, il faut voir l'œuvre de M. Nielsen à travers les critiques qui lui ont été adressées :

« La procréation artificielle est-elle utile ? Le capital des morues qui abondent sur les côtes de Terre-Neuve tend-il à diminuer par le fait même de la pêche intensive que l'on en fait ? Il est certain que si, comme le pense Huxley[2], le stock en est réellement inépuisable, le fait de jeter sur un point quelques millions de morues, par année, res-semblerait assez à l'acte d'un enfant qui porterait tous les jours un peu d'eau à la mer. Pour M. Nielsen, la chose n'est pas niable, la morue s'épuise, et, si l'on veut garantir les pêches futures, il faut combler au fur et à mesure les pertes de chaque jour. Tout en admettant difficilement qu'il puisse être très utile de jeter quelques millions de morues sur le Grand-Banc, par exemple, acceptons pour les baies et les côtes l'opinion pessimiste de M. Nielson. La morue tend à diminuer à Terre-Neuve, la culture entreprise à Dildo est-elle capable de conjurer le danger ? La morue, disent les partisans d'Huxley, émigre instinctivement ; celle que vous allez jeter dans la baie va obéir à cet instinct, vous ne la retrouverez pas. M. Nielsen répond victorieusement, croyons-nous : « Oui, la morue émi-gre quand les circonstances de son habitat sont telles qu'elle n'y trouve ni la nourriture qui lui est nécessaire, ni les conditions de température ou autres qui doivent assurer sa reproduction ». *Mais dans la baie de la Trinité*, toutes ces conditions sont remplies admi-rablement. « La morue n'a aucune raison d'émigrer pendant l'hiver, dit-il ; elle se contente de voyager du fond à la surface [...] ; et celle que vous allez y semer, vous la retrouverez bonne pour la consommation dans quelques années. Des pêcheurs ont vu, dans les envi-rons de la baie de la Trinité, des bancs de petites morues qui provenaient évidemment de l'établissement de Dildo ».

Les raisons de M. Nielsen et ses explications nous paraissent probantes : la morue jetée dans la baie de la Trinité n'en sort pas, elle va y grandir, y prospérer et on la retro-uvera bientôt. Mais la question n'est pas résolue par ces considérations. Si la morue n'é-migre pas, vous avez écarté de la baie de la Trinité le danger qui la menaçait. Mais Dildo n'est qu'un point sur la côte de Terre-Neuve et, puisque les autres points ne profitent pas de votre œuvre de reconstitution, comment pourrait-on réaliser pour eux le même avan-tage ? De Dildo ira-t-on semant partout la morue qui vient d'y naître artificiellement ? C'est impossible. Doit-on établir dans toutes les baies une industrie scientifique comme celle que nous avons analysée tout à l'heure ? Ce serait là une entreprise immense et bien coûteuse pour les résultats incertains qu'on serait en droit d'en attendre. Ce qui peut être fait pour le homard (nous avons vu que le prix d'un incubateur est peu élevé), ce qui doit être énergiquement encouragé dans notre colonie de Saint-Pierre et Miquelon, nous paraît irréalisable ou tout au moins très difficile pour la morue, qui exige une installation beau-coup plus compliquée !

_____

2. Thomas Henry Huxley (1825-1895), scientifique et philosophe britannique.

Et alors, considérant l'œuvre de M. Nielsen, qui n'est encore qu'à ses débuts, nous admirons en eux-mêmes tous ses efforts, l'intelligence pratique qu'il y a mise, les résultats auxquels il est arrivé. Mais nous sommes conduits à faire en même temps des réserves sur l'avenir qui lui est promis. Il pourra fonder la prospérité de Dildo, il n'aura pas encore résolu le problème plus général qui consistait à relever à tout jamais la confiance des pêcheurs, à rassurer définitivement les capitaux sur toute l'étendue des côtes de Terre-Neuve, si, comme il l'affirme positivement lui-même, la morue tend à s'épuiser sur cette côte de Terre-Neuve, aussi bien qu'en Norvège, d'une manière incessante.

Un portrait des banquiers et des câblistes de Saint-Pierre (1895)

Frédéric Rossel, « Un mois à Saint-Pierre de Terre-Neuve », p. 467-468, 474-497.

Frédéric Rossel, pionnier de l'industrie automobile française, diplômé de l'École centrale, fit ses premières armes comme chef de laboratoire à la Société des téléphones de Paris sous les ordres de l'ingénieur Clément Ader. Ce poste lui permit de participer, entre 1896 et 1898, à de nombreuses campagnes de pose et de réparation de câbles sous-marins et d'installations de télégraphes Ader en Irlande, à Terre-Neuve, à Saint-Pierre-et-Miquelon et en Afrique du Nord. Mais la proposition d'Armand Peugeot et la perspective d'une nouvelle orientation professionnelle dans le monde de l'automobile l'impressionnèrent si bien qu'il se retrouva, dès 1898, directeur de l'usine d'Audincourt de la toute jeune Société des automobiles Peugeot, où son intelligence, son intuition et son perfectionnisme le conduisirent progressivement vers les sommets.

Chargé, il y a bientôt deux ans, d'aller faire, de l'autre côté de l'Atlantique, essai d'un système nouveau de télégraphie sous-marine, j'ai eu l'occasion de passer un mois dans un pays extrêmement remarquable, non par sa beauté, car il est à peu près complètement dépourvu de tout ce qui nous charme dans la nature, mais au moins par sa situation isolée, sa physionomie bien particulière, et par les souvenirs qu'on y rencontre à chaque pas. Je veux parler de ces deux petits îlots de St-Pierre et Miquelon, perdus dans un repli des côtes de la grande île de Terre-Neuve ; derniers restes de cette magnifique colonie qui porta jadis le nom glorieux de Nouvelle-France, s'étendant de la frontière actuelle des États-Unis jusqu'au pôle, et de l'Atlantique du Pacifique. Ce que Voltaire appelait avec un dédain superbe « *quelques arpents de neige* [1] » comprenait tout simplement l'île de Terre-Neuve, la Nouvelle Écosse, l'Alaska et tout le Canada. Nous devions perdre tout cela, à la suite d'une série de conflits soulevés par l'Angleterre ; mais rien, jusqu'à présent, n'a pu faire perdre complètement au Canada les caractères, qui lui furent si profondément imprimés, d'une autre France.

ᗤᗥ

Enfin, on est en rade, mais pas encore à terre : le pont est envahi par les gendarmes et les douaniers : il faut subir pendant plus de deux heures une visite minutieuse : on se retrouve en France !

---

1. Voltaire, *Candide*, ch. 23 : « C'est une autre espèce de folie, dit Martin. Vous savez que ces deux nations sont en guerre pour quelques arpents de neige vers le Canada, et qu'elles dépensent pour cette belle guerre beaucoup plus que tout le Canada ne vaut ».

Avant d'être débarqué, on est fixé sur la nature de l'industrie de la colonie : sauf au cœur de l'hiver, une forte odeur de morue enveloppe constamment Saint-Pierre, odeur pénétrante, ne tardant pas à tout imprégner avec ténacité et persistance.

Les vêtements que je portais là-bas ont été usés avant de l'avoir complètement perdue. Je la retrouve encore, réveillant mes souvenirs lorsque je m'approche de mes appareils d'essais, ramenés en France par un terre-neuvier revenant à Granville bondé de morue.

Des 2 000 habitants de Saint-Pierre, tous ceux qui ne sont pas négociants, employés du gouvernement, ou attachés au service des câbles sous-marins, sont employés à la pêche ou à la préparation de la morue. Cette population est plus que doublée pendant les mois d'août, septembre et octobre, époque à laquelle les pêcheurs rentrent à Saint-Pierre pour y déposer les produits de leur pêche, l'y préparer, faire quelques achats, renouveler les approvisionnements, y prendre aussi un peu de repos et de plaisir ; plaisir grossier s'il en fut, où l'alcool joue, plus que je ne l'ai jamais vu ailleurs, son rôle affreusement dégradant.

Tous ou presque tous sont d'aspect rude et inculte : ce sont de vrais loups de mer. Mais il en est, parmi eux, qui attirent particulièrement l'attention : ce sont les pêcheurs du grand Banc, les banquiers, comme ils s'appellent entre eux, ceux qui ont fait toute la campagne au large.

Il est difficile de se faire une idée de l'état de malpropreté où se trouve un banquier lorsqu'il revient à Saint-Pierre. Il met son point d'honneur à ne pas se débarrasser de ce qui le distingue du vulgaire pêcheur des côtes ; bottes plus hautes et plus fortes ; surouët plus moisi ; foulard de cou plus énorme, et surtout couche plus épaisse de graisse et d'huile de poisson. Le vrai banquier, pendant les 4 à 5 mois que dure la saison de pêche, vit au milieu de débris de poissons, sans presque jamais se déshabiller ni se laver : heureusement, l'eau de mer et ses sels antiseptiques imprègnent tout, navires et gens.

C'est, il est vrai, peut-être le plus rude des métiers, et souvent l'un des moins rémunérés, que celui de pêcheur du grand Banc, et pourtant, ceux qui l'ont pratiqué, presque tous Bretons, Normands ou Basques, n'y renonceront jamais. Un effrayante fatigue physique s'ajoute aux dangers de la mer. La moitié environ de la campagne, c'est-à-dire deux ou trois mois se passe dans le brouillard, et un brouillard comme on n'en voit guère autre part. La cloche, seul signal sonore des bateaux à voiles, tinte de tous côtés pour prévenir les abordages : mais c'est souvent une vaine précaution contre les grands steamers transatlantiques dont une quinzaine traversent le banc chaque semaine dans les deux sens, avec des vitesses allant actuellement jusqu'à 40 kilomètres à l'heure. Chaque année on signale de douze à seize accidents, sans compter ceux dont on ne s'aperçoit même pas à bord des grands navires : car, pour une masse de 15 000 tonnes, comme celle du « Kaiser-Wilhelm », lancée par ses 28 000 cheveux à la vitesse de 42 kilomètres à l'heure, la rencontre d'une petite goëlette de pêche ne produit pas un choc bien sensible.

Les périls de la mer ont leur poésie, leurs attraits même pour certaines natures. Des épreuves d'un autre genre, qu'il faut subir sans l'apparence et l'auréole de l'héroïsme, consistent dans les cas de maladie, de blessures graves qui ne manquent pas de se produire parmi cette population de 4 000 marins répandus sur la mer par tout petits groupes pendant plusieurs mois. Malades et blessés n'ont d'autres soins que ceux qu'ils se donnent à eux-mêmes ou qu'ils reçoivent de leurs compagnons, grossiers et ignorants comme eux. J'ai vu à l'hôpital de Saint-Pierre un banquier qui, je ne sais combien de temps avant son arrivée, avait eu trois doigts enlevés dans un palan. Il s'était borné à enduire de goudron sa main mutilée, et n'avait pas discontinué son travail. Mais à Saint-Pierre il lui fallut subir l'amputation de son bras gangrené.

Il n'y a pas plus de trois ans que la Société des œuvres de mer, institution d'initiative privée, émue de cette situation de nos pêcheurs, a affrété, aménagé, muni du personnel et du matériel nécessaires un navire hôpital, le « Saint-Pierre », destiné à faire chaque année la campagne de pêche de Terre-Neuve. Ses débuts furent malheureux. À son premier voyage, il coula, par suite d'avaries, dans le port de Saint-Pierre. L'an dernier seulement il put prendre son service [2].

Parmi le millier de bateaux qui partent chaque année de France, en février et en mars, pour la pêche de Terre-Neuve, la moitié environ fait la campagne sur le grand banc ; le reste, sur la partie des côtes de Terre-Neuve réservée à la France, ce que l'on appelle le « French-Shore ». La pêche y appartient exclusivement aux pêcheurs français ; il peuvent venir à terre chercher l'appât, saler et sécher le poisson, mais non y construire d'habitation.

Un certain nombre de bateaux viennent se vider à Saint-Pierre et font transporter le produit de leur pêche par des longs courriers spécialement affrétés, soit à l'état de morue verte, c'est-à-dire simplement salée et non séchée, soit toute préparée. La plupart font cette préparation à Saint-Pierre même, en séchant le poisson sur des *graves*, sorte de plages artificielles couvertes en galets plats, et en l'entassant ensuite en meules énormes. Cet étalage et ces entassements sont bien faits, on en conviendra, pour donner à l'île, pendant la saison, un aspect sinon très pittoresque, du moins étrange et absolument original.

Le mouvement, l'activité qui règnent sur cet espace restreint pendant cette fin de saison sont véritablement extraordinaires… Du reste, l'importance des affaires de la petite île de Saint-Pierre est tout à fait hors de proportion avec son étendue, puisqu'elle la classe, sous ce rapport, au troisième rang de nos colonies. Les maisons françaises ont fini par y supplanter presque complètement leurs rivales anglaises et américaines ce dont les Saint-Pierrais ne se montrent pas médiocrement fiers.

Je n'ai rien dit jusqu'ici de Miquelon, ou plutôt des deux Miquelons, la grande et la petite, qui, bien que sept à huit fois plus étendues que Saint-Pierre, ne renferment que quelques centaines d'habitants, et ne jouent pas un grand rôle dans la colonie. Ce sont les affleurements d'un banc de sable : elles n'ont pas de port ; en revanche, la végétation herbacée y est assez abondante : on y voit d'assez belles prairies, des fermes, des troupeaux. Autrefois séparées, les deux Miquelons sont actuellement réunies par une longue et étroite jetée qu'ont formée les apports de la mer. Ces apports consistent principalement en sable, mais aussi, détail assez suggestif, en épaves de bâtiments naufragés dans ces parages inhospitaliers. Un des édiles de Saint-Pierre s'est appliqué à étudier ces débris, à en découvrir l'origine, et il a pu dresser une carte où sont inscrits les noms des navires échoués. Ce catalogue ne comprend pas moins de huit cents noms.

---

2. En 1894, sur l'initiative de quelques bonnes volontés (marins, journalistes et religieux), la Société des œuvres de mer fut constituée pour apporter une aide matérielle et morale aux marins de la grande pêche à Terre Neuve et en Islande. La Société fit alors construire des navires hôpitaux et des « maisons de famille » à Saint-Pierre-et-Miquelon et en Islande pour permettre à cette population de bénéficier en mer ou lors des escales d'un minimum de soins, d'aide matérielle et morale, d'adresser ou de recevoir du courrier et, à terre, de se distraire autrement que par l'alcool. Voir Patrice Perrette, *Problèmes médicaux et assistance médicale à la grande pêche française de la morue*.

J'ai encore à parler d'une partie de la population de St-Pierre, celle au milieu de la quelle j'ai vécu, avec qui j'ai eu les rapports les plus suivis : c'est tout le personnel des câbles sous-marins, personnel jusqu'ici exclusivement anglais, la télégraphie sous-marine étant une création essentiellement anglaise, et la France commençant seulement à s'y faire une place.

On peut dire que Saint-Pierre est le centre de la télégraphie transatlantique. Deux câbles directs la relient à Brest ; quatre à Terre-Neuve et de là à l'Angleterre ; deux à Boston, deux à Halifax et un à Sydney. Trois compagnies rivales s'y sont établies et emploient près de 150 câblistes, ainsi qu'on les appelle, qui passent leur vie, jour et nuit, à transmettre en Angleterre, en France et en Amérique et à en recevoir, des dépêches dont le plus grand nombre, en langage secret, sont incompréhensibles pour eux. Leur métier, dont ils ne sont pas moins fiers que les banquiers du leur, et qui est, du reste, fort bien rémunéré, exige certaines qualités et certaines aptitudes qui, pour n'être pas d'un ordre fort relevé, n'en sont pas moins fort curieuses à observer. Constamment exercées, elles se développent un peu au détriment des autres, et au bout de quelques temps un câbliste ne peut plus guère se livrer à un autre genre de travail. Ce personnel constitue, par conséquent, une catégorie d'hommes tout à fait à part. Leur profession est assez pénible.

Toujours en observation devant l'appareil de réception, ils sont contraints à une attention continuelle, car sur d'aussi longs câbles les courants sont trop faibles pour actionner un signal d'appel, et il faut suivre de l'œil, sans un instant de distraction, la pointe du siphon-recorder qui, immobile souvent pendant de longs intervalles de temps, commence tout à coup à s'agiter faiblement pour tracer une ligne sinueuse : c'est la dépêche, parfaitement indéchiffrable pour les profanes. Leur sagacité oculaire devient si grande par l'exercice que, non seulement ils lisent couramment le trait sinueux, mais qu'au bout d'un certain temps, ils reconnaissent du premier coup à la configuration du trait, quel est celui des employés expéditeurs qui travaille à l'autre bout du câble. Au bout de six mois, on connaît et désigne à Saint-Pierre, sans les avoir jamais vus, tous les télégraphistes de Brest.

Les câblistes de Saint-Pierre ont parfois de longs loisirs ; il arrive qu'au milieu d'une dépêche le récepteur s'arrête et garde une immobilité obstinée. C'est, le plus souvent, qu'un iceberg, labourant le fond de la mer, a coupé ou avarié le câble sur le grand Banc. Rien à faire que d'attendre le navire envoyé d'Europe pour procéder à la réparation qui est une opération de longue haleine.

Saint-Pierre n'abonde pas en distractions : le métier que je viens de décrire ne dispose pas précisément aux occupations intellectuelles ; le climat rigoureux aidant, tout cela explique que quelques câblistes se laissent aller à l'attrait des boissons variées d'importation américaine. Mais il n'en est pas un qui, assis devant son siphon-recorder et sa double clef de transmission ne se retrouve instantanément, instinctivement et machinalement en possession de toutes ses facultés spéciales.

Un détail à noter : Pranzini, de sinistre mémoire [3], fut l'un des meilleurs câblistes de Malte ; il a transmis et reçu des secrets d'État, tout en rêvant sans doute à ses futurs exploits.

Je ne voudrais pas habiter Saint-Pierre : mais le séjour que j'y ai fait m'a laissé une série d'impressions dont quelques-unes sont fortes et loin d'être banales. Je me souviendrai longtemps de quelques nuits d'expériences passées dans la guérite d'atterrissement

---

3. Henri-Jacques-Ernest Pranzini (1856-1887), criminel, l'auteur d'un triple assassinat le 17 mars 1887.

du câble. J'étais en terre française ; j'avais la sensation d'être tout près de France puisque je causais avec Brest et réglais ma montre chaque matin sur la pendule du bureau de Brest… Mais le grondement des lames, le brouillard impénétrable, les hurlements réguliers de la sirène du phare me rappelaient que plusieurs mille lieues séparaient cette nuit jaunâtre de l'aurore qui, au même instant, se levait sur le Mont-Bart.

Mai 1898.

Une courte pathologie des Terre-Neuviens (1896)

Paul Gazeau, « Terre-Neuve : la pêche et les pêcheurs », p. 442-447.

Henri-Benjamin-Paul-Emmanuel Gazeau (1857-1940), né à Dompierre, entra au service de la marine en 1877. Par la suite, il servit comme médecin ou aide major au 3ᵉ Régiment d'infanterie de la marine en Nouvelle-Calédonie et à Madagascar, et en 1885 il publia *Des moyens de prévenir l'importation des maladies épidémiques par la désinfection des navires en cours de traversée*. De 1892 à 1895, il était à Saint-Mandrier, où un hôpital fut construit dès le dix-septième siècle pour recevoir les marins et les forçats, malades et contagieux, de retour des colonies. Après son retour de Terre-Neuve, il fut médecin major du 5ᵉ Dépôt des équipages et médecin principal à bord du *Brenus*, avant de revenir à l'hôpital de Saint-Mandrier comme chef de service. Il termina sa carrière en 1915 comme médecin de la 1ᵉʳ Armée navale et en 1918 comme président du Conseil de santé.

La population terre-neuvienne doit offrir, on le prévoit, une pathologie revêtant un caractère spécial.

Le climat côtier y est sain et l'homme sans tare qui y est né et y vit dans des conditions physiologiques et hygiéniques convenables s'endurcit en se développant et acquiert une force de résistance qui lui permet de suffire aux exigences de son dur métier. Mais il est d'autres causes qui, par leur constance ou leur action périodiquement répétée, viennent agir sur les organismes moins bien armés ou insuffisamment soutenus, et font de la lutte pour la vie une scène attristante parce que les victimes en sont toujours désignées d'avance. C'est la misère, faite de privations de toute sorte, d'une alimentation monotone, souvent insuffisante, de qualité toujours médiocre (abus de poisson salé, de thé) ; c'est une hygiène défectueuse au premier chef (vie sédentaire, dans un air confiné, surchauffé, rarement renouvelé) ; c'est l'alcool qui, malgré les droits prohibitifs, pénètre néanmoins sur le littoral ; c'est le surmenage dû, chez la femme, à des grossesses répétées, à une lactation débilitante, c'est la tristesse, les chagrins que laissent après elles les longues souffrances subies ; c'est l'avenir plein de menaces paralysant l'énergie ; c'est le froid rigoureux d'un long hiver, l'humidité, la brume du printemps et de l'automne et les variations brusques et considérables de la température.

Ainsi se prépare un terrain favorable au développement de toutes les maladies de misère dont le terme est la consomption. L'anémie prend les enfants au berceau et suit les garçons jusqu'à l'âge où une existence active, passée au grand air, la combat efficacement ; mais elle persiste chez la jeune fille et la femme, que les travaux du ménage retiennent toute l'année dans un milieu surchauffé ; elle marche progressivement avec son cortège habituel (pâles couleurs, palpitations, troubles des voies digestives, de la circulation et des organes génitaux) et produit une déchéance physique qui n'a d'égale que l'apathie qui en est également la conséquence. À mesure que l'âge avance, la dyspepsie, souvent flatulente, la gastrite chronique avec douleur épigastrique, éructations, amaigrissement, dépérissement, le rhumatisme chronique et les névralgies s'installent dans chaque foyer. Quelle résistance peuvent, dès lors offrir des organismes aussi débilités à l'envahissement de la tuberculose qui, de l'avis des médecins de Terre-Neuve, tient le premier rang dans le cadre nosologique. Son existence à Terre-Neuve ne saurait être niée ; mais la façon dont elle s'y comporte a donné lieu à de longues discussions où les opinions les plus opposées se donnent libre carrière. Le Dr Jan : « tout en s'inclinant encore devant l'avis des médecins qui l'ont précédé dans cette campagne et qui, d'un certain nombre d'observations dont il apprécie la valeur, ont pu conclure à l'évolution rapide du bacille tuberculeux sous ces latitudes, affirme que les renseignements recueillis par lui sur ce sujet sont loin de concorder avec certaines théories précédemment émises, et qu'à l'hôpital de Saint-Pierre, en particulier, il paraît démontré aux médecins que la marche de la tuberculose, dans ce pays, subit plutôt un retard qu'une accélération [1]. » Le Dr Martine, qui fait la même campagne en 1892, proteste contre cette manière de voir qu'il n'hésite pas à qualifier de « dangereuse [2] ».

Pendant ces deux années, nous avons voulu nous éclairer, et nos propres observations, ainsi que celles que nous avons pu recueillir auprès des médecins du pays, nous font absolument partager l'opinion du Dr Martine. La distinction qu'il établit avec raison, entre les indigènes et les Européens, ne fait que ressortir davantage l'action réelle du climat sur les pêcheurs prédisposés et celle non moins accusée de la manière de vivre des gens du pays. Les premiers subissent l'influence des températures très irrégulières et souvent basses du printemps, des brumes surtout fréquentes à cette époque – les entrées à l'hôpital de Saint-Pierre, à leur arrivée de France en font foi. – Si les bâtiments de guerre en présentent moins, cela tient à ce qu'ils arrivent sur les côtes de Terre-Neuve, un mois plus tard, alors que la température est relativement douce, mais toujours soumise à de brusques changements, et surtout à ce qu'une élimination sévère a exclu de l'équipage, à l'embarquement, tous les hommes suspects. Mais si un seul a passé inaperçu, on peut être certain que le réveil ou la première manifestation ne tardera pas. Nous en avons fait l'expérience deux années de suite.

Quant aux Terre-Neuviens eux-mêmes, les conditions ne sont plus les mêmes, et il serait téméraire de vouloir apprécier l'influence du climat sur la marche de la tuberculose en se basant uniquement sur les quelques observations recueillies à bord de nos navires.

Si l'on cherche à se renseigner, les éléments semblent tout d'abord manquer complètement. Déjà, l'année dernière, nous avons signalé ce fait en apparence paradoxal, qu'on rencontre peu de tuberculeux à terre, alors que les médecins vous assurent que la morbidité et la mortalité du fait de cette maladie sont considérables, et nous en donnions une raison, mais non la seule.

En cette saison, en effet, il y en a peu d'avérés, de reconnus pour tels ; aussi pour les trouver faut-il les rechercher avec soin : oh ! alors, la moisson est abondante. Les

---

1. [Aristide-Pierre-Marie] Jan, « La division navale de Terre-Neuve pendant l'année 1890 », p. 133-134.
2. [Georges-Benjamin-Edouard] Martine, « Tuberculose à Terre-Neuve », p. 372.

médecins de la division sont parfois appelés à visiter des malades pour une affection dont le diagnostic n'est plus à chercher : les parents, les voisins l'ont déjà porté avec une assurance calme et résignée ; ils en ont tant vus qui, pris de la même façon, ne passaient pas le printemps ! Car si la chute des feuilles marque, pour les jeunes malades, une époque difficile à franchir, comme dans nos pays, le printemps est une échéance encore plus redoutée. Chacun veut profiter du passage du médecin pour obtenir une consultation. Il faut les ausculter tous, quelle que soit la nature de leurs doléances, et l'on reste terrifié du nombre de gens en possession de tuberculose, alors qu'aucun signe extérieur n'a encore éclairci l'entourage. Il n'y a pas encore eu de crachement de sang ; les malades ne toussent pas ; ils ne sont qu'anémiés, faibles, sans appétit et ne se plaignent que de l'estomac que ne fonctionne pas et de douleurs névralgiques. Mais qui donc est à l'abri de l'anémie, parmi les femmes et les enfants, qui donc ne souffre pas de l'estomac ? Dans quelques mois, des semaines peut-être, les parents seront fixés. La « consumption » aura marqué une victime de plus dans la famille.

Ces pauvres gens, si souvent mis à l'épreuve, ont su discerner deux sortes de malades : les « poitrinaires de nature » et ceux qui ont contracté leur affection « dans les mauvaises marées ». C'est la tuberculose héréditaire et la tuberculose acquise. Cette distinction est certainement plus marquée que sous nos climats, à cause, probablement, du manque de résistance d'une population que la misère prépare depuis la première enfance.

Les « poitrinaires de nature » sont atteints entre quinze et vingt-deux ans, le plus généralement ; l'évolution est rapide : six mois souvent suffisent, deux ans au plus ; question de résistance, de soins ou de misère. Dans une même famille, plusieurs enfants sont enlevés coup sur coup. La contagion n'est pas sans jouer un rôle actif dans ces maisons hermétiquement closes pendant tout l'hiver. Il y a eu des cas chez les ascendants ou les collatéraux ; or, à Terre-Neuve, plusieurs familles parentes habitent fréquemment sous le même toit. Les exemples sont nombreux, nous n'en citerons que deux dont nous assurons l'authenticité : à Saint-John's, une mère voit mourir en deux printemps son mari et onze enfants ; elle seule résiste sans avoir jamais présenté le moindre signe suspect. À Bonne-Baie, trois garçons et deux filles, tous frères et sœurs, en pleine jeunesse, mais déjà flétrie par les privations, ont été enlevés en juillet et août de cette année en moins d'un mois. Deux ont succombé le même jour sur deux grabats voisins.

Les autres, ayant présenté jusqu'alors toutes les apparences de la santé, sont pris un jour en pleine saison de pêche. Ils rentrent plus fatigués que de coutume, après un gros temps, « une mauvaise marée », et se mettent à tousser. Ceux-là ont trente ans et plus. Victimes probables de la contagion qu'une profession pénible entre toutes et une hygiène désolante favorisent au plus haut degré, ils luttent quelques années ; quelques-uns arrivent à guérir, ce qui prouve que l'action du climat n'est pas la seule à agir et que le métier a une énorme influence ; mais le plus grand nombre, forcés par la misère à continuer la pêche, succombent après trois, cinq ou six ans ; c'est le terme le plus éloigné que l'on nous ait assigné. — J'ai eu l'occasion d'avoir pu être utile à plusieurs malades de cette catégorie. Ceux auxquels une minime aisance permettait d'abandonner les travaux et de prendre le repos nécessaire, s'amélioraient très rapidement. « Je crois bien n'en avoir pas pour plus de cinq ans », me disait un Français, ancien déserteur, demeuré sur la côte où il s'était marié avec une fille du pays et qui présentait des lésions de la deuxième période. Il me parut optimiste, je le fus plus que lui, tout en lui conseillant d'abandonner le pays et de revenir en France.

L'évolution de la tuberculose, chez ces deux variétés de malades, présente quelques particularités. Elle ne procède pas, chez les héréditaires, par poussées successives, chacune d'elles laissant le malade un peu plus affaibli, avec des lésions chaque fois plus étendues ; l'organisme est préparé de longue date à recevoir le germe, en admettant qu'il n'y ait que la prédisposition de transmise, germe qui s'installe et évolue tout d'abord sournoisement. À cette époque d'une incubation dont nous ne saurions évaluer la durée, il suffit de le chercher pour le trouver. Puis sa présence se signale brusquement par une ou plusieurs hémoptysies que suivent bientôt la perte totale de l'appétit, une faiblesse générale, des bouffées de chaleurs, de la fièvre, des sueurs, enfin l'amaigrissement et la cachexie qui en est le dernier terme ; et cela sans secousse, mais aussi sans arrêt. Ce n'est pas la tuberculose aiguë à marche rapide, bien que souvent elle semble être une sorte de granulée, mais d'une forme insidieuse, parfois même apyrétique ; elle ne peut être non plus assimilé à la tuberculose chronique ; sa marche est trop rapide ; elle s'en rapproche cependant.

Le pêcheur déjà homme, de trente à quarante ans, né dans le pays ou européen, établi sur la côte vers la vingtième année est atteint, dans le courant de l'été, surtout au printemps. Les forces diminuent rapidement, il tousse et ses crachats sont teintés de sang – pas d'appétit, sueurs, amaigrissement. Il abandonne tout travail ; la pêche sera médiocre cette année et la famille en souffrira. L'hiver amène plutôt un peu de calme ; les forces semblent revenir. On reprend la pêche jusqu'à ce qu'un réveil se reproduise et ainsi d'année en année jusqu'à la consomption, dernier terme d'une extinction lente d'un être chez lequel les échanges organiques de plus en plus ralentis ne permettent pas la moindre lutte quand surviennent les premières variations de température, la brume, le vent, etc.

Quant aux signes stéthoscopiques, ils n'offrent rien de particulier, si ce n'est l'étendue des lésions qu'ils décèlent par rapport à l'âge de la maladie, ce qui nous prouve que l'organisme est déjà profondément atteint quand l'intéressé en manifeste les premiers signes extérieurs.

Il y a des guérisons, nous croyons en avoir eu les preuves.

Il y a aussi des formes torpides à marche beaucoup plus lente ; nous croyons qu'une femme, mère de neuf enfants, âgée de quarante ans et ayant eu des hémoptysies pendant longtemps, était dans ce cas. Avec tous les signes qui accompagnent la tuberculose chronique, elle offrait des sommets presque nets, mais toutes la moitié inférieure du poumon gauche envahie.

La mortalité infantile est considérable ; il est probable que la méningite et la tuberculisation du péritoine doivent être observées ; mais nous n'avons aucun renseignement à cet égard.

La population de Terre-Neuve paye un lourd tribut à d'autres maladies que la tuberculose. Au premier rang, il faut citer la diphtérie qui ne disparaît jamais de la grande île. Des villages entiers voient tous les enfants en bas âge atteint et succomber. Jusqu'à ces temps derniers, la mortalité était aussi grande à Saint-John's que sur la côte. L'emploi du sérum a maintenant ramené l'espoir dans les familles. Il ne nous a pas été donné de pouvoir traiter nous-mêmes des enfants, mais nous avons été heureux d'offrir aux médecins du pays que nous avons connus des flacons que l'Institut Pasteur nous avait envoyés sur le *la Clocheterie*. Puis le rhumatisme chronique, sous toutes ses formes, et s'attaquant à tous les âges, faisant de nombreux infirmes, mais sans influence marquée sur la mortalité.

Pendant notre court séjour à Saint-John's, beaucoup de maisons portaient une affiche collée sur les portes avec les mots « scarlatine », « rougeole », « variole ». La fièvre typhoïde y sévit également, nous en avons soigné deux cas sur la côte.

Nous n'avons pas la prétention de faire connaître en ces quelques pages, la pathologie de Terre-Neuve. Nous disons seulement ce que nous croyons avoir vu, livré à nos seuls moyens et dans un milieu où il est étonnamment difficile de se renseigner.

L'EXPLOITATION DES MINES ET LES NÉGOCIATIONS ANGLO-FRANÇAISES (1900)

W. de Fonvielle, « La France à Terre-Neuve », p. 773-777, 813-816.

Wilfrid de Fonvielle (1824-1914), journaliste, gauchiste et aéronaute, né à Paris, fit ses études au collège Ste-Barbe et, lors de la Révolution de février 1848, fit partie du groupe de jeunes gens et d'émeutiers qui envahit la Chambre des députés. En collaborant, par la suite, à divers journaux d'extrême gauche, il fut identifié par la police comme élément dangereux et, après le coup d'état du 2 décembre 1851, déporté en Algérie. Amnistié en 1859, il retourna en France, où il reprit son métier de journaliste et commença à s'intéresser à l'aéronautique. Fonvielle se porta, sans succès, candidat à la députation en 1871 et était à Paris au moment de la Commune. Il se présenta une nouvelle fois, encore sans succès, à la députation en 1876, puis renonça à la politique et s'occupa de littérature et de vulgarisation scientifique. *Cosmos*, la source de cet article, était une revue encyclopédique hebdomadaire des progrès des sciences et de leurs applications aux arts et à l'industrie.

I.

Chaque année, les journaux politiques ont à entretenir leurs lecteurs des efforts que fait l'Angleterre pour mettre fin à notre occupation d'une partie de la côte de Terre-Neuve. Cette année, il y a eu une espèce de trêve proposée par le *Colonial-Office*, et le *modus vivendi* en vigueur depuis plusieurs années a été prorogé pour un an. Mais cette solution n'a rien que de provisoire, et les circonstances dans lesquelles elle a été adoptée ne sont pas de nature à rassurer le gouvernement français sur les intentions du gouvernement britannique. En effet, en 1901, M. Joseph Chamberlain [1] espère avoir triomphé de la résistance des Boers et perpétré le crime international qui sera la honte de l'Europe contemporaine, demeurée impassible devant son accomplissement.

---

1. Joseph Chamberlain (1836-1914), député, siégea à l'aile gauche du Parti libéral britannique, parmi les radicaux. À la tête des libéraux unionistes, hostiles à l'autonomie de l'Irlande, il s'allia aux conservateurs et leur assura la prédominance de 1885 à 1905. Ministre du Commerce de 1880 à 1885 et des Colonies de 1895 à 1903, il déploya un impérialisme agressif et s'opposa à la pénétration française en Afrique. Il mena la guerre contre les Boers en vue d'annexer les mines de l'Afrique du Sud. De plus, il donna aux colonies peuplées d'Européens une plus large autonomie mais voulut faire de l'Empire britannique une unité commerciale avec des barrières douanières communes.

Nous ne reviendrons pas sur l'historique de cette importante question qui a été traitée à fond dans les numéros des 23 et 30 décembre 1893 et du 6 janvier 1894 par un officier distingué déguisant sa haute personnalité sous le pseudonyme P. Viator[2]. Nous ne pouvons mieux faire que de renvoyer le lecteur à ces excellentes et patriotiques études, où les droits de la France sont établis sans passion et sans animosité et avec une honorable fermeté.

Mais il est utile d'attirer l'attention publique sur les raisons qui font que l'agitation ne peut se calmer que par l'adoption d'une solution définitive dans laquelle on tiendra compte des éléments intimes de la question, en même temps que des principes d'équité. Le seul moyen pratique de ménager les intérêts des deux nations est d'avoir recours à un arbitrage international, comme on l'a compris en 1889 lorsque l'on a constitué une Commission composée de M. Martens, professeur de droit des gens à l'Université de Saint-Petersbourg ; de M. Rivier, consul général de Suisse à Bruxelles, président de l'Institution de droit international, et de M. Gram, ancien membre de la Cour suprême de Norvège.

Nous avouerons même ne pas comprendre comment le ministre des Affaires étrangères n'a point demandé que la Grande-Bretagne s'engageât à accepter ce jugement arbitral avant d'accorder la prolongation demandée, et n'en eût point exigé la prolongation jusqu'à la clôture des travaux de la Commission. M. Joseph Chamberlain a donné trop de preuves de sa duplicité, sa foi par trop punique est trop universellement connue pour qu'il soit permis d'ajouter quelque importance aux promesses vagues qu'il a pu faire dans un moment d'embarras.

Sans revenir sur ce qui a été dit par le *Cosmos* en 1893, nous ne pouvons nous empêcher de faire remarquer deux points de plus haut intérêt pratique. L'île n'a été découverte par aucune des deux nations qui s'en disputent actuellement la possession, mais par un navigateur portugais nommé Cortereal, en 1501. Une foule de caps et de baies de la côte orientale portent encore aujourd'hui les noms que cet intrépide marin leur donna[3]. Les Français et les Anglais s'en disputèrent longtemps la possession, mais, en 1713, lors de la signature du traité d'Utrecht, l'île entière avait été conquise sur la France, qui en fit volontairement l'abandon sous certaines réserves, lesquelles doivent, par conséquent, être religieusement respectées. Si des dérogations paraissent nécessaires, ce ne peut être que par suite d'un jugement équitable de juges impartiaux, et après avoir accordé à la nation qui a cédé Terre-Neuve des avantages parfaitement équivalents à ceux dont l'abandon serait imposé. Dans aucun cas, le respect des principes établis par la Conférence de la Haye ne doit être plus vigoureusement imposé à la nation qui vient de refuser audacieusement d'en tenir le moindre compte, dans le plus injuste de tous les conflits.

Dans les articles de 1893-1894, le *Cosmos* explique très clairement que l'exploitation de la richesse minière, encore inconnue au commencement du siècle, est venue compliquer les rapports de la France et de l'Angleterre, en créant des intérêts contraires à ceux des pêcheurs dont on avait uniquement à se préoccuper il y a deux cents ans[4]. Mais il est utile d'établir par des documents incontestables que l'existence de gisements précieux à Terre-Neuve était un fait connu et avéré lorsque l'Angleterre signa les réserves

---

2. P. Viator, « Le French Shore ou côte française de Terre-Neuve », *Cosmos*, vol. 27, 1893-1894, p. 107-114, 141-144, 164-167.
3. P. Viator, « Le French Shore ou côte française de Terre-Neuve », p. 111.
4. P. Viator, « Le French Shore ou côte française de Terre-Neuve », p. 142.

que le traité d'Utrecht contenait. En effet, lorsque sir Humphrey Gilbert s'avisa de prendre possession de toute l'île au nom de la reine Élisabeth, le bruit se répandit que l'île était excessivement riche en métaux précieux.

Afin de s'assurer de ce qu'il en était, le gouvernement anglais envoya à Terre-Neuve un ingénieur saxon nommé Daniel, qui reconnut l'existence d'une foule de gisements de cuivre, de fer et de charbon. Il revint en Angleterre après avoir recueilli une riche collection d'échantillons. Malheureusement le navire qui portait ces trésors scientifiques et industriels se perdit corps et biens, et il ne fut plus question d'exploiter les découvertes de Daniel. Le chancelier Bacon, ayant à parler de Terre-Neuve, se contenta de célébrer la richesse de ses pêcheries, et déclara qu'elles valaient tout l'or du Mexique et du Pérou, mais il ne s'avisa pas de mettre en relief leur réalité [5].

Les paroles du chancelier renferment une évidente exagération. Cependant, la pêche française a rapporté en 1884, année moyenne, 37 millions de kilogrammes de morue, dont 21 millions ont servi à l'alimentation nationale ; 10 millions ont été exportés aux colonies, et 9 millions à l'étranger. La morue est donc un article dont on ne peut exiger que la France consente à supprimer la production après une jouissance de 187 années d'un droit incontesté. Comme on l'a dit bien des fois, et comme l'on ne saurait trop le répéter, la pêche de la morue est une école pour nos marins, et cette école est en voie de prospérité. Cette année, Saint-Malo et Saint-Servan ont expédié 82 navires jaugeant ensemble 10 970 tonnes et montés par 2 533 hommes d'équipage. Ces deux ports ont, en outre, expédié 10 navires au long cours jaugeant 5 213 tonnes et 190 hommes d'équipage. Ces navires emportaient à Saint-Pierre un effectif de 3 386 marins et ouvriers destinés à l'armement des goëlettes de pêche et aux différentes manipulations exécutées sur le banc. On voit donc que, de ces deux seuls ports, il est sorti un group de 6 109 marins, dont le sort et le bien-être éveillent une véritable sympathie dans tout cœur, non seulement français, mais même simplement humain. N'est-ce pas ici le lieu de rappeler la création des Œuvres de mer et ses efforts pour améliorer le sort matériel et moral de cette intéressant colonie de travailleurs dont d'infâmes politiciens, concentrés à Saint-Jean-de-Terre-Neuve, cherchent à détruire la noble industrie ?

L'origine de cette agitation est la même que celle qui conduisit à l'explosion de la guerre anglo-boër – qu'il s'agisse des déserts glacés de Terre-Neuve, ou des solitudes brûlées par le soleil du Rand, les procédés de l'agiotage sont identiques dans tous les siècles et dans tous les climats. Il y a dix-sept ans, en 1883, le Parlement de Terre-Neuve fit commencer la construction d'un vaste réseau de chemins de fer, dont l'exécution fut confiée à M. Reid, habile ingénieur qui, aidé par ses fils, parvint à établir dans d'excellentes conditions une ligne de plus de 800 kilomètres de développement [6].

Le trafic de voyageurs est à peu près nul sur un réseau d'une si grande longueur, dans une île dont la population est à peine de 200 000 habitants, tous répartis le long des côtes. Aussi, le but principal, presque unique, de la voie ferrée est-il de permettre l'ex-

---

5. Francis Bacon (1561-1626), chancelier de la Grande Bretagne en 1618, n'est pas à l'origine de cette expression. Selon G.M. Story, dans son article « Bacon and the Fisheries of Newfoundland : A Bibliographical Ghost », p. 17-18, l'expression est plutôt attribuable à sir John Oldmixon mais répandue grosso modo au nom de Bacon dans toutes les histoires de Terre-Neuve. Voir aussi en bas la même citation par Robert de Caix.

6. Robert Gillespie Reid (1842-1908), maçon, constructeur de ponts et entrepreneur, avait érigé l'infrastructure du pont de la Compagnie du chemin de fer canadien du Pacifique à Lachine, Québec, avec Sandford Fleming. Son œuvre la plus marquante était la construction du Newfoundland Railway, qu'il fit aboutir en 1890.

ploitation des richesses minières et végétales de Terre-Neuve. Le plan grandiose qui a conduit à la construction de la ligne terre-neuviènne a été de rattacher les unes aux autres les principales voies fluviales de la contrée, et de permettre de charrier les denrées de l'intérieur jusqu'aux principales baies où des steamers peuvent venir les chercher. Le chemin de fer devait donc être accompagné de la construction de ports, de quais pour le chargement des marchandises, et d'une flotte à vapeur. C'est ce qui a été fait.

Mais, pour payer tous ces travaux, il aurait fallu des sommes considérables que l'île ne possédait pas. Heureusement, M. Reid a consenti à se rembourser en terrain, c'est-à-dire dans la seule monnaie que le gouvernement terre-neuvien possédât. On lui a donc concédé en deux fois un territoire dont la superficie est de 20 000 kilomètres carrés. C'est environ le cinquième de la superficie totale de l'île, qui, elle-même, est le cinquième de la superficie de la France.

Dans son marché, M. Reid a pris l'obligation de faire fonctionner régulièrement le chemin de fer pendant quarante années. À la suite de cette période, il lui appartiendra en toute propriété.

Ces transactions multiples et fort peu ordinaires ont valu à M. Reid le surnom de czar de Terre-Neuve, où son influence est prépondérante. Comme les spéculateurs du Rand, il est sans doute en rapport avec M. Joseph Chamberlain. Mais nous nous contentons de poser un point d'interrogation.

Le *Prometheus* de Berlin est une excellente revue scientifique dirigée par M. Witt, le célèbre astronome, à qui l'on doit la découverte d'Eros [7]. Il a publié récemment deux remarquables articles dus à un habitant de Montréal et accompagnés des dessins que nous reproduisons. Deux sont consacrés à des chutes d'eau qui vont être utilisées, dans l'intérieur du pays, à créer un centre de force motrice à peu près gratuite, comme toutes celles que donnent les machines hydrauliques employées à la production du courant [8].

La première est excessivement pittoresque et facile à capter. Elle est pratiquement inépuisable, car elle sert de déversoir au lac Deer qui se jette dans le fleuve Humber, dont l'embouchure est vers la partie méridionale du French-Shore. La première utilisée sera la cataracte du fleuve Exploits, ainsi appelée parce qu'elle tombe dans la baie du même nom, un peu au-dessous de la limite orientale du French-Shore, dont elle a fait longtemps partie. Il s'est formé déjà, depuis quelques années, une Société au capital de 10 millions de francs, pour organiser une fabrication de pulpe à papier avec le pin noir, une des essences les plus estimées pour ce genre d'articles, dont la consommation va en se développant avec une rapidité prodigieuse. En effet, le goût du public pour la basse littérature qu'on exploite généralement dans les journaux est si développé que les directeurs et les éditeurs des volumes à bon marché sont en ce moment menacés par une véritable disette de papier. Les forêts de Terre-Neuve étaient autrefois renommés pour leur insalubrité, à cause du nombre prodigieux de moustiques qui pullulent pendant les trois ou quatre mois d'été. La première fois qu'on y a porté la cognée, on a été frappé de l'extrême richesse des produits forestiers. On a calculé que, sur une surface de 2 500 kilomètres carrés, il se trouvait assez de pieds d'arbres pour pouvoir pratiquer, en un siècle, cent coupes de troncs, donnant chacune 3 millions et demi de stères. Des résultats sem-

---

7. L'astéroïde Éros, découvert en 1898 par Gustav Witt, appartenait à la famille d'objets qui, contrairement à la plupart des astéroïdes, n'ont pas leur orbite confinée entre celles de Mars et de Jupiter, mais qui peuvent s'approcher de celle de la Terre, ou même entrer dans son orbite. Cette caractéristique orbitale suscita de nombreuses études sur les risques de collisions.

8. R. Bach, « Die Zukunft Neufundlands », *Prometheus*, vol. 11, 1900, p. 359-365, 374-377.

blables ont été constatés sur les bords du fleuve Humber, du lac Gambier [Gander], du lac Deer, etc., etc.

Nous ne parlerons point des immenses troupeaux de carribous et d'autres espèces d'animaux sylvestres qui font de Terre-Neuve une terre promise pour les chasseurs[9]. En effet, les hôtes des forêts n'ayant pas la même puissance de reproduction que les poissons, disparaîtront dès que le nombre des chasseurs commencera se multiplier, et, comme les homards du French-Shore, cesseront bientôt d'être une ressource commerciale d'un intérêt sérieux. Il n'y a que les habitants des flots de l'Océan dont l'inépuisable fécondité puisse, jusqu'à un certain point, braver l'exploitation déréglé qu'entraîne le désir coupable de s'enrichir dans l'état de civilisation grossière et imparfaite dont nous nous contentons d'une façon misérable et scandaleuse, au lieu de chercher à jouir des bienfaits du Créateur d'une façon moins sauvage et moins désordonnée.

On peut dire, en réalité, que la grande révolution industrielle qui s'accomplira forcément à Terre-Neuve est contemporaine des expéditions télégraphiques qui rattacheront, d'une part la côte orientale à l'Europe par la station de Heart's Content, et de l'autre la côte occidentale au Canada par celle de Sands [Sandy] Cove. C'est par une série d'incidents dus au simple hasard, nom que l'on donne trop souvent à la collaboration de la Providence dans les affaires de ce monde, qu'elle s'est continuée.

2.

Un ingénieur, se trouvant à Terre-Neuve, et qui ne connaissait rien des révélations du vieux Daniel, quoiqu'il appartint à l'École des mines de Londres, et qui se nommait [Smith] McKay, entra dans la cabane d'un pêcheur qui traînait ses filets le long de la baie Notre-Dame. Il admira, sur la cheminée du pêcheur, un très beau morceau de malachite qui était le plus bel ornement de son modeste parloir. Cette pierre magnifique est un riche minerai de cuivre, d'un traitement très facile et qui donne un métal très fin, fort recherché dans les applications de l'électricité. Il interrogea le pêcheur sur la provenance de cet ornement. Celui-ci le conduisit à l'endroit où il l'avait pris, et M. McKay n'eut pas de peine à s'assurer qu'il provenait d'un énorme filon dont le point d'affleurement n'était pas éloigné.

En cherchant à tirer parti de ce gisement, on ne tarda pas à trouver en grande masse des lingots de cuivre massif. L'exportation de cette mine est évalué à une soixantaine de millions depuis 1864. À cette exploitation est venue se joindre celle de minerais de nickel.

On a trouvé encore des minerais de cuivre sur d'autres points de la mer orientale qui, triste, aride, froide et monotone, semblait vouée à une éternelle stérilité. Le minerai n'est pas exploité sur place, mais transporté à New-York et à Swansea en Angleterre [au pays de Galles]. En y comprenant les équipages de la flottille de steamers, on arrive à un effectif de 1 500 personnes employées dans cette mine.

L'industrie du fer est encore dans son enfance ; cependant, elle donne déjà lieu à un très grand trafic. Dans la baie des Exploits, voisine de la baie Notre-Dame, et toujours sur la côte orientale, se trouve un groupe d'îles où abondent des pyrites renfermant jus-

---

9. Voir aussi Paul Niedieck, « Chasse à Terre-Neuve – à la chasse à l'élan », dans *Mes chasses dans les cinq parties du monde*, p. 229-240. Niedieck était journaliste allemand de voyage et de la chasse. Son ouvrage, intitulé originalement *Mit der Bücht in fünf Welteilen* (1905), fut traduit de l'allemand par L. Roustan.

qu'à 54 % de soufre. On les exploite dans deux points de vue différents. Du fer on fait de l'excellent acier, et du soufre de l'acide sulfurique.

Il y a environ quatre ans, un pêcheur de Saint-Jean rapporta du minerai de fer dont il s'était servi avantageusement comme de lest. Cet ignorance avait signalé sans s'en douter l'existence d'un étonnant gisement d'excellent minerai dans Bell-Île, petite terre située à quelques kilomètres de la capitale de Ferry-News [Saint-Jean]. Déjà l'exportation annuelle est de 200 000 tonnes absorbées par l'Allemagne et par des usines de Rotterdam[10].

Le célèbre géologue Dawson[11], à qui l'on doit l'exploration du Klondyke, a repris pour son compte les travaux de Daniel. Il déclare que Terre-Neuve lui paraît être le pays le plus riche du monde en minerais de cuivre et en minerais de fer.

Les moyens d'exploiter sur place ces trésors ne manquent point. Indépendamment du courant électrique que peuvent produire les chutes, dont nous avons parlé plus haut, il y a dans la colonie d'inépuisables gisements de houille et de pétrole.

On n'estime pas à moins de 200 millions de tonnes la mine de charbon qui se trouve dans le voisinage de Grand Lac. Les sources de pétrole ne sont pas moins abondantes ; on les a découvertes en forant des puits de 300 mètres.

En creusant du côté de Port-au-Port, sur la côte occidentale, on a découvert des gisements d'asbeste aussi bonne que celle des environs de Québec, dont la réputation est universelle. C'est une substance que les progrès de l'industrie électrique rendent de plus en plus précieuse. En effet, les incendies, qui se multiplient de jour en jour, montrent combien est urgent de remplacer le caoutchouc, comme isolant, par une substance dont les propriétés isolantes ne sont pas moindres, et qui a, de plus, l'avantage inestimable d'être complètement ininflammable.

On comprend que, dans de semblables circonstances, la servitude dont le traité d'Utrecht a frappé la prise de possession de l'île par la Grande-Bretagne soit pénible pour les habitants, mais est-ce une raison pour qu'ils cherchent traîtreusement toutes sortes de querelles à la France, dont les droits deux fois séculaires sont indiscutables ? Espèrent-ils tromper l'opinion publique du monde civilisé en torturant les textes avec la triste effronterie dont le *Colonial Office* vient de faire preuve dans l'Afrique australe ?

Loin de nous la pensée d'envenimer ces débats, dans lesquels il est à espérer que la Grande-Bretagne se résignera à employer d'autres armes que celles dont elle fait usage en ce moment d'une façon si cruelle et si peu glorieuse. Cependant, il n'est pas possible de passer sous silence deux circonstances historiques du plus haut intérêt pratique.

Par le traité d'Utrecht, le gouvernement français abandonne ses droits de souveraineté sur l'Acadie, comme dans tous les cas les traités stipulaient que les habitants du pays, changeant de maîtres, conserveraient l'usage de leurs langues, de leur religion, etc., etc. Contrairement à ces prescriptions, l'Angleterre procéda à l'expulsion en masse des

---

10. Voir F. Halet, « Le gisement de fer de Wabana, Bell Île (Terre-Neuve) », p. 981-997.

11. John William Dawson (1820-1899) était géologue ainsi que paléontologue, auteur, professeur et administrateur. En 1842, Charles Lyell, considéré aujourd'hui comme le père de la géologie moderne, se rendit à Pictou, en Nouvelle-Écosse, pour étudier les dépôts houillers, et son principal guide était Dawson. De cette rencontre naquit une amitié durable. Dawson accepta la direction du McGill College à Montréal en 1855. À compter de 1855 et jusqu'à peu de temps avant sa mort, il donna une quantité incalculable de conférences sur la science et la Bible, ainsi que sur des sujets connexes. C'est par ses grands écrits scientifiques qu'il fit à Montréal un centre international de géologie et de paléobotanique, couronné par l'ouverture du Musée Redpath d'histoire naturelle en 1882.

Acadiens. Les réclamations du gouvernement français, appuyé dans cette occasion par tout ce que l'Europe possédait d'écrivains influents, furent inutiles. Ce décret abominable, œuvre d'une politique impitoyable, fut exécuté dans toute sa rigueur. L'Angleterre brava les cris d'indignation qui s'élevèrent dans tout le monde civilisé contre cette violence !

Le souvenir de cette grande iniquité peut-il être perdu de vue dans le règlement définitif de la question ?

En 1815, il paraît qu'on offrit à Louis XVIII de choisir entre la restitution des pêcheries de Terre-Neuve et celle de l'île de France, dont la population, qui atteint 500 000 habitants, a conservé encore aujourd'hui le culte de la mère-patrie. Le roi, après avoir mûrement réfléchi, déclara qu'il préférait abandonner la perle de la mer des Indes, et conserver à la France des établissements si nécessaires au relèvement de sa marine.

Si la France devait abandonner Terre-Neuve, est-ce que le bon sens et la logique n'indiqueraient pas que, comme compensation, l'Angleterre devrait faire l'abandon de la colonie pour laquelle on offrait l'option ?

Certainement, le retour de l'île de France à la mère-patrie, à laquelle elle est restée profondément attachée, serait une solution fort désirable. En effet, elle effacerait une des plus grandes injustices de l'histoire, et consoliderait notre domination à Madagascar, en lui donnant comme base la possession d'une colonie prospère, pouvant, en cas de guerre, fournir un contingent fort redoutable. Mais une transaction de ce genre ne pourrait être proposée que lorsque que l'on aurait trouvé moyen de prendre des mesures, soit en Islande, soit aux Açores, soit ailleurs, pour que la perte du French-Shore ne porte pas préjudice à une grande industrie nationale. Peut-être une autre solution est-elle possible. En effet, le French-Shore commence à l'extrémité Sud-Ouest de Terre-Neuve ; il longe tout le détroit de Belle-Île ; du cap Normand, il passe sur la côte occidentale et s'arrête au cap Saint-Jean. Il est fort éloigné de Saint-Pierre et Miquelon qui sont dans la partie Sud. Son développement est de 14 000 kilomètres environ. Si on tirait une ligne droite de la Bonne Baie au sud de la Baie Blanche, ligne qui n'aurait qu'une trentaine de kilomètres de développement, on détacherait de Terre-Neuve une grande presqu'île qui y tient à peine, puisqu'on pourrait suivre le contour des eaux intérieures. La France abandonnerait le French-Shore depuis le cap Race, jusqu'à la Bonne Baie ou la baie des Îles sur la côte Ouest. Sur la côte Est, elle abandonnerait la moitié de la Baie Blanche et toute la Baie Verte, et recevrait en toute souveraineté à titre de compensation la presqu'île dont nous venons de parler. Ce serait une transaction qui mettrait fin à un conflit, et qui, suivant nous, tiendrait équitablement compte des intérêts en jeu. Nul doute que les arbitres qui ont été désignés avec beaucoup d'intelligence, ou tous autres ne trouvent un proposition satisfaisante et équitable, plus parfaite que celle que nous proposons. Mais ce qui n'est point admissible c'est que la Grande-Bretagne refuse de se conformer au verdict et que le *Colonial Office* dicte impérieusement des lois au ministère français.

L'UTILISATION DE LA BALEINE EN PRODUITS VENDABLES (1904)

Jean Lucas, « Une baleinerie de Terre-Neuve à Saint-Laurent (côtes sud) »,
p. 147-155, 156.

Jean-Alexis-Marie Lucas, né en 1869, entra au service de marine comme médecin auxiliaire en 1893. Il servit dès 1895 au Régiment de tirailleurs soudanais et dès 1899 à l'Hôpital maritime. À Terre-Neuve en 1904, il était médecin de première classe à bord du *Lavoisier*, de la Division navale, sous le commandement du capitaine de vaisseau Calloch de Kérillis.

I.

Depuis quelques années, l'industrie de la pêche de la baleine à Terre-Neuve semble prospérer et constitue une innovation. Cette industrie baleinière est récente ; c'est par acte officiel de Parlement de la colonie, en date du 22 avril 1902 [1], suivi peu après d'une sanction du roi Édouard VII, qu'elle a été réglementée ; et la plus ancienne des usines en fonctionnement date de 1898.

Il y a en ce moment 10 usines en exploitation : 6 à Snook's-Arm, Bonavista, Trinity, Harbor-Grâce, Cap Broyle, Aquaforte, sur la côte est ; – 4 à Sainte-Marie, Saint-Laurent, Hermitage-Bay, Chaleur-Bay sur la côte sud ; – 8 autres demandes ont été agréées pour des constructions : à la Baie des Îles, Port-Saunders sur la côte ouest ; – aux Blancs-Sablons, au Cap Charles sur la côte du Labrador, et d'autres points. Ces établissements fonctionneront en 1905, ce qui portera à 18 le nombre des autorisations, chiffre officiel cependant bien inférieur au dépôt des demandes qui étaient de 40 à 50 en mars 1904.

Mais le Parlement terre-neuvien limite sagement le nombre des autorisations, voulant maintenir pendant de longues années une industrie qui est une cause de travail pour la corporation ouvrière. Et il s'inspire judicieusement de l'exemple de la Norvège, où la pêche de la baleine va être interdite, parait-il, pendant dix ans, en raison des captures trop nombreuses de ces cétacés dans ces dernières années.

C'est précisément, par comparaison, avec les exploitations déjà existantes en d'autres points du monde, tels que les côtes de Norvège, celles d'Islande, que le fonctionnement actuel en New-Foundland semble avoir réalisé un progrès immense dû en grande

---

1. Voir le *Journal of the House of Assembly of Newfoundland*, 1902, p. 53.

partie à l'ingéniosité d'un savant et habile chimiste le Dr Rismüller[2], résidant à Saint-John's et qui possède un contrat avec la plupart des compagnies d'exploitation. Des expériences couronnées de succès lui ont permis en effet d'obtenir l'utilisation complète des baleines en produits vendables, c'est-à-dire qu'elles ont fait de cette industrie une source de richesse commerciale.

Or, depuis 1903, la colonie de Saint-Pierre et Miquelon a établi, d'avril en novembre, des voyages bi-mensuels réguliers sur la côte sud de Terre-Neuve qui conduisent alternativement à Grand-Banc dans la baie de Fortune, et à Saint-Laurent à l'entrée de la baie de Plaisance, à 50 milles environ dans le sud des îles Burin. C'est à l'occasion d'un voyage en ce dernier point, au moment d'un séjour de *Lavoisier* sur rade de Saint-Pierre et Miquelon, pendant la campagne de 1904, que je fus chargé par le chef de la division navale, commandant Calloch de Kérillis[3], d'aller visiter la baleinerie qui y est établie. Et cette circonstance était d'autant plus favorable que cette usine est la plus perfectionnée parmi celles qui fonctionnent actuellement.

Mais il nous faut tout d'abord, en raison des imperfections de ce compte rendu, dire que le temps n'a pas favorisé le trajet sur le petit vapeur qui y conduit. La distance de Saint-Pierre et Miquelon à Saint-Laurent se parcourt généralement en trois heures. Par suite d'une baisse barométrique et d'une mer très houleuse, partis à 6 heures du matin de Saint-Pierre et Miquelon, nous ne sommes arrivés qu'à 1 heure de l'après-midi au grand havre de Saint-Laurent. Sur chacune de ses rives sont établis les habitations et les chaffauds des pêcheurs. Et, de ce point, part une route longue de 3 kilomètres conduisant à l'autre havre, sur l'une des rives duquel se trouve édifiée la baleinerie, au pied d'un ruisseau y donnant de l'eau à volonté, condition primordiale de cette industrie. Comme il fallait repartir vers 4 heures, c'est donc en une heure et demie de temps à peine que, sous la conduite du Dr Rismüller, nous avons pu visiter cette baleinerie et recueillir des photographies, malgré un vent très fort et également peu propice. Mais, consécutivement dans la campagne, à Saint-Jean de Terre-Neuve, nous avons pu revoir le Dr Rismüller et obtenir, grâce à son obligeance et à celle du consul de France M. Rigoreau, quelques indications complémentaires. De même le Dr Alliot, chef du service de santé à Saint-Pierre et

---

2. Ludwig Rismuller, entrepreneur américain et propriétaire de la compagnie St.-Lawrence Whaling, avait développé l'outillage et les procédures qui avaient permis l'utilisation de toute la carcasse de la baleine, ainsi que la fabrication d'engrais (guano), qui fut exporté et vendu dans la région. Il partit en 1905 pour Victoria, en Colombie-Britannique, comme partenaire de la compagnie Pacific Whaling. Voir J.-G. Millais, *Newfoundland and Its Untrodden Ways*, p. 184-193, et C.W. Sanger et A.A. Dickinson, « Newfoundland Involvement in Twentieth-century Shore-station Whaling in British Columbia », p. 104-108.

3. Henri-Augustin Calloch de Kérillis (1856-1940), un officier distingué de marine, naquit à Brest et entra à l'École navale en 1871. Par la suite, il servit en Extrême-Orient en 1881 et fit campagne de guerre au Tonkin en 1885. Calloch de Kérillis était à Terre-Neuve à bord de la *Naïade* de 1893 à 1895 en tant qu'aide de camp de l'amiral commandant la 2e division de l'Escadre de la Méditerranée. L'auteur de nombreux articles dans la *Revue maritime* et ailleurs, il reçut en 1896 un témoignage de la satisfaction pour sa collaboration. Promu capitaine de vaisseau en 1903, il était commandant de la Division navale de Terre-Neuve et d'Islande de 1904 à 1905, pendant la terminaison de la pêche française. À cette époque-là, il reçut aussi des félicitations adréssés par le ministre des Affaires étrangères, rendant compte des dispositions concertées avec le commandant anglais en vue de l'évaluation du matériel laissé dans les établissements françaises du *French-Shore*. Il affecta aussi en 1905 au Labrador une mission d'observation de l'éclipse totale du soleil. Promu contre-amiral en 1911, il fut commandant de la Division navale de l'Extrême-Orient jusqu'à 1913. Pendant sa carrière, il était titulaire de nombreuses décorations françaises et étrangères.

Miquelon, qui avait également visité cet établissement a bien voulu nous communiquer son appréciation documentée. Ces renseignements nous permettront donc de préciser avec plus d'autorité le perfectionnement qui semble acquis dans le mode d'exploitation actuel.

Le principe, dans les manufactures de Terre-Neuve, est que toute usine doit posséder l'outillage et le matériel nécessaires pour ne laisser aucun résidu de la baleine, c'est-à-dire qu'en outre de l'extraction de l'huile, de la préparation des fanons et de certains os, les débris de la carcasse de l'animal sont transformés en un produit commercial : les phosphates (guano).

Chaque usine possède un vapeur « baleinier » destiné à la poursuite des baleines et à les ramener à l'établissement. Ce bâtiment en fer, présentant environ 50 mètres de long sur 8 de large, est approvisionné en vivres pour plusieurs semaines. Il porte à l'avant un mortier pour lancer le harpon destiné à atteindre l'animal. Ce harpon, lancé par un canon, est attaché à un long câble et muni d'un petit obus qui éclate lorsqu'il est entré dans le corps de la baleine. À ce moment, plusieurs tiges longues de 24 centimètres environ, couchées normalement le long de ce harpon, s'ouvrent comme un parapluie et empêchent la câble de sortir du corps du cétacé.

Le temps de séjour à la mer de ce vapeur est évidemment variable. Il peut prendre une ou plusieurs baleines dans la même journée, comme il peut rester plusieurs jours en mer sans en rencontrer. On cite comme exceptionnelle la pêche d'un baleinier qui en ramena 21 dans une semaine ! Quand le vapeur a saisi la baleine, il la gonfle, la retourne sur le dos, et la ramène ainsi à l'usine en la traînant à l'arrière. Certains bâtiments attachent la baleine sur les flancs du navire. Elles peuvent se rencontrer à une certaine distance des côtes, comme aussi dans leur voisinage immédiat.

2.

Le vapeur amène la baleine au contact même d'un plan incliné. On la hisse sur ce plancher en bois, d'environ 30 mètres de long sur 10 large, formé d'une série de planches étroites réunies les unes aux autres, partant de la rivière et s'élevant peu à peu sur pilotis au-dessus du sol. Au-dessous de lui est disposée une canalisation, si bien qu'aucun liquide ne peut retourner altérer les eaux, mais est au contraire dirigé, après précipitation, vers la partie de l'usine fabricant les phosphates.

La baleine y est amenée, amarrée par la queue, à l'aide d'un câble qui est mû par un treuil à vapeur. Alors commence l'opération du « dépeçage » qui consiste à extraire le gras de la baleine sous la peau, ainsi que des intestins et de la langue. Ce travail est toujours effectué par les mêmes hommes « flessers », travaillant à l'aide de couteaux spéciaux « blobers ». Le gras est détaché et soulevé en lanières aussi longues que possible. Elles offrent environ 12 mètres de longueur sur 15 centimètres de largeur et d'épaisseur. Ces lanières sont elles-mêmes divisées en morceaux plus petits de 3 à 5 mètres, et ont alors les dimensions voulues pour être livrées à un couteau manœuvrant mécaniquement, puis découpées en parties encore plus menues, et enfin déversées dans les godets d'un élévateur qui les répand finalement dans de grandes cuves en bois où va se faire l'huile. Ces cuves sont établies au premier étage d'un bâtiment de l'usine. Il en existe 8, disposées parallèlement de chaque côté ; ce sont des cubes dont les trois dimensions sont sensiblement égales, ayant cependant un peu moins de hauteur que de longueur et de largeur, environ 3 mètres de hauteur sur 4 de long et de large. À leur partie inférieure se trouvent disposés des tuyaux pour le passage de la vapeur. L'huile se fait alors de la façon suivante : Le gras répandu dans les cuves est continuellement agité à l'aide de bâtons. Sous l'influence de la circulation de la vapeur dans les conduits, il se fond en huile, qui, peu à peu, vient surnager à la surface. On la soutire alors pour la diriger dans des cuves de dimensions plus restreintes où elle se refroidit. C'est, en résumé, une sorte d'écrémage, continu du gras.

De là, par une canalisation spéciale, elle aboutit ensuite à un réservoir situé dans une partie de l'usine où se trouve un dépôt de fûts que l'on remplit au fur et à mesure et prêts à être expédiés.

D'autres cuves plus petites sont disposées au même étage du bâtiment, mais extérieurement, et destinées à la fabrication de la colle, dont le Dr Rismüller cherche à perfectionner les échantillons.

Au fond de ces vastes récipients existent des opercules, par lesquels tous les résidus sont dirigés par des conduits vers des parties de l'usine où ils sont transformés en phosphates. Cette première opération ne laisse donc aucun déchet retourner à la mer.

Pendant ce temps d'autres ouvriers continuent le dépouillement de la baleine à l'air libre. Le travail s'effectue sur une vaste plate-forme horizontale, faisant suite au plan incliné et longue de 30 mètres environ, sur 10 de large.

Une fois le gras retiré, on vide l'animal ; on retire les organes internes et on sectionne le corps. Ces sections sont pratiquées à l'aide de treuils ; on obtient ainsi des morceaux qui sont encore divisés à l'aide de haches et de scies en parties plus petites. Tous ces fragments sont placés dans de vastes cuves analogues à celles qui nous avons déjà décrites pour le gras. Elles sont au nombre de 16, disposées parallèlement par 8, de chaque côté du plan horizontal. À la partie inférieure de ces cuves aboutissent également des tuyaux collecteurs de vapeur ; en outre, elles sont partiellement remplies d'eau.

Cette opération se fait à l'air libre, et c'est ici que ressort l'ingéniosité actuelle de l'industrie terre-neuvienne.

Autrefois, en Norvège, l'huile obtenue des os et de la chair était d'une couleur foncée, sans aucune valeur commerciale. Maintenant, des procédés chimiques connus seulement du Dr Rismüller permettent d'obtenir une huile limpide que celle du gras et dont il serait absolument impossible de la différencier.

C'est donc sous l'influence de la vapeur d'eaux et d'agents chimiques spéciaux que l'huile peu à peu vient surnager à la surface. De couleur foncée tout d'abord, elle est traitée chimiquement dans d'autres cuves jusqu'à ce qu'elle devienne limpide. Elle est alors dirigée vers un réservoir identique à celui qui reçoit l'huile des cuves du gras, et de ce réservoir déversée dans les fûts d'expédition.

Ce travail de la baleine donne lieu à l'écoulement d'une certaine quantité de sang, mais à l'aide d'une canalisation placée au-dessous de la plate-forme, ce sang est recueilli pour être précipité et être transformé en phosphates ainsi que les organes internes. C'est aussi le temps de l'opération où les émanations sont les plus fortes. Or, nous avons souvenance d'être arrivés au moment où se travaillaient les derniers débris d'une baleine dont le dépeçage avait commencé dans la matinée, et il ne nous a pas paru que l'odeur fut plus pénétrante que celle de certaines industries, telles que des savonneries et des tanneries ou les alentours des abattoirs même les plus perfectionnés.

Il ne reste plus maintenant que des déchets, autrefois abandonnés à l'air libre, et causes d'émanations fétides, aujourd'hui utilisés grâce au perfectionnement de l'outillage.

Ils sont dirigés vers deux grandes cuves, dont les dimensions sont doubles des précédentes, placées en contre-bas du plan horizontal, et qui reçoivent l'ensemble des produits résiduaires.

Ces produits sont : les détritus des cuves de gras, le sang, les parties musculaires, organes internes et les parties osseuses non conservées. Également à l'aide d'un élévateur, ils sont amenés dans un grand cylindre métallique de 10 mètres de longueur environ et de 2 mètres de diamètre.

Les produits sont soumis dans ce cylindre à une dessiccation par de l'air chaud, envoyé au moyen d'un ventilateur. Une chaleur intense est distribuée par une fournaise allumée qui atteint 2 000 degrés Fahrenheit. C'est un point que le Dr Rismüller a particulièrement signalé à notre attention. En outre, ils sont soumis à un mouvement rotatoire rapide et de broiement, si bien qu'ils ressortent sous forme d'une poussière brunâtre absolument sèche, sans odeur désagréable ; ce sont les phosphates constituant un engrais des plus appréciables.

Des ouvriers recueillent les phosphates à l'extrémité opposée d'un cylindre et le mettent en sac avec des pelles. Grâce à un dispositif spécial, la poussière produite par cette opération est tamisée, et la mise en sac n'offre aucun danger pour les ouvriers.

Il nous reste à parler maintenant des os et des fanons.

Quand les os sont préparés pour être livrés au commerce, ils sont placés dans une solution de cristaux de soude, puis grattés avec soin, et abandonnés à l'air libre. Une fois secs, ils sont mis en magasin.

Les fanons sont préparés de la façon suivante. Ils sont enlevés en entier ; leurs lamelles ou fibrilles séparées à l'aide de couteaux très coupants. Ils sont passés également dans une solution de cristaux de soude, puis polis au grattoir, et mis à sécher. On sait leur valeur dans le commerce pour la monture des parapluies et la confection des corsets. Les considérations précédentes témoignent donc de l'utilisation complète d'une baleine capturé en produits vendables, et du progrès accompli qui est vraiment considérable, puisque autre fois l'extraction de l'huile du gras seulement représentait à peu près un cinquième du poids de l'animal, tandis qu'actuellement on obtient presque sa totalité.

Mes les investigations scientifiques du Dr Rismüller vont encore plus loin. Ce chimiste s'occupe notamment à extraire de la colle dont nous avons vu de très beaux spécimens, également à fabriquer des échantillons de conserves de viande pour l'alimentation de l'homme et du bétail. C'est ainsi que nous avons pu voir dans une cabane spécialement réservée à cet usage, des parties musculaires soigneusement découpées, d'autres hachées, d'autres même confites. Aussi paradoxale que puisse paraître à première vue, la consommation de cette conserve, on peut rappeler que dans certains pays, couverts de neige l'hiver, comme l'Islande, les animaux y mangent en cette saison des poissons. Partant de cette constatation, l'idée du Dr Rismüller peut avoir des conséquences pratiques très heureuses.

3.

Il resterait à dire quelle est la valeur commerciale des produits obtenus : huile, guano, fanons. Question extrêmement délicate ! La raison en est que les directeurs des exploitations ne tiennent pas à vulgariser l'importance de leurs opérations. Toutefois il nous a été dit que la valeur de ces produits était assez variable. L'huile peut revenir à 75 dollars la tonne, comme elle peut varier de 50 à 80. La tonne de phosphate monte à

30 dollars. Le prix des fanons est beaucoup élevé, la tonne en est estimée à 300 dollars, mais il y a des fanons qui se sont vendus jusqu'à 1 000.

Ce qui est beaucoup plus variable encore, c'est la quantité moyenne de produits donnés par une baleine ; les chiffres suivants sont très approximatifs : huile, de 30 à 100 tonnes ; guano, de 2 à 8 tonnes ; fanons, de 100 à 400 livres.

De même varie aussi le nombre des baleines travaillées dans une même saison.

Il faut estimer à 100 000 dollars environ, le capital nécessaire pour la création d'une exploitation : usine, appareils divers, vapeur, main-d'œuvre (100 ouvriers).

Le seul nombre des demandes déposées témoigne en faveur des bénéfices que cette industrie peut rapporter. Si, d'un côté cependant, elle compte de si chauds partisans, il faut aussi faire la part des dommages qu'elle est susceptible de causer, ce qui a conduit le Parlement à la réglementer.

Il est, en effet, aisé de comprendre que les baleines se nourrissant de mollusques, de crustacés et de poissons, doivent poursuivre au loin comme près des côtes, les bandes innombrables de harengs et de morues dans leur migration, ce qui peut amener les vapeurs baleiniers à circuler au milieu des pêcheurs dans les baies. D'après des comptes rendus locaux, il nous a été dit en effet que la vue d'un vapeur poursuivant une baleine dans une baie, suffisait à éloigner les pêcheurs des lieux de pêche ; mais ces craintes du début l'industrie disparurent rapidement devant les articles de la loi réglementant cette poursuite, comme aussi grâce à la sagesse des capitaines des vapeurs.

De même, des voix puissantes et nombreuses se sont élevées parce que les pêcheurs craignaient que la proximité d'une baleinerie, ne puisse ruiner la pêche de la boëtte, comme celle de la morue, en polluant les eaux par les détritus, et en éloignant le poisson. Mais des expériences soigneusement contrôlées ont montré que des harengs ont été pris à moins de 100 mètres d'une manufacture dans laquelle 88 baleines avaient été travaillées.

C'était une certitude qu'aucun préjudice n'était porté à la pêche de la boëtte et de la morue, et, de ce fait, les présomptions à cet égard diminuèrent rapidement.

Enfin, nous avons dit au début que ce travail nécessitait une grande quantité d'eau. Aussi est-on très réservé pour les autorisations des établissements dans les points à proximité des villages, où l'eau n'est pas en abondance.

∞

Tels sont les renseignements que nous avons réunis, à l'occasion de notre visite à la baleinerie de Saint-Laurent.

En même temps que le degré de perfectionnement que semble avoir atteint cette industrie, on est frappé par la somme des conditions hygiéniques que réalise cet établissement. Cet exemple est certainement susceptible de servir de modèle, pour des créations semblables en d'autres points. C'est ainsi qu'au Canada prochainement des manufactures de baleines seraient créées. Les parages de certaines de nos possessions coloniales, l'île de Madagascar entre autres, sont, paraît-il, parcourus par des baleines.

Brest, le 26 décembre 1904.

DE NOUVEAUX SIGNES DE PROSPÉRITÉ (1904)

Robert de Caix, *Terre-Neuve, Saint-Pierre et le French-Shore*, p. 7-18.

Robert de Caix (1869-1970), né en Picardie le fils du vicomte Amédée Caix de Saint-Aymour, obtint une licence en droit et était également lauréat de l'École des sciences politiques. Il commença sa carrière de journaliste au *Journal des débats*, où il était rédacteur et chef de service pour la partie étrangère et rédacteur en chef du *Journal de sentis*. Comme auteur, il publia plusieurs ouvrages d'histoire diplomatique, tels que celui-ci, une collection de documents rédigés à Terre-Neuve pendant les mois de juillet, août et septembre 1904, quand il était chargé d'une mission d'enquête par le *Journal des débats* au sujet du traité franco-anglais du 8 avril, qui allait être soumis au gouvernement français. En 1919, il quitta le journalisme pour devenir secrétaire-général des Hauts commissaires français en Syrie. Puis, de 1925 à 1938, il représenta la France à la Commission des mandats à Genève. En 1926, il découvrit le peuple acadien et participa à de nombreuses rencontres afin de rétablir les liens entre la France et l'Acadie.

L'abord de Terre-Neuve est austère et tend à confirmer le voyageur dans l'idée que c'est bien la Cendrillon des colonies britanniques, à laquelle un climat abominable interdit tout avenir. Depuis plusieurs jours le bateau s'avance à tâtons dans le brouillard, stoppant, lançant des appels incessants de sirène. Enfin, la côte apparaît, ou du moins le bas des falaises, sous une chape de brume qui en cache les flancs et le sommet. Mais un courant d'air déchire le voile ; et l'impression change tout à coup, car une ville s'étage, non sans grandeur, couronnée de grandes églises, dans la perspective ouverte soudain par un goulet qui rompt brutalement la ligne sauvage de la côte.

Saint-Jean de Terre-Neuve est la vraie porte de l'Amérique, à moins de 2 000 milles des ports européens ; c'est aussi (le premier coup d'œil sur la ville le révèle) la capitale d'un petit monde bien vivant. Sans doute, cette capitale n'a rien d'une grande ville selon l'esprit français, épris de plans d'ensemble, qui prétendent imposer pendant la croissance même un ordre définitif, et qui entravent si efficacement le développement de la vie. Saint-Jean de Terre-Neuve est d'une végétation qui fuse spontanément, au hasard, à l'américaine. Sauf dans les palais, modestes d'ailleurs, du Parlement et du gouverneur, et aussi dans quelques églises qui bénéficient de cette concurrence dans la respectabilité, si forte entre les sectes religieuses en pays de civilisation britannique, on ne trouve ici nul effort vers la beauté. Saint-Jean est un troupeau de maisons de bois, très simples, généralement peintes d'un rouge sombre, qui monte à cru les pentes les plus impossibles, sans souci des vides qu'il laisse partout. Sauf dans quelques rues commerçantes du bas de la

La rue Water de St.-Jean d'est en ouest vers 1890.
(Archives provinciales de Terre-Neuve et Labrador/A2-34)

La rue Water de St.-Jean d'ouest en est vers 1890.
(Archives provinciales de Terre-Neuve et Labrador/F6-3)

ville, les chaussées sont faites d'un macadam aux éléments mal fondus, quand la roche native, sommairement égalisée, n'affleure pas tout simplement.

Les arbres sont très rares dans cette ville de bois dont les incendies périodiques ont tué toute autre végétation que celle des poteaux frustes, aux larges ramures géométriques, qui portent sur leurs isolateurs de verre les fils du télégraphe, du téléphone et du trolley. Les déclivités incroyables de cet emplacement, sans autres mérites que la sûreté du port qui s'incurve à plus de 3 kilomètres dans les terres, mais dont les bords escarpés convenaient tout juste à un nid de pêcheurs, ajoutent à l'aspect dégingandé de cette ville américaine. Personne ne s'en préoccupe ici. Les nivellements, « l'haussmanisation », tout cela viendra plus tard lorsqu'on sera riche : pour l'instant on ne songe qu'à le devenir et, d'après les gens du pays, si Saint-Jean n'est pas l'endroit idéal pour manger des rentes, c'est du moins une place assez bonne pour en acquérir.

Ici, tout respire la confiance, la certitude d'un avenir plus large. En tenant compte des proportions des ressources de ce pays, on peut dire que Terre-Neuve bénéficie depuis quelques années de ce qu'on appelle, de ce côté de l'Atlantique, un « boom ». De nouvelles entreprises sont tentées partout : le commerce de l'île a passé de 13 millions de dollars en 1889 à plus de 18 millions en 1903. Les importations ont augmenté de 35 % et les exportations de 44 %.

Comme par le passé, c'est surtout la mer qui fait vivre Terre-Neuve, mais la mer exploitée d'une manière plus intensive et scientifique. Sur des ventes de 9 800 000 dollars, les pêcheries fournissent tout près de 8 millions.

La morue garde de beaucoup le premier rang parmi les produits terre-neuviens. C'est elle qui fait vivre les petits villages de pêcheurs qui s'échelonnent dans tous les creux de la côte et leur donnent leur aspect caractéristique. Leurs maisons, peintes d'un blanc cru, sont précédées par de vastes aires de branches séchés de sapin, portées sur des troncs mal dégrossis. Ces échafauds rappellent vaguement les villages malais, construits sur pilotis, des environs de Singapour.

Sur ces plateformes on étale les morues ouvertes, et elles sèchent, grâce au soleil et au courant d'air qui circule sous la claire-voie des branches. On voit ces planches de poissons en rangées, en petits tas, en grosses piles couvertes de pièces d'écorce de sapin, selon les exigences d'un processus très délicat, car, pour mener la morue à point, il ne faut ni la presser ni l'exposer trop longtemps. Et la brise qui passe sur ces champs de morues, subissent le stage préparatoire à l'exportation, en emporte des effluves qui se combinent avec le relent plus gras des établissements où l'on presse les foies et où on fait subir à leur huile toute une série de filtrages. C'est ainsi que la morue fournit aussi bien l'odeur que la couleur locale de Terre-Neuve.

Des goélettes, des vapeurs côtiers, raccordant leurs services à ceux du nouveau chemin de fer, concentrent presque toute cette production à Saint-Jean. Et Terre-Neuve a exporté en 1903 pour 5 633 000 dollars de morue séchée – soit un million de plus qu'en 1899, – pour 445 000 dollars d'huile grossière servant surtout à la tannerie, et dont la vente a presque doublé depuis cinq ans, et, enfin pour 35 000 dollars d'huile soigneusement préparée pour la pharmacie. Ce produit est une nouveauté pour Terre-Neuve, qui n'a guère commencé que depuis cinq ans à disputer à la Norvège le marché de l'huile de foie de morue médicinale. En somme, le poisson qui a fait la vie et la célébrité de Terre-Neuve fournit encore 60 % de ses exportations.

Mais l'île demande aujourd'hui à la mer bien autre chose que les traditionnelles morues. Dans le port, est amarrée en ce moment toute une flottille de petits vapeurs désarmés. Ce sont les navires « phoquiers », qui partent, chaque année, au mois de mars, pour exercer, sur la glace, au sud du Groënland, la plus aléatoire et la plus spéculative des industries de l'île. Cette chasse exige un grand nombre d'hommes : chaque bateau en emmène 150 ou 200, heureux de trouver ce travail temporaire, à une époque où chôme de pêche dans les eaux riveraines. S'ils ont de la chance et tombent sur les troupeaux de phoques, ils ensanglanteront une grande étendue de la banquise, rapporteront par navire 30 000 ou 40 000 peaux de jeunes phoques avec la graisse qui y est attachée. En 1903, Terre-Neuve a vendu 341 000 de ces peaux pour 325 000 dollars et 4 375 tonnes d'huile pour 453 000 dollars.

Ce commerce a doublé depuis cinq années, et cependant le nombre de phoques ne semble pas diminuer. On les voit toujours défiler pendant des journées entières à raison de 10 nœuds à l'heure, couvrant la mer de leurs têtes aussi loin que le regard peut porter, lorsqu'ils descendent le détroit de Belle-Isle, pour aller mettre bas sur les glaces qui emprisonnent en hiver le littoral septentrional de la province de Québec.

Jusque tout récemment, la baleine s'ébattait sans crainte dans les eaux de Terre-Neuve. Des Norvégiens, ayant apprécié dans leur pays les mérites industriels de cet animal, sont venus jusqu'ici troubler sa paix. Depuis cinq ans, des « baleineries » se sont établies sur tout le pourtour de la côte. L'an prochain, il y en aura 17, dont 4 sur le *French-Shore*, munies d'un petit vapeur allant harponnier au large le cétacé au moyen d'une artillerie spéciale qui a rendu inutiles l'art et les dangers du vieil harpon à main. Aussi, tandis qu'en 1899 Terre-Neuve n'exportait que 211 tonnes d'huiles de baleine, elle en a vendu 2 664 l'an passé. La production totale de cette pêche a passé de 15 000 à près de 300 000 dollars, et les Terre-Neuviens, pénétrés des « possibilités » de leur île, proclament bien haut que ce n'est qu'un début.

Mais il est un rêve qui fait bien autrement travailler l'imagination des Terre-Neuviens que les pêches du phoque ou de la baleine : c'est celui de devenir les premiers fournisseurs de poisson frais du monde entier. La science moderne, en créant les chambres réfrigérantes, leur a ouvert les plus réjouissantes perspectives. Le hareng vient à plusieurs reprises sur les côtes de l'île, et, en particulier, il se laisse prendre l'hiver, en excellent état, dans les baies du Nord et de l'Ouest. On l'exporte salé, à raison de plus de 70 000 barils par an.

Mais combien il serait plus avantageux de le vendre à l'état frais ! Sous cette forme, il commence à être exporté depuis quelques années, et, en 1903, Terre-Neuve en a vendu 111 000 barils pour 200 000 dollars. Grâce à toute une installation de chambres réfrigérantes dans les centres de pêche, à bord des vapeurs côtiers et des bateaux qui font l'exportation, on espère, dans quelques années, faire beaucoup mieux. Le ministre des finances, M. Jackman[1], rappelait récemment avec confiance à ses compatriotes le proverbe hollandais d'après lequel Amsterdam est construite d'arêtes de harengs. Et il ne s'agit pas seulement de révolutionner le commerce de ce poisson, mais encore d'organiser la vente d'autres espèces qui fréquentent les eaux terre-neuviennes et de remédier à la décadence des homarderies et saumonneries[2].

Ces dernières souffrent de l'épuisement des fonds de pêche, les homarderies surtout, qui ne peuvent vivre de captures prodigieuses que pendant quelques années, alors

---

1. Edward M. Jackman (1868-1916), tailleur de Saint-Jean, devint député libéral pour la circonscription de Plaisance. De 1900 à 1909, il était ministre des Finances et des Douanes dans le gouvernement de Robert Bond.
2. Voir le « Annual Report of the Newfoundland Department of Fisheries for the Year 1903 » dans le *Journal of the House of Assembly of Newfoundland*, 1904, p. 130-190.

qu'elles s'attaquent à des régions vierges où on n'a pas commencé à pêcher un crustacé essentiellement sédentaire et facile à prendre. Pour l'instant, bien qu'à chaque escale les vapeurs côtiers embarquent un certain nombre de boîtes de homards, cette industrie est en décroissance. Sa production est tombée de 565 000 dollars en 1898 à 387 000 en 1903. Celle des saumonneries descendait en même temps de 72 000 dollars à 53 000. Mais si Terre-Neuve ne peut plus vendre autant de homards et de saumons, ne saurait-elle du moins les vendre mieux ? Oui, grâce au froid industriel. Alors qu'un homard conservé rapporte 2 sous ou 2 sous $\frac{1}{2}$ au pêcheur terre-neuvien, le même se vend toute l'année à l'état frais 30 sous ou 40 sous sur les marchés de New-York et de Boston. Il en est de même du saumon, qui vaut vingt-huit ou trente sous la livre aux États-Unis, alors qu'il ne rapporte que dix ou quinze sous au pêcheur de Terre-Neuve qui le met en boî-tes. En réprimant les excès de la pêche du saumon et du homard, l'île aura là, grâce à l'emploi de chambres réfrigérantes, deux industries accessoires très appréciables.

En outre, le même système permettra de conserver l'appât, la boëtte, nécessaire à la pêche de la morue. Harengs, capelans, seiches, successivement employés à cet effet pendant la saison, n'apparaissent sur le littoral que par accès, mais apparaissent alors en quantités énormes. À certains moments le capelan, en particulier, arrive par masses com-pactes sur les plages jusqu'à l'extrême frange de la vague. On voit des riverains occupés à le prendre avec des épuisettes et à le jeter à même dans les charrettes qui le transpor-teront dans les champs, où il sera répandu comme engrais. Puis la boëtte disparaît, et après l'abondance vient la disette. Les pêcheurs de morue perdent leur temps à recher-cher l'appât devenu rare.

Avec les chambres réfrigérantes on perpétuera, pour ainsi dire, ces périodes plan-tureuses. Harengs, capelans, seiches, seront congelés en masses. Et la pêche à la morue se trouvera assurée, en même temps que d'autres pêches seront rendues possibles par l'emploi scientifique du froid, qui n'est pas cher à Terre-Neuve : l'hiver permet de larges approvisionnements de glace qui sera employée l'été, avec le sel, à former le plus simple des mélanges réfrigérants.

C'est là la grande pensée du moment. On n'entend parler ici que d'organisation scientifique de l'industrie de la pêche, de conservation par le froid. Le gouvernement a passé un contrat avec une Compagnie américaine, lui garantissant 5 % sur une somme de 250 000 dollars qu'elle doit consacrer à créer dix-huit stations réfrigérantes sur la côte. Déjà on peut voir aux environs de Saint-Jean de lourds édifices de bois, à doubles murs séparés par une couche de sciure, où des saumons attendent, rigides, dans leurs casiers brillants de givre [3].

Il est intéressant de noter en passant que, pour les débouchés de cette industrie per-fectionnée, les Terre-Neuviens regardent surtout vers les États-Unis, auxquels ils achè-tent la plus grande partie des produits industriels consommés dans l'île. Les propos que l'on entend ici ne laissent guère croire que la plus ancienne et la plus anglaise des colo-nies britanniques soit disposée à s'enfermer dans le régime de réciprocité impériale pré-conisé par M. Chamberlain.

Ainsi, Terre-Neuve veut plus que jamais prospérer grâce à ses pêcheries, qui ont « plus de valeur que les mines de Pérou, » selon le mot du chancelier Bacon. Mais la caractéristique de cette période, c'est que les Terre-Neuviens se tournent maintenant avec intérêt vers la terre elle-même, qui semblait jusqu'ici trop ingrate pour avoir d'autre valeur

---

3. Le projet de loi fut voté le 22 mars 1904. Mais enfin, la Newfoundland Cold Storage and Reduction Company, constituée en société dans le Maine, ne construisit pas une seule chambre.

que celle de permettre à des hommes de demeurer à côté des eaux les plus poissonneuses du monde. Ces dernières années, on a construit 1 027 kilomètres de chemins de fer qui ont fait naître de nouvelles industries, celle du bois, par exemple, et qui ont fait surgir une foule d'espérances minières : à l'heure actuelle, les boutiques les mieux approvisionnées de Saint-Jean sont peut-être celles qui fournissent l'attirail nécessaire aux prospecteurs. Sans doute, il y a encore là plus d'espérances que de réalité. L'île n'a encore que cinq ou six mines en exploitation, excellentes à vrais dire. L'une d'elles, celle de Belle-Isle [Île Bell], dans la baie Conception, près de Saint-Jean, a vendu l'an dernier, surtout aux forges et fonderies établies sur les charbonnages de l'île de cap Breton, 692 000 tonnes de minerai, contre 138 000 en 1899. Une autre, celle de Tilt Cove, dans la baie Notre-Dame, a exporté de l'ardoise et du marbre. Le bois et les mines ajoutent environ 2 millions de dollars aux 7 807 000 dollars de vente que les pêcheries ont permis à Terre-Neuve de faire à l'étranger.

Toutes les ressources du pays augmentent, et ce progrès explique la vie de cette petite capitale de 30 000 habitants, qui concentre les affaires d'une île dont la population ne compte en tout que 220 000 individus, mais a devant elle à exploiter une superficie plus grande que celle de l'Islande, et des côtes bien autrement développées. Les signes de prospérité abondent.

Le budget terre-neuvien, jusqu'ici en déficit, est maintenant en équilibre et sera en excédent à la fin de l'exercice courant. En 1903, ce budget a été de 2 328 000 dollars tant aux dépenses qu'aux recettes, fournies entièrement par les douanes. On commence à dégrever certains articles de grande consommation. Le pays supporte sans gêne une dette de 20 millions de dollars, placée pour les dix-huit vingtièmes en Angleterre et qui a servi, jusqu'à concurrence de 13 millions, à permettre la construction du chemin de fer.

Ce chemin de fer, qui, d'après les pessimistes, devait ruiner Terre-Neuve, a au contraire contribué pour beaucoup à une prospérité dont on peut voir un autre signe dans ce fait qu'il se dessine maintenant un mouvement de « retournants » vers ce pays qui ne pouvait retenir l'excédent de sa population, malgré la disproportion de son étendue avec le petit nombre d'hommes qu'il nourrit.

La colonie est donc, en ce moment, en pleine poussée de croissance et de confiance en soi. Il n'est plus question d'absorption dans la Confédération Canadienne : cette idée a disparu avec les déficits du budget colonial. Terre-Neuve ne songe qu'à poursuivre individuellement ses destinées nationales qu'elle juge avec l'optique spéciale des crises d'optimisme.

À aucun moment des entraves ne seraient plus contraires à son humeur, à aucun moment donc la solution de la question du *French-Shore* ne pouvait venir plus à propos. Il est vrai qu'à en croire le ton de certains journaux de Saint-Jean, la solution arrêtée serait très impopulaire dans la colonie. Il ne faut pas être dupé d'un mécontentement qui se manifeste à l'approche d'une période électorale, et qui, selon le jargon politique d'outre-mer, doit être une des « planches » de la « plateforme » de l'opposition. Le sentiment vrai du pays semble être une satisfaction calme qui aurait été plus grande si nous n'avions rien gardé de nos droits sur le *French-Shore*, mais qui est sensible néanmoins. En tous cas, sauf dans les propos de politiciens professionnels du mécontentement, l'accord du 8 avril n'excite en aucune façon les nerfs des Terre-Neuviens. Nous aurons à y revenir ; mais il fallait d'abord résumer la situation de Terre-Neuve.

Qu'est-ce que c'est qu'une trappe à morues ? (1905)

Paul Revert, « Pêche à la côte de Terre-Neuve », p. 244-245, 246-250, 251-252.

> Paul Revert était capitaine au long cours et armateur à Saint-Malo. Dans sa communication au cinquième Congrès national des pêches maritimes à Sables-d'Olonne en 1909, il représenta les nouvelles circonstances pour les pêcheurs après la convention de 1904.

Avant la convention du 10 avril 1904, qui a annulé le traité d'Utrecht, la pêche de la morue à la côte Est de Terre-Neuve se laissait par nos nationaux avec des sennes et des lignes de main. Nos capitaines pêcheurs s'interdisaient entre eux de mettre des trappes à morues et des lignes de fond avant le 15 août.

Les trappes à morues ayant été inventées par les Norvégiens [1], les Terre-Neuviens s'empressèrent de s'en servir et obtinrent de très bons résultats. Nos nationaux ne les imitèrent malheureusement pas, sans cela nos navires n'auraient pas déserté cette côte qui ne donnait que des pertes aux armateurs.

Avec notre manière de pêcher à la senne, la réussite de la pêche ne dépendait pas du capitaine, elle dépendait des maîtres de sennes, et ceux-ci se sont toujours opposés à ce que l'on fasse usage de trappe, cela aurait perdu leur situation.

Tandis que nous nous obstinions à n'employer que des engins de « l'ancien temps », la pêche devenait de plus en plus mauvaise et le French Shore était de plus en plus délaissé par nos nationaux, si bien qu'en 1904, il n'y avait plus que trois navires à la côte Est, alors qu'autrefois cette côte était fréquentée par plus de cent navires.

En 1888, j'y avais fait un voyage, non pour y pêcher de la morue, mais pour y capturer du capelan que je vendais aux pêcheurs des bancs qui, par suite du « bait-bill », ne trouvaient plus à Saint-Pierre-Miquelon l'appât dont ils avaient besoin. Tout en pratiquant la pêche au capelan, qui se fait avec des sennes, je comparais le mode de pêche de nos nationaux et celui des Terre-Neuviens. J'en concluais que les trappes tueraient les sennes, car les trappes sont à poste fixe, on les place aux endroits fréquentés par la morue, c'est-à-dire dans les anses où l'on pêchait la morue à la senne.

À mon retour en France, j'exposai à un armateur mon opinion sur la pêche avec trappes. Il me dit qu'il ne connaissait pas cet engin et que, si ses capitaines lui en demandaient, il serait très heureux de leur en donner.

---

1. À Terre-Neuve, l'invention de la trappe à morues est attribuée au capitaine William Whiteley de Bonne Espérance, au Labrador, qui l'a utilisé pour la première fois pendant la saison de 1871.

∞

La trappe peut être comparée à une maison ayant un plancher et pas de toiture, avec une porte au milieu d'un des côtés. Elle se compose de deux parties : 1° la trappe proprement dite ; 2° la « conduite ».

Pour composer la trappe, il faut deux pièces de filet : une de 118 mètres de long sur 24 mètres de large, et le fond formant un carré de 30 mètres de côté. Le filet de 118 mètres de longueur, monté sur ralingue à droite, doit être en fil n° 3 en trois, avec mailles de 0 m 05, de nœud en nœud. (Les règlements anglais permettent des mailles de 0 m 088, minimum.) Les deux bouts qui forment les côtés de la porte doivent être montés sur deux ralingues fines et de torsion opposée. La pièce de filet formant fond est de même dimension de mailles, mais en fil gros et moins tordu, soit du n° $4\frac{1}{2}$ en quatre ou en cinq. Cette pièce se monte sur ralingue à gauche et, sur cette ralingue, on place les plombs, de brasse en brasse et de pied en pied, du côté où l'on formera la porte. La ralingue à gauche du fond fait opposition au tord à droite de la ralingue de la pièce de tour ; il en est de même pour la ralingue à gauche qu'on met par-dessus les lièges.

Pour former la trappe, on assemble le fond avec la pièce de tour en transfilant les ralingues et en commençant à un mètre du milieu du côté qui est fortement plombé. En regard de chaque coin du fond, il doit être fait un œil avec les deux ralingues des flottes ; ces œils forment les coins de la partie supérieure et sont fixés aux bouées par des gabillots. Quand la moitié du fond est assemblée, on doit reprendre à l'autre bout et commencer aussi à un mètre du milieu, ce qui fait une ouverture de deux mètres. C'est sur cette ouverture que se place, dans l'embarcation, au moment de mettre les trappes à la mer, la barre de fer de 0 m 04 de diamètre sur 2 mètres de longueur. Sur les extrémités de cette barre se frappent les bouts de filin qui servent à amener la barre en haut, quand on veut fermer et visiter la trappe.

La « conduite » sert à diriger le poisson dans la trappe. La partie inférieure du grand bout est attachée sur le milieu de la barre de fer et divise la porte en deux ; la partie supérieure est fixée sur un filin qui traverse le milieu de la trappe ; le petit bout de la conduite est fixé à terre par la ralingue des flottes.

La conduite est faite avec du fil n° 3 en trois, avec mailles de 12 à 15 centimètres. Elle peut être faite en deux parties et former 100 ou 110 mètres de longueur. La hauteur du grand bout doit toujours être 0 m 20 plus courte que les côtés de la trappe et doit être, comme les côtes de la trappe, montée sur deux ralingues fines. Le petit bout que l'on place à terre doit avoir 10 mètres de hauteur. La ralingue de fond de la conduite est plombée de mètre en mètre et les ralingues des flottes doivent être solides et bien liégées.

Si on était seul, on choisirait le fond d'une anse pour être à l'abri du courant, car la trappe ne pêche bien qu'au moment où le courant ne la déforme pas. Si les parages où l'on pêche sont fréquentés, on prend le détour des pointes, à l'entrée des anses ; on abrite ainsi un peu la trappe et on prend le poisson qui cherche à pénétrer dans l'anse.

Lorsqu'on a choisi l'endroit où l'on veut placer sa trappe, on sonde la profondeur d'eau, puis on détermine la longueur qu'on doit donner à la conduite. On la met en toute longueur ou on supprime la deuxième partie, qui est ordinairement de 30 à 40 mètres, ou encore on la double en retournant vers le large la partie que l'on a en trop comme longueur. Après avoir déterminé la longueur que devra avoir la conduite, on porte cette longueur sur un filin et on en fixe le bout de terre, soit en mouillant un grappin à terre ou en attachant le bout au rocher. On tend ce filin dans la direction où on veut poser la trappe et on l'allonge de la longueur de la traverse de la trappe, soit 30 mètres. On attache sur le bout de la traverse un baril de 60 litres sur lequel est attaché le mouillage et on continue, toujours dans la même direction, jusqu'à jeter ancre ou grappin, de 50 kg environ, que l'on raidit bien en se servant d'un orin. Ensuite, on prend un filin que représente le carré de la trappe, c'est-à-dire un filin ayant sept œils, de 15 mètres en 15 mètres. On fixe un des œils avec un gabillot à la bouée déjà mouillée, puis ensuite, sur les autres œils, on fixe les bouées et on mouille les grappins de manière que la « carrée » occupe bien la place que devra occuper la trappe.

Lorsqu'on veut placer la trappe, il n'y a qu'à passer l'embarcation qui porte la trappe sous la traversière et enlever le gabillot de la carrée pour le placer dans l'œil du milieu de la trappe, face au large ; une deuxième embarcation porte successivement chaque coin de la trappe sur la bouée en se servant de la ligne formant carrée. Les hommes, placés dans l'embarcation qui porte la trappe, la jettent dehors à mesure et halent à terre sur la traversière. Lorsqu'on arrive à l'extrémité de la traversière, on y frappent le bout supérieur de la conduite, ainsi qu'une bouée prise par son milieu. Sur chacun des bouts de la bouée, on frappe les filins des extrémités de la barre de fer, puis, sur le milieu de la barre de fer, on assujettit le bas de la conduite et on jette la barre de fer en filant la conduite et en retenant la barre avec les filins des bouts. Ces filins doivent être bien tannés, pour ne pas être trop voyants dans l'eau, et ils doivent avoir 4 ou 5 mètres de plus de longueur que la hauteur de la trappe. Quand la barre de fer a atteint le fond, on continue à jeter à la mer la conduite en ayant soin de la bien raidir. Si la conduite a plus de 70 mètres, on mouille deux grappins perpendiculairement à son milieu pour la soutenir.

Lorsqu'on lève une trappe pour être replacée au même endroit, on replace la carrée. Si on lève aussi la conduite, on la remplace par un filin. Si on lève précipitamment une trappe pour la sauver d'une glace, on largue les gabillots et on embarque vivement la trappe en larguant tout.

Avant de mettre une trappe à la mer, il faut l'empaqueter en l'allongeant dans le sens de la porte à l'œil qui lui fait opposition ; c'est cet œil qui se met le premier dehors. Toutefois, lorsque la conduite est dehors, on peut commencer à jeter du côté des portes. Un fond de trappe peut être enlevé sur place et remplacé également sur place ; c'est même plus commode qu'à bord, mais il faut que la mer soit belle. Avec un armement important, il est bon d'avoir un fond de trappe de rechange.

Un grappin ou ancre de 50 kg minimum est nécessaire pour le mouillage qui fait le prolongement de la conduite ; des ancres ou grappins de 40 kg sont suffisants pour les autres mouillages. Des mouillages de 0 m 025 en filin mixte sont de beaucoup préférables aux filins manille ou coco de 6 à 8 centimètres dont se servent les Terre-Neuviens, le courant ayant beaucoup moins de prise dessus. Le bout qui fixe à terre la conduite, soit sur un piquet enfoncé dans les fentes de rochers, soit sur grappin, doit être en fil d'acier ou en chaîne.

∞

La convention du 10 avril 1903 nous réservant les mêmes droits de pêche qu'aux Terre-Neuviens, il nous est encore possible de pêcher concurremment avec eux sur leur côte, même avec avantage. Les glaces venant du nord et se dirigeant vers le sud enclavent les havres et empêchent les goélettes qui viennent de ce côté de se rendre au French Shore. Nous, Français, en abordant Terre-Neuve à la hauteur du détroit, nous pourrions pénétrer, certaines années, un mois avant les goélettes venant des baies de Bonavista et Conception.

Nous n'avions plus le droit de rien mettre à terre : ni y empaqueter un filet, ni y déposer une embarcation. Mais on peut obvier à ces inconvénients avec un navire de 500 à 600 tonneaux, qui peut tout transporter. Cela est même plus avantageux, car, ayant tout à bord, on peut entrer dans n'importe quel havre et y faire sa pêche.

Le séchage de la morue peut se faire en partie à bord ; mais, si l'on voulait faire sécher toute sa pêche, il n'y aurait qu'à porter ses morues à Saint-Pierre-Miquelon, ce qui favoriserait cette colonie en donnant du travail à ses habitants.

Avec un navire de 500 à 600 tonneaux et un personnel assez nombreux, il serait encore possible de faire des conserves de homard et de saumon qui, ajoutées à la vente du capelan et de la morue, viendraient grossir les bénéfices.

D'après les essais que j'ai faits les années dernières, je crois pouvoir affirmer que la pêche sur les côtes de l'ancien French Shore donnerait d'aussi bons résultats que la pêche sur les bancs de Terre-Neuve.

LA VIE SOCIALE, POLITIQUE ET COMMERCIALE DE SAINT-JEAN (1907)

Robert Perret, « Journal de voyage à Terre-Neuve », p. 1285-1291, 1294-1296.

Robert Perret, géographe, arriva à Saint-Jean en juin 1907 à bord du *Siberian* afin de faire le tour de l'île de Terre-Neuve, tout en faisant des recherches pour sa thèse de doctorat, publié plus tard sous titre de *La géographie de Terre-Neuve* (1913). Ce qui suit, un extrait de son carnet de voyage, traite de la nouvelle culture politique et commerciale de Saint-Jean.

30 juin. – Excursion à Middle Cove, Torbay, Portugal Cove. La route de Torbay laisse, à droite, la dépression du port de Saint-John's et la chaîne de Signal Hill ; elle escalade les gradins du plateau intérieur. Sur ces pentes, exposées au vent de mer qui souffle par les coupures des falaises, s'étendent de vastes pâtures semées de fermes. Mais ces champs de terre grise, sans mottes, où les cailloux erratiques crèvent les sillons, ne produisent que des pommes de terre ou des tiges de blé si espacées que le champ, vu à distance, garde une teinte grise. Sur les gazons, des troupeaux broutent une herbe courte entre une mare tourbeuse et des touffes de rhododendrons. Les fermes sont disséminées, car il faut beaucoup d'espace pour nourrir peu d'animaux. Ces prés environnent des replats argileux où croissent des mousses tremblantes qui forment la couronne des étangs. Des conifères et quelques bouleaux s'élèvent à deux hauteurs d'homme dans les replis abrités. Des saules jalonnent les ruisseaux ; émissaires de mares imprégnées de tannin, ils roulent, d'un bloc erratique à l'autre, des eaux couleur de caramel ; ils n'ont ni lit, ni berges, ni direction constante ; la moindre roche occasionne un coude ou divise le flot. Si la pente s'accentue, c'est un réseau de cascatelles qui divergent vers d'autres ruisseaux. On dirait que ces cours d'eau viennent de naître et n'ont pas appris à couler.

La côte est formée d'assises qui se dressent verticales hors de l'Atlantique ; leurs tranches usées représentent les marches par où s'élève la péninsule d'Avalon. L'alternance des roches dures qui constituent les rebords et d'un sol tendre où l'érosion a sculpté les banquettes, dessine un relief aux lignes parallèles. Des bosses de grès lie de vin accidentent le ressaut qui finit en cap à Middle Cove. De l'échelon où je me tiens, je découvre le golfe de Torbay qui s'épanouit entre ce cap et les falaises en retrait du plateau. Un iceberg gît, échoué, près d'un pilier de roche. Un sentier conduit au village, voie tortueuse au milieu de sapins grêles, puis rectiligne dès qu'arrive à la frontière des brumes une zone de mousses multicolores. Les maisons se serrent au rivage près de claies où sèchent des morues, ou escaladent les pentes à portée des champs. Leurs murs de planches sont peints en blanc, avec des fenêtres bordées de rouge ; seuls les magasins contenant le poisson sont en bois cru. Des troupeaux au poil hérissé paissent dans les enclos ; un coq effrayé fuit devant moi gloussant, les plumes en panache, la crête écarlate secouée par le vent. On me sert à l'hôtel un pudding à la crème mêlé de confiture d'airelles.

Le plateau d'Avalon, qui descend par gradins vers Saint-John's, bute à l'ouest contre les môles granitiques de Topsail. Il est constitué par une série de croupes rigoureusement parallèles, qui se succèdent à travers les étangs où elles s'allongent en îles boisées. Des lichens rampent sur le cailloutis des savanes qui occupent les dômes. Les cuvettes sont remplies par des lacs en chapelets ; leurs bords sont frangés par l'écume des vagues. Sur les pentes, des sphaignes gonflées d'eau retiennent des mares ; elles étouffent les racines d'une forêt naine d'épinettes. Ces arbres minuscules, dont les plus hauts ne vont pas à hauteur d'homme, forment une brousse sans ombre que l'on domine du regard. Entre les silex chauffés des savanes et la haie des épinettes, je chemine la peau cuite ; je n'entends que le bruit des ardoises brisées sous le pied. Une heure s'ajoute à l'autre sans changement de décor. La vue plonge soudain vers la mer du haut d'une croupe occidentale ; une gorge fend la sierra côtière ; un torrent s'y précipite, qui draine les mares dormantes du plateau ; je passe le portail, et Portugal Cove paraît blotti entre des bras de pierre, avec des barques dansantes sur les flots de la baie de Conception.

3 juillet. – Peu de coloniaux arment pour les bancs. Ils prennent la morue dans leurs eaux littorales et au Labrador. L'usage de la côte occidentale par les marins bretons a provoqué l'émigration des pêcheurs locaux vers le continent ; il existe un *Newfoundlander Shore* au Canada comme un *French Shore* à Terre-Neuve. Quand le printemps a disloqué la banquise où est pratiquée la capture des phoques, la mer s'ouvre aux chaloupes d'où l'on relève les filets et d'où sont jetées les lignes. Du milieu de juin à la fin de juillet la morue, pour se reproduire, vient habiter près de la surface des eaux ; on dispose alors le long du rivage des *cod traps*, filets cubiques fixés par des amarres, suspendus par des flotteurs, tendus par des ancres. Avant la *trapping season*, dès que les havres sont libres de glaces et après, tant qu'ils ne sont point obstrués, la pêche est faite à la ligne de main. Si l'appât manque, on agite des *jiggers*, hameçons doubles en fer galvanisé qui happent le poisson. La morue prise est séchée au soleil sur des claies ou à la vapeur en pièce close suivant qu'on la destine aux marchés européens ou aux pays tropicaux ; elle est exportée par goélettes à même la cale vers Oporto, ou par brigantins en *drums* (tonneaux) de chêne vers le Brésil. Des conserves de homards sont envoyées par caisses à Hambourg à bord des paquebots *Allan* ou *Furness* déchargés à Glasgow. M. W. Job[1] m'autorise à visiter ses usines ; on me fait goûter une boîte de saumon, palper la morue pour Oporto à la chair tendre et la morue pour le Brésil raide comme un morceau de bois. Au niveau des wharfs où deux goélettes attendent, l'une d'être vidée, l'autre d'être remplie, se trouvent les magasins ; ici, sont entassés des barils ; là, des piles de morue sèche ; ailleurs, un pressoir comprime, dans un *drum*, le produit dont il fait éclater les arêtes. Un vieux cheval attend dans la cour qu'on l'utilise. Peu d'hommes sont employés ; au fur et à mesure qu'un cargaison est prête, on l'expédie. Des comptables écrivent au-dessus dans les bureaux, tandis qu'au dernier étage, entre le téléphone et un journal, M. W. Job lit et fume.

Il existe plusieurs modes de contrats de pêche : le pêcheur est un salarié, aux gages de l'armateur qui vend ses produits ; c'est le système de la maison Goodridge[2] et de Job

---

1. William Carson Job (1864-1943), homme d'affaires et politicien, devint en 1886 le directeur de la compagnie Job frères.
2. Alan Goodridge et fils était une des compagnies d'armateurs les plus célèbres, installée sur la côte sud de la péninsule d'Avalon.

Brothers, – le pêcheur est employé par un intermédiaire, tantôt propriétaire du poisson et des engins avec la charge de nourrir l'équipage payé à la part, tantôt propriétaire du poisson sans les engins qui appartiennent aux marins à ses gages ; les produits de pêche sont achetés par l'armateur qui les exporte ; avant chaque campagne, l'armateur prête à l'intermédiaire pauvre l'argent qu'empruntent à leur tour les pêcheurs pour s'équiper ; cette avance est retenue sur les salaires payés en fin de saison. De ce système résultent des dettes réciproques : du pêcheur envers l'intermédiaire et de l'intermédiaire envers l'armateur pour les emprunts ; de l'armateur envers l'intermédiaire pour l'achat et de l'intermédiaire envers le pêcheur pour le salaire ou pour la part ; la créance du pêcheur est privilégiée. C'est le contrat du Labrador, – le pêcheur est indépendant, propriétaire de ses engins ; il vend sa prise au plus offrant, armateur ou intermédiaire collecteur. Ce système, usité dans la péninsule d'Avalon, prend chaque année plus d'extension ; le mode d'entreprise adopté par les maisons Job et Goodridge a peu d'avenir, car, en général, les armateurs ne jouissent pas de revenus suffisants pour payer des salaires ; à la suite de la banqueroute de 1894[3], ils cherchent à faire disparaître l'usage traditionnel du contrat à double prêt, qui leur fait courir trop de risques. Cette tâche a été facilitée par une suite de bonnes années pendant lesquelles les marins ont pu mettre de côté leurs gains et acheter, avec leur équipement, leur indépendance. Il y a six millions de dollars en dépôt à la *Savings Bank* ou caisse d'épargne.

5 juillet. – L'hon. A. Clift, ministre de l'agriculture[4], m'a reçu vers trois heures et a courtoisement répondu à mes demandes sur l'organisation de l'assistance. Le *Department of public charities* (services des charités publiques) est chargé de l'administration des secours. Il est constitué par un *Head office* (bureau central) à Saint-John's et des *Relieving offices* (bureaux de distribution) dans chaque district. 115 000 dollars sont consacrés chaque année aux secours temporaires et permanents (*Permanent and casual poor*). Les secours permanents sont alloués aux pauvres définitivement incapables de gagner leur vie : veuves, vieillards, infirmes qui reçoivent 24 dollars par mois. Les secours temporaires sont donnés à ceux qu'une circonstance fortuite prive momentanément de leurs bras : maladie ou accident. Leur taux varie suivant les cas. Le *Head office* répartit les sommes entre les *Relieving offices* au nombre de deux ou trois par district ; ceux-ci les distribuent sous forme de billets valant monnaie (*orders*) ; chaque pauvre remet ce bon au négociant qui l'approvisionne dont le banquier touche à vue au *Head office*. Près de 7 000 dollars sont, en outre, alloués sous forme de subvention aux confessions religieuses pour leurs orphelinats.

La misère résulte de la morte-saison d'un long hiver ; elle frappe moins les pêcheurs établis à peu de frais sur terre vacante que les manœuvres sans profession quand, à l'arrivée de la banquise, la compagnie Allan suspend le service des paquebots. Anémiés en des pièces closes, les ouvriers du port sont décimés par la tuberculose ; or les hôpitaux n'acceptent pas les phtisiques, trop nombreux pour les ressources du budget colonial. C'est aux initiatives privées qu'il appartient de les secourir ; elles s'exercent par l'intermédiaire de sociétés de bienfaisance à caractère confessionnel : la *Benevolent Irish Society*, pour les Irlandais catholiques ; la compagnie de *Saint Andrew*, pour les Écossais presby-

---

3. À la suite d'un décennie pendant laquelle le commerce à la pêche n'avait pas avancé bien, les deux banques commerciales de Saint-Jean fermèrent leurs portes en 1894

4. James Augustus Clift (1857-1923), avocat et politicien, fondateur du City Club de Saint-Jean, nommé membre du Conseil exécutif de Terre-Neuve au portefeuille des Mines et de l'Agriculture de 1905 à 1909, ainsi que de 1918 à 1919.

tériens ; la *British Society* pour les Anglicans. Certaines sociétés de tempérance sont organisées en mutualités.

6 juillet. – Le *Journal of the House of Assembly* ne donne des discours politiques que des résumés. Soixante pages exposent l'éloquence d'une session. Ce journal officiel est un annuaire économique ; il concerne les intérêts des électeurs et non leurs opinions. Ici la concurrence entre feuilles publiques est faite à coup de réclames ; la surenchère est dans les annonces. On ne trouve pas dans les articles de mots abstraits. On consigne les arrivées de vapeurs et de trains, les noms des voyageurs et des passagers, le temps durant lequel les hôtels gagneront à leur séjour ; le tonnage du fret ; le cours des prix ; les bals, les régates et les parties de tennis ; on étale le nom des invités comme sur une réclame les noms des marchandises ; les soirées sont des événements de petite ville ; mais c'est aussi la *business* des jeunes filles. On met son plaisir en devanture.

Dans un pays où l'on pense peu, il n'y a point de divisions profondes ; c'est là qu'est la force des pays anglo-saxons. Les statuts des syndicats ouvriers de Saint-John's ont été rédigés par un conservateur [Michael P. Gibbs[5]] ; des jeunes filles catholiques ont chanté l'office à l'église anglicane. Les différences d'opinion concernent les faits plus que les principes, les hommes plus que les idées. Que valent à Terre-Neuve les termes de libéral et de *tory* ? Un fonctionnaire m'a répondu : *Words ; politics are not on principles, they are personal* (des mots ; la politique vise non les doctrines, mais les personnes). L'individualisme est dans les familles ; il ne se hausse pas jusqu'à l'orgueil de caste, mais consiste en amour-propre. Les fermiers d'Avalon pourraient cultiver sans débours s'ils étaient aidés par leurs fils ; chacun gagnerait en bien-être, le travail commun profitant à tous. Mais les enfants veulent vivre indépendants à plus de frais. À Londres, une fille appelle son père *father* (père) ; à Saint-John's, elle le nomme *sir* (monsieur) ; à Boston, elle dirait *governor* (pion).

Le vent d'est a ramené la brume ; elle coiffe les côtes et couvre le plateau. Bien qu'il ne pleuve pas, la poussière est agglutinée. Dans les rues, la vue ne porte qu'à quelques mètres. Je vais au port lorsqu'il fait nuit. Le bruit du treuil d'un transatlantique qu'on décharge et le grincement du trolley sont les seuls signes d'activité que donne la ville ; parfois, un air de valse parvient grêle à travers les murailles d'une maison. La mer ondule sous le brouillard mobile où se fond la vapeur du paquebot ; la coque noire surgit du gris, sans mâts visibles, sans formes distinctes. L'eau reflète la lueur blanche d'un projecteur électrique et la lumière jaune de la lampe à huile d'un trois-mâts voisin. La brume met un cerne autour de clartés blafardes qui semblent des étoiles dans la nuit et qui ne sont que des réverbères.

8 juillet. – Les *tories* ont détenu le pouvoir à Terre-Neuve jusqu'à la promulgation en 1889 du *Ballot Act* qui rendit les votes secrets. Le parti libéral était composé d'avocats. Nationalistes, ils repoussaient la pensée d'une confédération avec le Canada et répétaient la devise : « Terre-Neuve aux Terreneuviens ». Leur programme comportait l'exécution de travaux d'utilité publique ; réduite à des bénéfices aléatoires, ceux de la pêche, l'île était vouée à la banqueroute périodique tant que ne pourraient se compenser les fortunes de plusieurs commerces ; il fallait être hardi pour être riche, explorer intérieur endetter le budget pour établir la voie ferrée qui en drainerait les ressources. Sans avoir éla-

---

5. Michael P. Gibbs (1870-1943) fut élu député conservateur en 1897 mais battu dans quatre élections suivantes. Quand il était en fonction, il était réputé comme champion ainsi que négociateur de la part du syndicalisme, en contribuant à la fondation du Longshoreman's Protective Union (Syndicat pour la protection de la main d'œuvre du port) en 1903. De plus, il fit se syndiquer les boulangers et les charpentiers de Saint-Jean. Gibbs fut élu maire de Saint-Jean en 1906.

boré aucune doctrine sociale et s'entendant avec les conservateurs pour respecter l'ordre établi, les libéraux croyaient qu'en fait les salaires étaient dérisoires. Les armateurs ou *tories* ne niaient point l'utilité des travaux publics, mes les jugeaient inopportuns ; ils étaient soucieux d'administrer les finances avec économie ; ils déclaraient la colonie trop pauvre pour se permettre une aventure ; ils alléguaient qu'un pays ne vivant que d'un commerce ne pouvait octroyer des salaires comparables à ceux des États-Unis ; bien que

Alfred Bishop Morine.
(Archives provinciales de Terre-Neuve et Labrador/F59-22)

leur chef nominal fût Goodridge[6], leur *leader* effectif était le Canadien Morine[7], ce qui les discréditait aux yeux des patriotes. Aucun principe abstrait ne séparait ces adversaires, mais une appréciation diverse des problèmes économiques et un sentiment. Ce fut le caractère sentimentale de la nouvelle politique qui en assura le succès. Les pêcheurs de Terre-Neuve haïssaient le Canada. Les *tories* ont rapidement compris que leur avenir était achevé. Pratiquement, il n'y a plus qu'un parti ; la *House of Assembly* (Chambre des Communes), sur trente-six membres, compte trente libéraux. Mais une nouvelle évolution va transformer Saint-John's : un ancien *tory*, M. Gibbs, a groupé les ouvriers du port en *Unions* (syndicats), dont il rédigea les statuts. On peut envisager l'avenir de Terre-Neuve comme une lutte entre les syndicats urbains et la population éparse des pêcheurs libéraux.

9 juillet. – Sur la présentation d'un avocat, M. Fenelon[8], je suis admis au *City Club* pour la durée de mon séjour. C'est là que les hommes d'affaires ou de loi prennent leurs repas à portée de leurs *offices*. La salle de lecteur contient les principales revues de Londres et de New-York : *Nineteenth Century*, *Fortnightly Review*, *Harper*, *Scribner's*. M. Fenelon, qui parle notre langue, est curieux de nos lettres ; j'appelle à l'aide tout mon anglais, comme lui tout son français pour discuter le positivisme de Brunetière[9]. Par la fenêtre, on aperçoit, sur les toits des magasins, des morues séchant au soleil. Je me rends au *Tennis Club*, dont les pelouses sont peuplées de joueuses entre l'aube et la nuit close, tandis qu'aux comptoirs de Water-Street on ne trouve de commis qu'entre dix heures et six heures. Les jeunes filles arrivent dès le matin ; les jeunes femmes pour prendre le thé. « Que faites-vous lorsqu'il pleut ? – Rien. » Partout la même réponse. *Are you reading ?* – *Very seldom* (Lisez-vous ? – Bien rarement). Nous ne sommes ici ni au pays de la vie intense, ni au pays de la vie profonde ; les Terreneuviennes sont comme leurs plantes, le froid les engourdit ; un jour le soleil produit une exubérance de végétation ou de sport. Les coups de raquette alternent avec les coupes de thé. Alors qu'à Saint-John's, le peuple est irlandais, ces jeunes filles ont le type saxon : des pommettes en saillie, des épaules robustes, une stature d'homme ; leurs ancêtres vivaient en Devonshire. Elles articulent un anglais très pur ; leurs toilettes viennent de Londres comme leurs souliers blancs ; leurs mères ont traversé vingt fois l'océan. Celle-ci sent point le pittoresque des falaises de

---

6. Augustus Frederick Goodridge (1839-1920), homme d'affaires et premier ministre de Terre-Neuve. Né en Angleterre, Goodridge arriva à Terre-Neuve en 1853 pour travailler comme comptable de la compagnie de son père, Alan Goodridge et fils, à Renews et devint associé en 1862. Il fut élu à l'Assemblée générale comme député de la circonscription de Ferryland en 1880 et devint membre du parti opposé à la politique du premier ministre Whiteway pour le développement du chemin de fer, pour ensuite devenir chef de l'Opposition. En 1893, comme chef du Parti conservateur, il fut invité par le gouverneur à former un gouvernement minoritaire, et il resta en fonction jusqu'au 12 décembre 1894, deux jours après la faillite des banques d'épargne de Terre-Neuve.

7. Alfred Bishop Morine (1857-1944), avocat et politicien, né au Port Medway, en Nouvelle-Écosse, arriva à Saint-Jean en 1883 comme rédacteur en chef du *Evening Mercury*, quotidien conservateur, orangiste et anti-catholique, qui soutint le gouvernement du premier ministre Whiteway. C'est Morine et son collègue Robert Bond qui persuadèrent Whiteway de reprendre sa carrière politique. De plus, il essaya de former une coalition afin de faciliter l'entrée de Terre-Neuve dans la Confédération canadienne. En 1898, il négocia avec Robert G. Reid un contrat pour la construction d'un chemin de fer, bien qu'il fusse sous contrat comme notaire de Monsieur Reid. Morine quitta Terre-Neuve en 1906 pour s'installer avocat à Toronto.

8. John Joseph Fenelon (1880-1934).

9. Ferdinand Brunetière (1849-1906), critique littéraire. Converti au catholicisme, il essaya de montrer comment le positivisme d'Auguste Comte était analogue au catholicisme.

Signal Hill ; celle-là ne goûte que la verdure de Windsor. Après la fermeture des *offices*, les jeunes gens arrivent de Water-Street. L'un vient de Boston par le *Bruce* ; l'autre a vendu les oranges apportées par le *Rosalind*. Ils parlent peu ; ils laissent à celui qui les écoute le soin de développer leurs idées.

∽

18 juillet. Sa Grâce Mgr Howley [10] m'a reçu en son palais. Ecrivain, l'archevêque m'a offert des brochures sur le voyage de Jean Cabot au quinzième siècle ; il m'a exposé l'organisation de son diocèse. Les ressources du culte sont produites par une dîme perçue de porte en porte par un prêtre quêteur ; le taux est de 4 dollars. Cette dîme n'est pas exigé des pauvres, mais tous se font un honneur de la donner ; celui dont le quêteur passerait la porte se jugerait offensé ; les familles riches paient quintuple dîme. La contribution des pêcheurs a lieu, par la vente au profit de l'église, du poisson pris les jours fériés ; l'archevêque dispose des sommes ainsi amassées pour subvenir à la misère publique.

Le clergé exerce une influence politique expliquée par l'histoire locale. Au temps de la persécution religieuse, les prêtres catholiques étaient les seuls guides des fidèles mis hors la loi ; chefs du troupeau, ils étaient les premiers poursuivis et les premiers condamnés ; les souffrances qu'ils endurèrent pour la défense des libertés communes leur attira la reconnaissance passionnée du peuple. Les pasteurs protestants, qui n'ont pas souffert pour leur foi, se heurtent à l'individualisme religieux des sectes. Ainsi les catholiques, moins nombreux mais disciplinés, sont les arbitres des affaires de l'île.

20 juillet. – C'est un ministre des finances privées, une maîtresse de maison, que j'ai interpellé aujourd'hui sur l'administration de son ménage ; nous avons causé de politique intérieure dans une chambre sans députés qui était un salon.

Une maison de Circular Road est louée 500 dollars par an, plus 40 dollars pour la taxe municipale. Elle comporte un sous-sol et deux étages. Sans fondations profondes, les murs de bois manquent de rigidité ; les tourmentes les balancent et produisent des feux de cheminée par l'éboulement des briques sous les pesées des lattes. Les fenêtres sont à guillotine ; on les double, avant l'hiver, par des cadres vitrés qu'on laisse vissés toute la saison. Souvent une couche de neige remplit l'intervalle qui sépare les deux portes de l'entrée. Dans chaque pièce est une cheminée avec grille pour le charbon tendre de Sydney ; un radiateur chauffe le vestibule de chaque étage ; ainsi l'on obtient de 38 degrés à 45 degrés Fahrenheit en février. On use par an 7 tonnes d'anthracite de Pennsylvanie à 8,50 dollars pour le calorifère ; par mois, une tonne de charbon de Sydney à 6,25 dollars pour la cuisine et l'appartement. La nuit, afin de ne pas recharger continuellement les grilles, on brûle des rondins de bouleau à un dollar le cent ; le feu est allumé avec des *splits*, copeaux vendus à raison de 2 *cents* le paquet d'une livre et demie. Il faut évaluer à 200 dollars la dépense de chauffage de la maison.

---

10. Michael Francis Howley (1843-1914) fut ordonné prêtre à Rome en 1868 et en 1870 arriva à Saint-Jean en compagnie de l'évêque Thomas Joseph Power. En 1892, il fut consacré évêque par Power, en devenant le premier évêque de Saint-Georges, à la côte ouest, et le premier évêque terre-neuvien indigène. Il était partisan de la libération du *French-Shore* et promulguait de mettre une fin aux droits français. Dès le décès de l'évêque Power, il fut transféré au siège de Saint-Jean, où il entra en fonction en 1895. Quand Terre-Neuve fut créée province archevêchée en 1905, Howley en devint le premier archevêque. Comme auteur, il fit publier l'*Ecclesiastical History of Newfoundland* (1888), et il rédigea de nombreux articles pour des journaux et des revues, locaux et étrangers.

Les produits alimentaires sont importés. Des bestiaux arrivent l'été de l'île du Prince-Édouard ; les bouchers les achètent vivants aux enchères publiques, puis les nourrissent avant de les abattre pour faire disparaître l'amaigrissement du voyage ; les quartiers de bœuf et de mouton valent de 18 à 30 *cents* la livre, suivant les cours. Les légumes viennent de la Nouvelle-Écosse ; on vend 35 *cents* le *gallon* de haricots, 10 *cents* le *gallon* de pommes de terre, 8 *cents* la livre de choux, 10 *cents* la tête de céleri, 2 *cents* les huit branches de rhubarbe. On se nourrit, pendant l'hiver, de viande gelée et de légumes en conserve. La morue est l'équivalent de notre « bouilli » ; elle n'est servie qu'aux intimes. Le pain est cuit à la maison ; on le fait lever avec de la *baking powder* ou carbonate de soude. Chaque famille, au début de l'été, fait provision des fruits du pays : fraises, framboises, myrtilles, mangées sous forme de confitures ; à Noël, il est d'usage de couvrir les tables avec grappes rouges du sorbier.

Ainsi est prévu le budget d'une vie aisée ; j'ai voulu savoir comment subsiste une famille sans budget. On a obtenu, pour ma curiosité, l'accès d'une maison pauvre. Trois pièces forment l'appartement, loué sept livres par an ; deux chambres de six pieds sur sept sont remplies par deux lits qu'occupent sept personnes. La construction est posée sur pilotis, surélevée de trois marches au-dessus du sol dont la pente n'est pas égalisée. Les cloisons intérieures sont tapissées de journaux collés ; ce revêtement de papier maintient la chaleur dégagée par le poêle. Une lampe à pétrole est suspendue par un fil de fer à un clou planté dans le plafond ; elle peut osciller comme à bord d'un navire. La nourriture du ménage est composée de pain et de thé ; l'argent manque pour acheter des salaisons ; il n'est pas question de viande fraîche. Le mari, phtisique, est étendu sur un matelas ; quand il peut travailler, c'est aux docks à empiler des morues ; dix heures de présence lui valent un dollar ; mais il reste des semaines sans force et sans besogne. Anémié par l'abus du thé et le séjour dans une chambre close, la femme est *char-woman* (femme de journée) ; elle fait vivre sa maisonnée. Ses filles, qui ne sortent pas faute de souliers, portent des dentelles. L'éducation donnée aux fils par les *Christian Brothers* (frères des écoles chrétiennes) coûte un dollar par trimestre ; l'instruction reçue au couvent de la Présentation est gratuite. La Société de Saint-Vincent de Paul fournit de temps en temps un seau de charbon, mais ne peut faire davantage, faute de fonds. Les armateurs protestants donnent aux pauvres de leur dénomination ; il y a peu de fortunes catholiques.

C'est samedi : les pêcheurs et les fermiers de la banlieue viennent faire leurs achats pour la semaine ; les magasins ne ferment qu'à dix heures, et Water-Street regorge de monde. Des files de voitures haut perchées sur des roues grêles s'ébranlent, chargées de provisions, vers la campagne. Les processions de l'Armée du Salut circulent aux lumières d'un chandelier ; ses membres, en uniforme, hurlent leurs confessions pour dominer le bruit des magasins et des trottoirs.

21 juillet. – Le peuple de Saint-John's est moral. Plusieurs faits témoignent d'une probité singulière : les hôtels n'ont pas de veilleur de nuit ; il n'y a pas de clefs aux serrures. Une Terre-Neuvienne qui se rend au bal donne congé à sa femme de chambre et laisse ouverte sa porte sans loquet. Hormis les chasseurs, personne ne possède d'armes. Un pêcheur en mer n'a rien à voler ; à terre, il conserve les habitudes du bord. Un traité de réciprocité avec les États-Unis changerait cela bien vite.

L'esprit d'individualité chez les Terre-Neuviens (1907)

Robert Perret, *La géographie de Terre-Neuve*, p. 311-322.

Les Terreneuviens vivent dans le même climat que les Saint-Pierrais, au bord du même Océan. Ils sont également issus des rivages de l'Europe occidentale. Les uns et les autres se trouvent doués de facultés analogues pour subir l'acclimatation géographique ; ils sont avantagés des mêmes qualités et pénalisés des mêmes tares. À Saint John's, comme à Saint-Pierre, l'eau sort de tourbières et possède une saveur terreuse ; l'ivresse est un vice public contre lequel les plus sévères mesures administratives restent impuissantes ; on se chauffe avec des poêles de fonte qui empoisonnent l'air respirable ; on habite des maisons qui ne sont jamais aérées. L'anémie et la tuberculose déciment une population surmenée pendant l'été et oisive pendant l'hiver. Terre-Neuve pourtant ne ressemble pas complètement à Saint-Pierre parce que c'est un grand pays où 200 000 individus se meuvent à l'aise, où des races diverses peuvent coexister, où l'on rencontre assurément des intérêts fort divers mais où il y a de la place pour tous.

Il semble que des souvenirs, vieux parfois de moins d'un siècle, devraient rappeler aux Terreneuviens la variété de leurs provenances. Le conflit des fermiers irlandais et des pêcheurs britanniques a opposé des races qui diffèrent encore par la religion, par le type physique et par le dialecte. Bristol se trouvait aux confins de deux pays, l'ancien Wessex et la Cornouaille, l'un gallique et l'autre saxon, qui furent réunis par l'horreur du papisme et par le même fanatisme *whig*. C'est là que Monmouth[1] recruta ses plus zèles partisans et que Guillaume d'Orange fut accueilli lorsqu'il débarqua en Angleterre[2]. L'Irlande, pays catholique, a souffert également de tous les régimes et de tous les partis ; les affinités de sol et de race qui auraient dû rapprocher les Celtes implantés sur les deux rives du canal de Saint-Georges[3], ont été longtemps effacées par la différence de religion. Or, à Terre-Neuve, ces éléments disparates vivent aujourd'hui côte à côte ; ils forment des groupements qui conservent leur originalité mais qui savent être avant tout Terreneuviens. Cela tient à des causes géographiques. Entre les Saxons anglicans de Lamaline, les méthodistes de Fogo et les Irlandais de Ferryland il ne peut y avoir de lutte parce qu'il n'y a pas de communications ; s'ignorant les uns les autres ils vivent en paix. D'une manière géné-

---

1. John de Monmouth (1182 ?-1247 ?), partisan du roi John d'Angleterre contre les barons, était témoin à la ratification de la Grande Charte.
2. William III d'Angleterre (1650-1702), dit d'Orange, atterrit en Angleterre en novembre 1688. Il accepta le trône à la place du roi James II, un catholique.
3. Le canal de Saint-Georges sépare l'Irlande du sud-ouest de l'Angleterre.

rale, on peut dire que la côte méridionale de Terre-Neuve est anglicane, la péninsule d'Avalon catholique et les archipels septentrionaux wesleyans. La population du *French Shore* est beaucoup moins homogène, étant mêlée de quelques Écossais presbytériens qui viennent du Canada et de Français qui ont déserté, mais elle est si clairsemée qu'elle ne compte guère pour le moment. Les mœurs de ces gens séparés par la croyance sont unifiées par le métier ; sauf à Saint John's, on ne voit pas à Terre-Neuve comme à Saint-Pierre l'employé vivant en contact permanent avec son employeur ; tous sont pêcheurs et la plupart indépendants comme les Normands de l'Île-aux-Chiens [4]. Le seul endroit où les antagonismes se trouvent en présence est Saint John's ; aussi Saint John's est-il beaucoup moins différent de Saint-Pierre que Bonavista ou le Toulinguet ; mais tandis que Saint-Pierre n'est qu'un village, la capitale de Terre-Neuve est une ville de trente mille âmes, et cela suffit pour les distinguer. Outre-mer, l'étendu des terres vacantes donne à la question sociale une solution temporaire ; il n'y a de malaise que dans les agglomérations. Le peuplement des solitudes changera ces conditions. Alors on jugera l'initiative américaine.

Lorsqu'on se promène, à plusieurs jours d'intervalle, dans les ruelles de Plaisance ou dans celles de Lamaline, on est frappé par le contraste des expressions et de l'accent. Ici, c'est bien la langue que parlait Shakespeare sur les bords de l'Avon ; là, c'est un patois mêlé de termes celtiques presque inintelligible à qui n'a pas circulé depuis longtemps dans Avalon. Dans un mémoire lu au membres de l'académie d'Halifax, le Rev. George Patterson a noté la survie, chez les Saxons de Terre-Neuve, de locutions appartenant à l'anglaise du XVIIe siècle [5]. Les pêcheurs de Lamaline disent *frore* pour *frozen* (gelé), comme Milton dans le *Paradis Perdu* [6], et se servent du mot *flaw*, issu du norvégien *flaag*, pour désigner un coup de vent, comme Shakespeare dans *Hamlet*. Les noms communs ne sont pas neutres ainsi qu'il est de règle aujourd'hui, mais masculins ou féminins ; on leur applique les pronoms *he* et *she*. Les Irlandais prononcent l'anglais très durement, appuient sur le *th* final, contractent le mot *grandfather* (grand-père) en *gaffer*, émaillent leurs discours de termes qui leur sont propres et en ignorent de fort usuels. Je me souviens qu'au début de mon séjour, il me fut impossible d'arriver à faire comprendre le mot *bridge* (pont) d'un naturel de Portugal Cove. Peut-être après tout n'en avait-il jamais vu. À force de pratiquer les Français sur la côte, les habitants de la baie des Isles leur on emprunté quelques expressions ; ils ont forgé le mot *pew* avec le français pieu. Ce bon procédé en valait un autre : les Saint-Pierrais appellent les pommes de terres des *patates* en souvenir de l'anglais *potato*.

Dans la bouche des Terreneuviens, les noms de lieux ont subi parfois d'étranges déformations. C'est ainsi que la baie d'Espoir s'est muée en *Bay Despair*, ce qui veut dire la baie du Désespoir. L'Anse-au-Loup a été orthographiée *Lancy-Loo-Harbour*, que nos cartes marines ont traduit par l'anse *Lancy-Loo*, ce qui signifie *l'anse-l'anse-au-Loup*. En appliquant le nom d'*Oporportu*, ou vase de lait, à une certaine baie du *French Shore*, les Basques avaient voulu caractériser le calme qui y régnait ; or, les Anglais en on fait Port-au-Port. Leurs géographes, croyant restituer aux termes primitifs une étymologie française, ont faussement interprété *Portu-Choa*, ou petit port, par Port-aux-Choix ; de même, ils ont transformé *Anngurachar* en Ingornachoix [7].

---

4. L'Île-aux-Chiens (aujourd'hui l'Île-aux-Marins), une longue bande de terre qui ferme la rade de Saint-Pierre.
5. George Patterson, « Notes on the Dialect of the People of Newfoundland », p. 50, 58.
6. *Paradis Perdu* (1667), poème épique de John Milton.
7. Charles de la Roncière, *La question de Terre-Neuve* […], p. 25-26.

On trouverait, dans une étude minutieuse du *folk-lore*, des témoignages innombrables qui attestent les origines terreneuviennes. Les habitants de la péninsule d'Avalon ne traversent jamais une lande sans avoir en poche un morceau de pain. C'est la superstition du *Fear-Gurtha*, propre aux gens de Galway, qui espèrent conjurer de la sorte l'enlisement des tourbières. Partout où il y a des Irlandais à Terre-Neuve, on allume au mois de juin les feux de la Saint-Jean, comme au temps où les druides allumaient des bûchers pour offrir aux esprits infernaux des victimes humaines[8]. Les pêcheurs célèbrent au premier de l'an un carnaval analogue à la fête de l'abbé de la Déraison, telle que Walter Scott l'a décrite[9]. Les jeunes gens se couvrent le visage de masques, se costume avec des oripeaux variés, vont frapper de porte en porte et entament devant ceux qui les reçoivent un dialogue burlesque où successivement entrent en scène Alexandre le Grand et Wellington. Quand arrive la Saint-Étienne, des enfants s'arrêtent sous chaque fenêtre, une branche de sapin à la main, et répètent dès qu'on les y invite la chanson du roitelet[10]. À certains jours, ce coin de l'Amérique moderne évoque le Moyen Age européen.

Il y a cinquante ans, les maisons des pêcheurs étaient ornées de cheminées monumentales, semblables à celles qu'on voit encore dans les fermes du comté de Buckingham, où toute une famille peut faire cercle sous un manteau de pierre, autour du feu. Mais depuis qu'un service maritime relie Terre-Neuve à Sydney, le bois de chauffage a fait place au charbon et ce mode de construction a disparu ; les habitations, sans aucune exception, appartiennent maintenant au type décrit pour Saint-Pierre. Elles sont peintes en blanc cru, en rouge sang ou en vert vif, de façon à trancher sur le gris de la brume ; la couleur est fréquemment renouvelée, afin de boucher les interstices des planches ; à l'intérieur, des journaux largement déployés tapissent les murs, comme dans maint châlet des Alpes Savoyardes. La réunion de ces maisons forme deux sortes de villages ; les uns, comme Plaisance, édifiés par les Français puis occupés par les Anglais, ont été bâtis sur les grèves qui servaient à sécher les morues ; ils sont en général assez bien agglomérés. Les autres, de création exclusivement anglaise, sont échelonnés sur des pentes rocheuses au fond des anses ; aucun alignement naturel ou artificiel, aucun talus, aucune route, ne commande leur disposition ; ils sont éparpillés sur les inégalités d'un sol tout bossué et moutonné, environnés par les échafauds de sapin qui jouent le rôle des grèves. Burin, Fogo, le Toulinguet et dans une certaine mesure Harbour Grace et Torbay répondent à cette seconde catégorie. La seule loi qui préside à leur emplacement est la nécessité de s'abriter du vent. Toutes établies sur pilotis, les constructions légères des Terreneuviens ne résisteraient pas à l'effort d'une tempête ; lorsqu'un coup de vent vient à enfiler la direction d'une baie, les maisons oscillent, les cheminées s'éboulent, les tuyaux des poêles se rompent et l'incendie commence.

La population de Terre-Neuve est actuellement presque entièrement confinée sur le bord de la mer ; il n'y a d'exception à établir que pour un petit nombre de fermes isolées situées dans la banlieue de Saint John's et pour les cités ouvrières réparties le long de la [fleuve] Gander et des Exploits près des usines à pulpe. D'après le recensement de 1901, sur les 220 984 habitants que l'île renfermait à cette époque, il y en avait 105 353

---

8. Edith Blake, « A Chat About Newfoundland », p. 716-718.
9. Walter Scott, *The Abbot* (1820).
10. Déguisements, renversement momentané de l'autorité, bouffonneries, danses, et cortèges de masques sont autant de cérémonies qui ont marqué la Saint-Étienne, qui tombe le 26 décembre. Voir, par exemple, Herbert Halpert et G.M. Story (dir.), *Christmas Mumming in Newfoundland*, p. 202-207.

dans la péninsule d'Avalon, 68 274 disséminés sur le pourtour des baies de la Trinité et de Bonavista et seulement 47 357 égrenés tout au long des autres côtes. Cette répartition tient sans doute à des causes historiques, mais aussi à des raisons naturelles. Ce sont les régions en apparence les plus inhospitalières qui sont les plus peuplées ; la seule partie de Terre-Neuve où l'on puisse espérer faire utilement de l'agriculture, à savoir la plaine qui entoure Saint-Georges, ne compte pas 10 000 habitants ; or, l'article 13 du traité d'Utrecht n'est certainement pas l'unique coupable, si l'on songe à la mollesse avec laquelle il était appliqué. Il y a peu d'Anglais en cet endroit pour le motif qui en éloigne les Français ; on y pêche beaucoup moins de morues qu'au large d'Avalon. C'est l'admirable situation de Saint John's, non pas en tant que ville, mais en tant que port, qui en a fait la capitale de la colonie britannique et c'est pourquoi il n'est aucunement paradoxal de trouver la plus grosse agglomération d'humains là où la terre ne peut nourrir personne. Ici, la mer seule est nourricière.

Saint John's, vieille cité de bois, trois fois brûlé en moins d'un siècle, abrite dans ses maisons neuves deux populations : des boutiquiers malingres, dont les ancêtres se sont échappés d'Irlande comme d'une prison, au temps de la persécution religieuse et pendant la misère du blocus continental ; des matelots sanguins et musclés, dont les familles ont quittés le Devonshire pour s'établir près des fonds de pêche. La ville est un groupe d'édifices de toute teinte, variant du vert mousse au rouge lie de vin. Des entrepôts rouges, de style grec, avec entresol vitré, se succèdent le long de la rue du port, Water-Street. Chaque devanture porte des réclames collées sur les carreaux ; les rayons de vente communiquent avec un dock en planches qui contient les approvisionnements, lesquels proviennent du voilier amarré au wharf qui prolonge le dock. Le tout appartient au même propriétaire, à la fois armateur et marchand. Aussi les magasins d'épicerie, d'ameublements, de modes, exclusivement alignés du même côté de la rue, au bord d'une rade sans quais, isolent la ville de la mer qu'on ne découvre que par des ruelles. De l'autre côté se pressent les boutiques qui n'exigent point de stock : coiffeurs, changeurs, photographes. La vente au détail et le commerce en gros se font face sur chaque trottoir. Parfois un porche de granit poli jette un reflet rose au milieu des façades, qui sont de brique pour les entrepôts et de bois pour les échoppes ; les premiers sont défendus par leurs murs incombustibles contre les risques d'incendie ; la construction des secondes, qui protègent moins de denrées, n'est pas coûteuse.

Si Water-Street est la rue du commerce, Duckworth-Street qui lui est parallèle contient les cabarets et les hôtels. Comme les magasins, ceux-ci ont des devantures en glaces où l'on peut voir les voyageurs à l'étalage ; de la chaussée on peut compter les pieds appuyés pour balancer un *rocking-chair*. Les cabarets sont clos par des panneaux de bois à hauteur d'homme ; ils ne sont désignés à l'attention que par leur absence de réclame. Cela suffit pour annoncer le vice de Saint John's qui est l'ivresse ; chaque hôtel est bordé d'une maison close couleur du sol et d'une crémerie où culminent à une hauteur invraisemblable des piles d'oranges. Toute la ville est découpée de rues parallèles, les unes horizontales parallèles au port, les autres perpendiculaires à l'eau, qui étagent sur les pentes la porte d'une maison au niveau du toit carré de sa voisine. Parfois un trottoir en planches, ou une rampe de fer pour monter quand le sol est verglassé. Des rigoles en cailloux de grès facilitent l'écoulement de l'eau : on marche ailleurs sur la terre à peine égalisée. L'énorme église anglicane semble accroupie aux pieds de la cathédrale catholique, dont les tours dominent le port, la ville et le phare. Chaque *office* (bureau) est relié à son dock par des fils téléphoniques, réseau qui coupe le ciel en tous sens, accroché aux poteaux du trolley, aux toits, aux réverbères électriques. Disposées autour de ce bloc central, au bord d'allées sinueuses, entre des haies et des jardins, des villas à *bow-windows* dresse leurs clochetons comme des tiges au-dessus des feuillages verts ; c'est là qu'habitent les propriétaires des *offices*. Le tramway, qui tourne autour de l'agglomération commerçante, sépare deux villes, l'une de travail, l'autre de repos ; dans Water-Street sont dressés les contrats avec les marchés de Boston, de Para, de Liverpool et d'Oporto ; le câble porte à travers le monde les spéculations ; sur les pelouses de Circular Road sont combinées des parties de golf, de tennis et de football. À l'écart, tout à l'extrémité de Saint John's, plus proche du vieux continent, une maison contient l'Angleterre : le gouverneur et ses officiers d'ordonnance. Ce palais semble une sentinelle isolé, abandonnée à l'arrière-garde d'une armée lointaine.`

Cathédrale anglicane (à gauche) et l'église presbytérienne à St.-Jean vers 1895.
(Archives provinciales de Terre-Neuve et Labrador/E47-47)

On a vu par cette description à quel point Saint John's, ruche commerçante et besogneuse, ressemble peu aux hameaux antiques de la baie de Plaisance et aux bourgs paisibles de la baie de la Conception et de la baie de la Trinité. Un Terreneuvien m'a défini son pays : une annexe de l'ancien régime dans le Nouveau Monde. Cette formule caractérise admirablement les villages de pêcheurs, privés de communications avec l'univers extérieur, mais elle ne s'applique qu'imparfaitement à la capitale ; si Terre-Neuve n'est pas encore un État du *Dominion*, Saint John's n'est plus une ville d'Europe ; ses demeures *behind the age* (arriérées) abritent des intelligences façonnées au moule américain ; l'évolution morale est prête. Il a suffi de la construction d'un chemin de fer et de l'ouverture d'un service de paquebots pour relier les esprits au continent. Ces commerçants formés par le calcul savent résoudre les équations des faits : à sept heures de mer du Cap-Breton, ils n'achètent plus que des articles de mode à l'Angleterre. Les vapeurs *Allan* et *Furness*, qui relient Saint John's à Liverpool et à Glasgow, arrivent et repartent à vide ; le transit d'emportation se fait par Halifax ou par Sydney ; il fait gagner la compagnie locale [la compagnie Reid] qui arme le *Bruce* et le *Rosalind*.

Les marchandises qui viennent de Sydney sont débarquées à Port-aux-Basques ; on les expédie à Saint John's par chemin de fer ; des rails forment l'unique trait d'union entre les rives opposées de Terre-Neuve. C'est une voie peu banale que cette ligne qui traverse un désert ; elle part d'une gare de transit pour aboutir à une ville, à 1 000 kilomètres d'intervalle, ne desservant aucune station intermédiaire et passant à égale distance des rivages habités. Mais la ville est un entrepôt qui alimente tout le pays ; si les magasins de Saint John's venaient à manquer de charbon ou de vivres, on mourrait de faim et de froid dans les hameaux des pêcheurs. Quand sir William Whiteway fit passer le premier *bill* autorisant la construction d'une ligne à voie étroite, il n'avait nullement prévu sa vraie destination ; on croyait alors qu'un chemin de fer entraînerait la mise en valeur immédiate de l'intérieur ; on s'imaginait aussi que Saint John's, plus voisin de l'Europe que tout autre port américain, attirerait les transatlantiques dès qu'on pourrait franchir commodément les solitudes de Terre-Neuve. Ce dernier calcul était un peu naïf ; les voyageurs n'aiment guère les transbordements et New-York n'est pas encore supplanté. Quant aux richesses minérales qu'on pensait exploiter, celles qu'on a découvertes jusqu'à présent se trouvent près des côtes et le transit se fait uniquement par la voie de mer. L'avenir de la voie ferrée reste à cet égard hypothétique. Son utilité est d'approvisionner Saint John's de vivres frais. Mais si l'affaire, au point de vue économique, n'a pas atteint le développement auquel on s'attendait, son influence sur les mœurs s'est marquée très rapidement ; elle a mis en contact la capitale de Terre-Neuve avec l'Amérique, des pêcheurs traditionnels avec les financiers et les syndicats des États-Unis, le Moyen Age avec la civilisation moderne. Il s'en est suivi une petite révolution dont j'ai pu observer quelques symptômes.

Depuis l'inauguration des travaux, en 1881, le gouvernement de Terre-Neuve hésita entre plusieurs tracés. Tour à tour, on se demanda si l'on desservirait les mines de cuivre situées près de la baie Notre-Dame ou si l'on ferait une voie directe vers le *French Shore* à l'usage des voyageurs transatlantiques. Aussi les arpenteurs faisaient-ils niveler le terrain tantôt vers le Nord-Ouest et tantôt vers le Sud-Ouest. En fait d'exploration préalable, on ne possédait que les itinéraires fort espacés du géologue Murray[11] ; il en résulta une aventure : après avoir établi une première ligne entre Saint John's et Harbour Grace, il fallut la démolir pour la recommencer. Ces indécisions ont amené la construction d'une voie qui ne dessert aucun rivage mais qui, à force de contours, s'allonge sur 1 000 kilomètres alors que 500 auraient suffi. Elle traverse la péninsule d'Avalon, gagne les bords du *Gander Lake*, atteint puis remonte le cours des Exploits et traverse la *Long Range* en suivant la gorge de l'Humber. De l'Humber à Port-aux-Basques, il reste encore à parcourir la vallée de Harry's Brook, la plaine de Saint-Georges et la vallée de la Codroy. Ce trajet, par raison d'économie, ne comporte ni viaducs ni tunnels, mais il offre des pentes où les locomotives s'essoufflent si bien qu'elles n'arrivent pas toujours en haut.

---

11. Alexander Murray (1810-1884), géologue écossais, directeur des recherches géologiques et minières de Terre-Neuve de 1864 à 1883.

Gare du chemin de fer située aux alentours du fort William de St.-Jean.
(Archives provinciales de Terre-Neuve et Labrador/E14-2)

Le matériel se compose de 25 machines livrées par les ateliers Baldwin à Philadelphie et de wagons construits à Saint John's. Les locomotives sont du type *Ten-Wheel*, avec un boggie à l'avant et trois essieux accouplés. Chaque essieu porte 11 tonnes et le boggie est chargé de 9 tonnes. L'essieu central est muni de roues sans rebords afin de pouvoir tourner plus facilement dans les courbes ; il est attaqué par des bielles qu'actionnent 2 cylindres à simple expansion, munis de tiroirs plans. Le foyer, du type *wagon-top*, est en acier, de même que la chaudière, timbrée à 8 kilogrammes ; celle-ci renferme 184 tubes lisses en fer de 50 millimètres de diamètre et de 3m50 de long. On dit que ces machines sont capables de remorquer un train de voyageurs pesant 119 tonnes à la vitesse de 72 kilomètres et un train de marchandises pesant 305 tonnes à la vitesse de 32 kilomètres, mais ces résultats ne sont jamais atteints en service courant. Ces locomotives ne font guère honneur à l'industrie américaine ; les chaudières paraissent bien longues par rapport aux foyers et les roues ont trop de métal ; à distance, on a l'impression d'outils perfectionnés ; de près, c'est un matériel démodé qui ressemble à de la vieille ferraille.

Les rails ont 10 mètres de long et pèsent 23 kilogrammes par mètre courant de voie ; ils sont à simple champignon ; on les fixe aux traverses par des chevilles en acier ; il n'y a pas de ballast. Ce système, qui permet de reconnaître au premier coup d'œil l'état de solidité d'une voie, est peut-être nécessaire en Amérique où l'on ne dispose pas d'un personnel suffisant pour une surveillance de tous les jours ; mais il faut avouer qu'il est désastreux pour la conservation des traverses, exposées sans protection aux météores et aux dégradations. À Terre-Neuve, l'état de la ligne est vraiment déplorable ; tout le bois est pourri et les traverses branlent sous le pied. Aussi les déraillements sont continuels. Il faut ajouter l'influence des brusques changements de température sur les rails, qui alternativement se dilatent et se tordent ou se retirent et laissent un espace vide. Il est impossible, dans ce climat, de trouver entre les rails un écart satisfaisant. Pour ces raisons, la vitesse moyenne du *Bruce-Express* a été réduite à 32 kilomètres ; il ne l'atteint jamais par suite de l'insuffisance des machines et cependant il y a bien deux déraillements par mois.

Tel quel, ce chemin de fer emporte trois fois par semaine les armateurs de Saint John's vers Sydney, Boston et New-York et trois fois par semaine il amène dans la péninsule d'Avalon les voyageurs de commerce américains. Un double courant d'émigration s'est produit ; les ouvriers des usines à pulpe arrivent du Canada et 15 000 Terreneuviens vivent à Boston ; d'autres se sont établis en Pennsylvanie. Les grandes villes cosmopolites des États-Unis, où le climat est moins pénible et où les gages sont plus élevés, attirent les habitants de Terre-Neuve, comme en France, Paris draine les forces vives de la Lozère et de la Savoie. La contagion n'a pas encore touché les pêcheurs disséminés à l'écart du chemin de fer, mais à Saint John's elle sévit sur toutes les classes et ceux qui demeurent évoluent sans s'en douter. Les jeunes gens de la bourgeoisie riche peuvent aller faire leurs études à Oxford ou à Cambridge ; mais c'est la vie et non le livre qui mûrit l'intelligence d'un Anglais ; son développement est tardif, parce qu'il est le fruit d'expériences personnels. Les Terreneuviens reviennent d'Europe sans formation d'esprit ; c'est à Saint John's qu'ils acquièrent leur individualité ; or, vivre à Saint John's est commercer avec l'Amérique. Un armateur n'étudie que ses livres de comptes ; ces livres de comptes lui parlent de contrats avec le Brésil qu'il n'a jamais vu, avec les États-Unis qu'il a parcourus. La richesse présente de Terre-Neuve la sépare de l'Angleterre plus que ne le fait l'Océan.

Cette attraction exercée par le continent sur l'île comme par une planète sur un satellite a transformé le peuple. Les Terreneuviens habitant Boston sont en rapports constants avec leurs parents demeurés à Saint John's. Ils leur écrivent pendant leur exil et reviennent dès qu'ils ont gagné leur vie. Par correspondance et par récits oraux, les ouvriers de la petite capitale ont appris l'existence et souhaité la venue d'un état social différent. Ils se sont abonnés à des journaux américains ; le *Boston Globe*, l'*Irish World*, le *Boston Pilot*, le *World* de New-York, la *Montreal Star*, feuilles démocratiques dont la lecture a influencé les mœurs. Autrefois, une famille pauvre pouvait vivre à Saint John's avec 300 dollars par an ; aujourd'hui une femme du peuple veut plusieurs robes et l'entretien d'une maison exige 500 dollars. Ces lectures ont encore produit un sentiment d'admiration à l'égard des États-Unis ; on est frappé de la grandeur de ce pays ; on l'aime parce qu'on le croit une terre de liberté ; l'Angleterre est trop éloigné pour être connue. « *America is the home of working men*, me déclarait un démocrate terreneuvien ; *there the working man has greater freedom* (L'Amérique est la patrie des ouvriers ; là chaque ouvrier jouit d'une plus grande indépendance) ». On reproche au vieux continent qu'on ignore une moindre sollicitude envers le peuple.

L'organisation du *Labour Party* (Parti du Travail) date de la grève des manœuvres de la compagnie Harvey. Ceux-ci travaillent dix heures par jour au taux de douze *cents* l'heure. Un *tory*, M. Gibbs, prit le rôle de médiateur et obtint une augmentation de trois *cents* par heure. Les ferblantiers durent au même intermédiaire d'être payés 1 dollar 50 par jour au lieu de 1 dollar. Les charpentiers et boulangers furent augmentés sans grève ; leurs salaires journaliers furent élevés de 1 dollar 25 à 1 dollar 75. Ces corps de métier se syndiquèrent en 1903 ; les maçons constituèrent également une *Trade-Union* sans demander à être payés davantage ; ils travaillent encore pour 25 *cents* l'heure. Chaque *Union* possède un bureau avec directeur, secrétaire et trésorier ; la cotisation de chaque ouvrier est de 25 *cents* par mois ; la somme ainsi obtenue paie les dépenses du bureau et forme une caisse de secours mutuels ; en cas de décès de l'un des membres, 40 dollars sont versés à la veuve ; en cas de décès de la femme, 30 dollars au mari. 1 400 *longshoremen* ou manœuvres du port sont ainsi associés. Les caisses des charpentiers et des ferblantiers sont fort pauvres. Il était question en 1907 de fonder un syndicat de ces syndicats, une *affiliation* qui aurait eu pour but une entente des diverses corporations en cas de grève. Par exemple : les maçons cessent de travail ; les charpentiers le continueront là où ils sont seuls employés ; ils s'en abstiendront chez les entrepreneurs qui utilisent également des maçons.

Le *Labour Party* est un parti social et non un parti politique ; on trouve parmi ces membres des partisans du gouvernement et de l'opposition. Ses intérêts sont directement opposés à ceux des pêcheurs, généralement indépendants, propriétaires de leurs maisons et ennemis du syndicalisme par esprit de concurrence. De telle sorte qu'on rencontre, bien que sous une autre forme, au XXe siècle comme au XVIIe siècle, le vieil antagonisme des marins et des terriens. On peut envisager l'avenir de Terre-Neuve comme une lutte entre les syndicats urbains et la population éparse des pêcheurs libéraux.

Il ne faut pas exagérer l'importance actuelle d'un mouvement dont les effets n'ont pas encore été sentis en dehors de Saint John's. Le parti ouvrier englobe à peine quelques milliers de recrues sur les deux cent mille habitants de l'île. Chez les plus fervents admirateurs de la civilisation américaine, on découvre, pendu au mur, le portrait de la reine Victoria. Terre-Neuve est garantie par son autonomie contre l'infidélité. Libres de leurs actes, les Irlandais de la colonie ont oublié leurs rancunes historiques ; ils n'en veulent qu'à ceux par qui leur indépendance présente est menacée ouvertement ; ils ont cessé d'en vouloir à l'Angleterre, ils se laissent fasciner par les États-Unis et ils exècrent le Canada. Syndicalistes et pêcheurs, Celtes et Saxons, catholiques et protestants ne s'entendent guère que sur un point, mais s'y entendent absolument ; ils veulent rester les maîtres chez eux et ne souffrent pas qu'on leur parle d'une confédération avec le *Dominion*. On peut se demander dans quelle mesure ce sentiment fort respectable est conforme à leurs besoins. L'hostilité des marchands se conçoit : pays exportateur de produits de pêche, le Canada est un concurrent de Terre-Neuve ; une partie du trafic passerait entre les mains des armateurs d'Halifax qui disposent de plus gros capitaux. Mais l'intérêt de la colonie est celui de la classe pauvre qui l'habite depuis plusieurs générations ; les marchands, propriétaires de maisons de commerce à Liverpool, à Saint John's et à New-York, hier Anglais, aujourd'hui Terreneuviens, habiteront demain les *skyscrapers* (gratteurs de ciel) des États-Unis. Or, l'intérêt de la classe pauvre est de payer moins de droits sur les importations ; ce résultat n'est possible que si les finances du *Dominion* participent aux dépenses locales. Terre-Neuve est trop pauvre pour jouir d'une autonomie à la fois morale et budgétaire. Ceux qui préfèrent son indépendance morale désirent sa fédération économique. Le Canada n'acceptera point une telle union en des années de misère ; on l'a vainement imploré lorsqu'on criait famine ; c'est pendant les années de pêche fructueuse qu'il faudrait poursuivre cette politique, mais alors on imagine pouvoir se passer d'autrui à tout jamais. « La confédération se fera, m'a déclaré le plus indépendant des hommes publics locaux, quand les conditions n'en pourront plus être discutées. Terre-Neuve y perdra son individualité ».

Vaisseau de guerre français saluant la ville de St.-Jean.
(Archives provinciales de Terre-Neuve et Labrador/B16-163)

ORIENTATION BIBLIOGRAPHIQUE

I. Manuscrits

Une collection à propos de la Division navale de Terre-Neuve de 1880 à 1914 est conservée au Service historique de la marine à Brest dans la Sous-série 5C. Les trente volumes sont divisés en quatre parties : (1) textes législatifs et réglementaires ; (2) instructions et dépêches ministérielles et rapports des commandants d'autres bâtiments de la Station navale de Terre-Neuve ; (3) lettres et rapports envoyés au ministre, au commandant de la Division navale anglaise, et aux commandants d'autres bâtiments de la station ou de la division française ; ordres du commandant de la division ; registre nominatif des états-majors des bâtiments ; et un cahier de renseignements sur les saluts, visites et réceptions ; (4) procès-verbaux des places de pêche à la côte de Terre-Neuve, états nominatifs des bâtiments, rapports de visites, et cartes. L'établissement principal du Service hydrographique et océanographique de la marine à Brest continue dans les fonctions de l'ancien Dépôt des cartes et plans du Département de la marine. On y conserve une collection importante des cartes historiques de Terre-Neuve sous forme de manuscrit. Les relations avec Terre-Neuve figurent aussi dans le fonds ministériel de Saint-Pierre et Miquelon, Série FM SG, aux Archives outre-mer, Aix-en-Provence. Le Service historique de la marine au Château de Vincennes à Paris conserve dans la Série CC^7 les états généraux des officiers de marine. La Bibliothèque et archives du Canada à Ottawa conserve la collection photographique de Paul-Émile Miot, un officier de la marine française qui s'intéressait vivement à la photographie et prenait des photographies de Terre-Neuve, ainsi que de l'île du Cap-breton et des îles de Saint-Pierre et Miquelon, pendant la période de 1857 à 1860. La Bibliothèque et Archives du Canada conserve aussi la collection de dessins et d'aquarelles effectués par le lieutenant de vaisseau Louis Koenig pendant le voyage de la *Clorinde* en 1885.

2. Textes choisis

AUDUBON, John James, « Un bal à Terre-Neuve », dans Eugène Bazin, *Scènes de la nature dans les États-Unis et le nord de l'Amérique, ouvrage traduit d'Audubon*, 2 vol., Paris, A. Sauton, 1868.

BACHELOT DE LA PYLAIE, Auguste-Jean-Marie, « Notice sur l'île de Terre-Neuve et quelques îles voisines », *Mémoires de la Société linnéenne*, vol. 2, 1825, p. 417-547.

BERGERON, [Jean-Jacques], « Notice sur les affections qu'éprouvent le plus communément les marins à Terre-Neuve, par M. Bergeron, chirurgien-major de la corvette *La Seine*, commandée par M. Gizolme, capitaine de frégate pendant l'année 1822 », *Annales maritimes et coloniales*, vol. 19, 1823, p. 229-238.

CAIX, Robert de, *Terre-Neuve, Saint-Pierre et le French Shore : la question des pêcheries et le traité du 8 avril 1904*, Paris, Société française d'imprimerie et de librairie, 1904.

CARPON, C.-J.-A., *Voyage à Terre-Neuve : Observations et notions curieuses propres à intéresser toutes les personnes qui veulent avoir une idée juste de l'un des plus importants travaux des marins français et étrangers*, Caen, Eugène Poisson ; Paris, Éditions Dutot, 1852.

CEINMAR, O. de, « Les nouveaux états britanniques et les pêcheries françaises dans l'Amérique du Nord », *Correspondant*, vol. 92, 1873, p. 348-372, 523-543.

CHAUME, Henri de La, *Terre-Neuve et les Terre-Neuviennes*, Paris, Librairie Plon, 1886.

Chevalier, H. Émile, « Terre-Neuve : souvenirs de voyage », *Revue moderne*, vol. 50, 1869, p. 597-626.

[CORNETTE DE VENANCOURT, François-Marie de], « Notice sur l'Île de Terre-Neuve, sur ses habitans, sur sa culture, et sur les moyens d'étendre dans ces parages la pêche de la morue, du saumon, du hareng et de la baleine », *Annales maritimes et coloniales*, vol. 13, 1821, p. 953-965.

FONVIELLE, W. de, « La France à Terre-Neuve », *Cosmos*, vol. 42, 1900, p. 773-777, 813-816.

GAZEAU, Paul, « Terre-Neuve : la pêche et les pêcheurs », *Revue maritime*, vol. 135, 1897, p. 433-447, 657-684.

GÉRAUD, [Jean-Baptiste-Marie-Gaston], et [Henri-Augustin] Colloch de Kérillis, « Le laboratoire maritime de Dildo (Terre-Neuve) », *Revue maritime et coloniale*, vol. 126, 1895, p. 157-174.

GOBINEAU, Joseph Arthur, *Voyage à Terre-Neuve*, Paris, L. Hachette et Cie., 1861.

HAILLY, Edouard du, « Six mois à Terre-Neuve », *Revue des deux mondes*, vol. 76, 1868, p. 948-972.

HOUIST, Gaud, *Naufrage du navire La Nathalie*, Coutances, J.V. Voisin, 1827.

[JOINVILLE, François-Ferdinand-Philippe-Louis-Marie, Prince de], *Vieux souvenirs, 1818-1848*, Paris, Calmann Lévy, 1894.

JOUAN, H., « Terre-Neuve », *Bulletin de la Société linnéenne de Normandie*, 3e série, 1881, p. 412-435.

KOENIG, L., « Le « French Shore » (souvenirs de campagne à Terre-Neuve », *Tour du monde*, vol. 60, 1890, p. 369-384, 385-400.

LAUNAY, L. de, « Les richesses minérales de Terre-Neuve », *Annales des mines*, 9e série, bulletin no 5, 1894, p. 395-400.

LECONTE, F., *Mémoires pittoresques d'un officier de marine*, 2 vol., Brest, Le Pontois ; Paris, Le Doyen et Giret, 1851.

L'HOPITAL, Joseph, et Louis de Saint-Blanchard (dir.), *Correspondance* intime de l'amiral de La Roncière Le Noury avec sa femme et sa fille (1855-1871), 2 vol., Paris, Société de l'histoire de France, 1928-29.

LUCAS, Jean, « Une baleinerie de Terre-Neuve à Saint-Laurent (côtes sud) », *Revue maritime*, vol. 165, 1905, p. 147-157.

MARQUER, Ernest-Ange, « Conférence sur l'île de Terre-Neuve, faite dans la séance du 4 janvier 1884 », *Société bretonne de géographie*, bulletin n° 10, 1884, p. 19-39.

MARTINE, [Georges-Benjamin-Edouard], « La tuberculose à Terre-Neuve », *Archives de médecine navale et coloniale*, vol. 50, 1894, p. 371-375.

MICHELET, [Philippe], « Notes recueillies dans un voyage à l'île de Terre-Neuve, par M. Michelet, D.M.P., chirurgien entretenu de la marine royale », *Annales maritimes et coloniales*, 2ᵉ série, vol. 42, 1830, p. 66-77.

NEY, Eugène, « Voyage à Terre-Neuve », *Revue des deux mondes*, vol. 1, 1831, p. 302-375.

O'BRIG, N., « Terre-Neuve », *L'Illustration*, vol. 33, 1859, p. 183-186, 215-218.

PERRET, Robert, « Journal de voyage à Terre-Neuve », *Correspondant*, vol. 231, 1908, p. 1283-1308.

PERRET, Robert, *La géographie de Terre-Neuve*, Paris, E. Guilmoto, 1913.

RAMEAU, E., *La France aux colonies : études sur le développement de la race française hors de l'Europe*, Paris, A. Jouby, 1859.

RECLUS, Élisée, « Terre-Neuve (Newfoundland) et ses bancs », dans *Amérique boréale*, 1890, vol. 15 de la *Nouvelle géographie universelle, la terre et les hommes*, Paris, Hachette, 1876-94, p. 637-663.

REVERT, Paul, « Pêche à la côte de Terre-Neuve (ex French Shore) », *Vᵉ congrès national des pêches maritimes : mémoires et comptes rendus des séan-*
ces, Orléans, A. Gout, 1910, p. 244-252.

RÉVOIL, Bénédict-Henry, *La grande pêche aux États-Unis*, Tours, Alfred Mame et fils, 1884.

ROSSEL, Frédéric, « Un mois à Saint-Pierre de Terre-Neuve », *Mémoires de la Société d'émulation de Montbéliard*, vol. 26, 1897, p. 467-497.

SALLES, A., « Autour de Terre-Neuve », *Annuaire du Club alpin français*, vol. 17, 1890, p. 379-391.

THOULET, Julien-Olivier, *Un Voyage à Terre-Neuve*, Paris, Berger-Levrault, 1891.

3. Ouvrages pertinents

ANGEL, Jacques, « La géographie de Terre-Neuve », *Quinzaine coloniale*, vol. 18, 1914, p. 248-251.

ANSPACH, Lewis Amadeus, *A History of the Island of Newfoundland*, Londres, 1819.

ARNOUX, Pascal, *Histoire des rois de France et des chefs d'état*, Paris, Éditions du Rocher, 2001.

AUDOUIN, [Jean-Victor], et [Henri] Milne-Edwards, *Recherches pour servir à l'histoire naturelle du littoral de la France, ou Recueil de mémoires sur l'anatomie, la physiologie, la classification et les mœurs des animaux de nos côtes*, 2 vol., Paris, Crochard, 1832.

AVENEL, Henri, *Histoire de la presse française depuis 1789 jusqu'à nos jours*, Paris, Ernest Flammarion, 1900.

BACH, R., « Die Zukunft Neufundlands », *Prometheus*, vol. 11, 1900, p. 359-365, 374-377.

BACHELOT DE LA PYLAIE, Auguste-Jean-Marie, *Voyage à l'île de Terre-Neuve*, S.l.n.d., c. 1820.

BACHELOT DE LA PYLAIE, [Auguste-Jean-Marie], « Mémoire de M. de Lapilaye sur le climat de Terre-Neuve (lu à l'Académie des sciences le 28 mars) »,

Annales maritimes et coloniales, vol. 25, 1825, p. 423-425.

BACHELOT DE LA PYLAIE, Auguste-Jean-Marie, « Quelques observations sur les productions de l'île de Terre-Neuve, et sur quelques Algues de la côte de France appartenant au genre Laminaire », *Annales des sciences naturelles*, vol. 4, 1825, p. 174-184.

BACHELOT DE LA PYLAIE, Auguste-Jean-Marie. « Établissement du genre *Sarracenia* en famille, et description de la variété S. *purpurea*, croissant à l'île de Terre-Neuve », *Mémoires de la Société linnéenne*, vol. 6, 1827, p. 379-395.

BACHELOT DE LA PYLAIE, Auguste-Jean-Marie, *Flore de Terre-Neuve et des îles de Saint-Pierre et Miclon*, Paris, A. Firmin Didot, 1829.

BAILLEUL, Louis, *Le jeune naufragé dans la mer de glace*, Paris, Théodore Lefèvre, [1882].

BATTESTI, Michèle, *La marine de Napoléon III : une politique navale*, 2 vol., thèse de doctorat d'histoire de l'Université de Savoie, Paris, Service de la marine, 1997.

BELCOURT, David, « Les naufrageurs du Labrador », *Journal des voyages*, vol. 3, 1878, p. 18-20.

BELLANGER, Claude, Jacques Godechot, Pierre Guiral et Fernand Terrou (dir.), *Histoire générale de la presse française*, 5 vol., Paris, Presses universitaires de France, 1969-1976.

BELLET, Adolphe, *La grande pêche de la morue à Terre-Neuve depuis la découverte du Nouveau Monde par les Basques au XIVe siècle*, Paris, Augustin Challamel, 1901.

BERGERON, Jean-Jacques, « Sur une espèce de Sangsue indigène à Terre-Neuve, et qu'il peut être utile d'embarquer sur les vaisseaux du Roi ultérieurement destinés pour les Antilles, &c », *Annales maritimes et coloniales*, vol. 16, 1822, p. 561.

BERTHAULT, Léon, « La pêche à Terre-Neuve », *Société normande de géographie*, Bulletin de l'année 1902, p. 149-153.

BLAKE, Edith , « A Chat About Newfoundland », *North American Review*, vol. 152, 1891, p. 714-722.

BONNYCASTLE, Richard Henry, *Newfoundland in 1842 : A Sequel to « The Canadas in 1841 »*, 2 vol., Londres, Henry Colburn, 1842.

BOUCLON, Adolphe de, *Liberge de Granchain*, Paris, Arthus Bertrand, [1866].

BROYER, Charles, « Bachelot de La Pylaie : Naturaliste et archéologue (1786-1856) », *Bulletin de la Société des naturalistes et des archéologues de l'Ain*, vol. 52, 1938, p. 277-285.

BUCHARD, H., *L'amiral Cloué : sa vie*, Paris, Librairie Charles Delagrave, 1893.

BURDO, Adolphe, « Terre-Neuve », *Journal des voyages*, vol. 19, 1886, p. 170-171.

« Campagne en 1841, au banc de Terre-Neuve, de la frégate *la Belle-Poule*, commandée par S.A.R. monseigneur le prince de Joinville, capitaine de vaisseau, » *Annales maritimes et coloniales*, 2e série, vol. 35, 1841, p. 805-809.

CARTIER, Jacques, *Relation originale du voyage de Jacques Cartier au Canada en 1534*, Paris, Librairie Tross, 1867.

CHARLEVOIX, Pierre-François-Xavier de, *Histoire et description générale de la Nouvelle-France ; avec le journal historique d'un voyage fait par ordre du roi dans l'Amérique Septentrionnale*, 6 vol., Paris, Didot, 1744.

CHASLES, Philarète, *Mœurs et voyages ou récits du monde nouveau*, Paris, Eugène Didier, 1855.

CHATEAUBRIAND, François-René, « Ile Saint-Pierre », dans *Mémoires d'outre-*

tombe, vol. 1, Bruxelles, A. Deros et Cie., 1852, p. 133-135.

CLARKE, Patrick D., « Rameau de Saint-Pierre, Moïse de l'Acadie », *Actes du CÉLAT*, n° 7, 1992, p. 73-106.

CLOUÉ, Georges-Charles, *Pilote de Terre-Neuve*, 2 vol., Paris, Adolphe Lainé, 1869.

« Commerce des produits de pêche à Terre-Neuve » [rapport de M. Genoyer, vice-consul de France à Terre-Neuve], *Bulletin trimestriel de l'enseignement professionnel et technique des pêches maritimes*, n° 4, 1909, p. 1287-1289.

CONTESSE, Georges, *La marine d'aujourd'hui*, 3ᵉ édition, Tours, Alfred Mame et fils, 1900.

Convention Between Her Majesty and the Emperor of the French, Relative to the Rights of Fishery on the Coast of Newfoundland and the Neighbouring Coasts, Londres, imprimé chez Harrison et fils, 1857.

CORBIN, Alain, *Le territoire du vide*, Paris, Aubier, 1988.

CORMACK, William Epps, « Account of a Journey Across the Island of Newfoundland [...] », *Edinburgh Philosophical Journal*, vol. 10, n° 19, 1824, p. 156-162.

CORMACK, [William Epps], « Note sur l'Histoire naturelle de Terre-Neuve, extrait d'une lettre de M. Cormack », *Annales des sciences naturelles*, vol. 1, 1824, p. 433-436.

CUVERVILLE, [Jules] de, « La question de Terre-Neuve », *Armée et marine*, 1901, p. 41-42, 90-92, 153-155, 173-174, 190-191, 217-219.

CUVIER, Georges, *Histoire des sciences naturelles depuis leur origine jusqu'à nos jours, chez tous les peuples connus*, 5 vol., Paris, Fortin, Masson et Cie., 1841-1845.

DAUVIN, [Adolphe-Jules], « Guide hygiénique et médico-chirurgical de Terre-Neuve, par M. Dauvin, chirurgien de la marine de 1re classe, chef du service de santé aux îles Saint-Pierre et Miquelon », *Annales maritimes et coloniales*, 3ᵉ série, vol. 82, 1843, p. 705-820.

D'AVIGNAC, A., « Le conflit franco-terre-neuvien : homards et morues », *Correspondant*, vol. 159, 1890, p. 1068-1098.

DANIEL, [J.-L.], *Naufrage du navire La Nathalie*, Coutances, J.V. Voisin, 1827.

DELAMARCHE, A., *Éléments de télégraphie sous-marine*, Paris, Firmin Didot, Fils et Cie., 1858.

DEMIER, Francis, *La France du XIXᵉ siècle, 1814-1914*, Paris, Éditions du Seuil, 2000.

DES VŒUX, G., *My Colonial Service*, 2 vol., Londres, John Murray, 1903.

DEVINE, E.-J., S.J., *À travers l'Amérique de Terre-Neuve à l'Alaska*, Abbeville, F. Paillart, [1904 ?].

DROUIN, Jean-Marc, « De Linné à Darwin : les voyageurs naturalistes », dans Michel Serres (dir.), *Éléments d'histoire des sciences*, Paris, Bordas, 1989, p. 321-335.

DUVAL, Jules, *Les colonies et la politique coloniale de la France*, Paris, Arthus Bertrand, [1864].

DUVERGIER de Hauranne, Ernest, *Huit mois en Amérique : lettres et notes de voyage, 1864-1865*, Paris, Imprimerie nationale, 1891.

« Étude sur le rôle et les procédés de la pisciculture marine », *Revue maritime*, vol. 160, 1900, p. 145-173.

FAUCHER DE SAINT-MAURICE, [Narcisse-Henri-Édouard]. *En route : Sept jours dans les provinces maritimes*, Québec, A. Côté et Cie, 1888.

FONTPERTUIS, Adalbert Frout de, « La plus vieille des colonies anglaises ; l'île de Terre-Neuve », *Revue scientifique*, 3ᵉ série, vol. 2, 1881, p. 18-22.

FORGET, C., *Médecine navale, ou nouveaux éléments d'hygiène, de pathologie et de thérapeutique médico-chirurgicales, à l'usage des officiers de santé de la marine de l'état et du commerce*, 2 vol., Paris, J.-B. Baillière, 1832.

GALLAS, M.-A.-F., « Des eaux de Terre-Neuve », *Annales de médecine navale et coloniale*, vol. 65, 1896, p. 261-266.

GAZEAU, Paul, « Pêcheurs de Terre-Neuve », *Archives de médecine navale et coloniale*, vol. 65, 1896, p. 34-46.

GAZEAU, Paul, « Les pêcheurs de Terre-Neuve », *Archives de médecine navale et coloniale*, vol. 68, 1897, p. 18-37, 81-109.

GILLOT, Gaston, « Bachelot de La Pylaie, 1786-1856 », *Mémoires de la Société d'histoire et d'archéologie de Bretagne*, vol. 32, 1952, p. 113-157.

GIMPL, Caroline Ann, *The Correspondant and the Founding of the French Third Republic*, Washington, D.C., Catholic University of America Press, 1959.

« Du *Great-Eastern*, le plus grand navire du monde, appartenant à la Compagnie orientale de navigation à vapeur, actuellement en construction à Londres », *Nouvelles annales de la marine et des colonies*, vol. 17, 1857, p. 110-120.

GUÉRIN-DUVIVIER, [Alfred-François-Pierre], « Note sur le cyclone qui a traversé les bancs de Terre-Neuve le 6 septembre 1868 », *Annales hydrographiques*, vol. 31, 1868, p. 609-615.

GUÉRY, Paul, « Propagation artificielle de la morue et du homard », *Revue maritime et coloniale*, vol. 117, 1893, p. 657-669.

HAILLY, Édouard du, *Campagnes et stations sur les côtes de l'Amérique du Nord*, Paris, E. Dentu, 1864.

HAILLY, Édouard du, *Campagnes et stations, par L. Du Hailly : une campagne dans l'Extrême-Orient, les Antilles françaises, Terre-Neuve*, Paris, L. Hachette, 1869.

HALET, F., « Le gisement de fer de Wabana, Bell Ile (Terre-Neuve), » *Annales des mines de Belgique*, vol. 12, 1907, p. 981-997.

HALL, Basil, *Scènes de la vie maritime*, traduit par Amédée Pichot, Paris, Hachette, 1853.

HALPERT, Herbert, et G.M. Story (dir.), *Christmas Mumming in Newfoundland : Essays in Anthropology, Folklore and History*, Toronto, University of Toronto Press, 1969.

HARRISSE, Henry, *L'atterrage de Jean Cabot au continent américain en 1498*, Gœttingue, Imprimerie de l'Université, 1897.

HARRISSE, Henry, « Sébastien Cabot, pilote-major d'Espagne, considéré comme cartographe », *Revue de géographie*, vol. 41, 1897, p. 36-43.

HARRISSE, Henry, *Découverte et évolution cartographique de Terre-Neuve et des pays circonvoisins 1497 – 1501 – 1769*, Paris, H. Welter, 1900.

HARVUT, Hippolyte, « La pêche à Terre-Neuve », *Annales de la Société historique et archéologique de la arrondissement de Saint-Malo*, vol. 1, 1900, 45-51.

HATIN, Eugène, *Histoire politique et littéraire de la presse en France*, 8 vol., Paris, Poulet-Malassis et de Broise, 1859-1861.

HATTON, Joseph, et M. Harvey, *Newfoundland, the Oldest British Colony : Its History, Its Present Condition, and Its Prospects in the Future*, Londres, Chapman et Hall, 1883.

HERVÉ, Émile, *Le French-Shore et l'arrangement du 8 avril 1904*, thèse pour le doctorat à la Faculté de droit de l'Université de Rennes, Rennes, Imprimerie Eugène Prost, 1905.

HERZ, Henri, *Mes voyages en Amérique*, Paris, Achille Fauré, 1866.

HEURTAULT, H., « Récit d'un naufrage dans les glaces », *Revue maritime et coloniale*, vol. 10, 1864, p. 509-521.

[HIND, Henry Youle], « The Political and Commercial Importance of the Gulf of St. Lawrence, Labrador, and Newfoundland », *British American Magazine*, vol. 2, 1864, p. 53-61.

[HOUIST, Gaud], « Rapport de M. Gaud Ouist, second capitaine de la *Nathalie*, sur les événements extraordinaires que lui et deux matelots ont éprouvés pendant dix-neuf jours, à la suite du naufrage de ce navire », *Annales maritimes et coloniales*, vol. 28, 1826, p. 482-487.

HOWLEY, James P. *Report for 1891 and 1892 on the Humber Valley and Central Carboniferous Area of the Island*, 1893.

HOWLEY, James P., *The Beothucks, or Red Indians, the Aboriginal Inhabitants of Newfoundland*, St.John's, Evening Telegram, Cambridge, University Press, 1915.

HOWLEY, James P., *Reminiscences of James P. Howley : Selected Years*, William J. Kirwin, G.M. Story et Patrick O'Flaherty (dir.), Toronto, Champlain Society, 1997.

HUARD, Pierre, *Sciences, médecine, pharmacie de la Révolution à l'Empire (1789-1815)*, Paris, Roger Dacosta, 1970.

HUARD, Pierre, et Moing Wong, « Bio-bibliographie de quelques médecins naturalistes voyageurs de la marine au début du XIXe siècle », *Vie et milieu*, supplément n° 19, 1965, p. 163-217.

ILES, Ch. des, « Commerce de l'île de Terre-Neuve en 1884 », *Revue maritime et coloniale*, vol. 90, 1886, p. 334-336.

Instructions nautiques relatives aux cartes & plans du pilote de Terre-Neuve, Paris, Imprimerie royale, 1784.

JAMIESON, Scott, « Julien Thoulet à bord de la *Clorinde* en 1886 », *Annales du patrimoine de Fécamp*, n°. 10, 2003, p. 45-49.

JAN, [Aristide-Pierre-Marie], « La division navale de Terre-Neuve pendant l'année 1890 », *Archives de médecine navale et coloniale*, vol. 56, 1891, p. 124-155.

JAN, Aristide-Pierre-Marie, *Hygiène navale*, Paris, J.-B. Baillière et fils, 1906.

JANCIGNY, Alfred de, *Le Vice-Amiral Baron de La Roncière Le Noury : notice biographique*, Évreux, Charles Hérissey, 1881.

[JOINVILLE, François-Ferdinand-Philippe-Louis-Marie, Prince de], *Essais sur la marine, 1839-1852*, Paris, Amyot, 1853.

JUST-NAVARRE, P., « Les pêcheries de Terre-Neuve », *Mémoires de l'Académie des sciences, belles-lettres et arts de Lyon*, 3e série, vol. 12, 1912, p. 135-151.

KENNEDY, Vice-amiral sir William, *Hurrah for the Life of a Sailor*, Édimbourg et Londres, William Blackwood et fils, 1900.

KING, Ruth, « Le français terre-neuvien : aperçu général », dans Raymond Mougeon et Edouard Beniak (dir.), *Le français canadien parlé hors Québec, aperçu sociolinguistique*, Sainte-Foy, Les Presses de l'Université Laval, 1989, p. 227-244.

« Labrador – Détroit et Mer de Hudson », dans *L'Amérique septentrionale et méridionale [...] par une société de géographes et d'hommes de lettres*, Paris, Étienne Ledoux, 1835, p. 438-443.

LANIER, Lucien, *L'Amérique : choix de lectures de géographie*, Paris, Eugène Belin et fils, 1883.

LA PORTE, F., « Exposé des travaux hydrographiques exécutés à Terre-Neuve, en 1892 », *Annales hydrographiques*, 2e série, vol. 15, p. 432-453.

LAROCHE, Charles, « La question de Terre-Neuve : politique du cabinet terre-neuvien ; échecs des diverses conventions ; cabinet Thorburn et Whiteway ; pêcheries ; morues et homards ; le « Bait Act » ; situation actuelle de la question », *Nouvelle revue*, vol. 75, 1892, p. 507-523.

LATHAM, R.G., *The Ethnology of the British Colonies and Dependencies*, Londres, John Van Voorst, 1851.

LAVAUD, Ch., « Instructions pour naviguer sur la côte orientale de l'île de Terre-Neuve, depuis le cap de Bonavista jusqu'au cap Normand, à l'entrée du détroit de Belle-Isle, par M. Ch. Lavaud, capitaine de corvette », *Annales maritimes et coloniales*, 2ᵉ série, vol. 23, 1837, p. 1232-1286.

LE BEAU, [Arthur]. « Terre-Neuve : la pêche de la morue, la pêche du homard, la fabrication des conserves de homards », *Bulletin de la Société de géographie commerciale de Nantes*, 1ᵉʳ trimestre, 1888, p. 17-37.

LECLERCQ, Jules, *Une été en Amérique de l'Atlantique aux Montagnes rocheuses*, Paris, E. Plon et Cie., 1877.

LE HUENEN, Roland, « Qu'est-ce qu'un récit de voyage ? » *Littérales*, n° 7, 1990, p. 11-27.

LE HUENEN, Roland, « Le voyage à Terre-Neuve de Gobineau et la question de French Shore », *Annales du patrimoine de Fécamp*, n°. 10, 2003, p. 31-37.

LEROY, Jean F., *Le premier explorateur de Terre-Neuve et des îles Saint-Pierre et Miquelon : Bachelot de La Pylaie (1786-1856)*, Paris, Centre National de la Recherche Scientifique, 1957.

LESCARBOT, Marc, *Histoire de la Nouvelle-France*, Paris, Chez Jean Milot, 1609.

LETOURNEUR, Clair-Désiré, « Naufrage dans les glaces de Terre-Neuve, le 2 juin 1826, du navire *la Belle-Julie*, de Granville, du port de 338 tonneaux et cent quarante-trois hommes d'équipage, commandé par M. Clair-Désiré Letourneur, lieutenant de vaisseau en retraite, chevalier de Saint-Louis, capitaine au long cours », *Annales maritimes et coloniales*, vol. 28, 1826 p. 451-454.

« Lettre du Ministre Secrétaire d'état de la marine et des colonies à M. le Commissaire en chef de la marine à Saint-Servan, à M. le Commissaire de la marine à Granville, et à M. le Commissaire de l'inscription maritime à Saint-Brieuc, sur les dispositions projetées pour améliorer, dans l'intérêt des marins pêcheurs et des armateurs, le service de la santé à Terre-Neuve », *Annales maritimes et coloniales*, vol. 33, 1828, p. 643-653.

LUZE, Édouard de, « Les pêches maritimes », *Bulletin de la Société de géographie commerciale de Paris*, vol. 1, 1878, p. 124-133, vol. 2, 1880, p. 163-179.

LYSAGHT, A.M., *Joseph Banks in Newfoundland and Labrador, 1766 : His Diary, Manuscripts and Collections*, Berkeley et Los Angeles, University of California Press, 1971.

MAGORD, André (dir.), *Les Franco-Terreneuviens de la péninsule de Port-au-Port : Évolution d'un identité franco-canadiennes*, Moncton, Université de Moncton, 2002.

MAIGRET, Le contre-amiral [Marie Edgard], « La pêche de la morue à Terre-Neuve », *Revue maritime et coloniale*, vol. 126, 1895, p. 367-376.

MANNION, John J. (dir.), *The Peopling of Newfoundland : Essays in Historical Geography*, St.-John's, ISER Books, 1977.

MAREC, Théophile Marie Finisterre, *Dissertation sur plusieurs questions concernant la pêche de la morue pour servir à la discussion du project de loi* présenté sur cette matière à la Chambre des députés, [Paris, Imprimerie de Guiraudet, 1831].

MARGRY, Pierre, *Les navigations françaises et la révolution maritime du XIVe au XVIe siècle*, Paris, Librairie Tross, 1867.

MARSHALL, Ingeborg, *A History and Ethnography of the Beothuk*, Montréal, McGill-Queen's University Press, 1996.

MARTIJN, Charles A. (dir.), *Les Micmacs et la mer*, Montréal, Recherches amérindiennes au Québec, 1986.

MARTIN, Jean-Pierre, *Rue des Terre-Neuvas : Normands et Bretons à Terre-Neuve au XIXe siècle*, Rouen, Éditions du veilleur de proue, 2001.

MARTIN, R. Montgomery, *History of the British Colonies*, 5 vol., Londres, James Cochrane, 1834.

MATTHEWS, Keith, « Historic Fence Building : A Critique of the historiography of Newfoundland », *Newfoundland Studies*, vol. 17, 2001, p. 143-165.

MILLAIS, J.-G., *Newfoundland and Its Untrodden Ways*, Londres, Longmans, Green et Cie., 1907.

MILNE-EDWARDS, Henri, « Mémoire sur la pêche de la morue à Terre-Neuve », dans [Jean-Victor] Audouin et [Henri] Milne-Edwards, *Recherches pour servir à l'histoire naturelle du littoral de la France*, 1832, vol. 1, p. 270-367.

Ministère des Affaires Étrangères, *Documents diplomatiques : affaires de Terre-Neuve*, Paris, Imprimerie nationale, 1891.

MOLES, Abraham, et Elisabeth Rohmer, *Labyrinthes du vécu : l'espace : matière d'actions*, Paris, Librairie de méridiens, 1982.

MORACHE, M., « Observations magnétiques faites en 1905 à Terre-Neuve, aux Açores, au Labrador et dans l'île du Cap Breton », *Annales hydrographiques*, 2e série, vol. 27, 1905, p. 31-41.

MORANDIÈRE, Charles de la, *Histoire de la pêche française de la morue dans l'Amérique septentrionale*, 3 vol., Paris, G.P. Maisonneuve et Larose, 1962-1967.

NEARY, Peter, *Newfoundland in the North Atlantic World, 1929-1949*, Kingston et Montréal, McGill-Queen's University Press, 1988.

NIEDIECK, Paul, *Mes chasses dans les cinq parties du monde*, traduit de l'allemand par L. Roustan, Paris, Plon-Nourrit, 1907.

ORBIGNEY, Alcide d', *Voyage dans les deux Amériques, augmenté de renseignements exacts jusqu'en 1853 sur les différents états du nouveau monde*, Paris, Furne et Cie., 1853.

Ordonnance du Roi relative aux primes pour la pêche de la morue, au Palais des Tuileries, le 26 avril 1833, Paris, Imprimerie royale, 1833.

PARKMAN, Francis, *Les pionniers français dans l'Amérique du Nord*, Paris, Didier et Cie., 1874.

PASTORE, Ralph, « The Collapse of the Boethuk World », *Acadiensis*, vol. 19, 1989, p. 52-71.

PATTERSON, George, « Notes on the dialect of the People of Newfoundland », *Proceedings and Transactions of the Nova Scotia Institute of Science*, vol. 9, 1896, 44-77.

« Pêche de la morue sur les côtes de l'île de Terre-Neuve », Rapports faits, en 1821, par la commission chargé de procéder à une nouvelle reconnaissance des havres de cette île, *Annales maritimes et coloniales*, vol. 14, 1822, p. 215-293.

PERRETTE, Patrice, *Problèmes médicaux et assistance médicale à la grande pêche française de la morue (Terre-Neuve et Islande) de 1880 à 1914*, thèse pour le doctorat en médicine de l'Académie de Paris, 1982.

PERRIN, Victor, *Campagne de Terre-Neuve : Poème*, Saint-Brieuc, Guyon Frères, 1854.

PICHETTE, Robert, *Napoléon III : L'Acadie et le Canada français*, Moncton, Éditions d'Acadie, 1998.

PICHETTE, Robert, « John Bourinot et la présence de la France au Canada atlantique au XIXe siècle », dans A.J.B. Johnston (dir.), *Essays in French Colonial History*, East Lansing, Michigan State University Press, 1997, p. 195-212.

PLUCHON, Pierre, *Histoire des médecins et pharmaciens de marine et des colonies*, Toulouse, Bibliothèque historique Privat, 1985.

PORTES, Jacques, *La France, quelques français et le Canada, 1850-1870 : Relations politiques, commerciales et culturelles*, thèse de doctorat de troisième cycle de l'Université de Paris I, 1974.

PRINGLE, James S., « The History of the Exploration of the Vascular Flora of Canada », *Canadian Field-Naturalist*, vol. 109, 1995, p. 291-356.

PRINGLE, James. S., « The History of the Exploration of the Vascular Flora of Saint-Pierre et Miquelon », *Canadian Field-Naturalist*, vol. 109, 1995, p. 357-361.

PROWSE, D.W., *A History of Newfoundland from the English, Colonial, and Foreign Records*, Londres, Macmillan, 1895.

QUILLER-COUCH, Arthur (dir.), *The Oxford Book of Ballads*, Oxford, Clarendon Press, 1910.

RAND, Silas Tertius, *Dictionary of the Language of the Micmac Indians Who Reside in Nova Scotia, New Brunswick, Prince Edward Island, Cape Breton and Newfoundland*, Halifax, Nova Scotia Printing Co., 1888.

RAYNAL, Guillaume-Thomas, *Histoire philosophique et politique des établissemens et du commerce des européens dans les deux Indes*, 9 vol., Genève, 1781.

RECLUS, Elisée, « Labrador », dans *Amérique boréale*, 1890, vol. 15 de la *Nouvelle géographie universelle, la terre et les hommes*, Paris, Hachette, 1876-94, p. 618-636.

REEVE, John, *History of the Government of the Island of Newfoundland*, Londres, J. Sewell, J. Debrett et J. Downes, 1793.

« Renseignements sur la baie Saint-Marie de Terre-Neuve, par le commandant Orlebar, en 1863 », *Annales hydrographiques*, vol. 25, 1864, p. 58-61.

ROCHARD, Jules, *Traité d'hygiène sociale*, Paris, A. Delahaye et E. Lecrosnier, 1888.

ROMPKEY, Ronald, « Sans moyens visibles : les gardiens terreneuviens et la pêche française », *Annales du patrimine de Fécamp*, n°. 10, 2003, p. 67-71.

RONCIÈRE, Charles de la, *La question de Terre-Neuve : les droits indiscutables de la France*, Paris, L. de Soye et fils, 1904.

Sainte Bible qui contient le vieux et le nouveau testament, Bruxelles, Société biblique britannique et étrangère, 1860.

SAINT-CYBARS, Georges de, « Sept ans au pays de la morue [Saint-Pierre] », *Journal des voyages*, vol. 16, 1885, p. 34-37, 50-54, 74-75, 93-95, 110-111.

SANGER, C.W., et A.B. Dickinson,« Newfoundland Involvement in Twentieth-century Shore-station Whaling in British Columbia », *Newfoundland Studies*, vol. 7, 1991, p. 97-121.

SAUNIÈRE, Paul, *À travers l'Atlantique : journal de bord de la Nubienne dans son voyage au Canada et aux États-Unis*, Paris, E. Dentu, 1884.

SAVARD, Pierre, « Le Canada et les Canadiens vus par les consuls de

France dans la seconde moitié du XIXᵉ siècle », *Revue d'histoire diplomatique*, vol. 83, 1969, p. 247-269.

SCHWERER, A., « Étude sur le magnétisme terrestre à Terre-Neuve », *Annales hydrographiques*, 2ᵉ série, vol. 14, 1892, p. 88-111.

SEYBERT, Adam, *Statistical Annals [...] of the United States of America : Founded on Official Documents*, Philadelphie, Thomas Dobson et fils, 1818.

SOUBLIN, Léopold, *Cent ans de pêche à Terre-Neuve, 1815-1914*, 3 vol., Paris, Henri Veyrier, 1991.

STORY, G.M., « Bacon and the Fisheries of Newfoundland : A Bibliographical Ghost », *Newfoundland Quarterly*, vol. 65, nº 2, 1966, p. 17-18.

SUGNY, J. de, *Éléments de météorologie nautique*, Paris, Berger-Levrault et Cie., 1890.

TACHÉ, J.C., *Des provinces de l'Atlantique du Nord et d'une union fédérale*, Québec, J.T. Brousseau, 1858.

« Terre-Neuve (Côte N.-E.) », [compilation extraite des journaux du commandant J.-H. Kerr, hydrographe de l'Amirauté britannique], *Annales hydrographiques*, vol. 32, 1869, p. 386-402.

TESSIER, Guy, « Le portfolio : photographies françaises de Terre-Neuve au XIXᵉ siècle », *L'Archiviste*, nº 108, 1995, p. 5-12.

THOMPSON, Frederic F., *The French Shore Problem in Newfoundland : An Imperial Study*, Toronto, University of Toronto Press, 1961.

THOULET, Julien-Olivier, « Observations faites à Terre-Neuve à bord de la frégate « la Clorinde » pendant la campagne de 1886 », *Revue maritime et coloniale*, vol. 93, 1887, p. 398-430.

THOULET, Julien-Olivier, « Considérations sur la structure et la genèse des bancs de Terre-Neuve », *Bulletin de la Société de géographie de Paris*, 7ᵉ série, vol. 10, 1889, p. 203-241.

TIBY, Paul, « Courte notice sur les Esquimaux », *Annales maritimes et coloniales*, vol. 22, 1837, p. 55-60.

TREILLE, E., « Quelques considérations sur un insecte diptère nuisible de Terre-Neuve », *Archives de médecine navale et coloniale*, vol. 38, 1882, p. 216-224.

TRICOCHE, George-Nestler, *Terre-Neuve et alentours*, Paris, Éditions Pierre Roger, [1929].

VALLAUX, C., « Notice sur Julien-Olivier Thoulet (1843-1936) », *Bulletin de l'Institut océanographique*, nº 702, 1936, 1-27.

VIATOR, P. « Le French Shore ou côte française de Terre-Neuve », *Cosmos*, vol. 27, 1893-1894, p. 107-114, 141-144, 164-167.

VIVIAN, A. Pendarves, *Wanderings in the Western Land*, Londres, Sampson Low, Marston, Searle, et Rivington, 1879.

WHITE, Mary, « Émile and Henri de la Chaume », *Newfoundland Quarterly*, vol. 70, nº 3, 1974, p. 12-16.

YON, Armand, *Le Canada français vu de France (1830-1914)*, Sainte-Foy, Les Presses de l'Université Laval, 1975.

4. Instruments de recherche

ALLAIRE, J.-B.-A., *Dictionnaire biographique du clergé canadien-français*, Montréal, École catholique des sourds-muets, 1910.

BERGER, Charles, et Henri Rey, « Répertoire bibliographique des travaux des médecins et des pharmaciens de la marine française, 1698-1873 », appendice aux *Archives de médecine navale et coloniale*, vol. 21, 1874, p. 1-282.

BERNET, Étienne, *Bibliographie francophone de la grande pêche : Terre-Neuve*

– *Islande–Groenland*, Fécamp, Association Fécamp Terre-Neuve, 1998.

Bibliography of Newfoundland, composée par Agnes O'Dea et rédigée par Anne Alexander, 2 vol., Toronto, University of Toronto Press, 1986.

BRASSEUR, Patrice, *Dictionnaire des régionalismes du français de Terre-Neuve*, Tübingen, Max Niemeyer Verlag, 2001.

BROC, Numa, *Dictionnaire illustré des explorateurs et grands voyageurs français du XIXe siècle*, 3 vol., Paris, Éditions du CTHS, 1988-1999.

CARRIÈRE, Gaston, *Dictionnaire biographique des Oblats de M.I. au Canada*, Ottawa, Éditions de l'Université d'Ottawa, 1976.

Dictionnaire de biographie française, Paris, Letouzer et Ané, 1932-en cours.

Dictionnaire biographique du Canada, 14 vol., Sainte-Foy, Les Presses de l'Université Laval, 1966-en cours.

Encyclopedia of Newfoundland and Labrador, 5 vol., St. John's, Newfoundland Book Publishers, 1981-1994.

Encyclopédie ou dictionnaire raisonné des sciences, des arts et des métiers, par une société de gens de lettres, mis en ordre et publié par M. Diderot [...] & quant à la partie mathématique par M. d'Alembert, 35 vol., Paris, Briasson, 1751-1780.

État général de la marine et des colonies, Paris, Imprimerie royale, 1826-1851. Dès lors *Annuaire de la marine et des colonies*, Paris, Imprimerie national, 1852-en cours.

FIERRO, Alfred, *Inventaire des photographies sur papier de la Société de géographie*, Paris, Bibliothèque nationale, 1986.

FIERRO, Alfred, *Inventaire des manuscrits de la Société de géographie*, Paris, Bibliothèque nationale, 1984.

La Grande Encyclopédie inventaire raisonné des sciences, des lettres et des arts, 31 vol., Paris, H. Lamiraut/Société Anonyme de la Grande Encyclopédie, 1886-1902.

HATIN, Eugène, *Bibliographie historique et critique de la presse périodique française*, Paris, Firmin Didot Frères, Fils et Cie., 1866.

LAIRD, M., *Bibliography of the Natural History of Newfoundland and Labrador*, Londres, Academic Press, 1980.

LAROUSSE, Pierre, *Grand dictionnaire universel du XIXe siècle*, 17 vol., Paris, Administration du Grand Dictionnaire Universel, 1866-1879.

LASTEYRIE, Robert de, *Bibliographie générale des travaux historiques et archéologiques publiés par les sociétés savantes de la France*, 6 vol., Paris, Imprimerie nationale, 1888-1918.

LE NAIL, Bernard, *Explorateurs et grands voyageurs bretons*, Paris, Jean-Paul Gisserot, 1998.

Newfoundland Almanac, St. John's, 1857.

POLAK, Jean, *Bibliographie maritime française depuis les temps les plus reculés jusqu'à 1914*, Grenoble, Éditions des 4 seigneurs, 1976.

TAILLEMITE, Étienne, *Dictionnaire des marins français*, [Paris], Éditions maritimes et d'outre-mer, 1982.

TAILLEMITE, Étienne, *Dictionnaire de la marine*, Paris, Éditions Seghers, 1962.

TRÉFEU, Étienne, *Nos marins : vice-amiraux, contre-amiraux, officiers généraux des troupes de la marine et des corps entretenus*, Paris, Berger-Levrault et Cie., 1888.

TULARD, Jean (dir.), *Dictionnaire du Second Empire*, [Paris], Fayard, 1995.

WEST, Matthew J., « The Official Image : Reporting on Canada in *Le Moniteur universel*, organ of the Second French Empire (1855-1868) », Sackville, Université Mount Allison, 1992.

TABLE DES MATIÈRES

Achevé d'imprimer sur les presses de l'Imprimerie BARNÉOUD
B. P. 44- 55 960 BONCHAMP-LÈS- LAVAL
Dépôt Légal : 15067